Fiscalité du patrimoine culturel mobilier

Droit du patrimoine culturel et naturel

Collection dirigée par Marie Cornu et Jérôme Fromageau

Cette collection initiée par le groupe de recherches « Droit du patrimoine culturel et naturel » a pour but de développer et enrichir la réflexion sur les objets et modes de protection dans le domaine du patrimoine culturel et naturel. Les questions que soulèvent la conservation, la circulation, la valorisation du patrimoine sollicitent, en effet, ces deux disciplines. Le contexte d'un monument historique, son environnement, le paysage dans lequel il s'inscrit sont souvent essentiels à sa mise en valeur. Le droit de la culture et le droit de l'environnement développent cependant des concepts propres. Ils ne sont pas toujours en accord sur les méthodes et les moyens de protection, d'où l'intérêt de la confrontation et de la comparaison des ressources tirées de ces deux dispositifs.

C'est pourquoi la réflexion doit se renouveler sur les concepts fondamentaux du patrimoine sur la délimitation des éléments qui méritent protection, des outils qu'il faut nécessairement adapter. Dans la compréhension des différents mécanismes et l'ouverture vers de nouveaux modèles, le droit comparé est essentiel, ainsi que le droit international.

Dernières parutions

Christophe DOUBOVETZKY, *L'action culturelle territoriale en droit public français*, 2023.

Valentine MOLINEAU, *Le rôle du musée dans la lutte contre le trafic illicite de biens culturels*, 2023.

Marie CORNU et Jérôme FROMAGEAU (dir.), *Les collections privées, Approches historiques et juridiques*, 2022.

Perrine MARX, *La place de la création contemporaine dans la fabrique urbaine. Etat des lieux juridique de l'initiative artistique dans la ville*, 2021.

Mylène LE ROUX (dir.), *La reconversion du patrimoine public monumental. L'exemple du Grand Hôtel Dieu de Lyon*, 2020.

Jean-Raphaël Pellas

Fiscalité du patrimoine culturel mobilier

Contribution à une étude de la doctrine fiscale relative aux biens culturels

L'Harmattan

5-7, rue de l'Ecole-Polytechnique, 75005 Paris
http://www.editions-harmattan.fr
ISBN : 978-2-336-45066-7
EAN : 9782336450667

Introduction :

L'enveloppe artistique du patrimoine culturel mobilier

Théorisé par Raymond Saleilles à la fin du XIXe siècle, l'État est tributaire d'une charge de conservation des biens d'un patrimoine collectif prenant appui sur une doctrine civiliste du patrimoine. Cela étant, pour Jean François Poli, « l'État a un rôle déterminant à jouer pour la constitution de ce qui sera le patrimoine de demain, faisant en sorte que la chaîne de formation de ce patrimoine ne soit pas arrêtée. Le domaine de la création contemporaine constitue alors la parfaite illustration de cette mission »[1].

Paragraphe 1 – L'État et le patrimoine artistique

1- Saisie par le droit, la notion de patrimoine met en exergue une communauté de valeurs et de signification. Historiquement, le droit romain distingue deux catégories de biens : les biens qui font partie d'un patrimoine (*res alicuius in bonis*) et ceux qui ne peuvent en faire partie (*res nullius in bonis*). Tandis que les biens du patrimoine sont appropriables par des personnes privées ou par des personnes publiques, ceux qui en sont exclus, sont des *res extra commercium*, parce qu'ils appartiennent au sacré ou au religieux ou encore parce qu'ils sont publics ou affectés à l'usage du public[2]. Le patrimoine est ainsi transmissible à titre onéreux comme à titre gratuit dans le cadre de l'hérédité[3]. En somme, la notion de patrimoine postule sa transmission aux générations futures. C'est parce que les titulaires actuels sont débiteurs d'une obligation transgénérationnelle qu'ils doivent conserver, entretenir puis transmettre leurs biens. La notion de patrimoine reste néanmoins tributaire d'une conception civiliste. Dans les pas de Karl Salomon Zachariae von Lingenthal,

---

[1] Jean-François Poli, La protection des biens culturels meubles, LGDJ, 1996, p. 343.

[2] Voir Y. Thomas, « *Res*, chose et patrimoine. Note sur le rapport sujet-objet en droit romain », in APD. n° 25, 1980.

[3] Voir P-F. Girard, *Manuel élémentaire de droit romain*, Dalloz, 8e éd., Réimpr., 2003.

ses épigones, Charles Aubry et Charles Rau ont construit une théorie du patrimoine fondée sur la notion *d'universitas juris*. Le patrimoine est alors défini comme un ensemble constituant une universalité, un ensemble indissociable d'actifs et de passifs, de droits et d'obligations. Il est unique et indivisible. Ch. Aubry et Ch. Rau l'ont conçu comme une « émanation de la personnalité »[4]. En d'autres termes, à partir de la notion de patrimoine, ces auteurs conceptualisent la juridicité de la personne sur la « scène du droit ». Le patrimoine est ainsi un concept qui permet de globaliser les éléments constitutifs de la propriété d'une personne. Gage des créanciers, le patrimoine est donc dette, dette du présent envers le passé, mais également à l'égard des générations futures. Le patrimoine s'inscrit ainsi dans cette linéarité transmissive.

2- Cette logique de transmission adossée à celle d'une universalité de droit autorise une lecture du patrimoine culturel en termes de parenté, voire de filiation avec la notion civiliste de patrimoine[5]. Cette résonance avec la théorie des maîtres strasbourgeois est patente pour Marie Cornu : « Il y a, d'abord, dans cet emprunt au terme patrimoine, la référence à l'héritage, qu'il faut transmettre aux générations futures (formule qui, invariablement, accompagne la mention du patrimoine), l'idée d'une universalité formée d'un ensemble de richesses, plus intimement encore, cette relation particulière que l'homme entretient avec les choses. Et c'est bien une des pierres d'angles, sinon la clé de voûte de la théorie d'Aubry et Rau. La dimension personnelle est, dans le cas du patrimoine culturel, portée à son point le plus élevé, s'agissant d'abord d'un ordre de valeurs extra-économiques »[6]. L'objet patrimoine culturel entre ainsi en résonance avec le patrimoine au sens civiliste. Pour Marie Cornu et Noé Wagener, cet enchâssement se déploie : « sous le double rapport de l'être et de l'avoir, énonçant ici l'idée d'un patrimoine commun de la nation, voire de l'humanité, l'emprunt permet de suggérer une dimension intrinsèquement collective à ces choses, quoique peu simple à exprimer dans les catégories conceptuelles du droit positif »[7]. Néanmoins, Marie Cornu constate avec raison que « les biens culturels considérés comme biens au sens du droit privé sont, pour la plupart, soustraits au gage des créanciers. Certains sont déclarés insaisissables. La règle profite aux biens du domaine public, ainsi qu'aux collections des musées de

---

[4] Ch. Aubry, Ch. Rau, *Cours de droit civil français d'après l'ouvre allemand de C. S. von Zachariae*, Cosse, 4e éd., Paris, 1873, § 573, p. 333.

[5] Voir M. Cornu, « A propos de l'adoption du code du patrimoine, quelques réflexions sur les notions partagées », in D. 2005, p.1452.

[6] M. Cornu, *op.cit.* p.1453.

[7] M. Cornu, N. Wagener, « L'objet patrimoine, une construction juridique et politique », 20ème siècle, 2018/1 N° 137, pp.33 à 47.

France y compris lorsqu'elles sont constituées sous une forme de droit privé : fondation ou association »[8]. Il n'en demeure pas moins que la jonction de ces notions et la matrice du patrimoine culturel sont à rechercher sur le terrain des obligations. Pour Marie Cornu : « le propriétaire d'un bien culturel supporte en effet un certain nombre de charges directement liées à l'affectation culturelle de son bien ».[9] La responsabilité partagée de la conservation et de la transmission du patrimoine culturel transcende ainsi la propriété des biens culturels[10]. Un tel processus de parenté s'est construit sur le long terme. Pour Yvon Lamy : « historiquement, il est clair qu'un glissement sémantique important s'est opéré de la simple propriété individuelle héritée et transmise, au patrimoine culturel collectivement reconnu comme bien commun à tous et à chacun. Du rapport de succession et de transmission entre le père et ses enfants au sein de la lignée, on est passé à un rapport de protection tutélaire entre État et citoyens au sein de la communauté »[11]. Dès lors, le patrimoine culturel « consacre en réalité le changement de statut du titulaire patrimonial. Le statut d'un individu physique et privé, inscrit jusqu'alors dans la forme déterminée des comportements d'héritage et fondé sur le droit privé, s'estompe au profit d'un titulaire moral et collectif, fondé sur l'enchaînement des générations, garanti par la continuité de l'État, inscrit dans le droit public, et dont les figures successives épousent les moments de l'histoire nationale »[12]. Le chaînon manquant entre un patrimoine individuel et un patrimoine collectif gît dans la consécration juridique d'un patrimoine de la Nation[13]. C'est la Révolution française qui invente l'idée du patrimoine de la Nation en transformant la notion de monument remarquable ou historique en patrimoine de la Nation et en lui assignant une fonction mémorielle. Le titulaire du patrimoine est désormais un être collectif, la Nation. La construction dogmatique du patrimoine laisse apparaître une métamorphose, un changement de paradigme. Pour Christian Barrère : « le patrimoine dont il s'agit n'est donc plus défini comme dans le droit romain par la valeur d'échange, tous les biens et droits se fondant dans une universalité parce que susceptibles d'évaluation marchande. Il l'est au contraire par sa spécificité en tant que valeur d'usage, un ensemble de choses remarquables et à vocation éducatrice

---

[8] M. Cornu, *op.cit.* p.1455.

[9] M. Cornu, op.cit. p.1455.

[10] Voir la thèse de M. S. De Clippele, *A qui incombe la charge, la responsabilité partagée du patrimoine culturel, une propriété revisitée,* Université de Paris-Saclay et Université de Saint-Louis Bruxelles, 2019.

[11] Y. Lamy,. « Le sens d'une pratique », pp. 61-71 in *L'Alchimie du patrimoine : Discours et politiques*, sous la direction d'Yvon Lamy. Talence : Maison des sciences de l'homme d'Aquitaine, 1995.

[12] Y. Lamy, op.cit. p. 65.

[13] Voir F. Choay, *L'allégorie du patrimoine*, Le Seuil, 1992.

pour le peuple des citoyens. La Nation établit un lien nouveau entre passé et futur. Elle ancre les citoyens dans leur histoire, la lente construction de la société d'émancipation, les définit comme propriétaires de ce qui a été construit par les générations précédentes et comme responsables de leur transmission aux futures générations, éléments de la reproduction de la communauté nationale. »[14]. La notion de patrimoine culturel renvoie à cette figure d'une propriété collective, fermant d'une identité et partant ciment d'une Nation s'exprimant en ces termes pour Krzysztof Pomian : « autant dire que le patrimoine culturel est destiné en priorité à des générations futures. Il extériorise et rend visibles les liens qui nous unissent, d'une part, à celles qui nous ont précédés et, d'autre part, à celles qui suivront – liens qui ne se réduisent ni à une succession dans le temps ni à une simple filiation génétique, mais sont fondés sur une communauté de valeurs et de signification »[15]. Il s'agit somme toute d'archiver le présent comme un passé au profit des générations futures. Pour reprendre une formule célèbre de Jean-Pierre Babelon et André Chastel : « le patrimoine se reconnaît au fait que sa perte constitue un sacrifice et que sa conservation suppose des sacrifices »[16]. C'est en quelque sorte cette appropriation par une autorité investie du droit de patrimonialiser qui fait passer une activité ou un bien du statut d'objet de civilisation, de produit de la culture humaine, à celui d'œuvre patrimoniale. La définition du patrimoine culturel proposée par Pierre-Laurent Frier reprend pour l'essentiel ces éléments : « la notion de patrimoine culturel recouvre l'ensemble des traces des activités humaines qu'une société considère comme essentielle pour son identité et sa mémoire collective et qu'elle souhaite préserver afin de les transmettre aux générations futures »[17]. Définir le patrimoine culturel semble une gageure au point de préférer une liste énumérative. Ainsi, aux termes de l'article 1er du Code du patrimoine modifié par la loi relative à la liberté de la création, à l'architecture et au patrimoine, le patrimoine est constitué : « de l'ensemble des biens, immobiliers ou mobiliers, relevant de la propriété publique ou privée, qui présente un intérêt historique, artistique, archéologique, esthétique, scientifique ou technique. Il s'entend également des éléments du patrimoine culturel immatériel, au sens de l'article 2 de la Convention internationale pour la sauvegarde du patrimoine culturel immatériel, adoptée à Paris le 17 octobre 2003 ». Désormais, les frontières du patrimoine culturel ne s'arrêtent plus aux biens

---

[14] C. Barrère, « Les quatre temps du patrimoine », Économie appliquée : archives de l'Institut de science économique appliquée, Institut des sciences mathématiques et économiques appliquées - ISMEA, 2014, p. 21.

[15] K. Pomian, « Patrimoine et identité nationale » in Le débat 2010/2 n° 159 pp.45 à 56.

[16] J-P. Babelon et A. Chastel, *La notion de patrimoine*, L. Levi, coll. Opinion, 1994, p. 101.

[17] P. L. Frier, *Droit du patrimoine culturel*, PUF, coll. Droit fondamental, 1997 p. 13.

culturels tangibles mais s'enrichissent d'œuvres associées à un patrimoine culturel immatériel[18].

3- Le foisonnement des expressions liées au patrimoine culturel est singulier. D'emplois récents, la notion de bien culturel creuse ses sillons dans le lit des conventions internationales liées notamment à la restitution des biens et plus généralement à leur circulation juridique[19]. À ce titre, Marie Cornu rappelle que « dans l'espace international, la première convention culturelle adoptée au sein de l'Unesco en 1954 (Conv. La Haye, 14 mai 1954, pour la protection des biens culturels en cas de conflit armé) évoque la protection des biens culturels en cas de conflit armé, qui désigne tout autant des immeubles que des objets mobiliers »[20]. Sur un plan légistique, le code du patrimoine identifie en son livre premier « Les dispositions communes à l'ensemble du patrimoine culturel » puis dispose de deux titres relatifs respectivement à « La protection des biens culturels » et à « L'acquisition des biens culturels ». Les biens culturels sont ainsi compris comme des éléments du patrimoine culturel. Jean-Marie Pontier précise : « La question préalable que l'on peut se poser est de savoir si l'expression « biens culturels » recouvre une autre réalité que les expressions précédemment examinées de « patrimoine culturel » et d'« œuvre d'art ». Les développements qui suivent montrent qu'il convient d'examiner la notion de biens culturels en la distinguant des deux précédentes, l'expression « patrimoine culturel » étant plus large et la notion d'« œuvre d'art » étant, sinon plus restreinte, du moins plus « française », la plupart des autres pays ne connaissant que l'expression « biens culturels »[21]. L'expression « biens culturels » ne semble pas être une catégorie juridique délimitée, mais davantage une notion synthétique qui permet de regrouper sous une même appellation des éléments du patrimoine culturel. Pour Marie Cornu : « le *bien culturel* pourrait ainsi être compris comme une "métanotion" embrassant l'ensemble des qualifications comprises dans ce vaste ensemble du patrimoine »[22]. Cela étant, la qualification civile et fiscale « d'œuvre d'art » vient brouiller ces distinctions et conduit le législateur à normer des biens sur la base d'appellations indifférenciées.

---

[18] Voir J.R. Pellas, *Le patrimoine culturel immatériel, aspects juridiques et fiscaux*, LGDJ, 2020.

[19] Voir R. Goy, « Le régime international de l'importation, de l'exportation et du transfert de propriété des biens culturels » in Annuaire français de droit international, volume 16, 1970. pp. 605-624.

[20] M. Cornu, « La notion de bien culturel, un double héritage privatiste et publiciste » in Revue Lamy droit civil n° 165, 1er décembre 2018.

[21] J.M. Pontier, *La protection du patrimoine culturel*, L'Harmattan, 2019, p.111.

[22] M. Cornu, « La notion de bien culturel, un double héritage privatiste et publiciste » in Revue Lamy droit civil n° 165, 1er décembre 2018

4- Afin d'en délimiter les contours, la notion de biens culturels entre en résonance avec celle d'intérêt public du point de vue de l'histoire, de l'art, de l'archéologie, de la science ou de la technique. La qualification du bien culturel demeure néanmoins incertaine. Ainsi, les qualifications de biens culturels ou de biens cultuels conduisent les juges à une interprétation byzantine[23]. On le sait, les édifices cultuels et les meubles qu'ils contiennent sont grevés d'une affectation cultuelle en vertu de la loi du 9 décembre 1905[24] pour les cultes qui ont constitué des associations cultuelles et de la loi du 2 janvier 1907 pour le culte catholique. En d'autres termes, sans distinguer les meubles et immeubles cultuels, la loi de séparation de l'Église et de l'État fait de l'affectation cultuelle, c'est-à-dire de l'usage du bien, sa qualification première. Il n'en demeure pas moins que ces biens cultuels peuvent être des biens culturels protégés par les règles inhérentes aux monuments historiques, voire aux règles de la domanialité publique. Au regard de la jurisprudence judiciaire, Anne Fornerod affirme avec raison que « la distinction entre les objets d'art et les autres éléments du mobilier cultuel ne repose donc pas sur leur affectation ou pas au culte, mais sur leur qualité d'objets d'art qui viennent se superposer à leur affectation au culte »[25]. La vocation culturelle des édifices cultuels innerve des problématiques liées notamment au patrimoine culturel mobilier et aux manifestations culturelles qui se déroulent dans l'enceinte de ces biens. Sur un plan fiscal, les biens « cultuels » font l'objet de dépenses fiscales. Selon une réponse ministérielle du 28 août 2018, l'article 13 de la loi du 9 décembre 1905 limite les interventions des collectivités territoriales dans les lieux de culte au patrimoine cultuel existant[26]. Toutefois, le Conseil d'État, dans sa décision du 19 juillet 2011 commune de Trélazé[27], a jugé que la loi du 9 décembre 1905 ne faisait pas obstacle à ce qu'une collectivité territoriale participe au financement d'un bien destiné à un lieu de culte (par exemple, un orgue dans une église) dès lors qu'existe un intérêt public local (organisation de cours ou de concerts de musique) et qu'un accord, qui peut par exemple figurer dans une convention, encadre l'opération. Dans ce cadre,

[23] Voir Anne Fornerod, *Le régime juridique du patrimoine religieux*, Collection Droit du patrimoine culturel et naturel, en particulier à propos des qualifications d'immeuble ou de meuble pour les biens garnissant les édifices, pp. 37-71, L'Harmattan, 2013

[24] L'article 13 de la loi du 9 décembre 1905, dispose que « les édifices servant à l'exercice public du culte, ainsi que les objets mobiliers les garnissant, seront laissés gratuitement à la disposition des établissements publics du culte, puis des associations appelées à les remplacer ».

[25] Anne Fornerod, *op.cit.* p. 71.

[26] AN RM Jimmy Pahun, JO, 28/08/2018, p. 7630

[27] CE, ass., 19 juill. 2011, n° 308544, *Cne de Trélazé*, Lebon avec les concl. ; AJDA 2011. 1460, obs. M.-C. de Montecler ; *ibid.* 1667, chron. X. Domino et A. Bretonneau ; *ibid.* 2014. 124, chron. S. Hubac ; D. 2011. 2025, édito. F. Rome ; JA 2011, n° 444, p. 12, obs. E. Royer ; AJCT 2011. 515, obs. M. Perrier ; RFDA 2011. 967, concl. E. Geffray.

sont éligibles au fonds de compensation de la taxe sur la valeur ajoutée (FCTVA) les dépenses ayant pour objet de conserver en bon état d'utilisation les édifices cultuels affectés à l'exercice du culte, ainsi que les biens qui leur sont rattachés et existent au moment de l'intégration de ces édifices dans le domaine public, tels que les orgues (immeubles par destination) et les clochers. Ainsi, seuls les travaux d'entretien sur un orgue existant ouvrent droit au bénéfice du FCTVA. À l'inverse, l'acquisition d'un orgue dont l'implantation est prévue dans une église qui en était jusqu'alors dépourvue, ne peut être qualifiée de dépense nécessaire à la réparation ou à la conservation de l'édifice et des biens qui le garnissent au sens de l'article 13 précité. En définitive, la qualification de bien cultuel peut conduire à un traitement financier et fiscal différencié de celui identifiable en qualité de bien culturel.

5- Au miroir du code général des impôts, les occurrences persistent dans l'usage polysémique de la notion de patrimoine[28]. Identifier la notion et la signification du « patrimoine » dans le code général des impôts permet d'esquisser deux approches du patrimoine. L'une qui identifie une masse de biens, objet de taxation ; l'autre qui souligne le caractère sacré d'un bien bénéficiaire d'une immunité fiscale. Le code général des impôts traduit en termes financiers une distinction ontologique du patrimoine. La simple propriété individuelle héritée et transmise d'un patrimoine vernaculaire est soumise au droit commun tandis que le patrimoine culturel collectivement reconnu comme bien commun bénéficie d'un régime fiscal dérogatoire dans la mesure où ce patrimoine a gagné en « visibilité publique ». Bien plus, le deuxième sens du patrimoine déborde d'une fonction sociale qui unit le passé à partir d'un présent et qui stigmatise les valeurs d'une mémoire collective ; sa signification est associée à la quiddité d'un bien collectif justifiant un régime fiscal dérogatoire. Bien plus, les appellations « biens culturels » ou « œuvres d'art » ou bien encore « objets d'art » sont associées à des dispositifs fiscaux, sans que l'on puisse en déduire une nature de bien génératrice d'un régime juridique et fiscal. Pourtant, à y regarder de plus près, la notion de bien culturel est utilisée dans le code général des impôts que dans de rares situations et plus particulièrement à propos de l'acquisition de trésors nationaux[29]. L'article 238 bis OA du CGI dispose « les entreprises imposées à l'impôt sur les sociétés d'après leur bénéfice réel peuvent bénéficier d'une réduction d'impôt égale à 90 % des versements effectués en faveur de l'achat de biens culturels présentant le caractère de trésors nationaux ayant fait l'objet d'un refus de

[28] Voir Jean-Raphael Pellas, « Le mot patrimoine et le code général des impôts : une relation fiduciaire » in Droit et cultures n° 81, dossier Les mots du patrimoines, Vincent Négri et Isabelle Schulte-Tenckhoff (Dir), 2021.

[29] La notion de trésor national est relativement récente en droit français. Certes, l'expression figure depuis 1957 dans le traité de Rome, mais le droit interne n'y fait expressément référence qu'avec la loi du 31 décembre 1992 relative aux produits soumis à certaines restrictions de circulation.

délivrance d'un certificat d'exportation par l'autorité administrative, dans les conditions prévues à l'article L. 111-4 du Code du patrimoine et pour lesquels l'État a fait au propriétaire du bien une offre d'achat dans les conditions prévues par l'article L. 121-1 du même Code». L'article L.111-1 du Code du patrimoine, permet d'entrevoir deux types de trésors nationaux : certains le seraient du seul fait de leur qualité intrinsèque exceptionnelle, d'autres ne le seraient qu'en vertu de leur appartenance à une catégorie de biens culturels restreignant déjà leurs exportations. En d'autres termes, la qualification de trésors nationaux, pour laquelle une incitation fiscale est mise en œuvre, est liée à une volonté d'encadrer, de limiter, d'interdire les exportations de biens culturels. La notion de biens culturels s'inscrit dans le cadre de restrictions à une libre circulation juridique des œuvres ou objets d'art qui demeurent «des marchandises». L'appellation «biens culturels» semble ainsi renforcer l'inscription de ces œuvres ou objets d'art dans une logique de marché. Pour Marie Cornu, les racines des biens culturels sont à explorer dans la confrontation d'une logique de marché et une velléité de préservation d'un patrimoine national : « C'est précisément à ce moment de conflit entre logique de marché et préservation du patrimoine qu'apparaît plus nettement la notion de bien culturel. Elle est au point de tension entre le marché et le "hors marché", perspective qui filtre dans les discours publics européens »[30].

6- L'idée d'une conservation matérielle des biens au nom d'un intérêt général, qui la dépasse, est ancienne. Un décret de l'Assemblée du 16 septembre 1792 dispose qu'« il importe de préserver et de conserver honorablement les chefs-d'œuvre des arts, si dignes d'occuper les loisirs d'un peuple libre »[31]. La protection de ces biens ne passe pas uniquement par l'application de la législation sur les monuments historiques de 1887 et de 1913. Pour parvenir aux mêmes fins de protection, d'autres textes et d'autres techniques ont été utilisés, tels que la domanialité publique ou bien encore le droit de l'urbanisme. Dès le XIXe siècle, pour prévenir la dispersion d'un patrimoine mobilier précieux, le juge a recours aux règles de domanialité publique. L'article L. 2112-1 du Code général de la propriété des personnes publiques énonce les conditions d'appartenance d'un bien au domaine public mobilier : « sans préjudice des dispositions applicables en matière de protection des biens culturels, font partie du domaine public mobilier de la personne publique propriétaire les biens présentant un intérêt public du point de vue de l'histoire, de

---

[30] Marie Cornu, « La notion de bien culturel, un double héritage privatiste et publiciste », Revue Lamy droit civil n° 165, 1er décembre 2018.

[31] Voir Yves Lamy, « La syntaxe juridique de la notion de patrimoine » in *L'alchimie du patrimoine*, Talence, Éditions de la Maison des sciences de l'homme d'Aquitaine, 1996, p. 86.

l'art, de l'archéologie, de la science ou de la technique». S'ensuit une liste non exhaustive intégrant les archives publiques, les objets mobiliers classés ou inscrits au titre des monuments historiques, les œuvres des collections privées réunies sous le label «Musée de France» ou encore les archives historiques[32]. Du fait de cette appartenance au domaine public mobilier, l'État conduit de nombreuses demandes en revendications à l'instar par exemple des télégrammes du général de Gaulle[33]. Il s'agissait notamment de 313 brouillons de télégrammes rédigés par le général de Gaulle lors de sa fuite à Londres en vue de préparer la résistance. Ces documents avaient été acquis par le Musée des lettres et des manuscrits auprès des héritiers de la secrétaire particulière du général. L'État a engagé une action en revendications qui conduisit à la saisie et à la mise sous séquestre de ces documents. Dans sa décision du 20 novembre 2013, le Tribunal de grande instance de Paris, est venu donner droit à l'action en revendication de l'État en considérant que : « le général de Gaulle a rédigé ces documents dans le cadre de la fonction de représentation de la Nation française qu'il s'était assignée et donc dans le cadre d'une mission de service public »[34]. Sur le fondement d'une question préjudicielle, le Conseil d'État a considéré que ces archives étaient publiques[35]. Cela étant, l'État a également mis en œuvre un droit de préemption pour acquérir des biens culturels[36]. Il est admis que l'apparition dans le droit positif français de la faculté de préempter des œuvres d'art date de l'adoption par le Parlement de la loi de finances du 31 décembre 1921. Pour autant, l'idée d'insérer ce droit au bénéfice de l'État en matière culturelle trouve son origine dans la loi du 31 août 1920[37], qui avait pour la première fois en France permis à l'administration de contrôler strictement les mouvements des biens culturels présentant un intérêt national d'histoire ou d'art, et de les retenir « soit pour son compte, soit pour le compte d'un département, d'une commune ou d'un établissement public, au prix fixé par l'exportateur». La dimension essentiellement fiscale de la loi de finances pour 1922, et l'abrogation des dispositions contenues dans le texte de l'année précédente sur le contrôle des mouvements des biens culturels, n'a pas occulté le fait que les articles 36 et 37 de la loi de finances consacraient, pour la première fois, « un droit de préemption sur les objets d'art par

---

[32] Voir Fanny Tarlet, *Les biens publics mobiliers.*, En particulier pp. 151-161, Nouvelle bibliothèque des thèses, Dalloz, 2017

[33] Voir Noé Wagener, « Revendication par l'Etat de biens culturels en mains privées : quelles pratiques ? », Juris art. 31/1/2016, p. 38.

[34] TGI Paris 20 nov. 2013, n° 12/06156, AJDA, 2014. p. 226, note O. Agnus.

[35] CE, Ass, 13 avr. 2018, n° 410939, Association du musée des lettres et manuscrits, Rec. Lebon.

[36] Article 37 de la loi du 31 décembre 1921 portant fixation du budget général pour 1922

[37] La loi du 31 août 1920 relative à l'exportation des œuvres d'art a été abrogée par la loi du 31 décembre 1921

subrogation légale et d'office à l'adjudicataire ». Ce droit de préemption lié à un dispositif fiscal était donc de nature différente du droit de rétention établi l'année précédente[38]. À l'issue de l'abrogation de la loi du 31 août 1920, l'exportation était de nouveau libre, mais le marché de l'art contribuait à l'achat des objets présentant « un intérêt national à retenir en France », par le paiement d'une taxe nouvellement instituée (un droit de 1 % destiné à la Caisse des monuments historiques), ce qui apparaissait, au-delà du caractère « honorable et profitable à l'intérêt public », comme une « juste compensation à l'abrogation de la loi de 1920 »[39]. Un règlement d'administration publique devait définir les biens objet du droit de préemption. Les œuvres d'art susceptibles d'être préemptées en vente publique étaient, selon ce texte, les « curiosités, antiquités, livres anciens, objets de collection, peintures, aquarelles, pastels, dessins, sculptures originales, tapisseries anciennes »[40]. Dans ce contexte, en raison d'une crise des finances publiques et de la nécessité de créer de nouvelles ressources fiscales, la fiscalité du patrimoine culturel mobilier émerge lentement.

Paragraphe 2 – Les linéaments d'une fiscalité du patrimoine culturel mobilier

7- La genèse et le développement d'une fiscalité du patrimoine culturel mobilier doivent être interprétés à la lumière des transformations de l'État et en particulier de la conception de l'impôt. Le système fiscal existant au XIXe siècle, est articulé sur un modèle libéral où l'impôt n'est légitime que lorsqu'il a vocation à couvrir des dépenses régaliennes de l'État, sans pour autant s'immiscer dans la régulation du marché. Dans la lignée d'Adam Smith, les idéologues comme Jean-Baptiste Say reprennent dès 1803, en le modifiant l'héritage libéral[41]. En effet, pour Jean-Baptiste Say, les impôts prélevés ne restent des valeurs productives que si elles sont employées pour effectuer des travaux d'intérêt public et de préciser « les contributions publiques, même lorsqu'elles sont consenties par la nation sont une violation des propriétés puisqu'on ne peut lever des valeurs qu'en les prenant sur celles qu'ont produites les terres, les capitaux et l'industrie des particuliers. Ainsi, toutes les fois qu'elles excèdent la somme indispensable pour la conservation de la société, il est

---

[38] Séance publique du 14 décembre 1921, JO Débats parlementaires - Chambre des députés du 15 décembre 1921, p. 5089 ; l'expression sera reprise dans l'article 37 de la loi : « L'État pourra exercer, sur toute vente publique d'œuvres d'art, un droit de préemption, par l'effet duquel il se trouvera subrogé à l'adjudicataire. »

[39] Séance publique du 14 décembre 1921, *op.cit.* p. 5089.

[40] Décret du 18 mars 1924 portant règlement d'administration publique pour l'application des articles 36 et 37 de la loi de finances du 31 décembre 1921, JO du 29 mars 1924, p. 2978

[41] Voir Jean-Baptiste Say, *Traité d'économie politique*, Calmann-Lévy, Paris, 1972, p. 133.

permis de les considérer comme une spoliation »[42]. En ce début, du XIXe siècle, l'impôt est considéré comme attentatoire à la propriété privée. La contribution publique vise à couvrir des dépenses régaliennes d'un État minimal pour assurer la sécurité des citoyens. Ce périmètre de l'État a bien entendu évolué au cours du XIXe siècle et en particulier à partir de 1880. Face au diagramme libéral dominant au XIXe siècle, l'État providence s'enracine. La reconnaissance des risques sociaux inaugure ce faisant une nouvelle ère : celle où l'État se trouve fondé à intervenir dans le champ économique avec des visées sociales, non pour surmonter des imperfections sur les marchés, mais en fonction d'une logique publique. Les différents traités d'économie politique, mais surtout le traité de la science des finances rédigé à par Paul Leroy-Beaulieu à partir de son enseignement au Collège de France et à l'École libre des sciences politiques (publié pour la première fois en 1877) illustrent les progrès de l'acceptation de l'impôt. Partisan d'un État moderne, aux fonctions rigoureusement délimitées, ce libéral reste convaincu que l'État ne devrait pas s'immiscer dans la logique de marché. Sur un plan idéologique, jusqu'à la fin du XIXe siècle, les notions de l'impôt-échange théorisé par Pierre Joseph Proudhon[43] et de l'impôt-prime d'assurance développée par Émile de Girardin[44] constituent le ciment d'un État non interventionniste dont les ressorts sont lézardés par la naissance d'un État social. La conception classique de l'impôt est modifiée, au début du XXe siècle en ce sens que la doctrine dite « de l'impôt-échange », c'est-à-dire d'un impôt supporté par ceux qui retirent des avantages procurés par l'État s'efface au profit de la conception de « l'impôt contribution » défendue notamment par Gaston Jèze et dont l'objet est de financer les charges publiques de l'État par l'ensemble de la communauté nationale. Cette conception de l'impôt est associée aux transformations de l'État. L'impôt est dû en fonction de l'appartenance de l'individu au corps social. En d'autres termes, la légitimité de l'impôt, qui par essence porte atteinte aux droits de propriété, est interprétée à la lumière d'une dialectique des prérogatives de puissance publique du souverain et des libertés individuelles de ces sujets. Les mutations institutionnelles de l'État au cours du XIXe siècle conduisent les juristes à s'emparer de la question de l'impôt pour saisir la juridicité de la notion. Nourri d'une approche économique de l'impôt qui transparaît dans les premières contributions à cette problématique, Gaston Jèze s'en éloigne pour adopter à l'instar des juristes allemands et autrichiens, une définition pétrie de pure technique

[42] Jean-Baptiste Say, *op.cit,* p. 134.

[43] P.J. Proudhon, *Œuvres complètes*, Paris, A. Lacroix, Verboeckhoven et Cie, 1850-1871, 26 tomes, tome 15, Théorie de l'impôt, 1868, p. 40.

[44] E. de Girardin, *Le socialisme et l'impôt,* en particulier, l'auteur précise « Tout impôt qui n'est pas la garantie d'un risque, le prix d'une marchandise ou l'équivalent d'un service, est un impôt qui doit être abandonné » Paris, Michel Levy, 1849, p 120

juridique. À l'aune des mutations institutionnelles de l'État, cette définition a déjà été débattue par de nombreux auteurs qui remettent en question un ou plusieurs de ces éléments. Il n'en demeure pas moins que l'éthique de l'impôt demeure un idéal auquel Gaston Jèze reste attaché lorsqu'il traite du partage équitable de l'effort fiscal entre les contribuables. Les usages de l'impôt démontrent, s'il en est besoin, que ce prélèvement obligatoire n'a pas une stricte finalité budgétaire. Ce lien exclusif entre l'impôt et le budget a longtemps été la traduction du principe, hérité du libéralisme économique, de neutralité fiscale. Toutefois, l'interventionnisme économique de l'État par des dispositifs fiscaux n'est pas récent. L'impôt peut viser parallèlement des objectifs de caractère économique, social ou culturel. Ce temps de l'État moderne se conjugue avec des conceptions philosophiques et économiques au titre du fondement de l'impôt. L'impôt-échange laisse place à une conception de l'impôt-solidarité[45]. Si les « constitutions » libérales de la fin du XVIIIe siècle visaient à limiter la puissance de l'État pour assurer la garantie des droits, l'État au XXe siècle n'a plus pour seule mission d'assurer aux citoyens la sécurité de leurs biens, mais doit encore poursuivre des finalités sociales et culturelles, au moyen d'une redistribution des richesses et en provoquant une inflation de l'interventionnisme fiscal. Les finalités sociales et culturelles de l'impôt sont largement controversées à la fin du XXe siècle et ce concomitamment à un déficit de légitimité de l'État postmoderne qui devient plus « modeste », davantage « régulateur » « qu'interventionniste », centré sur ses missions régaliennes et en retrait sur ses interventions de marché.

8- La protection du patrimoine culturel se déduit de textes dont le ressort semble relever de motivations fiscales. Ces derniers s'inscrivent dans la volonté des pouvoirs publics, au lendemain de la Première Guerre mondiale et d'une crise des finances publiques, de créer de nouvelles ressources fiscales. Dès les premières années du XXe siècle, des revendications patrimoniales à l'accent protectionniste se font jour. Leur résonance fiscale est attestée, lors de débats parlementaires par des propositions de loi visant à instaurer des droits de sortie au titre des objets présentant un intérêt artistique ou historique. Ainsi, le député Fernand Engerand propose lors de la séance du 17 décembre 1907, l'instauration d'un droit de sortie de 20 % sur les objets d'art et de collection dont la fabrication est antérieure à 1850[46]. La motivation d'une telle proposition puisait ses racines, selon l'exposé des motifs, dans « le pillage artistique de la France ». En réaction, le député proposait un droit de sortie pour suppléer « à l'absence ou du moins à l'insuffisance de l'inventaire des richesses d'art de la

[45] Voir la thèse d'Audrey Rosa, *Solidarité et impôt, Recherche sur les fondements de l'impôt moderne*, thèse Toulouse I, 2013, publiée dans la nouvelle bibliothèque des thèses, Dalloz, 2015.

[46] Chambre des députés, Documents parlementaires, Annexe n° 1381, 17 décembre 1907, pp. 429-430.

France ». Sans pour autant admettre l'interdiction d'une exportation d'objets d'art anciens, cette proposition de loi justifiait l'imposition comme suit : « Il paraît au contraire de toute équité, que l'État français, qui est certainement lésé par un négoce qui diminue son patrimoine de beauté, en récupère une compensation en prélevant sur les acquéreurs de ces objets un droit important, au moment où ils les font sortir de nos frontières ». Toutefois, l'auteur de cette proposition constatait un écueil : « un droit de sortie risque de porter préjudice au marché français des antiquités ». Pour corriger ces déséquilibres, Fernand Engerand proposait d'exonérer de droits de douane les importations d'objets d'art aux fins d'une vente publique sur le marché français et partant de les faire bénéficier du régime de l'admission temporaire au titre des acquisitions. Par peur d'assécher les transactions liées aux objets d'art, et sur fond de difficultés douanières pour contrôler ces transactions, la proposition de loi ne fut pas retenue.

9- Ce sont des préoccupations analogues, sans doute accentuées par des besoins financiers, qui renaissent lors de la Première Guerre mondiale. Sous l'autorité de députés notamment d'André Honnorat et d'André Lebey, une proposition de loi exhorte les pouvoirs publics à adopter des droits de douane pour freiner l'exportation d'objets ayant un intérêt artistique ou historique[47]. Il est prévu pour une période de cinq années à compter du jour de la promulgation de la présente loi que l'exportation de tout objet présentant un intérêt artistique ou historique serait soumise à une taxe proportionnelle, de 5 % à 15 % de leur valeur. L'exposé des motifs exprime les velléités protectionnistes comme suit : « il importe seulement d'éviter que les amateurs et marchands étrangers soient les exclusifs bénéficiaires de la crise que va subir ce commerce, et d'empêcher que des œuvres présentant un intérêt national d'histoire ou d'art soient à tout jamais perdues pour la France. Car il n'y a pas d'illusions à se faire, l'État, au lendemain de la guerre, sera sans aucun moyen d'ouvrir à nos musées les crédits qui leur seraient nécessaires pour profiter des prix avantageux auxquels nombre d'objets de collection seront mis en vente ». Cette proposition poursuivait ainsi un double objectif : de doter l'État des ressources fiscales indispensables en période de guerre et d'assouvir un patriotisme artistique de nature à préserver un patrimoine national. La proposition de loi précisait : « elle frappe l'exportation des objets d'art d'un droit de sortie, de façon que la spéculation étrangère ne puisse profiter, d'une manière excessive, des douloureuses circonstances que nous traversons. Elle permet en outre au Gouvernement, dans certains cas particuliers, de retarder cette exportation, de façon que les œuvres les plus précieuses de nos collections privées ne puissent pas être transportées loin de France au moment précis où nos musées, par suite des répercussions financières de la guerre, se

[47] Chambre des députés, proposition de loi n° 976, séance 1er juin 1915.

trouveront sans aucune ressource pour les acquérir ». Il était en outre prévu pour ces objets présentant un intérêt national d'histoire ou d'art, que le Ministre de l'Instruction publique et des Beaux-Arts aurait la faculté de retarder l'exportation pendant 5 ans, par l'exercice d'un droit de préemption. Face à la levée de boucliers des marchands d'art, cette proposition de loi ne fut pas adoptée.

10- C'est finalement la loi du 31 août 1920 qui permet à l'État de retenir des œuvres destinées à l'exportation, par l'établissement d'une interdiction d'exportation pour des objets présentant un intérêt d'art ou d'histoire, suivie d'un classement d'office, et par une taxe proportionnelle de 15 % à 25 % de leur valeur pour les biens autorisés à une sortie du territoire[48]. Le sénateur Guillaume Chastenet de Castaing stigmatise le patriotisme artistique comme suit : « cette survivance d'artisans et d'artistes innombrables a toujours attiré les étrangers sur notre terre vénérable. Ils y viennent en foule, et, avec le tribut de leur admiration, ils y laissent une quantité d'or appréciable, qui pèse heureusement sur notre balance commerciale »[49]. Cela étant, sous la plume d'Édouard Herriot, rapporteur à la commission des finances de la Chambre des députés, la préservation du patrimoine est au cœur du projet de création de ressources fiscales. Ce patrimoine national est salué comme suit : « c'est sa grandeur, c'est sa force, c'est la raison même de sa beauté. La science n'en a pas, elle distribue ici et là ses bienfaits ou ses méfaits. L'art, où qu'il naisse, où qu'il se développe, est à ce point lié au sort même du génie national qu'on ne peut l'en séparer sans mutiler l'un ou l'autre et quelquefois l'un et l'autre... Ce n'est pas d'un nationalisme étroit, c'est d'un amour sincère de l'art que s'inspire notre volonté de ne pas voir exiler les chefs-d'œuvre de nos grands artistes morts »[50]. Pour Henri Eygout, cette loi à finalité fiscale est mue, à l'issue de la Première Guerre mondiale, par un patriotisme exacerbé : « lorsqu'un objet d'art a été jugé digne de l'attention publique et a été soumis au classement, le législateur ne veut pas qu'on puisse le soustraire à la vue et à la jouissance du public. Leur exposition en France, aux yeux d'un public surtout français, est de nature à maintenir dans l'esprit de celui-ci un certain patriotisme indispensable à la vie du pays »[51]. L'auteur poursuit à raison : « en 1920, cependant, le législateur a cru nécessaire d'élargir la prohibition d'exportations, et de l'étendre à certains objets même non classés. Ce fut l'objet de la loi du 31 août 1920. En dépit de son apparence de loi protectrice du patrimoine

---

48 Loi du 31 août 1920 relative à l'exportation des œuvres d'art, JO du 7 Septembre 1920, p. 13086.

49 Rapport n° 370 de la Commission des finances du Sénat sur la loi relative à l'exportation des œuvres d'art. Documents parlementaires - Sénat, 1920, p. 728

50 E. Herriot, rapporteur commission des finances, Séance publique du 29 avril 1920, JO Débats parlementaires, Chambre des députés du 30 avril 1920, p. 1478.

51 H. Eygout, «La protection des objets mobiliers d'art et d'histoire » in RDP, 1922, p. 475

artistique de la France, cette loi n'était, au fond, qu'une loi fiscale, obéissant presque uniquement à la préoccupation d'attirer en France de nombreux étrangers pour contempler les œuvres d'art françaises et améliorer par leurs dépenses le change français. C'est dans cette pensée, beaucoup plus que dans la crainte de l'exode des œuvres d'art, qu'il faut aller chercher l'origine de la loi »[52]. L'objectif poursuivi par le législateur était de pouvoir conserver sur le territoire national des chefs-d'œuvre qui, s'ils franchissaient les frontières à la suite d'une vente publique, ne pourraient être récupérés dans les collections nationales. S'attirant les foudres des marchands d'art et de l'opinion publique, les parlementaires, par le vote de la loi de finances du 31 décembre 1921, abrogèrent la loi du 31 août 1920, sans pour autant renoncer à des ressources fiscales[53].

11- La force d'attractivité fiscale est alors observable. Après avoir abrogé ces dispositions par l'article 29 de la loi du 31 décembre 1921, l'article 30 de la loi budgétaire pour 1922, soumet à la taxe de 10 %, les opérations de vente effectuées par les antiquaires, au titre des curiosités, antiquités, livres anciens, ameublements ou objets servant à l'ameublement, objets de collection, ainsi que les objets de vente portant sur les peintures, aquarelles, pastels, dessins, sculptures originales, gravures ou estampes. Toutefois, sont exonérées les collections d'histoire naturelle et les œuvres d'art d'artistes vivants ou morts depuis moins de vingt ans. La dimension essentiellement fiscale de la loi budgétaire pour 1922, et l'abrogation des dispositions contenues dans le texte de l'année précédente sur l'interdiction d'exportation d'objets d'art, n'a pas occulté le fait que les articles 34 à 37 de la loi de finances consacraient, pour la première fois, « un droit de préemption sur les objets d'art par subrogation légale et d'office à l'adjudicataire »[54]. Cette emprise sur un droit de propriété sacré et inviolable était justifiée par la nature « collective » des œuvres d'art concernées. Pour le député Charles Dumont : « Quand un particulier est détenteur d'un objet, qui de notoriété publique est de nature à figurer clans une collection nationale, il n'est plus, en réalité, que l'usufruitier d'une richesse, appelée à devenir nationale »[55]. L'article 36 de la loi de finances du 31 décembre 1921 a établi au profit de la Caisse Nationale des Monuments Historiques, instituée par la loi du 10 juillet

[52] H. Eygout, *op.cit.* p. 476.

[53] Loi du 31 décembre 1921 portant fixation du budget général pour 1922, JO du 1er janvier 1922, p. 2. Cette loi du 31 aout 1920 est ressuscitée par le régime de Vichy lors de l'adoption de la loi n° 2595 du 23 juin 1941 relative à l'exportation des œuvres d'art.

[54] Chambre des députés- Séance publique du 14 décembre 1921 -JO Débats parlementaires, du 15 décembre 1921, p. 5089.

[55] Chambre de députés- Séance publique du 14 décembre 1921 -JO Débats parlementaires, du 15 décembre 1921, p. 5089.

1914, une taxe de 1 p. 100 sur les ventes publiques d'objets d'art. Pour justifier cette taxe supplémentaire, le ministre de l'instruction publique et des Beaux-arts précisait : « lorsque nous avons résolu d'abroger la loi de 1920, nous avons cru qu'il était juste d'exiger du commerce des objets d'art qu'il aidât l'État à acquérir celle des œuvres artistiques situées en France qu'il mériterait de prendre rang dans nos collections ; et nous avons imposé à ce commerce un droit de 1 p. 100 dont le produit sera versé à la Caisse des monuments historiques. Ainsi l'exportation redeviendrait libre ; mais le commerce contribuerait, par le paiement de cette taxe, à l'achat des objets, qu'il y aurait un intérêt national à retenir en France »[56]. Ainsi, dans une note préparatoire au Budget de 1922, du Ministre de l'instruction publique et des Beaux-arts, en date du 5 octobre 1921, adressée au ministère des Finances, Léon Bérard a expressément prévu cette taxe supplémentaire « pour subvenir aux dépenses élevées qu'entraînera le classement d'office des œuvres d'art ». Dans ce contexte, il paraissait urgent de connaître la nature des œuvres d'art et objets d'art qui relevaient des articles 30, 36 et 37 de la loi de finances pour 1922. Le décret du 18 mars 1924 arrête la liste des biens considérés comme « œuvres d'art pour l'application des articles 36 et 37 de la loi de finances du 31 décembre 1921 »[57]. Les œuvres d'art susceptibles d'être préemptées en vente publique étaient, selon ce dispositif, les « curiosités, antiquités, livres anciens, objets de collection, peintures, aquarelles, pastels, dessins, sculptures originales, tapisseries anciennes, pour la perception de la taxe spéciale de 1 p. cent ». Cette liste énumérative ne précise pas la nature des biens concernés, et ce, d'autant que les travaux préparatoires sont tout aussi évasifs. Il s'agit d'objets « de nature à figurer dans les collections nationales », c'est-à-dire, selon Marcel Nicolle « d'œuvres dont l'équivalent ne se retrouve dans les collections du pays »[58]. Cela étant, le décret du 18 mars 1924 dispose à l'article 1er qu'il s'agit des « objets classés sous ces dénominations parmi les objets de luxe, par les décrets pris en exécution des articles 57, 58 et 64 de la loi du 25 juin 1920 »[59]. Cette précision nous conduit à examiner la taxe sur les objets de luxe pour identifier les catégories d'œuvres d'art au sens d'une législation fiscale.

---

[56] Chambre de députés- Séance publique du 14 décembre 1921 -JO Débats parlementaires, du 15 décembre 1921, p. 5090.

[57] Décret du 18 mars 1924 portant règlement d'administration publique pour l'application des articles 36 et 37 de la loi de finances du 31 décembre 1921, JO du 29 mars 1924, p. 2978

[58] M. Nicolle, « Rapport sur l'interprétation qu'il convient de donner aux articles 33 à 38 de la loi de finances du 31 décembre 1921 », présenté au Conseil d'Etat le 9 mai 1922.

[59] Décret du 18 mars 1924 portant règlement d'administration publique pour l'application des articles 36 et 37 de la loi de finances du 31 décembre 1921, JO du 29 mars 1924, p. 2978.

12- L'impôt sur les objets de luxe a fait l'objet de débats doctrinaux soutenus dans la deuxième moitié du XIXe siècle, tendant à démontrer leur improductivité en termes de rendement budgétaire tandis que des arguments de justice fiscale militaient en leur faveur[60]. À la suite de nombreuses crises budgétaires et surtout des besoins en trésorerie au cours de la Première Guerre mondiale, le législateur crée un impôt de consommation, une taxe sur les objets de luxe au taux de 10 % institué sur le paiement des marchandises, denrées, fournitures ou objets quelconques si ces biens sont classés comme étant de luxe. Il s'agit d'un impôt perçu sur les sommes reçues à l'occasion des ventes de détail. L'article 27 de la loi du 31 décembre 1917 crée une commission chargée de préparer le classement des objets de luxe. Dès les premiers mois de 1918, cette commission crée deux tableaux permettant d'identifier ces « objets de luxe ». Les objets d'art figurent dans un tableau A en fonction de leur nature. Il s'agit d'une part des curiosités, antiquités et objets de collection et d'autre part outre des bronzes d'art, des peintures, aquarelles, pastels, dessins et sculptures originales. Le tableau B identifie des biens objet de la taxe en fonction de leur montant[61]. Cette classification épouse les contours d'une législation douanière héritée du XIXe siècle. En reprenant un commentaire de l'Administration des finances à propos de l'élaboration du budget de 1907, Gaston Jèze précise qu'en réformant le droit de balance, c'est-à-dire le droit de douane au titre des exportations, d'un taux de 1 p. cent applicable aux objets d'art, « la loi du 28 avril 1816 avait pris soin de classer les objets de collection en quatre catégories 1° Objets d'histoire naturelle ; 2° Objets de curiosité (vieilles armures, meubles de Boulle, etc.) ; 3° Objets d'art (bronze et marbre antique, tableaux sans cadre) ; 4° Objets de numismatique (médailles, pierres antiques) »[62]. Cette taxation, dont le rendement s'amenuise, disparaît sous les assauts des doctrines du libre-échangisme. En citant l'Administration de finances, Gaston Jèze précise : « le décret du 16 juillet 1855, ratifié par la loi du 18 avril 1857, supprima diverses taxes d'un faible produit, entre autres celles de 1 p. cent de la valeur sur les objets de collection, dont le rendement annuel ne dépassait pas 18 000 francs »[63]. Ce classement a, au demeurant servi de base aux notes explicatives qui accompagnent le tarif douanier dont la notice n° 654 qui reprend ces catégories d'objets de collection. Compte tenu de l'étroitesse de son

---

[60] Voir notamment René Stourm, *Systèmes généraux d'impôts*, Paris, 1893, en particulier le chapitre consacré aux impôts sur le luxe, pp. 91-105.

[61] Loi portant désignation des marchandises, denrées, fournitures ou objets quelconques soumis à la taxe de 10 p. 100, JO du 24 mars 1918, p. 2641.

[62] Gaston Jèze, « Chronique financière française », in RSLF 1907, p.54. L'éminent auteur rappelle en outre qu'« Antérieurement à la Révolution, les objets de collection ne bénéficiaient pas d'un traitement de faveur et n'étaient même pas repris nommément au tableau des droits », *op.cit.* p. 53.

[63] Gaston Jèze, *op.cit.*, p. 55.

assiette, cette taxe sur les objets de luxe est remplacée par une taxe sur le chiffre d'affaires dès 1920 qui portait aussi bien sur le montant des ventes que sur celui des prestations de services réalisées en France. La loi du 25 juin 1920 avait confié à l'administration des Douanes la liquidation et le recouvrement de l'impôt dû au titre de ses missions fiscales, indépendamment du franchissement des frontières. Il faut ici souligner les missions fiscales des douanes. Les pouvoirs publics s'appuient sur la seule administration des finances capable, au lendemain de chacune des crises des finances publiques, de constituer le moteur du redressement économique. Ainsi, dans un discours du 19 juillet 1872, Adolphe Thiers a défini ainsi, à la Chambre des députés, le rôle de la douane au point de vue fiscal : « La douane ne garantit pas seulement 250 millions de perceptions qu'on appelle la perception douanière : elle vous garantit tous les impôts »[64]. Il n'est donc pas surprenant, bien qu'il se fût agi d'opérations effectuées en régime intérieur, de confier à l'administration des Douanes la liquidation et le recouvrement de l'impôt dû par les transitaires et commissionnaires en douane[65].

13- La taxe sur le chiffre d'affaires en date du 25 juin 1920 se substitue à la taxe sur les objets de luxe et conserve une taxation des objets d'art et de collection sur la base de deux catégories de biens analogues à celle préexistante au titre de la taxe sur les objets de luxe. Cela étant, les objets de luxe qui peuvent être taxés à l'une ou à l'autre de ces impositions ont évolué dans le temps. L'article 25 de la loi de finances du 30 juin 1923 exonère de cette taxe les ventes d'œuvres d'art, d'objets ayant un caractère historique, des livres ou des manuscrits acquis par les départements, les villes et les établissements publics pourvus de la personnalité civile, si ces biens sont destinés à figurer dans une collection publique[66]. Selon l'administration de l'enregistrement : « l'énumération contenue dans le nouveau texte doit être interprétée dans un sens large : le législateur a entendu exonérer de la taxe de 10 pour cent prévue par l'article 57, tous les objets classés comme étant de luxe par les tableaux A et B annexés au décret du 26 juin 1920 ». L'objectif poursuivi par le législateur n'est pas tant de retenir des œuvres sur le territoire national, mais bien à partir de l'impôt, d'enrichir les collections publiques. Un décret du 19 janvier 1926 regroupe dans la catégorie ornement les bronzes d'art, ferronnerie d'art, serrurerie d'art, menuiserie d'art, mais également les statues en toutes matières et les peintures, aquarelles, pastels, dessins, sculptures originales[67]. Toutefois, le décret rappelle qu'au titre de cette catégorie du tableau A, les œuvres originales vendues directement par

---

[64] L. Becquet et E. Lafferrière, *Répertoire du droit administratif*, Paris, Paul Dupont, 1887, p. 142

[65] Voir Jean Clinquart, *L'administration des douanes de 1914 à 1940*, comité pour l'histoire économique et financière de la France, Paris, 2000.

[66] Loi du 30 juin 1923, JO 1er juillet 1923, p. 6168.

[67] Décret du 19 janvier 1926 relatif au classement des objets de luxe, JO. 21 janvier 1926, pp. 848-849

leurs auteurs autrement que par des procédés commerciaux, sont exonérées de taxe depuis l'origine de la taxe sur les objets de luxe. En régime intérieur, un décret du 24 février 1930 complète le tableau A au titre des curiosités, antiquités et tout objet de collection non dénommé. En effet, selon l'article 3 du décret susmentionné, « ne sont compris dans cette rubrique que les objets dont l'ancienneté est antérieure au XVIIe siècle, c'est-à-dire au 1er janvier 1601 »[68]. Les tableaux de toute époque et les objets d'art antérieurs à l'an 1600 sont exempts de droits de douane lors de leur importation et, par voie de conséquence, admis au bénéfice de l'admission temporaire. Les objets d'art postérieurs à l'an 1600 sont assimilés à des objets modernes, et partant frappés de droits suivant un barème qui varie avec la nature et la catégorie des objets d'art importés. Un décret du 3 juin 1936 a étendu le bénéfice de ces dispositions aux objets d'art postérieurs au XVIIe siècle et antérieurs au XIXe siècle[69]. Ces taxes « en cascade », cumulatives à chaque stade des transactions avaient été critiquées par les professionnels. À la veille de la réforme fiscale du 31 décembre 1936, la taxe sur le chiffre d'affaires au taux de droit commun de 2 % comportait une multitude de taxes uniques. La réforme opérée en 1936 visait un double objectif : fusionner les droits de consommation et substituer à l'impôt sur le chiffre d'affaires (ainsi qu'aux taxes uniques) une taxe à la production d'un taux uniforme qui serait perçue au dernier stade de la production, tant en régime intérieur qu'à l'importation. Selon l'exposé des motifs du projet de loi, « la taxe unique sur les ventes est placée au dernier stade de la production de manière à réduire son incidence économique tout en libérant le commerce »[70]. Cette nouvelle taxe à la production reprend *ex nihilo*, les classifications préexistantes et soumet aux termes de l'article 3-5°, à la taxe de 2 p. cent : « les ventes d'articles d'occasion, lorsqu'elles portent sur des objets anciens d'orfèvrerie, de bijouterie et de joaillerie (autres que ceux visés à l'article précédent), ou sur des objets anciens d'ameublement, ainsi que les ventes de curiosités, antiquités, livres anciens, objets de collections, peintures, aquarelles, pastels, dessins, sculptures originales, gravures ou estampes »[71]. Les ventes portant

---

[68] Décret du 24 février 1930 relatif au classement des objets de luxe, JO. 25 février 1930, pp. 2048-2049

[69] Décret du 3 juin 1936 relatif à la tarification douanière, JO 5 juin 1936 p. 5970.

[70] Pendant l'entre-deux-guerres, une taxe sur le chiffre d'affaires fut instituée par la loi du 25 juin 1920 puis supprimée par la loi du 31 décembre 1936 qui lui substitue deux taxes uniques sur la production. Elles étaient uniques en ce sens qu'elles ne frappaient un produit qu'une seule fois, à la différence des taxes cumulatives antérieures, perçues à chaque transaction sur l'intégralité du prix. La crise des finances publiques conduit les pouvoirs publics à recréer une taxe cumulative dite taxe d'armement avec le décret-loi du 21 avril 1939. En addition à la taxe d'arment devenue en 1940, la taxe sur les transactions, fut créée une taxe locale, d'abord facultative en 1941 puis obligatoire à compter de 1948.

[71] Cet alinéa doit sa forme définitive à la commission des finances du Sénat. Rapport A. Gardey, Sénat, documents parlementaires, annexe n° 894, JO, 1er janvier 1937, p. 1930

sur des objets d'ameublement ou servant à l'ameublement avaient été écartées par la Chambre. La commission du Sénat a tenu à soumettre ces transactions au taux de 2 pour 100 lorsqu'elles portent sur des meubles et objets « anciens », mais les travaux parlementaires ne permettent pas d'apprécier ce caractère ancien. L'instruction administrative du 13 février 1937 précise utilement « qu'en ce qui concerne l'importation, la taxe de 2 pour 100 s'appliquera aux objets anciens tels qu'ils sont repris sous le n° 654 du tarif des douanes (annexe IV). Il convient, l'application en principe, de se référer à cette énumération pour l'application de l'impôt en régime intérieur ». Les vicissitudes de ces taxes sur le chiffre d'affaires alimentent les jalons d'une fiscalité du patrimoine culturel mobilier. D'une part, c'est une doctrine douanière qui forge les contours des objets d'art et de collection dignes d'intérêt. Pendant l'entre-deux-guerres, le jurislateur prend l'habitude de renvoyer à la notice explicative n° 654 élaborée à partir de catégories de biens par nature et selon leur valeur, pour définir les biens objet de taxation. D'autre part, la notion d'œuvre originale est considérée dans le cadre de cette législation pour exonérer de la taxe sur les objets de luxe la circulation de ces œuvres. La proposition de loi de M. André Lebey tendant à exempter de la taxe sur les objets de luxe les œuvres d'art originales vendues par leurs auteurs est adoptée en 1918. Enfin, c'est dans un contexte de transactions internationales, d'exportations comme d'importations, que l'outil fiscal est utilisé à titre « incitatif » pour retenir des productions sur le territoire national et à titre financier pour fournir de nouvelles ressources fiscales à partir d'un bien qualifiable « d'objet de luxe ».

14- Si la genèse d'une fiscalité du patrimoine culturel mobilier, est redevable historiquement d'une législation douanière, celle-ci demeure toujours une source d'actualité, alors même que la gestion administrative de ces biens relève désormais d'une administration fiscale et non plus exclusivement d'une entité douanière. Ainsi, les œuvres d'art, les objets d'art ou de collection sont, compte tenu de la réglementation européenne et partant de la circulation de ces biens, qualifiables au niveau communautaire. Dans cette perspective, l'union douanière est le premier domaine de compétence exclusive de l'Union européenne. Cette union douanière repose depuis l'origine sur un système tarifaire unifié qui reprend et approfondit le système harmonisé[72]. Il est décliné par l'Union européenne au travers de la Nomenclature combinée et émanant du Conseil, puis du Tarif intégré des Communautés européennes. Le tableau des droits comporte 21 sections, dont la dernière concerne les objets d'art, de collection ou d'antiquité. C'est dans ce contexte

[72] Voir Jean-Luc Albert, « Douane et œuvre d'art, une relation méconnue » Law, média, art et culture, 2017-6 p. 456.

que le chapitre 97 du tarif douanier commun, anciennement chapitre 99, définit la liste des catégories de marchandises qui sont classées sous cette rubrique en six positions tarifaires[73]. Il n'est dès lors pas surprenant que ce classement tarifaire génère des difficultés contentieuses conduisant la Cour de justice de l'Union européenne à statuer sur la qualification des « marchandises », objets d'art, de collection ou d'antiquité[74]. Sans qu'il soit besoin de revenir sur la jurisprudence de *L'oiseau dans l'espace* de Brancusi[75] qui mit en exergue le refus de l'administration américaine des douanes de reconnaître l'art abstrait comme forme d'expression artistique au même titre que l'art figuratif[76], l'interprétation des six positions tarifaires du tarif douanier commun par la Cour de Justice de l'Union Européenne permet de saisir les contours des objets d'art, d'antiquité et de collection. Comme le précise Jacques Fingerhut : « dans la mesure où ces catégories de marchandises sont exonérées de droits de douane, la question de la reconnaissance d'un bien en tant qu'objet d'art, de collection ou d'antiquité au sens du TDC revêt un intérêt financier pour les importateurs, auquel s'ajoute l'avantage d'une taxation à la TVA à un taux réduit »[77]. L'interprétation jurisprudentielle reste cantonnée à une approche matérielle de l'œuvre d'art afin de distinguer le caractère exceptionnel de cette « marchandise », qui bénéficie d'une exonération des droits de douane. Ainsi, dans l'affaire Volker Huber, 10 000 lithographies, tirées respectivement à 8 400 et 4 500 exemplaires à partir de deux planches exécutées à la main par l'artiste Bruno Bruni, ne portent ni signature ni numérotation et réalisées au moyen d'une presse mécanique et à l'aide d'un procédé de réimpression relevaient bien, selon le juge communautaire, du chapitre 9702 (gravures, estampes et lithographies originales). En d'autres termes, la

---

[73] La classification établie exclut un certain nombre de biens comme les timbres postes, fiscaux (non oblitérés) qui relèvent du chapitre 4907, les toiles peintes pour décors de théâtre fonds d'ateliers ou usages analogues classées, sauf exceptions sous le chapitre 5907, les perles fines ou de culture, les pierres gemmes intégrés aux chapitres 7101 à 7103. Par ailleurs, le chapitre 9701 (tableaux) exclut les mosaïques ayant un caractère commercial (reproductions en séries, moulages et œuvres artisanales, par exemple), même lorsque ces ouvrages ont été conçus ou créés par des artistes.). On considère comme "gravures, estampes et lithographies originales", au sens du n° 9702, les épreuves tirées directement, en noir ou en couleurs, d'une ou plusieurs planches entièrement exécutées à la main par l'artiste, quelle que soit la technique ou la matière employée, à l'exception de tout procédé mécanique ou photomécanique. Enfin, les sculptures ayant un caractère commercial, même lorsque ces ouvrages ont été conçus ou créés par des artistes ne relèvent pas du chapitre 9703. . Les cadres qui entourent les tableaux, peintures, dessins, collages ou tableautins similaires, gravures, estampes ou lithographies sont classés avec ces articles lorsque leur caractère et leur valeur sont en rapport avec ces articles.

[74] Voir Jacques Fingerhut, « L'art, le droit douanier et le droit fiscal » RDF 2017 n° 41-493

[75] Margit Rowell, *Brancusi contre Etats-Unis, un procès historique, 1928*, Adam Biro, 2003.

[76] Voir Bernard Edelman, *Adieu aux arts. 1926 : l'affaire Brancusi*, Aubiers, 2001.

[77] Voir Jacques Fingerhut, *op.cit.* paragraphe 8.

CJUE a jugé que ces épreuves tirées d'une planche entièrement exécutée à la main par l'artiste doivent être considérées, nonobstant leur mode de reproduction, comme des lithographies originales[78]. L'interprétation matérielle de ces œuvres d'art recoupe parfois celle inhérente à la TVA qui sera abordée ultérieurement. Cependant, cette jurisprudence communautaire est parfois décisive pour identifier par exemple des véhicules de collection. La définition douanière des véhicules de collection appliquée dans l'Union européenne, s'attache à la conservation d'un patrimoine et d'un savoir-faire disparus. Les véhicules reconnus comme objets de collection sont classés au chapitre 9705 du tarif douanier, « Collections et spécimens pour collections de zoologie, de botanique, de minéralogie, d'anatomie, ou présentant un intérêt historique, archéologique, paléontologique, ethnographique ou numismatique ». Selon une jurisprudence de la Cour de Justice de l'Union Européenne, établie en 1985 et 1998, dans deux décisions Daiber et Clees, un véhicule de collection de la position tarifaire 9705 doit présenter les caractéristiques cumulatives suivantes :

– Constituer un objet de collection, c'est-à-dire identifié par les éléments suivants : rareté, utilisation non conforme à sa destination initiale, transaction spéciale en dehors du commerce habituel, valeur élevée, sans rapport avec la valeur propre des éléments qui le composent ;

– Présenter un intérêt historique ou ethnographique, c'est-à-dire qu'il doit représenter un pas caractéristique dans l'évolution des réalisations humaines ou illustrer une période de cette évolution. Pour illustrer cet intérêt historique, le véhicule doit, en conséquence, avoir conservé ses caractéristiques d'origine, être âgé de plus de trente ans et correspondre à un modèle ou type dont la production a cessé.

Ces « conditions » d'un véhicule de collection sont assimilables pour le juge communautaire, à une présomption de collection qui peut toujours être renversée par l'autorité nationale. Pour la CJUE, les véhicules automobiles qui remplissent ces conditions ne présentent pas un intérêt historique ou ethnographique lorsque l'autorité compétente démontre qu'ils ne sont pas susceptibles de marquer un pas caractéristique de l'évolution des réalisations humaines ou d'illustrer une période de cette évolution[79]. Dans cette veine, le bulletin officiel des douanes n° 7032 du 8 septembre 2014 expose donc les critères permettant de caractériser les véhicules de collection : se trouver dans leur état d'origine, sans modification substantielle du châssis, de la carrosserie, du système de direction, de freinage, de transmission ou de suspension ni du moteur ; être âgés d'au moins 30 ans et correspondre à un modèle ou type dont la production a cessé. La difficulté du juge communautaire comme d'ailleurs du juge national, est de qualifier des biens qui ressortent de deux logiques

---

[78] CJCE, 14-12-1988, C-291/87 Volker Huber, *Rec. CJCE 1988, p. 6449.*

[79] CJCE, 3 déc. 1998, C-259/97 Uwe Clees, *Rec. 1998 p. I -8127*

contradictoires. L'une inhérente au marché de l'Art, fait de ces biens une marchandise qui doit librement circuler et l'autre relative à la vie de ces biens qui vise à promouvoir un bien culturel, justification ultime de l'exonération des droits de douane. Somme toute, la qualification fiscale de ces biens ne peut être appréhendée que par une compréhension des mécanismes douaniers et partant d'une doctrine qui s'est construite sur la base d'une nomenclature douanière.

Paragraphe 3 – Les revendications mémorielles d'une fiscalité du patrimoine culturel

15- Ce patrimoine culturel est empreint d'une couleur artistique très marquée. Dans sa thèse sur la genèse du patrimoine culturel, Annie Héritier soulignait l'influence de l'art sur les institutions publiques en ces termes : « les XVIIe et XVIIIe siècles marquent, à la fois, l'affranchissement de l'artiste, dont on perçoit le génie, qui échappe peu à peu à la tutelle des corporations pour rejoindre le mouvement académique, et la reconnaissance de la propriété artistique par les ordonnances royales et la législation révolutionnaire »[80] et de poursuivre « cette fonction artistique et parachevée par l'exposition publique des collections du monarque, permettant de présenter le roi à son peuple et de soumettre sa cause au public »[81]. En somme, une doctrine artistique de l'État s'enracine, non pas uniquement dans des actions de mécénat, mais dans des procédures qui permettent au public, au peuple de jouir des richesses d'un patrimoine artistique devenu sous la Révolution française un patrimoine de la Nation. Annie Héritier en précise les termes : « Les objets d'art, meubles et immeubles, investissent un espace urbain qui leur est propre : l'espace esthétique, lieu où l'œuvre rencontre l'individu. Ils sont regroupés dans un musée sans mur, où ils prennent leur place en acquérant une utilité politique : celle de présenter l'État »[82]. La liaison entre les Beaux-arts et l'État est étayée par de nombreux discours et textes de la Révolution française : « les œuvres artistiques, déclarées nécessaires à la société, se révèlent alors comme des piliers qui soutiennent l'État, qui consolident ses fondations – la Constitution dont ils sont "l'éclatante enveloppe" – et qui, également étayent ses institutions, mises en place par les textes normatifs »[83]. La jouissance du public autorise donc de dévoiler au monde la représentation de notre théâtralité sociale et politique. Noé Wagener le rappelle avec force à propos des monuments historiques : « L'assimilation de la

[80]Annie Héritier, *Genèse de la notion de patrimoine culturel, 1750-1816*, collection droit du patrimoine culturel et naturel, L'harmattan, 2003, p.14

[81] A. Héritier, *op.cit.* p. 18.

[82] A. Héritier, *op.cit.* p. 21

[83] A. Héritier, *op.cit.* p. 24

propriété nationale à la propriété de l'État fait donc perdre de vue l'essentiel : la propriété suppose la jouissance, de sorte que la propriété nationale est perçue, sous la Révolution, comme impliquant la liberté, pour les nationaux, d'user des biens dont ils sont collectivement propriétaires. Autrement dit, les droits de la nation sur les monuments des arts sont des droits de jouissance, ce qui a pour conséquence très prosaïque que ces monuments doivent être rendus accessibles »[84]. Créancière d'un patrimoine national, l'État s'oblige à une servitude d'affectation à l'usage du public. Cette dette ouvre l'accessibilité du public aux biens dont l'État a une charge fiduciaire. Des prestations publiques à la faveur du patrimoine culturel délimitent positivement un ordre public culturel[85]. En d'autres termes, une des fonctions du patrimoine culturel est d'assurer la continuité des institutions, de les refonder de manière continue dans le temps, en archivant le passé à un présent.

16- Dans ses méditations, Alexander Gottlieb Baumgarten définit en 1735, l'esthétique comme une « science du mode sensible de la connaissance d'un objet »[86]. La sphère artistique est alors le siège par excellence du jugement esthétique. Près de deux siècles plus tard, en 1926, alors même que l'esthétique est devenue une discipline de la philosophie, le Dictionnaire historique et critique de la philosophie d'André Lalande définit l'esthétique comme la « science ayant pour objet le jugement d'appréciation en tant qu'il s'applique à la distinction du beau et du laid »[87]. La question de la maîtrise sociale de l'esthétique, ainsi que celle de la construction du jugement esthétique chez l'être humain rejoignent des préoccupations juridiques. Saisie par le droit, quelle peut être la relation entretenue entre un objet social et les normes juridiques ?[88]. La finalité esthétique s'inscrit-elle et dans quelle mesure parmi les buts d'ordre public assignés à la police administrative ?[89]. Si au début du XXe siècle, le Conseil d'État semblait favorable pour intégrer l'esthétique parmi les composantes de l'ordre public général, cela semble se dissiper à la fin du XXe siècle : le maire ne possède pas un pouvoir de police générale pour limiter des monuments sur des tombes en fonction de ses

---

[84] Noé Wagener, *Les prestations publiques en faveur de la protection du patrimoine culturel*, thèse Paris-Sud, 2014, p. 159.

[85] Voir Noé Wagener qui s'interroge *in fine* sur le titulaire de ces prestations et les enjeux de socialisation, thèse précitée, pp.420 et s.

[86] A.G. Baumgarten, *Méditations philosophiques sur l'essence du poème,* Trad. Jean-Yves Pranchère, Paris, 1988, l'Herne, § 246.

[87] A. Lalande, Vocabulaire technique et critique de la philosophie, Paris, PUF, « Quadrige », 1980, p. 30.

[88] Voir Jessica Makowiak, *Esthétique et droit*, LGDJ, 2004

[89] Voir Paul Duez, « Police et esthétique de la rue », D. 1927. Chron. 17 ; Margueritte-Nelly Bailly, *L'esthétique en droit administratif français*, thèse droit, Angers 1982.

caractéristiques esthétiques. Dans cette veine, quels sont alors les rapports entretenus entre le patrimoine et l'esthétique ?[90]. L'article 1er du Code du patrimoine entretient cette relation : « Le patrimoine s'entend, au sens du présent code, de l'ensemble des biens, immobiliers ou mobiliers, relevant de la propriété publique ou privée, qui présente un intérêt historique, artistique, archéologique, esthétique, scientifique ou technique ». Mais à y regarder de plus près, l'esthétique ne semble pas un critère d'identification des monuments historiques. Les articles 622-1 et suivants du Code du patrimoine déterminent les valeurs patrimoniales des monuments historiques classés ou inscrits à partir d'un double critère alternatif d'art ou d'histoire. En particulier, cette approche exclut généralement toute autre considération qui influerait sur l'appréciation des motifs fondant la protection. Le jugement esthétique ne participe donc pas à la qualification de ces biens alors même qu'il s'agit d'une qualité reconnue par l'article 1er. Sur le terrain de la protection des œuvres de l'esprit, Marie Cornu admet que « la notion d'œuvre, en principe, refoule tout jugement esthétique. Dans certains cas, d'une façon indirecte, les qualités artistiques ou esthétiques de l'œuvre influencent pourtant le regard du juge dans l'exercice de qualification »[91]. Mais alors, comment appréhender les liaisons entre le droit et l'esthétique entendus comme une expérience sensible du monde ? À partir du décret de Gratien, Pierre Legendre, nous propose une anthropologie dogmatique de l'État pour saisir ces rapports. Selon son analyse, le sujet de droit, et partant la puissance de l'État se construit à partir des images, de l'esthétique que le sujet « intériorise » pour accepter la règle de droit. À plusieurs reprises, Pierre Legendre nous invite à ces détours esthétiques et conceptuels pour saisir l'essence du pouvoir : « le piano, l'art du tapis ou le travail de l'architecte constituent la preuve non seulement que les cultures lient l'esthétique à une légalité du discours... Mais aussi que toute société met en œuvre, à travers ce que nous appelons son art, une contrainte structurale, celle de laisser passer l'imparlable »[92]. Le décret de Gratien sur les arts est exemplaire d'une ritualisation, certes canonique, mais profondément juridique. Pierre Legendre donne comme exemple « La peinture tient lieu de lecture (*prolectione pictura est*) (*De consecratione*, Dis.3, c.27) ; l'un des nombreux canons portant condamnation des danses (concile de Rouen en 1231, c.14) ; la décrétale de Jean XXII *Docta sanctorum* (1234) sur la musique. Un même fil relie ces textes disparates : la manœuvre

[90] Voir Jacqueline Morand-Deviller, « Esthétique et patrimoine », AJDA 1993, p.89 ; Yves Rodriguez, « La protection administrative de l'esthétique » In Droit et Ville, tome 14, 1982, pp. 139-169.

[91] Marie Cornu, « Notions juridiques du patrimoine et de la création : les entrelacs », Revue générale de droit, 2008, p. 295.

[92]Pierre Legendre, *Leçons VII. op.cit.* p. 92.

juridique qui définit la ritualité légale et exclut l'illégalité. »[93]. L'analyse structurale de la danse permet ainsi de poser les jalons d'une réflexion sur les montages institutionnels : « Le corps est le premier matériau de la Loi »[94]. La trilogie corps, image et mot est à l'œuvre, c'est-à-dire « un montage : l'animal vertical, le corps-à-l'âme de la tradition est le théâtre de la séparation ; il est la scène primordiale »[95]. En d'autres termes, Pierre Legendre nous incite à saisir le corps théâtralisé, mis en scène par les différentes structures chorégraphiques, comme parole nous dévoilant ce qu'est un corps pour l'institution. Selon une analyse anthropologique du geste, la posture verticale du danseur idéalise un « corps-effigie » qui est ainsi mis en scène. Par homothétie le codage de cet art, la verticalité du corps, rappelle le principe hiérarchique qui gouverne nos institutions. Toutefois, l'interdit des danses tient à la remise en cause de la division du corps et de l'âme. En effet, « en quittant le sol par des mouvements de la danse, le corps transgresse sa condition, car c'est l'âme qui s'élève vers le ciel en quittant le corps au jour de la mort »[96]. Tout devient signe, produit du sens et se livre à interprétation : il s'agit bien « d'inscrire l'objet anthropologique dans une perspective herméneutique »[97]. En un sens, les artistes exercent la fonction mythologique, « en rappelant nos attaches imparlables, ces ficelles de fiction [...] par lesquelles les institutions tiennent debout »[98]. Il ne s'agit donc pas d'une qualité informulable, mais d'une expression qui ne peut être formulée « que par des détournements de langage »[99]. C'est au détour de la souveraineté de l'artiste que nous percevons le lien entre le droit et l'esthétique. Les travaux pionniers d'Ernst Kantorowicz fournissent à Pierre Legendre les clés de l'interaction entre ces notions. La problématique peut s'exprimer ainsi : dans quelle mesure la théologie esthétique de la Renaissance a suivi les sillons tracés par la théologie politique des juristes du Moyen Âge ? Dans sa présentation du recueil d'études d'Ernst Kantorowicz « Mourir pour la patrie », Pierre Legendre revient sur l'étymologie de l'art : « l'art, littérale transposition du latin *ars*, doit être scrupuleusement conservé dans un tel contexte, afin d'éclairer une articulation fondamentale avec le droit. *Ars* demeure le mot-clé d'une science générale de la fiction, une interrogation sur la Nature ; *ars* est le mot de passe qui permet d'aller et

---

[93] P. Legendre, *Leçons VII, op. cit.* p. 405.

[94] P. Legendre, *La passion d'être un autre. Étude pour la danse*, page 134, Éditions du Seuil, 1978.

[95] P. Legendre, « Valeur dogmatique de l'esthétique » in R. Bauer (Dir), *La loi et ses conséquences visuelles*, Lars Muller Publishers, p. 328, 2005.

[96] P. Legendre, *Leçons VII, op. cit.* p. 409.

[97] P. Legendre, *Sur la question dogmatique en Occident. Questions théoriques*, p.197, Fayard, 1999.

[98] P. Legendre, *Leçons VII. op. cit.* p. 124.

[99] P. Legendre, *Leçons IV. L'inestimable objet de la transmission. Étude sur le principe généalogique en Occident*, p. 197, Fayard, 1985.

venir entre deux versants, des doctrines du Beau à celles du Bon et de l'Égal, à la Justice des échanges par le droit, selon les concepts triturés par la compilation justinienne et chez les scolastiques latins à partir du XIIe siècle »[100]. En somme, la structure d'une société ne se limite pas à une opération de pure légistique ; elle suppose l'existence de processus diversifiés dans un contexte donné pour assurer l'agencement, l'intelligibilité et la réception des normes sociales et juridiques. Comme le précise Pierre Legendre, « on n'a jamais vu, on ne verra jamais une société se gouverner sans scénario fiduciaire et ce qui l'accompagne : figurations totémiques, musiques, chorégraphies, styles d'architecture... Toutes les formes instituées qui prennent en charge la face cachée du principe de raison »[101]. L'esthétique de l'institution est donc engendrée par une dialectique de sens dans une société, celle de fonder le sujet. Sur le terrain symbolique, l'institution de Pierre Legendre rejoint celle de Cornelius Castoriadis pour qui « l'institution est un réseau symbolique socialement sanctionné où se combinent en proportion et en relations variables une composante fonctionnelle et une composante imaginaire »[102]. En un certain sens, les procédures esthétiques participent à cet univers de significations imaginaires. En d'autres termes, les œuvres d'art produites « par le discours dogmatique constituent le fidèle miroir du texte »[103]. À l'instar d'un palimpseste, la société est alors définie comme un « Texte », c'est-à-dire un ensemble d'écrits dont l'histoire a formé les différentes couches enchevêtrées[104]. La société est ainsi un fourmillement de signes dont l'analyse ne doit pas se séparer de celle de leur théâtralisation. La scène et le montage sont les métaphores qui expriment la réunion des individus dans le corps social. Dans cette perspective, les figures croisées du juriste et de l'artiste s'éclairent. Pour l'un, l'interprétation des normes, au fondement de sa science, maintient la construction d'une société articulée autour d'un principe généalogique. Pour l'autre dont la fonction est de dévoiler les dessous anthropologiques du théâtre, Pierre Legendre prend à son compte le plaidoyer d'Antonin Artaud à propos du Théâtre et son double et en déduit « le double dont il s'agit vise les montages langagiers de la Raison, qui rendent pensable, et donc possible, l'accès au réel »[105]. Le recours à

[100] P. Legendre, « Présentation de l'ouvrage » d'Ernst Kantorowicz, *Mourir pour la patrie*. PUF, 1984, p. 12.

[101] P. Legendre, *Leçons X, Dogma : instituer l'animal humain. Chemins réitérés de questionnement*, Fayard, 2017. p. 150.

[102] Cornelius Castoriadis, *L'institution imaginaire de la société*, Le Seuil, 1974, Points essais 1999, p. 197.

[103] P. Legendre, *L'amour du censeur, op. cit* p. 177.

[104] P. Legendre, *De la société comme un texte. Linéaments pour une anthropologie dogmatique*, Fayard, 2001.

[105] P. Legendre, *Argumenta & Dogmatica. Le fiduciaire suivi de Le silence des mots*, page 25, Fayard, Mille et une nuits, 2012.

l'esthétique est un médium incontournable pour appréhender l'ontologie de l'Institution. La théâtralisation du fondement par l'architecte est évoquée en qualité de pouvoir de l'esthétique : « Le geste architectural est normatif, parce qu'il s'inscrit de manière privilégiée, sur le mode d'une dogmatique rendue visible et corporellement ressentie, dans la mise en scène de la Raison par la culture, selon les temps de son histoire »[106]. Le processus institutionnel met en scène des formes esthétiques qui s'adressent au public à l'instar d'icônes. L'esthétique a donc partie liée avec le droit dans une chaîne de sens qui met en relation un espace d'altérité radicale, un lieu de l'absolu occupé par une instance tierce qualifiée de « Référence », avec un espace de la normativité constitué par des rituels, des emblèmes et des métaphores. Dans cet univers lacanien, l'œuvre d'art est prise dans un entrelacs où se mêlent le réel, le symbolique et l'imaginaire[107]. Pour Pierre Legendre et ses épigones, les qualités esthétiques ou artistiques d'un bien constituent un vecteur de légitimation d'une enveloppe des normes juridiques et partant d'un patrimoine culturel qui met en exergue la puissance étatique.

17- Peut-on déceler une corrélation entre cette enveloppe artistique ou esthétique des normes juridiques et la « jouissance du public » dans le code général des impôts ? L'accessibilité du public, les modalités d'exposition des œuvres d'art autorisent alors un lien entre ces biens et une telle jouissance. La notion de trésors nationaux dépasse la valeur symbolique de ce syntagme. En effet, il s'agit de biens sélectionnés par la puissance publique, classés au titre des monuments historiques ou des archives, ou bien appartenant aux collections publiques ou à un musée de France ou bien enfin, qui présentent un intérêt majeur pour le patrimoine national au point de vue de l'histoire, de l'art ou de l'archéologie. Seul un intérêt public peut en effet légitimer les contraintes qu'impose à l'exercice du droit de propriété la qualification patrimoniale de trésor national. Le trésor national véhicule alors l'expression « d'une identité nationale »[108]. Ces trésors nationaux sont exposés au public dans le cadre d'institutions culturelles[109]. Cette jouissance du public s'exprime encore à propos des œuvres d'art qui ont bénéficié d'avantages fiscaux, notamment

---

[106] P. Legendre, *Leçons I, La 901e conclusion, Étude sur le théâtre de la raison*, Fayard, 1998, p. 295.

[107] Voir Pegter Goodrich, *Legal emblems and the Art of law*, Cambridge university, 2013. L'histoire juridique de l'emblème met en exergue la sacralisation de la souveraineté et le triomphe de la légalité par des rituels et des gestuels qui autorisent une intériorisation de la justice chez le citoyen.

[108] L'article 238 Bis-0 AB du CGI faisait obligation pour les entreprises désireuses de bénéficier d'un crédit d'impôt de 40 % pour l'acquisition d'un Trésor national, de placer le bien en dépôt auprès d'un musée de France, d'un service public d'archives ou d'une bibliothèque relevant de l'État ou placée sous son contrôle technique, pendant 10 ans. Ce texte a été abrogé par la loi de finances pour 2020.

[109] Voir E. Mirieu de Labarre, *« La notion de trésor national, entre identité et diversité culturelles »*, Droit administratif, février 2007, étude n° 3.

au titre d'un mécénat culturel[110]. L'article 238 AB du CGI fait obligation aux propriétaires, ayant acquis des œuvres d'art originales d'artistes vivants, de les exposer au public pendant une durée de 5 ans. S'il s'agit de travaux de restauration des monuments historiques privés financés par mécénat, la durée d'ouverture au public est alors de 10 ans à compter de la fin des travaux[111]. Enfin, l'article 5 de la loi de programme n° 88-12 du 5 janvier 1988 relative au patrimoine monumental exonère des droits de mutation à titre gratuit les immeubles classés ou inscrits sur l'inventaire supplémentaire des monuments historiques et les meubles qui en constituent le complément historique ou artistique. Cette exonération, codifiée à l'article 795 A du CGI, est subordonnée à la souscription par les héritiers, donataires ou légataires d'une convention à durée indéterminée, conclue avec les ministres chargés de la culture et de l'économie. Cette convention prévoit notamment les modalités d'accès du public aux biens en cause. D'une certaine manière, le patrimoine culturel représente un « sémiophore » au sens de Krzysztof Pomian[112]. Ils rendent visible une représentation du temps, dans lequel, le passé est incorporé au présent. Un musée de France, « collection permanente composée de biens dont la conservation et la présentation revêtent un intérêt public et organisé en vue de la connaissance, de l'éducation et du plaisir du public » est organisé en ce sens. Pour soutenir financièrement ces musées de France, une politique publique de mécénat, dont l'impôt constitue la colonne vertébrale, est mise en œuvre depuis 1987. Selon cette approche, le patrimoine culturel immobilier et mobilier est en quelque sorte « mis en scène », théâtralisé au soutien des fantômes de l'État[113]. Dans ce contexte, comment s'élabore, cette fiscalité du patrimoine culturel mobilier ?

---

[110] Article 10 de la loi de finances pour 2007 et article 18 de la loi du 17 février 2009 pour l'accélération des programmes de construction et d'investissement publics et privés.

[111] Dans le cadre d'une convention, le propriétaire s'engage à l'ouverture de son monument historique 40 jours, entre le 1er juillet et le 30 septembre, ou 50 jours entre le 15 avril et le 30 septembre, dont les dimanches et les jours fériés.

[112] Krzysztof Pomian, *Collectionneurs, amateurs et curieux. Paris, Venise : XVIè-XVIIIe siècle*, Gallimard, 1987.

[113] Pierre Legendre, *Fantômes de l'Etat en France. Parcelles d'histoire,* Fayard 2020.

Première partie :
La consécration d'une doctrine fiscale du patrimoine artistique

La juridicité de la doctrine administrative

18- Une interrogation s'impose : quelle acception retenir pour la notion de « doctrine fiscale » ? En traitant de la doctrine juridique qui n'est pas une source formelle du droit, Olivier Beaud identifie trois significations du mot doctrine[1]. La doctrine (du Latin *doceo, docere* qui signifie enseigner, instruire) est, en première approche, l'ensemble des opinions émises par les auteurs, c'est-à-dire les juristes qui publient leurs écrits. L'autre acception est relative à la littérature du droit, une sorte de corpus anonyme. La troisième signification serait celle d'une science du droit. Cette capacité de parler du droit avec autorité implique l'adoption d'une certaine posture par rapport au droit (distanciation) ; elle suppose aussi la détention d'une certaine compétence, attestée, généralement, mais pas exclusivement, par la possession de titres universitaires. Les professeurs Jestaz et Jamin parlent d'une entité doctrinale, autrement dit d'une communauté doctrinale qui n'est certes pas homogène, mais qui constitue un corps capable d'apporter son expertise aux pouvoirs publics. Selon ces auteurs, « la doctrine française exerce un pouvoir collectif dans la cité »[2]. Une telle influence suppose une indépendance vis-à-vis des pouvoirs publics et une légitimité à interpréter et à systématiser. En matière fiscale, il existe une autre acception de la doctrine, retenue ici, et qui illustre une position de l'Administration des finances publiques, codifiée depuis 1959 à l'article L 80 A du Livre des procédures fiscales. Les dispositions de l'article L. 80 A n'ont ni pour objet ni pour effet de conférer à l'Administration fiscale un pouvoir réglementaire ou de lui permettre de déroger

[1] Olivier Beaud, « Doctrine » in Stéphane Rials et Denis Alland (Dird.), *Dictionnaire de la culture juridique*, PUF, 2003, p.384.

[2] Voir Philippe Jestaz et Christophe Jamin, *La doctrine*, Dalloz, 2004 ; voir également Ph. Jestaz et C. Jamin, « L'entité doctrinale française », D. 1997.Chron.167.

à la loi[3]. Elle institue, en revanche, un mécanisme de garantie au profit du redevable qui, s'il l'invoque, est fondé à se prévaloir, à condition d'en respecter les termes, de l'interprétation de la loi formellement admise par l'administration, même lorsque cette interprétation ajoute à la loi ou la contredit ; l'article L.80 A poursuit un objectif de sécurité juridique[4]. L'objet de la garantie résultant de l'interprétation administrative des textes fiscaux est de permettre aux contribuables de s'opposer, soit au rehaussement d'une imposition antérieure (LPF, art. L. 80 A, al. 1 et 2), soit même à l'établissement d'une imposition primitive (LPF, art. L. 80 A, al. 2). Nonobstant les zones d'ombre qui subsistent notamment à la lumière du droit européen[5], l'opposabilité de la doctrine fiscale, dépouillée d'une supposée fonction normative[6], apporte une indispensable sécurité juridique aux contribuables. L'extension du champ d'application de cette opposabilité est manifeste. De manière inédite, le Conseil d'État juge qu'un contribuable peut utilement se prévaloir, sur le fondement de l'article L 80 A du LPF, de certaines indications contenues dans une notice de déclaration[7]. Cette décision est à rapprocher de l'arrêt récent du Conseil d'État admettant qu'une foire aux questions, de droit souple au demeurant, puisse comporter une interprétation du droit positif[8]. Cela étant, outre une approche formelle de la doctrine fiscale, ce qui retient notre attention, c'est foncièrement la qualification, par l'Administration fiscale, des œuvres d'art, objets de collection et d'antiquité à l'origine d'un dispositif fiscal. Doit-on considérer cette qualification comme « autonome » ou dépendante d'autres branches du droit ?[9]. Valérie Varnerot démontre avec persuasion l'absence d'autonomie notionnelle de l'œuvre d'art en droit fiscal[10]. Deux conséquences en découlent. D'une part, la notion d'œuvre

---

[3] Codifié à l'article 1649 quinquies E du Code général des impôts (CGI) et repris ensuite à l'article L. 80 A du LPF, ce texte pivot du droit fiscal a, pendant un temps a semé le doute quant à sa compatibilité avec la Constitution. Le Conseil d'État a cependant définitivement tranché cette question par deux arrêts du 29 octobre 2010, précisant que les dispositions de l'article L. 80 A du LPF ne sont pas contraires au principe constitutionnel d'égalité devant les charges publiques.

[4] Voir *CE, sect., avis, 8 mars 2013, n° 353782, Monzani : JurisData n° 2013-03980 ; Dr. fisc. 2013, n° 15, comm. 240 , concl. E. Crépey, note O. Fouquet ; J. Turot, Le roi et le moulin, act. 203 ; Procédures 2013, n° 6, comm. 205, note O. Négrin ; RJF 2013, n° 518.*

[5] Voir Jean-Raphael Pellas, « La sécurité fiscale : quels enjeux juridiques ? », RFFP 2015 n° 130, p. 7.

[6] Voir Edouard Crepey, « La nature non normative de la doctrine administrative », RFFP 2015 n° 130, p.47.

[7] CE 20-6-2023 n° 462501, RJF 10/2023 n° 745, concl. Émilie Bokdam-Tognetti C 745.

[8] CE 3-2-2023 n° 451052, RJF 4/2023 n°322, concl. Émilie Bokdam-Tognetti C 322.

[9] Voir Maurice Cozian, « Propos désobligeants sur une tarte à la crème : l'autonomie et le réalisme du droit fiscal » Droit Fiscal 1999, n° 13, comm., p. 530 et s

[10] Voir Valérie Varnerot, « La notion d'œuvre d'art en droit fiscal », Revue de droit fiscal, 2022 n° 51-52, 430.

d'art dépend d'autres branches du droit et notamment du droit de la propriété intellectuelle. D'autre part, à moins de le préciser à titre dérogatoire, cette notion d'œuvre d'art ne devrait pas s'imposer à des impôts autres que la TVA, en raison d'un principe de spécialité. On sait que le droit fiscal se réfère au concept d'œuvre de l'esprit au sens de l'article L. 112-2 du Code de la propriété intellectuelle (CPI). Néanmoins, cette notion ne suffit pas à asseoir les fondements d'une démarche opérationnelle. L'article 279, g du CGI qui soumet au taux intermédiaire de 10 % les cessions des droits patrimoniaux reconnues par la loi aux auteurs des œuvres de l'esprit s'applique notamment aux œuvres audiovisuelles. La qualité d'œuvre de l'esprit ne suffit pourtant pas pour que la cession des droits patrimoniaux portant sur cette œuvre bénéficie du taux réduit ou intermédiaire de la TVA. Le domaine de l'article 279, g du CGI doit être interprété à la lumière de la directive. Une décision récente illustre cette approche. En l'espèce, la cession litigieuse de droits patrimoniaux qui correspondait à une « bibliothèque de livres et d'images » s'apparentant à un « fonds documentaire », constitué à partir d'images triées et regroupées en différentes catégories, portait sur des droits d'auteur afférents à une œuvre originale et protégée en vertu de l'article L 112-3 du Code de la propriété intellectuelle. L'œuvre en cause ne relevait ni des « objets d'art » ni des prestations de services ou des livraisons de biens mentionnées à l'annexe III de la directive 2006/112/CE. Le taux normal de la TVA était donc applicable à la cession en cause[11]. En d'autres termes, le Conseil d'État disjoint les qualités d'œuvre de l'esprit, de l'œuvre d'art ou de l'objet d'art au sens du droit fiscal. La doctrine administrative, qui reconnaît la qualité d'œuvre de l'esprit, et donc le bénéfice du taux intermédiaire, aux œuvres qui présentent les caractéristiques d'une création artistique et portent l'empreinte de la personnalité de l'artiste, et notamment aux œuvres citées à l'article L 112-2 du Code de la propriété intellectuelle, est *de facto* fragilisée. À l'inverse, les cessions de droits patrimoniaux peuvent bénéficier du taux intermédiaire même si les conditions du Code de la propriété intellectuelle ne sont pas remplies[12]. Ainsi, une convention comportant des prestations d'étude, de conception ou de mise en œuvre d'une scénographie ouvre droit au taux réduit de la TVA dès lors que, par son objet même, cette convention impliquait la cession du droit de représentation lié à l'exposition. De même, une convention comportant des prestations de conception, de création, de mise en page et de suivi d'édition de divers supports ouvre droit au taux réduit dès lors qu'elle implique, par nature, la cession du droit de reproduction. L'autonomie du droit fiscal est donc débattue

[11] CE 3e-8e ch. 7-7-2022 n° 448012, Sté Mihail Chemiakin Ltd, RJF 11/2022 n° 945

[12] CE 3e -8e ch. 27-1-2017 n° 390660 : RJF 4/2017 n° 323, concl. V. Daumas C 323.

quels que soient les emprunts au droit d'auteur pour définir une œuvre d'art. En droit positif, cette définition découle d'une liste énumérative codifiée à l'article 98 A II de l'annexe III au CGI (chapitre Ier) dont l'interprétation semble buter sur des pratiques artistiques contemporaines (chapitre II).

CHAPITRE I :

L'article 98 A II de l'annexe III au CGI

SECTION I :
L'influence du marché de l'art sur les catégories d'œuvres d'art en droit fiscal

Paragraphe 1 – La singularité du marché de l'art

19- Les catégories d'œuvres d'art en droit fiscal sont tributaires d'un marché de l'art, de son développement, de son encadrement et plus précisément du positionnement de l'artiste dans la construction et l'épanouissement de ce marché[1]. Au demeurant, existe-t-il un ou plusieurs marchés de l'art ? En théorie, le pluriel semble d'autant plus concevable que plusieurs marchés d'art coexistent simultanément. Xavier Greffe distingue le marché primaire des galeries « où apparaissent des œuvres qui se voient affecter un prix pour la première fois, prix dont on peut penser qu'il met en adéquation une valeur économique et une valeur esthétique » et un marché secondaire qui correspond aux maisons de vente aux enchères « où les œuvres sont échangées et où leur valeur peut évoluer en fonction de facteurs autres qu'esthétiques »[2]. La singularité du marché de l'art doit être soulignée, tant au regard d'une économie de marché que de la détermination du prix des œuvres d'art. Ronan Bretel précise le positionnement du marché de l'art : « s'il procède indubitablement d'une économie singulière en raison de ses déterminants comme de ses enjeux, le marché de l'art ne constitue pas pour autant une "hétérotopie", au plus une atypie marchande par la permanence de l'aura culturelle de ses marchandises qu'elle conditionne »[3]. Il serait hasardeux d'affirmer que toute

[1] Voir Ronan Bretel, *L'appréhension juridique du marché de l'art : entre jeu de marché et enjeux patrimoniaux*, thèse Paris-Saclay, 2023.

[2] Xavier Greffe, *Artistes et marchés,* La documentation française, pp. 121-122, 2007.

[3] Ronan Bretel, *op.cit.* p. 23.

évolution du marché de l'art se traduit par un repositionnement des catégories fiscales d'œuvres d'art, tant les résistances de l'administration fiscale sont fortes. Cependant, un double constat s'impose. D'une part, la grille d'analyse fiscale semble se fondre dans des axiomes communs au marché de l'art. D'autre part, si l'on considère qu'il existe des segments du marché de l'art, voire des catégories distinctes de marché de l'art, l'artification de biens culturels peut entraîner la consécration d'une œuvre d'art au sens fiscal.

20- Le développement d'un marché de l'art vient avec l'autonomisation de la figure de l'artiste. Afin de saisir, l'origine d'un marché de l'art, Raymonde Moulin distingue trois types d'organisation de la vie artistique (la corporation, l'académie et le marché)[4]. Au Moyen Âge, l'artiste est un artisan. Ce n'est qu'à la Renaissance que le peintre, le sculpteur ou bien encore l'architecte, « est progressivement reconnu comme des hommes de savoir autant que de savoir-faire »[5]. Leurs activités sont désormais des métiers manuels, des arts mécaniques pour accéder au cercle des arts libéraux[6]. Dès la Renaissance, Ernst Kantorowicz avait identifié ce pouvoir créateur de l'artiste, cette souveraineté de l'artiste. Son projet était de démontrer l'influence qu'avaient pu exercer sur le développement des théories esthétiques de la Renaissance les écrits des juristes médiévaux, glossateurs, commentateurs du droit romain et du droit canon. Envisagée comme une technique juridique, la fiction, dont nous retrouvons trace dans la maxime « L'art imite la nature » est à l'origine d'un pouvoir créateur, celui de l'artiste, mais également du législateur capable de promulguer de nouvelles lois en fonction des nécessités du moment[7]. Dans la Poétique d'Aristote, l'art est invention. Les sujets de l'art existent et l'artiste, par la mimesis, en construit une interprétation. L'art n'est pas une imitation servile de la réalité. C'est l'expression de ce qui y est caché. Le pouvoir souverain de l'artiste se dévoile d'une pénombre dans laquelle la réalité est plongée[8]. Réorganisée par Colbert, l'administration des arts sous la férule de « l'Académisme », accrédite définitivement la peinture et la sculpture comme des arts « libéraux » distincts de l'artisanat et du commerce. Cette démarcation entre l'artiste et l'artisan persiste en droit fiscal. Le premier bénéficie d'avantages fiscaux à l'impôt sur le revenu, en qualité d'auteur ou de créateur, tandis que le deuxième est assimilé à un commerçant

---

[4] Raymonde Moulin, *Le marché de la peinture en France*, édition de minuit, 1967.

[5] Raymonde Moulin, « De l'artisan au professionnel : l'artiste », Sociologie du travail, 25e année n° 4, Octobre-décembre 1983. Les professions artistiques. pp. 388-403 ; voir également Xavier Greffe, *op.cit.* pp 15-73.

[6] Voir Nathalie Heinich, *Artisans et académiciens à l'âge classique*, Paris, Minuit, 1993.

[7] Ernst H. kantorowicz, « La souveraineté de l'artiste. Note sur les maximes juridiques et les théories esthétiques de la renaissance », in *Mourir pour la patrie*, PUF, 1984.

[8] Aristote, *La Poétique*, trad. fr., Paris, Le Livre de poche, 1990.

dont seule son exploitation peut bénéficier de dérogations au droit commun. Surtout, les biens produits par l'artiste ne suivent pas le même régime fiscal que ceux d'une production artisanale censée être plurielle et « reproductible ». La doctrine de l'Administration maintient cette distinction, à l'instar des œuvres de vannerie. L'article 98 A précité ne reprend pas dans sa liste limitative des réalisations considérées comme des œuvres d'art les produits issus de la transformation de l'osier et de la vannerie. À cet égard, le fait que le métier de vannier figure sur la liste des métiers de l'artisanat d'art définie à l'annexe à l'arrêté du 12 décembre 2003 est sans incidence sur le taux de TVA applicable aux produits réalisés par ces artisans. Sans méconnaître l'intérêt culturel attaché à la préservation de ce savoir-faire, leurs réalisations ne constituent pas pour autant des œuvres d'art, mais des biens ayant vocation à être utilisés en fonction de leurs caractéristiques propres[9]. Par conséquent, les opérations portant sur l'ensemble des produits de vannerie en osier sont soumises à la TVA au taux normal « que leurs producteurs soient des artisans ou qu'ils aient choisi le statut d'agriculteur en entreprise individuelle ». La frontière entre les activités d'artistes et d'artisans est néanmoins poreuse dans la mesure où des artistes et des artisans sont éligibles au crédit d'impôt métiers d'art[10]. Cette distinction de l'artiste et de l'artisan structure néanmoins le développement d'un marché de l'art et en retour le statut fiscal de nos protagonistes. Quels sont les principes cardinaux de ce marché de l'art ?

Paragraphe 2 – L'économie du marché de l'art sous tension

21- Le marché de l'art est objet de controverse. Les uns y voient un mécanisme d'horlogerie qui, par le miracle du mouvement des prix, transforme le chaos en ordre, la multitude des intérêts particuliers en intérêt général. Les autres y voient une source d'inégalités sociales sans cesse renouvelée. D'un côté, l'apologie de la « main invisible » conduisant chacun à accomplir une fin à son insu, de l'autre, des marchands avides de profits. Dans la grande transformation, Karl Polyani soutient la thèse que, au cours du XIXe siècle, le marché, institution à ses yeux universelle, mais au rôle limité, a connu une transformation lorsque le travail, la terre et la monnaie sont devenus à leur tour des marchandises, c'est-à-dire des biens dont le prix, susceptible de varier, était fixé sur un marché. Alors l'économie de marché est devenue la société de marché, c'est-à-dire une société où les prétentions autorégulatrices du marché en faisaient l'instance dominante, subordonnant toutes

[9] Sénat, RM Guéné n° 12381, JO 2 décembre 2004 p. 2745.

[10] Voir Jean-Raphael Pellas, *Le patrimoine culturel immatériel*, LGDJ, 2020, p. 148.

les autres, qu'elles soient politiques ou sociales[11]. Le triomphe du libéralisme et de l'économie de marché conduit les économistes à souligner le rôle essentiel de l'entrepreneur au sens schumpétérien, dans l'organisation de la production et dans la promotion de l'innovation. Pour Nathalie Moureau et Dominique Sagot-Duvauroux : « Le marchand entrepreneur d'art trouve une légitimation dans cette nouvelle économie fondée sur une division claire des tâches entre l'artiste qui crée et le marchand qui promeut, vend et en retire un profit »[12]. Dans ce contexte, l'œuvre d'art peut être considérée comme un bien économique similaire à une marchandise qui s'échange sur un marché où se rencontrent offre et demande afin de fixer un prix à l'œuvre d'art. La différence fondamentale entre le marché de l'art et les autres marchés réside dans le fait que s'ajoute à la valeur économique de l'œuvre une valeur subjective[13]. Les œuvres d'art ont ainsi une prééminente « valeur symbolique » qui ne peut s'expliquer par la simple valeur du coût de production de cette marchandise[14]. La construction des valeurs artistiques, tient compte de l'interdépendance accrue entre le marché où s'effectuent les transactions et le champ culturel où s'opère l'homologation des valeurs artistiques. En définitive, Une œuvre d'art voit son prix déterminé avant tout en fonction de sa valeur esthétique et historique, mais également de la notoriété de l'artiste, partie prenante d'un système artistique. Les axiomes qui structurent le marché de l'art demeurent inhérents à la rareté de l'œuvre d'art, à son originalité comprise comme l'empreinte de son auteur et à son authenticité pour garantir la transaction. Pour Raymonde Moulin, la révolution industrielle, celle du XVIIIe siècle induit une rupture et une reconfiguration du marché de l'art. Le produit artistique tend à se définir par opposition au produit industriel. « Unique, non substituable, et néanmoins aliénable, bien de jouissance quasi indestructible, car le regard qui la contemple ne l'altère pas, bien stérile comme l'or et se situant, comme lui, dans la catégorie des placements de refuge ou de spéculation, l'œuvre d'art est le type idéal du bien rare à offre rigide dont la valeur est déterminée par la demande. De Ricardo à Marx, en passant par Stuart Mill, les économistes ont reconnu le statut économique particulier de l'œuvre d'art, - en relation étroite avec le caractère unique de l'œuvre »[15]. La

[11] Karl Polyani *La grande transformation, Au origines politiques et économiques de notre temps*, Gallimard, 1972.

[12] Nathalie Moureau et Dominique Sagot-Duvauroux « Les conventions de qualité sur le marché de l'art : d'un académisme à l'autre ? », Esprit, Octobre 1992, No. 185 (10) (Octobre 1992), pp. 43-54

[13] Voir Raymonde Moulin, « La construction des valeurs artistiques », Esprit Octobre 1993, No. 195 (10) (Octobre 1993), pp. 139-147 ; Nathalie Heinich, *Des valeurs*, Gallimard, 2017.

[14] Voir Nathalie Moureau, *Analyse économique de la valeur des biens d'art, La peinture contemporaine* coll. Approfondissement de la connaissance économique, Economica, 2000.

[15] Raymonde Moulin, « La genèse de la rareté artistique », Ethnologie française, 1978, nouvelle serie, T. 8, No. 2/3, Pour une anthropologie de l'art (1978), pp. 241-258

demande de biens rares suppose en somme que la rareté soit constitutive d'une valeur primaire. Les œuvres d'art mises sur le marché se caractérisent par leur rareté, voire leur unicité, ce qui place *de facto* le vendeur dans une position de monopole. En dehors de la rareté du bien économique, une convention de qualité s'impose au cours du XIXe siècle, au détour de l'émergence du droit d'auteur ; et en particulier de la notion d'originalité entendue dans ces deux sens usuels d'authenticité et d'innovation. Le deuxième principe cardinal qui fonde et soutient ce marché de l'art, est ainsi lié à l'originalité de l'œuvre. La règle est bien connue. Elle est déclinée pour toutes les créations humaines « mises en forme » : pour bénéficier du régime de protection du droit d'auteur, il faut que « l'œuvre de l'esprit » soit originale ; ce que la doctrine et la jurisprudence comprennent, non pas comme le synonyme de nouveau, mais comme propre à lui-même, c'est-à-dire témoignent d'une recherche créative où l'on retrouve la personnalité de l'auteur. Si l'originalité d'une œuvre de l'esprit, condition nécessaire et suffisante de sa protection légale au titre du droit d'auteur, est traditionnellement définie comme l'empreinte de la personnalité du créateur de celle-ci, la notion d'originalité dans le marché de l'art se rattache quant à elle à celle d'authenticité, qui renvoie à l'appréciation de l'origine d'une œuvre[16]. L'authenticité confine à un processus d'institutionnalisation de la singularité, précédant et accompagnant la commercialisation d'une œuvre d'art. Dans le ressort d'un libéralisme économique triomphant, la structure idéologique et artistique du marché de l'art creuse les sillons et oriente les dispositifs fiscaux articulés autour de la rareté des biens et de la puissance tutélaire de la main de l'artiste. L'œuvre d'art est à la fois création et reflet de la personnalité de l'artiste. Cette conception, héritée du XIXe siècle, voue un culte fétichiste à l'artiste et à son style qui façonne, structure ou déforme la matière par le biais de ses instruments, qu'il s'agisse du pinceau ou du burin. On recherche dans un tableau la création de l'artiste qui « n'est pas le transcripteur du monde » mais « en est le rival »[17]. En d'autres termes, il importe de dévoiler les formes esthétiques d'une œuvre d'art portant l'empreinte de la personnalité de son auteur. La vision personnaliste du droit d'auteur est critiquée tant sur un plan économique que dans le cadre fiscal[18]. Fustigeant le cadre restrictif de la qualification d'œuvre d'art en droit fiscal, Valérie Varnerot le souligne à propos de l'article 98 A II de l'annexe III au CGI : « tout en cherchant à codifier les usages du marché de l'art en vigueur au jour de son adoption, il fait prévaloir une

[16] Voir Aude Mercier, « L'œuvre originale et œuvre authentique : le critère de l'exécution manuelle apprécié par la jurisprudence », Légipresse 2012 n° 298.

[17] André Malraux, *La métamorphose des dieux : L'Intemporel*, Gallimard, 1976

[18] Fabrice Siiriainien, « Le droit d'auteur à l'épreuve de sa dimension économique : libres propos sur le droit d'auteur économique », Mélanges André Lucas, LexisNexis, 2014, p. 674.

conception étroite de l'authenticité fondée sur un attachement exclusif au critère de la "magie de la main de l'auteur", naguère promu par Desbois »[19].

Paragraphe 3 – L'artification de la bande dessinée

22- L'artification de la bande dessinée conduit à assimiler ses auteurs à des artistes et les productions à des œuvres d'art[20]. Avant que ne se pose la question de la légitimation en tant qu'art de la bande dessinée, celle-ci apparaît explicitement comme un objet éditorial. Ce processus identifié à partir des pratiques artistiques consacre ultérieurement la légitimité du neuvième art dans le cadre du (ou des) marché (s) de l'art. Tel n'était pas le cas au début des années 1970. En 1975, Luc Boltanski constate que « Depuis son apparition à la fin du XIXe siècle jusqu'à une époque récente (1960 environ), la bande dessinée possède les propriétés communes à la plupart des biens produits dans le champ de la grande diffusion et tient ses caractéristiques génériques de la position dominée qu'elle occupe dans l'ordre des légitimités »[21]. Il aura fallu selon Nathalie Heinich, « moins d'une génération – des années 1960 aux années 1980 – pour faire sortir la bande dessinée de la catégorie du divertissement pour enfants et la faire entrer dans celle de l'art »[22]. Selon un rapport de Pierre Lungheretti, remis au ministre de la Culture en janvier 2019, « l'évolution artistique faite de diversification et de reconnaissance de l'auteur a généré le basculement de son modèle économique du périodique et de la presse vers le livre et a assuré sa reconnaissance symbolique en tant qu'art. Son modèle économique s'en est ainsi trouvé métamorphosé. Le 9e art est désormais le deuxième segment le plus dynamique du marché de l'édition française, derrière les ouvrages de documentation, avec 13 % de croissance en 2017 »[23]. Les ventes aux enchères de bandes dessinées regroupent des types de lots distincts, tels que des planches ou dessins originaux, des albums ou encore des figurines, affiches ou journaux illustrés[24]. Il n'en demeure pas moins que ce neuvième art comporte une dualité

---

[19] Valérie Varnerot, *op.cit.* paragraphe 4.

[20] Voir Nathalie Heinich et Roberta Shapiro, *De l'artification. Enquêtes sur le passage à l'art* (Éd. de l'EHESS, 2012) : en particulier Vincent Seveau, « La bande dessinée », p. 253 ; Nathalie Heinich « quand y-at-il artification ? » p. 267.

[21] Luc Boltanski, « La constitution du champ de la Bande-Dessinée » ; in Actes de la recherche en sciences sociales n° 1 ; 1975 ; p.37.

[22] Nathalie Heinich, « L'artification de la bande dessinée », Le débat, 2017/3 (n° 195), p. 5

[23] Pierre Lungheretti, *La bande dessinée, nouvelle frontière artistique et culturelle,* Rapport au ministre de la culture, janvier 2019, p. 13

[24] Voir Jean-François Canat et Laure Assumpçao, « Le marché des ventes aux enchères de bandes dessinées » in Journal Spécial des sociétés, 12 septembre 2020 n° 54.

rendant complexe l'œuvre produite. Ce média mêle, de manière singulière, deux formes de communication : l'écriture et le dessin. À la suite de Will Eisner[25], plusieurs éditeurs assimilent la bande dessinée à un roman graphique. La vente des planches a généré un contentieux nourri. En matière de bandes dessinées, les planches sont le fruit d'un travail créatif souvent réalisé par plusieurs personnes et donc juridiquement qualifiées d'œuvres de collaboration (dessinateurs et scénaristes). Le TGI de Paris précise à cet effet : « Dès lors, si les planches litigieuses ont été divulguées sous le seul nom [du dessinateur], elles sont le fruit d'un travail concerté et d'une étroite collaboration entre celui-ci et [le scénariste] et sont des œuvres de collaboration »[26]. Le scénariste avait donné des instructions au dessinateur, suffisamment détaillées pour en conclure à une œuvre de collaboration. Cependant, la cour d'appel de Paris infirme partiellement ce jugement sur le terrain de la propriété des planches pour conclure que le dessinateur, en avait seul la pleine propriété. Cyrielle Gauvin, rappelle à cet égard que « le groupement des auteurs de bandes dessinées du syndicat national des auteurs-compositeurs, quant à lui, souligne que le dessinateur reste propriétaire des supports ou du moins les conserve »[27]. Le regain d'intérêt pour les planches originales, et avant cela pour les premières éditions semble avoir pour origine la recherche de la rareté. Le processus d'artification semble similaire à celui observé à propos des photographies par Raymonde Moulin pour qui « la photographie a calqué ses règles et ses parcours sur ceux de la peinture. Elle est désormais accueillie de manière permanente dans les musées d'art, et de nouveaux musées lui sont consacrés. Elle a ses expositions et ses festivals, ses historiens, ses conservateurs, ses critiques et ses revues spécialisées. Les photographes parcourent un itinéraire codifié des honneurs, jalonné par un grand nombre de prix annuels. [...] Une fois toutes les instances de reconnaissance artistique mises en place, il restait à calquer l'ultime caractéristique du marché de l'art : la rareté »[28]. Les auteurs de bandes dessinées s'étant appropriés les codes de stratégie marchande, le procédé de création de la rareté obéit somme toute à la logique de marché.

23- Dans ce contexte, quelles conséquences fiscales peut-on tirer d'une telle évolution de l'artification des bandes dessinées ? En premier lieu, la bande dessinée est assimilée du point de vue de sa commercialisation, à un livre pour les besoins de

[25] Will Eisner, *Les clés de la bande dessinée tome 1 : l'art séquentiel* ; Paris ; Delcourt ; 2009

[26] TGI Paris, 7 septembre 2017, n° 16/08680 ; CA Paris, pôle 05 ch. 02, 22 novembre 2019, n° 17/18741

[27] Cyrielle Gauvin, « Les planches de bande dessinée : leur propriété en question », JSS 2020, *op.cit.* p. 18

[28] Raymonde Moulin, *L'artiste, l'institution et le marché*, Paris, Flammarion ,1992 ; p.166.

la TVA. En 1967, l'Administration estimait que, pour être considéré comme un livre, un ouvrage devait, par sa forme, présenter une assez grande étendue pour faire au moins un volume et être imprimé sous un titre. Quant au fond, il fallait qu'il s'agisse de l'œuvre intellectuelle d'un ou plusieurs auteurs ou de la reproduction d'œuvres ayant pour objet l'enseignement ou la diffusion de la pensée et de la culture[29]. Il faut néanmoins attendre 1971 pour enrichir la notion fiscale de livres et admettre au bénéfice du taux réduit de nouvelles catégories d'ouvrages. Un livre est alors un ensemble imprimé, illustré ou non, publié sous un titre, ayant pour objet la reproduction d'une œuvre de l'esprit d'un ou plusieurs auteurs en vue de l'enseignement, de la diffusion de la pensée et de la culture. Cet ensemble peut être présenté sous la forme d'éléments imprimés, assemblés ou réunis par tout procédé, sous réserve que ces éléments aient le même objet et que leur réunion soit nécessaire à l'unité de l'œuvre. Ils ne peuvent faire l'objet d'une vente séparée que s'ils sont destinés à former un ensemble ou s'ils en constituent la mise à jour. Cet ensemble conserve la nature de livre lorsque la surface cumulée des espaces consacrés à la publicité et des blancs intégrés au texte en vue de l'utilisation par le lecteur est au plus égale au tiers de la surface totale de l'ensemble, abstraction faite de la reliure ou de tout procédé équivalent[30]. Les bandes dessinées sont alors éligibles à la définition fiscale du livre, ainsi que le précise à titre indicatif l'administration fiscale[31]. À l'occasion d'un contentieux en matière de TVA, le Conseil d'État considère que des recueils édités en format de poche, imprimés et brochés contenant des histoires sentimentales racontées en *bandes dessinées,* ainsi que des récits historiques et quelques informations de caractère pratique dans des domaines tels que l'habillement, la cuisine ou la santé, constituent des livres au sens de l'article 279-e du CGI[32]. En revanche en interprétant la notion d'œuvre favorisant la diffusion de la culture, la chambre criminelle de la Cour de Cassation, a jugé à l'occasion d'un contentieux en matière de douanes que des *bandes dessinées* qui, en raison de la « banalité des sujets traités » et du « caractère souvent sommaire et toujours médiocre du dialogue », n'apparaissent pas comme « servant essentiellement à la diffusion de la culture et de la pensée ». En ce sens, elles ne répondent pas à la définition du livre[33]. En second lieu, l'article 17 de la loi de finances rectificative pour 2011 unifie

---

[29] TVA, Instruction générale 20 novembre 1967 n° 221-20.

[30] Instruction du 30 décembre 1971, BODGI 3 C-14-71 ; Dr. fisc. 1972, n° 4-5, instr. 3768

[31] Il faut néanmoins signaler que les bandes dessinées sont alors « des livres d'images ou de bandes dessinées, avec ou sans texte, dans la mesure où ces livres sont destinées à des jeunes lecteurs ». Cette restriction au titre des publics disparait lors de l'adoption d'une nouvelle instruction fiscale en 2005. (Instr. 12 mai 2005 : BOI 3 C-4-05 ; Dr. fisc. 2005, n° 21, instr. 13346)

[32] CE 6 mars 1981 n° 21594, société Arédit in RJF 5/81 n° 432.

[33] Cass. crim., 25 mai 1976, Pastore et a. : D. 1976, p. 202 ; Bull Cass. 1976 p. 463 n° 179.

le régime des droits d'auteur en ouvrant à tous les auteurs d'œuvres de l'esprit la possibilité d'imposer les sommes perçues à ce titre selon les règles prévues en matière de traitements et salaires. Les droits d'auteur provenant de la production littéraire, scientifique ou artistique constituent des bénéfices non commerciaux soumis à l'impôt sur le revenu selon les modalités d'imposition propres à cette catégorie fixées aux articles 93 et suivants du CGI. Toutefois, l'article 93,1 quater alinéa 1 du CGI soumet à l'impôt sur le revenu selon les règles prévues en matière de traitements et salaires les produits des droits d'auteur perçus par les écrivains et les compositeurs lorsqu'ils sont intégralement déclarés par des tiers[34]. Contrairement aux écrivains et compositeurs, la situation des auteurs de bandes dessinées n'étaient pas concernés par le dispositif prévu à l'article 93-1 quater du code général des impôts. Ainsi le scénariste et le dessinateur d'une bande dessinée n'étaient pas traités équitablement du point de vue du droit fiscal, ce qui était difficilement acceptable dès lors que ces créateurs contribuent à une œuvre de collaboration. En alignant le droit fiscal sur le régime de la propriété littéraire et artistique, la loi de finances rectificative pour 2011 est venue corriger ce déséquilibre. En troisième lieu, la bande dessinée est entrée dans les collections publiques par le mécanisme de la dation en paiement. Le 30 juillet 2021 le ministre de l'Économie, des Finances et de la Relance, Bruno Le Maire, la ministre de la Culture, Roselyne Bachelot-Narquin et le ministre délégué chargé des Comptes publics, Olivier Dussopt, ont en effet annoncé l'entrée dans les collections nationales d'un ensemble de 238 planches originales, dessins et manuscrits de Richard Peyzaret, dit F'Murr. Les 238 lots qui entrent dans les collections couvrent, quarante-cinq années de créations, depuis la seconde planche du *génie des alpages,* publiée dans *Pilote* le 25 janvier 1973 jusqu'aux études à l'encre et au lavis intitulées « *pêché mortel* » en 2018, année de la mort de l'auteur. Selon le communiqué officiel, les œuvres acquises sont affectées à la Bibliothèque nationale de France et iront enrichir le fonds de la Cité internationale de la bande dessinée et de l'image d'Angoulême et du Musée Tomi Ungerer – Centre international de l'illustration (musée de la Ville de Strasbourg). En quatrième et dernier lieu, les planches originales de bandes dessinées peuvent être considérées comme des objets de collection. Il convient de rappeler à propos de la doctrine fiscale liée à l'ancien impôt de solidarité sur la fortune (ISF), que l'administration fiscale avait adopté une instruction fiscale le 5 décembre 2008[35]. En effet, pour les objets de collection, l'administration appliquait l'exonération fiscale aux objets qui n'ont souvent qu'une valeur intrinsèque réduite, mais qui tirent leur intérêt de leur rareté, de leur regroupement ou de leur présentation. Cette doctrine fut modifiée à compter du

---

[34] Les bénéficiaires peuvent ainsi se prévaloir d'une déduction forfaitaire de 10 % au titre des frais professionnels.

[35] *BO 7 S-9-08 du 5 décembre 2008*

1er janvier 2009. Le champ de l'exonération d'ISF était alors apprécié dans les mêmes termes que ceux retenus pour l'assiette de la taxe sur les objets précieux. Pour l'assiette de cette taxe, la qualification d'objet de collection découle de l'application d'un ou plusieurs des critères suivants : ancienneté, rareté, importance du prix, arrêt de la fabrication, provenance ou destination, intérêt historique, appartenance passée à un personnage célèbre[36]. Ainsi, des objets de moins de cent ans d'âge (qui, de ce fait, ne pouvaient pas être qualifiés d'objets d'antiquité) mais qui présentaient cependant un réel intérêt artistique ou culturel et partant, valorisés comme tels sur le marché de l'art, avaient vocation à bénéficier de l'exonération d'ISF. L'évolution par touches successives de la fiscalité inhérente, en l'espèce aux bandes dessinées, nous montre la puissance de la dynamique initiée par le marché de l'art.

Paragraphe 4 – L'artification du *Street art*

24- Les répercussions de l'artification du S*treet art* sont également observables en droit fiscal. André Leroi-Gourhan mentionne que les murs ont de tout temps porté des inscriptions, pour en déduire que l'intégration de l'humain dans un espace social, s'effectue par le jeu de la perception et de la production de symboles[37]. Artistique, le graffiti en milieu urbain a développé une technique d'expression qui a séduit de nombreuses générations. La liberté de diffusion de la création artistique constitue en somme un corollaire de la liberté de communication, miroir des libertés de pensée. Elle se distingue des libertés de création en ce sens que le caractère de création concerne la liberté d'expression de l'artiste tandis que la liberté de diffusion fait référence à la réception du message artistique par le public[38]. Initiés sur les murs et les wagons du métro de New York dans les années 1960, les graffitis contemporains, liés au mouvement *hip-hop*, font désormais partie des paysages urbains. Puisant sa créativité dans la transgression, le graffiti tend à s'imposer dans le champ artistique. Selon Nathalie Heinich, « L'artification du *Street art* exige de normaliser la transgression, en en faisant non plus, une atteinte aux biens, aux personnes, aux bonnes mœurs, aux usages, mais une proposition acceptable »[39]. Selon l'expression de Jean Baudrillard, au-delà de cette « insurrection par les signes »[40], l'acte de

[36] BO 8 M-2-06 du 4 août 2006, n° 14

[37] André Leroi-Gourhan, *Le Geste et la parole,* Paris, Albin Michel, 1964.

[38] Voir B. Nicaud, *La réception du message publicitaire à la lumière de la CEDH*, Thèse Limoges, 2011, 621 p.

[39] Nathalie Heinich, « L'artification par la transgression », *Droits (s) et street art, De la transgression à l'artification,* Geraldine Goffaux Callebaut, Didier Guével et Jean-Baptiste Seube (Dir), LGDJ, 2017, p. 38.

[40]Jean Baudrillard, *Kool killer : Les graffitis de New York ou l'insurrection par les signes*, Paris, Gallimard, 1976

produire dans l'espace public n'est pas anodin. Il s'agit certes de combattre l'ordre établi mais également de s'approprier un territoire. Les street-artistes revendiquent le droit de s'exprimer en s'appropriant l'espace urbain. Au milieu des années 1990, des graffiteurs s'éloignèrent des canons esthétiques du graffiti *hip-hop* pour expérimenter de nouvelles formes d'intervention urbaine. Banksy, avec ses pochoirs engagés, est sans doute un des personnages les plus emblématiques de ce mouvement. Sur des murs palimpsestes, une dynamique sociale est ainsi observable. La professionnalisation des graffiteurs s'inscrit dans le processus d'artification du graffiti. Elle induit un changement du statut des objets observés et de leurs producteurs. Progressivement, les institutions publiques découvrent le langage des graffitis, leur signification et leur esthétique. Initié en 2012, le Lasco project révèle, dans les méandres souterrains du bâtiment du Palais de Tokyo, l'un des plus étonnants parcours d'art urbain. Le sacre du *Street art* n'a été possible que par une convergence d'actions culturelles publiques et privées, par une reconnaissance de la qualité d'artiste et une appropriation des œuvres par des collectionneurs privés[41]. L'engouement pour les festivals est symptomatique de l'épanouissement du *Street art*[42], au même titre que l'intérêt du public pour les photographies de graffitis de Brassaï[43]. Au carrefour des droits d'auteur, de la propriété et des biens, il paraît hasardeux de définir juridiquement l'œuvre de *Street Art*. Certains juristes ont néanmoins tenté de dépasser les classifications traditionnelles pour rattacher l'œuvre à un bien commun, au sens de l'article 714 du Code civil[44]. Qualifier les œuvres de *Street art* de « bien commun » reviendrait ainsi à admettre que l'auteur cède quelques-unes de ses prérogatives à la société.

25 Quelle est la portée de ce mouvement artistique sur le plan fiscal ?

Aux termes de l'article 98 A II de l'annexe III au CGI, qui énumère, de façon limitative, les objets constituant des œuvres d'art, sont notamment considérés comme tels les réalisations de tableaux, collages et tableautins similaires, peintures et dessins, entièrement exécutés à la main par l'artiste. L'administration apporte aussi des précisions quant à l'énumération. Celle-ci « recouvre les peintures à l'huile, à

---

[41] Voir Mathilde Rollinger, « Le collectionneur face aux problématiques de l'art urbain », *Droits (s) et street art, De la transgression à l'artification,* Geraldine Goffaux Callebaut, Didier Guével et Jean-Baptiste Seube (Dir), LGDJ, 2017, p. 159.

[42] Le Street Art Fest de Grenoble ou bien encore le Graff-ik Art de Villeurbanne.

[43] Brassaï, *Graffiti*, Flammarion, 2016.

[44] Voir Annie héritier, « Le *street art*, bien commun artistique ? », Juris art etc. 2014.39 ; Carine Copain, « *Street art* et le droit français : entre réprobation et bienveillance », Les cahiers du droit, mars–juin 2017, volume 58 ; Clémentine Hebrard, « La définition de l'œuvre de *street art* », Droit et Patrimoine, N° 324, 1er mai 2022.

l'aquarelle, à la gouache, au pastel, les dessins, les collages et tableautins similaires, ainsi que les monotypes, quelle que soit la matière utilisée comme support. Mais il faut que ces productions aient été créées de la main de l'artiste, ce qui exclut l'emploi de tout procédé, quel qu'il soit, permettant de suppléer, en tout ou en partie, à cette intervention humaine. Les copies des œuvres susvisées bénéficient également du régime des œuvres d'art, sous réserve qu'elles soient faites entièrement à la main »[45]. Une récente réponse ministérielle, qui n'a certes pas de portée juridique mais qui consacre une « position » de l'administration des finances publiques, reconnaît depuis peu aux graffitis, dans certains cas, la nature d'œuvre d'art[46]. D'une part, les œuvres réalisées en atelier (toiles post-graffiti) ne semblent pas poser de difficultés qualificatives au sens du droit fiscal[47]. D'autre part, le sort des œuvres de rue est plus complexe en raison de la propriété du support matériel. Toutefois, l'administration considère que pour l'application de la TVA, les graffitis réalisés sur un mur, dans un cadre licite, autrement dit à la demande du propriétaire, peuvent être considérés comme des œuvres d'art à la double condition d'être effectués entièrement de la main de l'artiste et de constituer une œuvre originale. Cette approche de l'œuvre de *Street art* nous conduit à deux remarques d'inégale importance. En premier lieu, l'administration fiscale ajoute une nouvelle condition liée à la licéité de l'œuvre d'art (ou plus précisément de son support matériel). L'application du taux réduit de TVA est conditionnée par une demande préalable « du propriétaire ». On comprend le pragmatisme de l'administration, mais cette condition ne relève pas des critères habituellement retenus. En effet, l'article L. 112-1 du code de la propriété intellectuelle étend en effet le bénéfice du droit d'auteur à *« toutes les œuvres de l'esprit, quel qu'en soit le genre, la forme d'expression, le mérite ou la destination »*, tandis que l'article L. 112-2 du même code répute *« œuvre de l'esprit »* une liste non limitative, de créations - parmi lesquelles notamment *« les œuvres de dessins, de peintures, d'architectures, de sculptures, de gravures, de lithographies, ainsi que les œuvres graphiques et typographiques »*. Jusqu'à présent, l'administration s'en était tenue à cette doctrine du droit privé pour définir une œuvre d'art en droit fiscal. Or désormais, pour les graffitis, il faut également composer avec la licéité de son œuvre. En second lieu, comme Ophélie Dantil le précise : « L'éviction des caches et des pochoirs de la notion d'œuvre d'art est critiquable en pratique. Rappelons en effet que le pochoir Street art "graffiti au pochoir" est une des disciplines les plus

---

[45] BOI-TVA-SECT-90-10, 11 avril 2014, Paragraphe 130.

[46] RM Catherine Lemorton, question 34568, AN, 03/05/2016 page 3795.

[47] Voir Geraldine Goffaux Callebaut, « Street Art et marché de l'art », *Droits (s) et street art, De la transgression à l'artification,* Geraldine Goffaux Callebaut, Didier Guével et Jean-Baptiste Seube (Dir), LGDJ, 2017, p. 149.

importantes de l'art urbain, né en France et historiquement associé à la figuration libre. Un même pochoir peut être interprété différemment en ajoutant une touche personnalisée. Cela fait du pochoir une œuvre originale qui passe des rues aux galeries d'art contemporain. Comment refuser à Blek le Rat, Jef Aérosol, Mix Mix, Miss. Tic... Le taux réduit de TVA sur la cession de leurs œuvres, au seul motif qu'elles sont réalisées à l'aide de pochoirs ? »[48]. Dès lors qu'ils remplissent les deux conditions d'originalité et de licéité, les graffitis bénéficient du régime spécifique de TVA sur la marge prévue pour les œuvres d'art. S'agissant du taux applicable, la livraison des œuvres par l'artiste bénéficie du taux réduit de 5,5 %. Les entreprises qui ont acheté un mur avec un graffiti, comptabilisé comme immobilisation et pour lequel elles ont eu un droit à déduction, peuvent bénéficier du taux intermédiaire de 10 % lors de la revente. De plus, lorsqu'un artiste vend une œuvre d'art à un autre assujetti à la TVA situé dans un pays tiers à l'Union européenne ou dans un autre État membre de l'Union européenne, il réalise une exportation ou livraison intracommunautaire, exonérée de TVA en France à condition de prouver que l'œuvre est sortie du territoire français. Enfin, s'agissant d'un artiste, la vente de son œuvre à une entreprise permet aux termes de l'article 238 bis AB du CGI de bénéficier d'une déduction spéciale pour l'acquisition des œuvres originales d'artistes vivants[49]. Cette déduction est subordonnée à la condition essentielle de l'exposition de l'œuvre, à titre gratuit, dans un lieu accessible au public ou aux salariés, à l'exception de leur bureau.

En retour, cette approche fiscale des œuvres d'art devrait permettre une expansion du marché de l'art concerné. Il nous faut néanmoins brièvement retracer l'évolution contemporaine des catégories d'œuvres d'art en droit fiscal.

SECTION II : L'évolution historique des catégories d'œuvres d'art en droit fiscal

Paragraphe 1- les catégories d'œuvres d'art dans les rets de la TVA

26- Les opérations portant sur les biens d'occasion, œuvres d'art, objets de collection et d'antiquité sont soumises à des règles spécifiques en matière de TVA,

---

[48] Ophélie Dantil, « La notion de *Street art* et d'œuvre d'art en droit fiscal », JSS 2019 n° 75, p. 13.

[49] Les sommes relatives aux acquisitions d'œuvres originales d'artistes vivants ou d'instruments de musique sont déductibles dans la limite de 5 ‰ du chiffre d'affaires, diminuée des versements effectués en application de l'article 238 bis du CGI. Lorsque la fraction du prix d'acquisition ne peut être totalement déduite au titre d'une année, l'excédent non utilisé ne peut être reporté pour être déduit au titre d'une année ultérieure.

conformément à l'article 16 de la loi 94-1163 du 29 décembre 1994 (loi de finances rectificative pour 1994), qui a transposé en droit interne le dispositif de la septième directive communautaire 94/5/CE du 14 février 1994. Le décret n° 95-172 du 17 février 1995, codifié à l'article 98 A II de l'annexe III au CGI, reprend le principe d'une liste énumérative des formes d'expression artistique, tout en adaptant la doctrine administrative. Sans dépeindre les oscillations d'une fiscalité associée aux transformations de l'État, il importe de rappeler les principales modifications survenues dans le cadre d'une appréhension fiscale de l'œuvre d'art, puis de spécifier les évolutions relatives à des formes artistiques et de conclure sur la transposition en droit interne de la directive n° 2022/542, adoptée le 6 avril 2022, et qui vise à modifier certaines conditions d'application des taux réduits.

27- Dans le cadre d'une réforme des taxes sur le chiffre d'affaires, une taxe sur les transactions, pour financer l'effort d'armement est créée en 1939. À l'origine, il s'agit d'une taxe en cascade qui frappe, à un faible taux, l'ensemble des activités économiques. Fruit de circonstance, cet impôt devient, au lendemain de la Seconde Guerre mondiale, le fer de lance d'une économie de crise lors de l'adoption de la loi de finances pour 1946. Un taux majoré de 18 % frappe notamment « les antiquités, curiosités et objets de collection visés au n° 654 du tarif des douanes, à l'exclusion des échantillons d'objets d'histoire naturelle destinés à des travaux scientifiques ; objets d'art autres que ceux émanant d'artistes vivants ». Sont également soumis à cette taxe les timbres-poste neufs ou oblitérés, en vrac ou en collections, mais également aux photographies d'art sous certaines conditions de prix. Pour l'application du taux de 18 % sont réputés anciens tous les objets antérieurs à 1801. En outre, les perles naturelles, les émaux ainsi que les pierres précieuses à usage domestique, sont frappées d'un taux majoré de 25 %. Toutefois, les émaux, œuvres d'artistes peintres émailleurs soumis à la cédule des professions non commerciales, sont considérés comme objets d'art. Dès lors, outre la vente par l'artiste lui-même qui est hors du champ d'application de la taxe sur les transactions, la revente des émaux par des commerçants est soumise au taux ordinaire de 1 %. Après des tentatives avortées, la TVA fut finalement adoptée par l'article 1er de la loi n° 54-404 du 10 avril 1954 dans le cadre d'une réforme fiscale plus générale. Le taux ordinaire est alors fixé à 16,85 % (contre 20 % dans les précédents projets) et le taux réduit à 7,5 % (contre 9 % initialement). C'est la loi n° 66 du 6 janvier 1966 qui va néanmoins élargir le champ d'application de la TVA à l'ensemble des activités industrielles et commerciales. Le taux ordinaire est fixé à 16,67 %, le taux réduit à 6 % (pour les biens de première nécessité), le taux intermédiaire à 12 % (pour les matières premières de grande consommation) et le taux majoré à 20 % (pour les produits de luxe). À cet égard, le décret du 11 mai 1967 soumet au taux majoré les pierres et perles précieuses ainsi que les ouvrages en matières et métaux précieux, mais exclut désormais les objets d'antiquité et de collection[50]. En outre, le législateur avait pris soin d'adopter une mesure de protection du patrimoine culturel, intervenue au cours d'une modification de la taxe sur le chiffre d'affaires en 1934. L'article 35 du code de l'impôt sur le chiffre d'affaires dispose au paragraphe 12 : « que Les objets d'art ou de curiosité destinés aux musées nationaux et dont l'admission est autorisée » sont exonérés de taxe à l'importation. Cette mesure favorable à l'enrichissement des collections publiques a perduré. Ainsi l'article 2 de l'arrêté du 23 décembre 1967 fixant les conditions d'application de l'article 71 de la loi de finances pour 1968, entérine une exonération de TVA lors de l'importation d'œuvres d'art originales, timbres ou objets de collection, lorsqu'ils sont destinés « à la réunion des musées nationaux ; aux musées de l'État, des départements et des communes ainsi qu'aux fondations, associations et autres établissements justifiant de leur agrément par le ministre d'État chargé des affaires culturelles »[51]. La documentation administrative contemporaine précise le champ d'application matériel de cette exonération : « Aux termes du 8° du II de l'article 291 du CGI, l'exonération concerne les importations d'œuvres d'art, de timbres, d'objets de collection ou d'antiquité, réalisées directement par des établissements agréés par le ministre en charge de la Culture. Conformément au II de l'article 262 ter du CGI, l'exonération s'applique également aux acquisitions intracommunautaires de ces biens effectuées par ces établissements »[52]. Le champ d'application personnel de cette exonération n'a pas varié. Les destinataires sont « L'ensemble des musées nationaux, des musées de l'État, des départements et des communes qui relèvent soit du ministre en charge de la Culture, soit des différents départements ministériels (Éducation nationale, Armées, Économie et Finances, etc.). Bénéficient également de cette exonération, les fondations, les associations et autres établissements qui justifient, lors de l'importation, de leur agrément par le ministre de la Culture soit par le visa préalable de l'attestation, soit par un certificat d'agrément donné à titre général ». Cela étant, à plusieurs reprises les catégories d'œuvres d'art ont été modifiées. Ainsi que Jacques Fingerhut le démontre : « L'exonération de TVA dont bénéficiaient les objets d'antiquité et de collection soumis au droit proportionnel d'enregistrement lors des ventes publiques, a été étendue en vertu des dispositions de l'article 8-2 de la loi n° 66-10 du 6 janvier 1966 portant réforme des taxes sur le chiffre d'affaires, codifiées à l'article 261-1-3° du CGI, aux ventes d'objets d'occasion ainsi qu'aux ventes d'œuvres d'art originales »[53]. Le décret n° 70-1278 du

---

[50] JO. 12 mai 1967, page 4722

[51] JO 29 décembre 1967 page 12896.

[52] BOI-TVA-SECT-90-70, 18 janvier 2023

[53] Jacques Fingerhut, *La fiscalité des œuvres d'art*, Economica, 1995, p. 34.

23 décembre 1970 a complété les catégories d'œuvres d'art éligibles à cette exonération par un sixième item : « *6° Émaux sur cuivre, entièrement exécutés à la main, dans la limite de huit exemplaires numérotés et comportant la signature de l'artiste ou de l'atelier d'art, à l'exclusion des articles de bijouterie, d'orfèvrerie et de joaillerie* »[54]. Afin d'anticiper l'harmonisation de la VIIe directive communautaire relative, régime particulier applicable dans le domaine des biens d'occasion, des objets d'art, de collection ou d'antiquité, le législateur de 1991 a modifié les règles fiscales inhérentes aux œuvres d'art originales[55]. À ce titre deux modifications substantielles ont été adoptées. Lors des débats parlementaires, le ministre délégué au budget, Michel Charasse, justifiant cette réforme comme suit : « Pour les auteurs, artistes et interprètes, le problème est clair. Ce sont actuellement les seules professions libérales qui bénéficient encore d'une exonération de TVA. Elle n'est pas conforme au régime définitif imposé par la sixième directive et elle a été maintenue à titre transitoire. Conformément à la dix-huitième directive, la Commission européenne en demande la suppression. Seuls le Danemark et le Portugal ont aujourd'hui un régime d'exonération comparable au nôtre : sa modification est devenue inéluctable »[56]. L'article 5 de la loi du 26 juillet 1991 a donc pour objet de remplacer le principe général d'exonération retenu pour ces catégories, par un régime d'assujettissement au taux normal, et au taux réduit pour les cessions de droits. Les auteurs d'œuvres de l'esprit sont désormais assujettis à la TVA. Toutefois une franchise de TVA est instituée à leur profit afin de faciliter cette « transition ». En outre, l'article 4 propose d'assujettir à la TVA les ventes par adjudication aux enchères publiques d'objets d'occasion, d'antiquités et de collection, de pierres précieuses perles ou objets d'occasion dans la fabrication desquels sont entrées des pierres précieuses ou des perles, et des œuvres d'art originales. Jusqu'à cette date, ces biens étaient exonérés de TVA, dès lors qu'ils étaient assujettis à des droits d'enregistrement. Le décret d'application n° 91-1326 du 23 décembre 1991[57] ainsi que le décret n° 92-953 du 7 septembre 1992[58] permettent de saisir les conséquences induites au miroir de la notion d'œuvre d'art originale. En commentant la définition des œuvres d'art originales au sens de l'article 71 de l'annexe III au CGI, l'administration fiscale relève les modifications successives, comme suit : « Le décret n° 91-1326 du 23 décembre 1991 y a ajouté les photographies d'art dont les épreuves sont exécutées soit par l'artiste, soit sous son contrôle ou celui de ses ayants droit et sont signées par

[54] JO, 30 décembre 1970, p. 12231.

[55] Loi n° 91-716 du 26 juillet 1991 portant diverses dispositions d'ordre économique et financier, JO 22 novembre 1991.

[56] JO AN, débats parlementaires, première séance du 11 juin 1991, page 2971.

[57] JO, 31 décembre 1991, page 17297

[58] JO, 9 septembre 1992, page 12414

l'artiste ou authentifiées par lui-même ou ses ayants droit, et numérotées dans la limite de trente exemplaires, tous formats et supports confondus. Toute épreuve posthume doit être indiquée comme telle au dos de façon lisible ; Le décret n° 92-953 du 7 septembre 1992 (JO du 9 septembre 1992) y a intégré les pièces d'ébénisterie de plus de cent ans d'âge dont la rareté et l'estampille ou l'attribution établissent l'originalité du travail de l'artiste, à l'exclusion des articles d'orfèvrerie et de joaillerie »[59]. L'administration fiscale apporte d'utiles précisions quant à la nature de la « pièce d'ébénisterie » éligible à la qualification d'œuvre d'art originale : « Il est précisé que par pièces d'ébénisterie, il faut entendre les meubles au sens commun du terme : fauteuils, chaises, tables, lits, commodes, armoires, etc. Il est admis que cette définition s'étende aux meubles composés d'autres matériaux que le bois (marbre, métal,). En revanche, les éléments mobiliers tels que glaces, pendules et autres objets de cette nature ne sont pas concernés. Sont également exclues de la définition des œuvres d'art originales les pièces d'orfèvrerie et de joaillerie »[60]. L'administration consacre l'authenticité de cette œuvre d'art, en conformité avec les usages du marché de l'art : « L'estampille, empreinte reproduisant, sur le meuble, la signature ou la marque distinctive de l'artiste, authentifie ce dernier. Dans le cas où une pièce d'ébénisterie n'est pas estampillée, elle peut être considérée comme une œuvre d'art originale lorsque, eu égard à ses caractéristiques, sur le plan technique ou stylistique, elle a pu être attribuée par les experts à un artiste connu. La mention de l'estampille ou de l'attribution doit être portée sur les documents (factures notamment) relatifs à la pièce d'ébénisterie qui doivent être conservés par le vendeur à l'appui de sa comptabilité, pour justifier de l'application du taux réduit de TVA... Enfin, certains meubles très anciens ne sont pas signés et ne peuvent, en l'état actuel de la recherche en histoire de l'art, être attribués, en raison précisément de leur ancienneté. Tel est le cas des meubles dits de "haute époque" (antérieurs à 1650). Il est admis que ces pièces d'ébénisterie soient également considérées comme des œuvres d'art originales ; »[61]. Cette extension de la notion d'œuvre d'art originale a été modifiée lors de l'adoption par le Conseil des communautés européennes le 14 février 1994, de la VIIe directive communautaire. La finalité d'une harmonisation en la matière était d'éviter qu'un bien d'occasion, c'est-à-dire un produit pour lequel la chaîne de TVA acheteur revendeur a été interrompue lors de son appropriation par un consommateur final, soit à nouveau taxé lors de sa réintroduction dans le circuit commercial, sans prise en compte de la taxe encore incorporée dans son prix. L'article 16 de la loi n° 94-1163 du 29 décembre 1994 transcrit cette directive en droit interne. Elle consacre le régime de la marge comme le régime de droit commun

[59] DB, 3 K 112 en date du 15/08/1995.

[60] DB, 3 K 112 paragraphe 2

[61] DB, 3 K 112, paragraphe 2.

des transactions pour les biens d'occasion, les œuvres d'art, objets d'antiquité ou de collection. En outre, pour les échanges intracommunautaires, elle déroge au régime « général » qui résulte de la directive 91/680/CEE du 16 décembre 1991. En ce qui concerne la notion d'œuvre d'art originale, les pièces d'ébénisterie ne sont plus des œuvres d'art originales mais des biens d'antiquité. Ce glissement sémantique et catégoriel est rappelé par l'administration : « Les pièces d'ébénisterie de plus de cent ans d'âge dont la rareté et l'estampille ou l'attribution établissent l'originalité du travail de l'artiste, à l'exclusion des articles d'orfèvrerie et de joaillerie, qui avaient été ajoutées à la liste des œuvres d'art originales par le décret n° 92-953 du 7 septembre 1992 (cf. DB 3 C 2165), ne peuvent plus être considérées comme des œuvres d'art depuis le 1er janvier 1995. Ces biens entrent toutefois dans la catégorie des biens d'antiquité »[62]. Il en va de même pour les épreuves posthumes de photographies qui changent d'item : « les épreuves posthumes de photographies ne peuvent plus être considérées comme des œuvres d'art. Les épreuves photographiques doivent être signées (ou authentifiées) par l'artiste lui-même. La signature ou l'authentification par les ayants droit de l'artiste ne peut pas conférer à une photographie le caractère d'une œuvre d'art. Ces photographies peuvent néanmoins, le cas échéant, être considérées comme objets de collection ou d'antiquité »[63]. Par touches successives, l'article 98 A II de l'annexe III au CGI, issu du décret n° 95-172 du 17 février 1995[64] retient une liste énumérative de biens éligibles à un régime fiscal dérogatoire dont la qualification de photographie d'art.

Paragraphe 2 – Le statut fiscal des photographies d'art

28- De manière lapidaire, l'article 98 A II de l'annexe III au CGI, énonce que le taux réduit de TVA est applicable : « Aux photographies prises par l'artiste, tirées par lui ou sous son contrôle, signées et numérotées dans la limite de trente exemplaires, tous formats et supports confondus ». La notion d'une photographie d'art a certes été définie par l'administration fiscale mais son contentieux est resté nourri en raison d'ambiguïtés persistantes. Très tôt, l'administration fiscale met l'accent sur la nécessité d'une intention créatrice afin de bénéficier de la franchise de TVA spécifique aux artistes et auteurs des œuvres de l'esprit : « Les photographes qui réalisent de telles opérations ne peuvent bénéficier de la franchise en base de 245 000 francs prévue à l'article 293 B du code général des impôts que dans les cas exceptionnels ou ils réalisent des œuvres de l'esprit protégées au sens du code de la

[62] DB, 3 K 112, paragraphe 3.
[63] DB, 3 K 112, paragraphe 3.
[64] JO, 19 février 1995, page 2731.

propriété intellectuelle et dénotant une véritable création artistique »[65]. Sous l'empire de la nouvelle liste énumérative des œuvres d'art, l'administration fiscale affine sa doctrine, notamment au titre des photographies d'identité et de celles qui célèbrent un évènement familial. « Ne peuvent être considérées comme œuvres d'art susceptibles de bénéficier du taux réduit de la TVA que les photographies d'art qui portent témoignage d'une intention créatrice manifeste de la part de leur auteur. Tel est le cas lorsque le photographe, par le choix du thème, les conditions de mise en scène, les particularités de la prise de vue ou toute autre spécificité de son travail touchant notamment à la qualité du cadrage, de l'exposition, de la composition ou aux conditions particulières de développement du négatif, réalise un travail qui dépasse la simple fixation mécanique du souvenir d'un événement, d'un voyage ou de personnages et qui présente donc un intérêt pour tout public. En revanche, ne peuvent pas être considérées comme photographies d'art les photographies dont l'intérêt dépend avant tout de la qualité de la personne ou de la nature du bien représenté, comme les photographies illustrant des événements familiaux et religieux tels que les mariages et communions ainsi que les portraits et photographies d'identité »[66]. Cette position subjective est officialisée par l'administration fiscale à l'occasion de la publication de son instruction fiscale du 25 juin 2003 : « Ne peuvent être considérées comme des œuvres d'art susceptibles de bénéficier du taux réduit de la TVA que les photographies qui portent témoignage d'une intention créatrice manifeste de la part de leur auteur »[67]. Toutefois, l'administration exclut de manière catégorique, du bénéfice du taux réduit : « les photographies d'identité, les photographies scolaires, ainsi que les photographies de groupes »[68]. Cependant, une présomption d'artiste est reconnue au bénéfice de certains photographes. Cette qualité irradie leur production artistique. « Le photographe justifie de l'exposition de ses œuvres dans des institutions culturelles (régionales, nationales ou internationales), muséales (musées, expositions temporaires ou permanentes) ou commerciales (foires, salons, galeries, etc.), voire de leur présentation dans des publications spécialisées. La preuve de ces expositions ou présentations peut être apportée par tout moyen, indépendamment du volume d'affaires réalisées par le photographe. À cet égard, l'affiliation à l'Association pour la gestion de la Sécurité sociale des auteurs (AGESSA) est significative car elle témoigne de la démarche d'auteur du photographe. Elle n'est toutefois pas suffisante pour conférer, par elle-même, aux travaux photographiques le caractère d'œuvre d'art au sens des

---

[65] RM AN Jean-Marie Geveaux, n° 6529, JO 07/02/1994, page 626

[66] RM AN, Paul Christian n° 4514, JO 02/03/1998 page 1181.

[67] 3 C-3-03, 2 juillet 2003. Paragraphe 1

[68] 3 C-3-03, 2 juillet 2003. Paragraphe 2

dispositions déjà citées. »[69]. La position de l'administration fiscale semble avoir évolué lors d'une mise à jour de sa doctrine en 2014[70]. Les photographies illustrant des évènements familiaux ou religieux sont *de facto* assimilées sur un plan fiscal aux photographies d'identité, scolaires ou de groupes exclues de la qualité d'œuvre d'art. En effet, est désormais supprimé le paragraphe selon lequel : « cela étant, pour les photographies de toute nature, *autre que les photographies d'identité, scolaires ou de groupes*, l'intention créatrice de l'auteur résultant des critères déjà énumérés et le caractère d'intérêt pour tout public peuvent être confortés par les indices suivants ». Ces conditions objectives et subjectives pour déterminer la qualité d'une photographie éligible à un taux réduit de TVA conduisent à un contentieux nourri. Ainsi, les portraits et photographies d'événements familiaux réalisés par un photographe professionnel cristallisent les revendications. Selon le tribunal administratif de Rennes : « doivent être regardés comme des œuvres d'art dès lors qu'étant numérotés dans la limite de trente exemplaires et portant la signature de leur auteur, ils remplissent les critères objectifs limitativement énumérés par l'article 98 A, II-7° de l'annexe III au CGI définissant les photographies d'art. Ils peuvent, par suite, bénéficier du taux réduit prévu par l'article 278 septies, 2° du CGI »[71]. Le tribunal administratif de Rennes s'en tient exclusivement à des critères objectifs. Telle n'est pas la position du Tribunal administratif de Toulouse pour qui « Les portraits et photographies de mariés réalisés par un photographe professionnel ne peuvent être regardés comme des œuvres d'art, alors même que seraient réunies les conditions d'exécution personnelle, de signature et de tirage limité exigées par le texte réglementaire définissant les photographies d'art (CGI ann. III art. 98 A, II-7°), *dès lors qu'ils ne témoignent pas d'une réelle démarche artistique* ».[72] Par suite, même si elles remplissent les critères matériels fixés par l'article 98 A, II-7° de l'annexe III au CGI, des photographies de mariages réalisées par une société ne peuvent bénéficier du taux réduit. Le juge administratif exige que les photographies en litige présentent un caractère d'originalité et manifestent une *réelle intention créatrice*, susceptibles de les faire regarder, comme des photographies prises par un artiste[73]. La valse-hésitation des juridictions administratives conduit le Conseil d'État à poser une question préjudicielle à la Cour de Justice de l'Union Européenne. En effet, Une cour d'appel a écarté le bénéfice du taux réduit prévu par les dispositions de l'article 278 septies, 2° du CGI au motif que, quelle que soit leur qualité, les portraits et les photographies de mariages en litige ne présentaient pas un

[69] 3 C-3-03, 2 juillet 2003. Paragraphe 3

[70] BOI-TVA-SECT-90-10 n° 280, 11 avril 2014

[71] TA Rennes, 27-3-2003 n° 99-1903, 2e ch., Guidec, RJF 11/03 n° 1236.

[72] TA Toulouse, 27-6-2000 n° 98-2511, 1e ch., Boront, RJF 12/00 n° 1442

[73] CAA Nantes 12-6-2014 n° 13NT01760, 1e ch., min. c/ SARL Jardin d'images, RJF 10/14 n° 888

caractère d'originalité et ne manifestaient pas une intention créatrice, susceptibles de les faire regarder comme des photographies prises par un artiste. La cour devait-elle se borner à vérifier si l'auteur des photographies en litige en avait contrôlé les tirages, les avait signées et les avait vendues, numérotées à moins de trente exemplaires ? La réponse à ce moyen dépend de la question de savoir si les dispositions de la directive 2006/112/CE du Conseil du 28 novembre 2006, doivent être interprétées en ce sens qu'elles imposent seulement que des photographies soient prises par leur auteur, tirées par lui ou sous son contrôle, signées et numérotées dans la limite de trente exemplaires, tous formats et supports confondus, pour pouvoir bénéficier du taux réduit de TVA[74]. La Cour de Justice de l'Union Européenne a jugé aux points 29 et 31 qu'en se référant aux termes « auteur » et « artiste » l'article 103 de la directive TVA et le point 7 de la partie A de son annexe IX visent la même personne, à savoir la personne qui a la qualité d'auteur d'une photographie. Cette décision infirme la doctrine administrative rappelée supra et conduit à invalider les décisions juridictionnelles qui ont écarté l'application du taux réduit de TVA à certaines photographies de la société requérante, sur la circonstance que les portraits et photographies de mariage ne présentaient pas un caractère d'originalité et ne manifestaient pas une intention créatrice susceptible de les faire regarder, comme des photographies prises par un « artiste »[75]. La cour de justice de l'union européenne nous livre une interprétation matérielle de la photographie d'art débarrassée de scories subjectives. « L'article 103, 1 et 2-a de la directive TVA, lu en combinaison avec l'article 311, 1, point 2, de cette directive ainsi que l'annexe IX, partie A, point 7, de celle-ci, doit être interprété en ce sens qu'il s'oppose à une réglementation nationale qui limite l'application du taux réduit de TVA aux seules photographies présentant un caractère artistique, dans la mesure où l'existence de ce dernier caractère est subordonnée à une appréciation de l'administration fiscale nationale compétente qui n'est pas exercée dans les limites de critères objectifs, clairs et précis, fixés par cette réglementation nationale, permettant de déterminer avec précision les photographies auxquelles ladite réglementation réserve l'application de ce taux réduit, de manière à éviter de porter atteinte au principe de neutralité fiscale »[76].

---

[74] CE 3e-8e ch. 20-2-2018 n° 400837, Sté Regards Photographiques, RJF 5/18 n° 477 et conclusions du rapporteur public Emmanuelle Cortot- Boucher, C-477.

[75] CE 3e-8e ch. 4-12-2019 n° 400837, Sté Regards Photographiques : RJF 2/20 n° 110, concl. M-G. Merloz ; Observations Ariane Perrin-Dureau, Dalloz IP/IT 2020 p.443

[76] CJUE 5-9-2019 aff. 145/18, Regards photographiques SARL : RJF 11/19 n° 1113, Observations Frederic Pollaud-Dulian, RTD Com. 2020 p.102

Paragraphe 3 – Le statut d'œuvres d'art accordé aux créations plastiques et audiovisuelles

29- Sans pour autant modifier la liste énumérative de l'article 98 A II de l'annexe III au CGI, l'administration fiscale a admis d'autres formes artistiques au soutien de l'art contemporain. Ainsi, l'article 50 de la loi n° 2005-1720 du 30 décembre 2005 dite loi de finances rectificative pour 2005, a introduit un dispositif fiscal incitatif et spécifique pour la création plastique. La définition des œuvres d'art de la création plastique a permis d'intégrer les créations d'œuvres audiovisuelles, de nature à conditionner, au profit des jeunes artistes plasticiens et ce pendant 5 ans, un abattement de 50 % de leurs revenus, plafonné annuellement à 50 000 €. Peuvent ainsi bénéficier de cet abattement « les créations d'œuvres audiovisuelles sur support analogique ou numérique, ainsi que les biens mobiliers constitutifs de l'installation dans laquelle elles s'intègrent lorsque l'ensemble constitue une œuvre unique et indivisible, sous réserve que : - le tirage de ces œuvres soit contrôlé par l'artiste et limité au plus à douze exemplaires ; - ces œuvres sont signées et numérotées par l'artiste ou, à défaut, accompagnées d'un certificat d'authenticité signé et numéroté par ledit artiste »[77]. Aux fins de taxation cette fois, la taxe forfaitaire sur les objets précieux adopte les mêmes critères de qualification pour les œuvres d'art audiovisuelles sur support analogique ou numérique[78]. L'absence de codification de cette mesure fiscale, contenue dans une instruction, interpelle. Certes, elle est opposable à l'administration, sur la base d'une doctrine « publiée » pour bénéficier du dispositif. Mais il s'agit d'une aide d'État qui, faute de codification administrative, n'a pas été soumise à la commission européenne. L'article 107 § 1 du TFUE pose le principe d'incompatibilité des aides d'État, c'est-à-dire des aides financées directement ou indirectement par la puissance publique qui faussent ou menacent de fausser la concurrence en favorisant certaines entreprises ou productions, dans la mesure où elles affectent les échanges entre États membres. Aux termes de l'article 108, paragraphe 3 du TFUE, les aides répondant à ces critères doivent être notifiées à la Commission qui peut les juger compatibles avec le Traité ou interdire leur octroi si elles sont incompatibles. Il n'est au demeurant pas certain que la commission européenne soit encline à étendre le régime d'une TVA au taux réduit pour des activités artistiques « contemporaines ». Pour rappel, la commission européenne a adopté un règlement qui privilégie, une approche matérielle de la classification et non pas une approche esthétique fondée

---

[77] BOI-BNC-SECT-20-30, 8 octobre 2012.

[78] BOI-RPPM-PVBMC-20-10, 31 décembre 2018

sur l'intention artistique de l'auteur des œuvres[79]. Dans ce règlement, la Commission rappelle que l'installation de Bill Viola, qui est composée d'un ensemble d'appareils audio et vidéo, a été présentée à la douane anglaise, démontée. Autrement dit, au passage de la frontière extérieure de l'Union, ces objets ne constituaient pas encore une sculpture. Partant de ce constat, la Commission exige qu'un tarif douanier adapté soit appliqué indépendamment à chacun de ces objets. Ce raisonnement est appliqué à l'identique aux œuvres de Dan Flavin et conduit à affirmer que l'installation n'a, en soi, aucune importance. Somme toute, faute de modification substantielle des biens par l'artiste, il ne s'agit pas d'une œuvre d'art. La commission retient que « Les composants ont été légèrement modifiés par l'artiste, sans que ces modifications n'altèrent leur fonction première en tant que produits de la section XVI »[80]. Un tel positionnement ne semble pas introduire à brève échéance une acceptation de l'ensemble des formes esthétiques de l'art contemporain. Bien plus, une refonte de la directive taux intervenue en 2022 génère, dans l'attente de sa transposition en droit interne, des sources d'incertitude[81].

Paragraphe 4 – Les évolutions du taux de TVA réduit relatif aux œuvres d'art

30- Dans le cadre de son plan d'action présenté le 7 avril 2016 et destiné à moderniser la TVA au sein de l'UE, la Commission européenne avait notamment annoncé vouloir accorder une plus grande liberté aux États membres dans la fixation des taux de TVA, dans le cadre du futur régime définitif de TVA fondé sur le principe de taxation dans l'État membre de destination. Le 7 décembre 2021, le Conseil de l'Union européenne est parvenu à un accord politique sur une proposition visant à actualiser les règles de l'Union européenne en matière de taux de TVA. La nouvelle directive, entrée en vigueur le 6 avril 2022, est toutefois applicable à compter du 1er janvier 2025[82]. Afin d'assurer une égalité de traitement entre États membres, il est prévu que tous les États membres peuvent appliquer aux biens et services éligibles, sous certaines conditions, soit un maximum de deux taux réduits d'au moins 5 % ; soit un taux réduit inférieur à 5 % et une exonération avec droit à déduction de la TVA d'amont (taux zéro). S'agissant des modalités de mise en œuvre des taux réduits par les États membres, il ressort de la jurisprudence de la

---

[79] Règlement (UE) N° 731/2010 de la Commission du 11 août 2010 relatif au classement de certaines marchandises dans la nomenclature combinée, JOUE 14/08/2010, I.214.

[80] Pour la Commission, le fait qu'un néon projette de la lumière, c'est que l'objet n'a pas été altéré par l'artiste.

[81] Directive UE/2022/542 du 5 Avril 2022.

[82] Voir Alexandre Nicolier et Lydia Medjebar, « Directive européenne sur le taux de TVA : le marché de l'art dans la tourmente », Revue de droit fiscal 2023 n° 25, 221.

CJUE que rien dans le texte des articles 98 et 99 de la directive TVA, dans leur version antérieure à l'entrée en vigueur de la présente directive, n'impose que le taux réduit doive s'appliquer à tous les aspects d'une catégorie de biens ou prestations visée à l'annexe III, de sorte qu'une application sélective du taux réduit est possible, à condition qu'elle n'entraîne aucun risque de distorsion de concurrence[83]. Afin de garantir la sécurité juridique et de permettre à tous les États membres d'avoir un accès égal à ces dérogations et sur la base des informations fournies par les États membres concernés jusqu'au 7 juillet 2022, la Commission doit, immédiatement après avoir reçu ces informations, élaborer une liste complète des biens et services auxquels ces taux réduits ou ces exonérations sont appliqués et la distribuer à tous les États membres. La liste des biens et services pouvant bénéficier de taux réduits, contenue dans l'annexe III de la directive 2006/112/CE, a été élargie mais ne comporte pas de nouvelles catégories d'œuvres d'art. Toutefois, les dispositions relatives aux objets d'art, de collection ou d'antiquité sont aménagées à compter de 2025. Par dérogation au principe selon lequel le taux applicable à l'importation de biens est celui appliqué sur le territoire de l'État membre pour la livraison d'un même bien, il est prévu que les États membres qui appliquent un taux normal aux livraisons d'objets d'art, de collection ou d'antiquité peuvent appliquer un taux réduit non inférieur à 5 % à l'importation de ces biens sur le territoire de l'État membre. Les États membres peuvent également appliquer le taux réduit aux livraisons d'objets d'art effectuées par leur auteur ou par ses ayants droit et aux livraisons d'objets d'art effectuées à titre occasionnel par un assujetti autre qu'un assujetti revendeur[84]. Cette directive taux interdit le cumul entre une imposition à la TVA sur la marge et un taux réduit de TVA en amont. Cette interdiction de cumul est perçue comme dommageable par le marché de l'art. Alexandre Nicolier et Lydia Medjebar précisent : « Or, l'intégration de l'article 98 bis et la modification de l'article 316 de la directive TVA ont pour conséquence inéluctable l'impossibilité d'exercer l'option de l'article 297 B du CGI lorsque les opérations d'amont ont bénéficié d'un taux réduit de TVA ; option qui aujourd'hui n'est rendue possible que si les opérations d'amont ont justement été soumises à un taux réduit. En d'autres termes, soit les opérations d'amont sont soumises au taux normal de TVA

[83] CJUE 3-4-2008 aff. 442/05 ; CJUE, 1re ch., 6 mai 2010, aff. C-94/09, Commission c/ France : Rec. CJCE, I, p. 4261 ; Dr. fisc. 2010, n° 19, act. 164 ; Europe 2010, comm. 249, obs. A.-L. Mosbrucker. – CJUE, 8e ch., 27 févr. 2014, aff. C-454/12, Pro Med Logistik GmbH et C-455/12, Eckard Pongratz, agissant en qualité de curateur à la faillite de Karin Oertel : Dr. fisc. 2014, n° 10, act. 153

[84] La France a fait usage de cette faculté et applique le taux de 5,5 % aux livraisons d'œuvres d'art effectuées par leur auteur ou ses ayants droit et le taux de 10 % pour les livraisons d'œuvres d'art effectuées à titre occasionnel par des assujettis utilisateurs.

et l'option pour le régime de TVA sur la marge est possible, soit les opérations d'amont continuent à bénéficier des taux réduits, auquel cas l'option est proscrite »[85]. Cette lecture est confirmée par une récente réponse ministérielle « Ce régime de la marge et de la marge forfaitaire qu'utilisent les galeries et les antiquaires dans certains cas se trouveront conditionnés à l'application d'un taux normal en amont des opérations imposables à la TVA. Le régime de la marge ne pourra être utilisé par les galeries et les antiquaires que lorsque les opérations d'acquisition et de vente précédentes auront toutes été taxées au taux plein de TVA, ce qui renchérirait le prix d'acquisition des œuvres. »[86]. Les négociations sont en cours pour décider de l'option qui sera adoptée dans le cadre de la loi de finances pour 2024. Deux options semblent envisageables. D'une part, il est possible d'appliquer un taux réduit de TVA sur l'ensemble de la chaîne, achat et vente de l'œuvre d'art, sans possibilité d'appliquer une TVA sur la marge. D'autre part, une deuxième option, autorise le taux de TVA actuel sur la marge de 20 % à la revente mais supprime le taux de 5,5 % à l'acquisition, qui passe alors à 20 %. L'article 83, I-5° à 8° de la loi de finances pour 2024 adapte les règles applicables en matière de taux et de régime d'imposition aux opérations portant sur les œuvres d'art, objets de collection ou d'antiquité. En premier lieu, le champ d'application du taux réduit de 5,5 % est étendu à toutes les livraisons d'œuvres d'art, d'objets de collection ou d'antiquité, sauf lorsque la base d'imposition est déterminée selon le régime de la marge prévue par l'article 297 A du CGI, ainsi qu'aux importations et aux acquisitions intracommunautaires de ces mêmes objets. Il n'est donc pas possible, à compter du 1er janvier 2025, d'appliquer à une même opération d'achat revente le taux réduit de la TVA et le régime de la marge. Ainsi, les livraisons d'œuvres d'art et d'objets de collection ou d'antiquité soumises de plein de droit au régime de la marge lorsque ces objets ont été achetés auprès d'un non-redevable ou d'un autre assujetti revendeur qui a lui-même appliqué le régime de la marge sont à compter du 1er janvier 2025 taxables au taux normal de 20 %.

Toutefois, si l'assujetti revendeur décide d'exercer l'option pour le régime général de la TVA (taxation sur le prix total) qui lui est ouverte, opération par opération, par l'article 297 C du CGI, le taux de 5,5 % peut-être appliqué lors de la revente du bien. En second lieu, le III de l'article 297 A du CGI prévoit pour les livraisons d'œuvres d'art, que la base d'imposition retenue lors de la revente d'œuvres d'art peut être constituée par une fraction égale à 30 % du prix de vente lorsqu'il n'est pas possible de déterminer avec précision le prix d'achat ou lorsque ce prix n'est pas significatif (les antiquaires, brocanteurs et les galeries d'art bénéficient de ce

[85] Alexandre Nicolier et Lydia Medjebar, op.cit. paragraphe 20.
[86] RM Sénat, Catherine Dumas n° 5664, JO Sénat du 04/05/2023 - page 2951

dispositif). À compter du 1er janvier 2025, ce régime dérogatoire de calcul forfaitaire de la marge, qui n'est pas prévu par la directive TVA, est donc supprimé.

SECTION III : Les critères de qualification fiscale des œuvres d'art

Paragraphe 1 - Éléments d'identification des œuvres d'art en droit fiscal

31- Bien qu'il n'existe pas de définition de l'œuvre d'art en droit fiscal[87], il est néanmoins possible de dégager des critères d'identification fiscale des œuvres d'art afin de cartographier les contours de cette doctrine fiscale. Une des difficultés tient à l'usage même du qualificatif « œuvre d'art ». L'emploi des termes œuvre d'art ou objet d'art semble indifférent à la qualification fiscale de ce bien et partant, à la mise en œuvre d'un régime fiscal subséquent. L'œuvre ou objet d'art est tout d'abord distinct des biens d'occasion. Aux termes de l'article 98 A, I de l'annexe III au CGI, sont considérés comme biens d'occasion les biens meubles corporels susceptibles de remploi, en l'état ou après réparation, autres que des œuvres d'art et des objets de collection ou d'antiquité et autres que des métaux précieux ou des pierres précieuses. Par « bien d'occasion », il faut donc identifier tous les biens usagés susceptibles de remploi en l'état ou après réparation. Bien avant l'adoption du décret n° 95-172 du 17 février 1995, le Conseil d'État a donné des objets d'occasion la définition suivante : par « articles d'occasion », il convient d'entendre tous les articles qui, sortis de leur cycle de production par suite d'une vente ou d'une livraison à soi-même réalisée par un producteur, ont fait l'objet d'une utilisation et sont encore susceptibles de remploi, soit en l'état, soit après réparation. Dès lors ne présente pas ce caractère des pièces de rechange qui n'avaient jamais fait l'objet d'une utilisation antérieure et qui étaient encore susceptibles de remploi, malgré des traces de rouille nécessitant une certaine remise en état. [88]. Bien qu'il s'agisse de décisions antérieures à la loi n° 66-10 du 6 janvier 1966 qui généralise la TVA, celles-ci ont conservé toute leur valeur après l'adoption du décret n° 95-172 du 17 février 1995. Cependant, la qualification de bien d'occasion assujetti à la TVA comportait une ambiguïté dans la mesure où ces critères pouvaient commander l'application de la TVA aux objets d'art. La jurisprudence fiscale se référait à deux autres critères de distinction, tirés de la nature des biens et de leur utilisation future. Lorsque des objets sont, identifiables

[87] Voir l'étude de Régis Vabres, « La notion d'œuvre d'art en matière de TVA », *Marché de l'art et droit, Liber Amicorum François Duret-Robert,* Editions du cosmogone, Lyon, 2021, pp.367-375.

[88] CE 24-2-1964 n° 53383, Sté Compagnie générale de mécanique, *Dupont* 1964, p. 583 ; *Dr. fisc.* 1964, n° 13, comm. 496 ; *Dr. fisc.* 1967, n° 18, p. 41, concl. Marcel Martin.

et possèdent chacun une valeur intrinsèque, il s'agit de biens d'occasion passibles de la TVA. Tel était le cas pour les objets usagés revendus par un brocanteur[89]. La directive communautaire qui harmonise les biens d'occasion, les œuvres d'art, les objets de collection et d'antiquité, distingue donc ces biens en leur appliquant un régime fiscal distinct. Seules les œuvres d'art, objets de collection et d'antiquité dont la liste est définie par l'article 98 A II de l'annexe III au CGI, sont soumises à la TVA au taux réduit.

32- Selon le droit européen, les œuvres d'art sont des marchandises. Dans une affaire ancienne, le gouvernement italien avait soutenu que les œuvres d'art ne pouvaient être assimilées à des biens de consommation à usage général. Après avoir défini les marchandises comme des produits « appréciables en argent et susceptibles, comme tels de former l'objet de transactions commerciales », la Cour de justice des communautés européennes a considéré que de tels produits entraient dans le champ de la définition des marchandises, quelles que fussent les qualités qui les distinguaient des autres biens du commerce[90]. Les dispositions de la septième directive (94/5/CE) ont inséré dans la sixième directive un article 26 bis définissant le régime particulier applicable dans le domaine des biens d'occasion, des objets d'art, de collection ou d'antiquité, « on entend par "objets d'art", les biens visés au point a de l'annexe I. Toutefois, les États membres ont la faculté de ne pas considérer comme objets d'art les objets visés aux trois derniers tirets du point a de l'annexe I ». Le point a de l'annexe I désigne les biens qualifiés d'objets d'art, et l'article 98 A de l'annexe III du même Code, issu de l'article 2 du décret 95-172 du 17 février 1995 pris pour l'application de ces dispositions, reprend *in extenso* la liste figurant au point a de l'annexe I à la directive, qui comprend notamment les tableaux, peintures et dessins, gravures, estampes et lithographies, sculptures, tapisserie et textiles muraux réalisés à la main, céramiques et émaux, et enfin photographies prises par l'artiste lui-même. Les sept items retenus pour qualifier une œuvre d'art en droit fiscal démontrent s'il en est besoin, l'approche matérialiste du lien entre l'artiste et son œuvre, enracinant ainsi la qualification fiscale d'une œuvre d'art à la main de l'auteur c'est-à-dire à l'empreinte de la personnalité de son auteur. Cette approche personnaliste du droit d'auteur est exprimée par la doctrine au XXe siècle[91] ainsi que par une abondante jurisprudence qui emploie des formules différentes pour

[89] CE 24 juillet 1987, *Reviron,* req. n° 57217, *RJF* 10/1987, n° 985

[90] CJCE, 10 déc. 1968, aff. 7/68, Comm. c/ Italie : Rec. CJCE 1968, p. 619.

[91] Voir Henri Desbois, *Le droit d'auteur*, 1ère édition, Dalloz, 1950.

exprimer l'originalité de la forme de l'œuvre[92]. Somme toute, la forme de l'œuvre porte le sceau de la personnalité dans l'activité créatrice[93].

Paragraphe 2 : La liste énumérative des items d'œuvres d'art, d'objets de collection et d'antiquité

En premier lieu, sont considérés comme œuvres d'art les tableaux, collages et tableautins similaires, peintures et dessins, entièrement exécutés à la main par l'artiste, à l'exclusion des dessins d'architectes, d'ingénieurs et autres dessins industriels, commerciaux, topographiques ou similaires, des articles manufacturés décorés à la main, des toiles peintes pour décors de théâtre, fonds d'ateliers ou usages analogues[94]. Cette énumération recouvre les peintures à l'huile, à l'aquarelle, à la gouache, au pastel, les dessins, les collages et tableautins similaires ainsi que les monotypes, quelle que soit la matière utilisée comme support. Mais il faut que ces productions aient été créées de la main de l'artiste, ce qui exclut l'emploi de tout procédé, quel qu'il soit, permettant de suppléer, en tout ou en partie, à cette intervention humaine. Les copies des œuvres susvisées bénéficient également du régime des œuvres d'art, sous réserve qu'elles soient faites entièrement à la main. Bien que ne figurant sur la liste énumérative de l'article 98 A II 1° de l'annexe III au CGI, l'administration fiscale assimile les monotypes à des œuvres d'art éligibles au taux de TVA réduit. Par monotype il faut entendre l'empreinte unique obtenue par pression sur une feuille de papier d'une œuvre peinte en noir ou en couleurs généralement sur cuivre ou sur verre. En revanche, la doctrine fiscale exclut des œuvres d'art « les productions obtenues par des procédés mécaniques ou à l'aide de caches ou de pochoirs ; les dessins et croquis originaux de modes, bijouterie, carrosseries automobiles, meubles, etc., et, d'une manière générale, tous les dessins et croquis exécutés à des fins industrielles ; les articles manufacturés ornés à la main (souvenirs de voyages, boites et coffrets, articles en céramique, etc.) »[95]. La sacralité de l'œuvre d'art tient au génie créateur de l'artiste. Le fétichisme de la main de l'artiste a été célébré par des philosophes et des historiens de l'art[96]. Le juge de l'impôt semble également consacrer la main de l'artiste comme une condition nécessaire à la qualification d'œuvre d'art. Comment comprendre ce lien entre l'artiste et son

[92] CA Paris, 16 mai 1994, RIDA 4/1994, p 47; CA Paris, 12 décembre 1995, RIDA 3/1996 p 372

[93] CA. Aix-en-Provence, 2e ch., 11 mai 2017, Juris-Data, n° 2017-013002

[94] BOI-TVA-SECT-90-10, 11 avr. 2014, § 130

[95] BOI-TVA-SECT-90-10, 11 avr. 2014, § 140. Cette exclusion était déjà adoptée antérieurement au décret du 17 février 1995 : Inst. 22-9-1992, 3 C-5-92 et 3 K-1-92 ; D. adm. 3 K-1121 n° 2, 15-8-1995

[96] Voir Marie-Christine Piatti, « De la main au doigt de l'artiste », RTD com. 2016, p. 253.

œuvre, c'est-à-dire le « lien spirituel » existant entre l'artiste et sa création. La jurisprudence exige que l'œuvre ait été entièrement exécutée de la main de l'artiste sans aucun recours à un procédé technique de reproduction[97]. Doivent être regardées comme des œuvres d'art des toiles entièrement exécutées à la main sans le recours à aucun procédé de reproduction destiné à suppléer en tout ou partie à cette intervention humaine quels qu'aient pu être le caractère répétitif des sujets traités, l'importance des quantités produites, les méthodes de tarification et de commercialisation de la société qui les importe en France, et nonobstant la circonstance que plusieurs peintres aient travaillé à la confection de chacune d'entre elles en signant de pseudonymes collectifs[98]. La cour administrative d'appel précise qu'il peut s'agir d'une œuvre collective et l'absence de signature ou d'indication sur l'identité de l'artiste ne fait pas, en soi, obstacle à l'application d'un régime fiscal dérogatoire dès lors que l'œuvre procède de sa seule intervention. Le juge judiciaire reste attaché à une qualification fiscale de l'œuvre d'art exclusive des reproductions. Ainsi, la 1re chambre civile de la Cour de Cassation considère qu'un objet émanant de la main de l'artiste ou qui a été réalisé selon ses instructions et sous son contrôle, de telle sorte que, dans son exécution même, ce support matériel de l'œuvre porte la marque de la personnalité de son créateur et qu'il se distingue par là d'une simple reproduction[99]. Cela étant, l'originalité d'une œuvre de l'esprit, dans sa réalisation formelle, qui est la condition nécessaire et suffisante de sa protection légale au titre du droit d'auteur, est selon l'administration fiscale, déduite de l'exécution manuelle des biens. Cette fétichisation de la main de l'artiste vient en surplomb des catégories d'œuvres d'art énumérées à l'article 98 A II de l'annexe III du CGI. Surtout, elle semble contredite à la fois par l'évolution des expressions artistiques[100] et par la réception jurisprudentielle de la notion d'originalité en droit d'auteur. Pour Aude Mercier : « L'analyse de la jurisprudence démontre que l'exécution manuelle n'est ni une condition nécessaire... ni une condition suffisante... de l'originalité d'une œuvre et de l'attribution d'une paternité à cette œuvre »[101]. En d'autres termes l'originalité s'entend selon une conception intellectuelle et non pas purement matérielle. L'expression « exécuté par la main de l'artiste » ne devrait donc pas être interprétée à la lettre. Il paraît résulter implicitement d'une réponse ministérielle Reymann, non

[97] CE 4 mars 1985 n° 36560 : RJF 5/85 n° 698

[98] CAA paris, 28/12/1995 n° 95-2704, 2ème ch, min. c. : SARL les peintres associés, RJF 4/96 n° 434.

[99] Cass. 1e civ. 13-10-1993 n° 91-14.037 : Bull. civ. I p. 197 n° 285

[100] Voir Didier Bernheim, « La main de l'artiste et le droit », Lettre de l'académie des beaux-arts, n° 64, 2011, p. 22.

[101] Aude Mercier, « Œuvre originale et œuvre authentique : le critère de l'exécution manuelle apprécié par la jurisprudence », Legipresse, 2012, p. 552.

reprise dans la base BOFIP, que des tableaux originaux en marqueterie ayant exclusivement une fonction artistique, réalisés personnellement et intégralement par la main de l'artiste, signés par lui et numérotés, peuvent avoir la qualité d'œuvres d'art originales compte tenu de la similitude de ces productions avec certaines des œuvres (tapisseries et émaux sur cuivre) qui sont mentionnées à l'article 98 A, II de l'annexe III au CGI[102].

33- En second lieu, L'article 98 A, II-2° de l'annexe III au CGI répute œuvres d'art les gravures, estampes et lithographies originales tirées en nombre limité directement en noir ou en couleurs, d'une ou plusieurs planches entièrement exécutées à la main par l'artiste, quelle que soit la technique ou la matière employée, à l'exception de tout procédé mécanique ou photomécanique. Trois problématiques retiennent notre attention. D'une part, l'administration se conforme aux usages de la profession afin de déterminer le nombre de lithographies, d'estampes ou de gravures constitutives d'œuvres d'art. D'une manière générale, les artistes éditeurs limitent le tirage des gravures, lithographies et estampes à quelques centaines de biens et le numérotage n'est pas constamment pratiqué. Le juge administratif adopte la même position et choisit de s'en remettre à l'opinion des professionnels pour apprécier la notion de tirage limité[103]. Dans ce même arrêt, la juridiction suprême considère pour savoir si des lithographies ont été tirées de planches « entièrement exécutées de la main de l'artiste », il n'y a pas lieu de distinguer selon que l'œuvre est directement tracée sur la planche servant au tirage ou préalablement exécutée sur « papier report ». L'utilisation de planches constituées par des plaques d'aluminium et sur lesquelles le « report » est effectué, non par pression mécanique mais par insolation, ne fait pas, par elle-même, obstacle à ce que les lithographies soient réputées satisfaire à cette condition.

En revanche, lorsque le sujet est reporté à l'aide de calques sur les planches servant au tirage, seules peuvent être regardées comme remplissant cette condition les lithographies issues de calques entièrement exécutés par l'artiste lui-même et qui, aux stades ultérieurs de la confection artistique des planches, sont également le fruit d'interventions de ce seul artiste[104]. Le juge demeure ainsi exigeant quant à l'intervention personnelle de l'artiste. Par suite, les lithographies réalisées par agrandissement ou réduction photographique de l'œuvre originale ne sont pas entièrement exécutées de la main de l'artiste[105]. À l'inverse, le juge européen semble plus libéral. Pour ce dernier, doivent être considérées comme des lithographies

---

[102] AN RM Marc Reymann, 8/12/1986, n° 10638, page 4714.

[103] CE 13 mai 1988, n° 55209, 9e et 8e s.-s., Grapholith RJF 5/88 n° 852

[104] CE 13 mai 1988, n° 55209, 9e et 8e s.-s., Grapholith RJF 5/88 n° 852

[105] CE 4 février 1991 n° 55209, 9e et 7e s.-s., Grapholith, RJF3/91 n° 281

originales les épreuves tirées suite à un procédé de réimpression, par lequel le dessin original, effectué sur un papier spécial, dit papier report ou papier de Berlin, est reporté à plusieurs reprises, d'abord du papier report sur la pierre, à partir de laquelle est ensuite reproduit un nouveau papier report qui est, à son tour, transposé sur une nouvelle pierre, permettant le tirage d'une deuxième série d'épreuves, et ainsi de suite, jusqu'à ce que le nombre souhaité du tirage multiple soit atteint[106]. Les lithographies encadrées posent un problème de principe. En effet, les cadres sont passibles de la TVA dans les conditions de droit commun. Toutefois, il a été admis que le régime particulier d'imposition s'applique lorsque des lithographies originales sont vendues encadrées, moyennant un prix global. En outre, le caractère et la valeur du cadre doivent être en rapport avec l'œuvre proprement dite. Mais cette mesure de tempérament ne s'applique pas lorsque la vente du cadre est dissociable de l'œuvre : il en est ainsi notamment lorsque le client choisit son cadre ou lorsque la galerie d'art fait apparaître de manière distincte les prix respectifs du cadre et de l'œuvre[107]. Enfin, l'administration fiscale n'exclut pas a priori que des œuvres d'art puissent être obtenues par sérigraphie. Tel serait le cas d'œuvres tirées en nombre limité d'exemplaires, dûment signés et numérotés, à partir de planches et d'écrans conçus et exécutés en totalité à la main par l'artiste lui-même, à l'exclusion de tous procédés mécaniques ou photomécaniques[108].

34- En troisième lieu, l'article 98 A, II-3° de l'annexe III au CGI répute œuvres d'art, à l'exclusion des articles de bijouterie, d'orfèvrerie et de joaillerie, les productions originales de l'art statuaire ou de la sculpture en toutes matières dès lors que les productions sont exécutées entièrement par l'artiste, ainsi que les fontes de sculpture à tirage limité à huit exemplaires et contrôlé par l'artiste ou ses ayants droit[109]. Sont considérées comme œuvres d'art, les fontes de sculptures exécutées à partir d'un moulage de la première œuvre, sous réserve que leur tirage soit contrôlé par l'artiste ou ses ayants droit et limité à huit exemplaires numérotés. Les tirages dits « d'artiste » portant des mentions spéciales sont admis au même régime dans la limite de quatre exemplaires. La condition du numérotage n'est exigée que pour les fontes exécutées depuis le 1er janvier 1968. Plusieurs remarques s'imposent. Les bronzes ont suscité un contentieux nourri. Par un célèbre arrêt rendu le 18 mars 1986 (Rodin 1), la Cour de cassation a considéré que « le fait que le tirage limité des

---

[106] CJUE 14 décembre 1988 aff. 291/87, Volker Huber, Recueil 1988-10 p.6449.

[107] AN, RM Roger Macha n° 7424, JO, 13 mars 1989 p. 1223.

[108] AN, RM Jacques Blanc n° 6086, JO, 24 Janvier 1994 p. 363. Cette décision n'a pas été reprise dans la base Bofip.

[109] AN, RM Jacques Lavedrine, n° 1097, JO 8 décembre 1978, p. 9027, BOI-TVA-SECT-90-10 n° 200, 11-4-2014.

épreuves en bronze soit postérieur au décès du sculpteur n'a aucune influence sur le caractère d'œuvre originale et de création personnelle – de la part du sculpteur – revêtu par ces épreuves, ni sur l'exercice du droit de suite en cas de vente de l'une d'elles »[110]. S'il s'agit des moulages fondus d'après une matrice en plâtre ou en terre cuite réalisée par l'artiste lui-même et tirés en nombre restreint, chacune des statues est alors considérée comme de la main de l'artiste, quand bien même la fonte est opérée *post mortem*. À titre posthume, il s'agit d'originaux[111]. S'il s'agit d'un surmoulage, dont le retirage est effectué d'après l'œuvre achevée, la nature du bronze est alors assimilable à une simple reproduction. Tel est le cas du contentieux inhérent à « La vague » de Camille Claudel, où des bronzes avaient été réalisés a posteriori d'après une sculpture alliant marbre, onyx et bronze[112]. On doit donc considérer que le surmoulage conduit à des œuvres de reproduction. En commentant la décision de la Cour d'appel de Versailles de 2014, Aude Mercier le soutient avec raison : « La solution finalement adoptée dans cette affaire ne peut être qu'approuvée puisqu'il n'est, en réalité, pas contestable que la pratique du surmoulage à partir d'une œuvre d'ores et déjà achevée selon la volonté de l'auteur entraîne nécessairement des modifications des caractéristiques de cette œuvre originelle »[113]. L'art statuaire original a été étendu aux vitraux lorsqu'ils répondent aux conditions fixées par l'article 98 A, II-3° de l'annexe III au CGI[114], ainsi qu'aux objets entièrement réalisés par un souffleur de verre qui sont exposés dans des musées et des galeries d'art à titre permanent ou temporaire en France et à l'étranger, dont le caractère original est reconnu dans la mesure où ces productions sont cotées sur le marché de l'art et comportent la signature de l'auteur et la date de leur réalisation[115]. Dès lors, le taux réduit est applicable à la livraison de ces œuvres d'art alors même que l'intéressé tient à la disposition de ses clients un catalogue et réalise des pièces à la demande. Enfin, l'exclusion des articles de bijouterie et

---

110 Cass. 1re civ., 18 mars 1986 n° 84-13.749 : Bull. civ. I n° 71, JCP G 1987, II, 20723, concl. M. Gulphe

111 Cass. 1e civ. 18 mars 1986 n° 84-13.749 : Bull. civ. I n° 71, JCP G 1987, II, 20723, concl. M. Gulphe

112 Civ. 1re, 4 mai 2012, n° 11-10763, JurisData n° 2012-009396 ; F. Pollaud-Dulian, RTD com. 2012. 532 ; JCP G n° 27, 2 juillet 2012, 790, note A. Lucas-Schloetter ; D. 2012. 1446, concl. B. Pagès ; D. 2012. 1452, note C. Zolynski ; D. 2012, AJ 24, obs. J. Daleau ; C. Caron, Comm. Comm. Électr. n° 9, septembre 2012, comm. 90 ; X. Daverat, Petites affiches, 28 janvier 2013, n° 20.

113 CA Versailles 19 février 2014, n° 12/06116, observations Aude Mercier, « les tirages à titre posthume », Légipresse 2014, p. 428.

114 AN, RM Michel Dinet n° 59040, JO 14 Septembre 1992

115 TA Toulouse 27 juin 2013 n° 1004510, 1100772 et 1104647, 2e ch., Agostinho, RJF 2/2014 n° 139.

d'orfèvrerie de la qualification d'œuvres d'art concerne les biens qui ont perdu leur fonction première d'ornement, de parure, conduisant cette marchandise « précieuse » à son assujettissement au droit commun de la TVA. Ainsi, une réponse ministérielle, non reprise dans la base BOFIP, refuse la qualification d'œuvre d'art à des bijoux qui ont perdu leur fonction première. Les galeries et marchands d'art africain, d'art inca ou d'art d'autres civilisations anciennes vendent des objets considérés, à l'époque de leur création, comme des bijoux ou des articles d'orfèvrerie et d'autres objets usuels. Mais ces produits sont, en règle générale, d'un poids, d'une forme ou d'un état matériel tel que leur utilisation actuelle comme parure ou comme objet ménager n'est guère vraisemblable. Le fait que, pour des raisons d'esthétique ou de mode, ces objets aient perdu leur fonction première ne leur confère pas le caractère d'œuvres d'art au sens de ces dispositions[116]. Les sculptures d'art tribal ont généré un contentieux en matière de contributions sociales. En effet, le régime de Sécurité sociale des artistes est financé par une contribution due par toute personne procédant « à la diffusion ou à l'exploitation commerciale d'œuvres originales » relevant des arts graphiques et plastiques (CSS, art. L.382-4). Pour définir une œuvre d'art donnant lieu au versement de cette contribution, l'article R 382-2 du Code de la Sécurité sociale renvoie à l'article 98 A II 3° de l'annexe III au CGI. À ce titre, une URSSAF considère qu'une société de vente aux enchères doit s'acquitter de ce prélèvement, une contribution dite « 1,10 % diffuseur » au titre de la vente de sculptures anciennes d'art tribal[117]. La Cour de cassation reproche aux juges du fond de ne pas avoir défini « la nature des objets en cause »[118]. Or en l'espèce, il s'agit d'œuvres anonymes et utilitaires. Pour la Cour d'appel de renvoi, la maison des artistes et l'URSSAF n'établissent pas que les œuvres constituant les 514 lots, prises individuellement, d'une part ont été exécutées entièrement par l'artiste ou par un même groupe d'artistes, d'autre part, présentent un caractère original au sens de l'article 98 A II 3° de l'annexe III du code général des impôts[119]. En définitive, seules les ventes d'objet manufacturées ou utilitaires ne reflétant pas la personnalité de leur auteur échappent à la contribution, faute de présenter le caractère d'œuvre originale.

35- En quatrième lieu, aux termes de l'article 98 A, II-4° de l'annexe III au CGI, les tapisseries et textiles muraux faits à la main, sur la base de cartons originaux fournis par les artistes sont considérées comme œuvres d'art, à condition qu'il

---

[116] Sénat, RM Germain Authié, n° 11216, JO 22-9-1983 p. 1322.

[117] Voir Marine Ranouil « Un an de droit du marché de l'art », CCE 2015, chron. 4, n° 9.

[118] Cass. Civ. 2e, 4 mai 2016, n° 15-15.836, observations Fréderic Pollaud-Dulian, RTD com. 2016, p. 739.

[119] CA Paris, pôle 6, ch. 12, 18 févr. 2022, n° 17/09654, *De Baecque et associés, venant aux droits de la société Enchères Rive Gauche c/ URSSAF, Association La Maison des Artistes*, observations Fréderic Pollaud-Dulian, RTD com. 2022, p. 542.

n'existe pas plus de huit exemplaires de chacun d'eux. Selon la doctrine de l'Administration « Constituent des œuvres d'artau sens des dispositions précitées les tapisseries en tous textiles, présentées, en général, sous forme de panneaux, et tissées à la main sur métier de haute ou basse lisse ou exécutées à l'aiguille sur canevas d'après des maquettes ou cartons conçus par l'artiste ainsi que les textiles muraux. Le tirage doit être contrôlé par l'artiste ou par ses ayants droit et limité à huit exemplaires y compris les exemplaires d'artiste ; chacun d'eux doit porter un numéro intégré dans le tissage[120] ». Selon un principe traditionnel, la qualité d'œuvre d'art originale est refusée aux tapisseries obtenues par des procédés mécaniques mais également aux tapisseries anciennes vendues par un antiquaire en l'absence d'indication concernant l'identité de l'artiste qui en a conçu les maquettes ou cartons, quand bien même ces tapisseries auraient bien été exécutées par la main de l'artiste dans la limite de 8 exemplaires, chacun d'eux devant porter un numéro intégré dans le tissage[121]. Le commissaire du Gouvernement, Noël Chahid-Nouraï avait indiqué, en se référant notamment aux travaux parlementaires, que le régime spécial d'imposition à la TVA des œuvres d'art originales, sans exclure explicitement les œuvres antérieures au XIXe siècle, avait été conçu pour les artistes contemporains.

36- En cinquième lieu, l'article 98 A, II-5° de l'annexe III au CGI définit comme œuvres d'art les exemplaires uniques de céramique, entièrement exécutés par l'artiste et signés par lui.

Selon l'Administration « Pour que la céramique constitue une œuvre d'art, l'artiste doit donc exécuter personnellement les opérations successives nécessaires à la confection de l'objet : préparation, mise en forme de la pâte, cuisson, finition et décoration de l'objet façonné. Les articles manufacturés, même s'ils sont décorés et signés par l'artiste, ne constituent pas des œuvres d'art »[122].

En sixième lieu, aux termes du 6° de l'article 98 A, II de l'annexe III au CGI sont considérés comme œuvres d'art les émaux sur cuivre, entièrement exécutés à la main, dans la limite de huit exemplaires numérotés et comportant la signature de l'artiste ou de l'atelier d'art, à l'exclusion des articles de bijouterie, d'orfèvrerie et de joaillerie. Très tôt l'administration avait considéré que « Chacun des exemplaires doit être numéroté et comporter la signature de l'artiste ou de l'atelier d'art »[123].

---

[120] BOI-TVA-SECT-90-10 n° 220.

[121] CE 4-3-1985 n° 36560, 8e et 9e s.-s., SA Dario Boccara , RJF 5/85 n° 698.

[122] BOI-TVA-SECT-90-10 n° 250

[123] Instruction du 15-1-1971, 3 K-2-71. Ces conditions sont maintenues dans l'instruction fiscale du 22-9-1992, 3 C-5-92 et bien entendu après le décret du 17 février 1995 dans BOI-TVA-SECT-90-10 n° 260 et 270, 11-4-2014.

En septième et dernier lieu, conformément à l'article 98 A, II-7° de l'annexe III au CGI, sont considérées comme œuvres d'art les photographies prises par l'artiste, tirées par lui ou sous son contrôle, signées et numérotées dans la limite de 30 exemplaires, tous formats et supports confondus. Sans qu'il soit besoin de revenir sur la condition d'intention créatrice, condition subjective exigée par l'administration et infirmée par la jurisprudence européenne et nationale[124], soulignons que les épreuves photographiques doivent être signées (ou authentifiées) par l'artiste lui-même. Dès lors, la signature ou l'authentification par les ayants droit de l'artiste ne peut pas conférer à une photographie le caractère d'une œuvre d'art.

37- Indépendamment des œuvres d'art originales au sens de la TVA, le décret n° 95-172 du 17 février 1995, détermine un régime dérogatoire pour les objets de collection et ceux considérés comme des objets d'antiquité. Si la notion d'objet d'antiquité a peu évolué dans le temps, celle en revanche d'objet de collection a subi des infléchissements substantiels. La qualité d'antiquité apparaît quant à elle plus objective par l'écoulement du temps[125]. Le temps permet ainsi l'entrée des biens dans la hiérarchie des valeurs artistiques. C'est finalement le marché qui détermine l'intérêt de ce bien d'antiquité. Les objets d'antiquité sont des biens meubles, autres que les œuvres d'art et les objets de collection, ayant plus de 100 ans d'âge. Ils figurent dans la nomenclature douanière au code NC 97-06[126]. Les objets d'antiquité ne changent pas de nature, même s'ils ont reçu des modifications ou des enrichissements depuis moins de 100 ans à condition que ces modifications et enrichissements n'aient pas altéré les caractéristiques originales desdits articles et ne constituent que des accessoires par rapport à l'article primitif. Ainsi, en matière d'impôt sur la fortune, l'administration avait considéré que des meubles anciens pouvaient comporter des parties de fabrication moderne, sans pour autant altérer le caractère d'ancienneté de l'ensemble[127]. L'énumération lapidaire des objets de collection, au sens de l'article 98 A, III de l'annexe III au CGI, en deux groupes de biens, à savoir les Timbres-poste, timbres fiscaux, marques postales, enveloppe premier jour, entiers postaux et analogues, oblitérés ou bien non oblitérés mais n'ayant pas cours et n'étant pas destinés à avoir cours et les collections et spécimens pour collections de zoologie, de botanique, de minéralogie, d'anatomie, ou présentant un intérêt historique, archéologique, paléontologique, ethnographique ou numismatique, laisse présager des difficultés d'interprétation. Selon l'article R 111-3 du Code du patrimoine la collection est définie comme « *un*

---

[124] Voir supra n° 28.

[125] Voir Krzysztof Pomian, *L'ordre du temps*, Gallimard, 1984

[126] Instruction 17-2-1995, 3 K-1-95 n° 18 ; D. adm. 3 K-114 ; BOI-TVA-SECT-90-10 n° 370, 11-4-2014.

[127] Voir BOI-PAT-ISF-30-40-20 n° 180, 8-1-2015.

ensemble d'objets, d'œuvres et de documents dont les différents éléments ne peuvent être dissociés sans porter atteinte à sa cohérence et dont la valeur est supérieure à la somme des valeurs individuelles des éléments qui le composent », ajoutant que « *la valeur et la cohérence de la collection s'apprécient en fonction de son intérêt pour l'histoire ou pour l'histoire de l'art, des civilisations, des sciences et des techniques* ». La pertinence de cette définition au miroir de la doctrine fiscale demeure insuffisante. Dans deux arrêts du 10 octobre 1985 Erika Daiber et Collector Guns GmbH, la Cour de Justice de l'Union Européenne précise que les objets pour collections au sens de la position 9705 du tarif douanier commun sont ceux qui présentent les qualités requises pour être admis au sein d'une collection. Selon la Cour, il s'agit d'objets qui sont relativement rares, ne sont pas normalement utilisés conformément à leur destination initiale (sans pourtant exclure que leurs qualités fonctionnelles puissent rester intactes), font l'objet de transactions spéciales en dehors du commerce habituel des objets similaires utilisables et ont une valeur élevée. Elle ajoute qu'à ce titre sont considérés comme présentant un intérêt historique ou ethnographique les objets pour collections qui marquent un pas caractéristique de l'évolution des réalisations humaines, ou illustrent une période de cette évolution[128]. Dans la veine de cette jurisprudence, l'administration fiscale a finalement élargi la notion d'objet de collection dans une instruction du 10 décembre 2008 [129] : « Dès lors que les critères (rareté, utilisation différente de la destination initiale, transactions spéciales en dehors du commerce habituel des objets similaires utilisables, valeur élevée, réalisation d'un pas caractéristique de l'évolution des réalisations humaines, ou illustration d'une période de cette évolution : mobilier "Art nouveau" ou "Art déco", par exemple) sont respectés, les meubles meublants de moins de cent ans, les articles de joaillerie, d'orfèvrerie et de bijouterie ainsi que les articles des arts de la table et de mode vestimentaire répondent à la définition d'objet de collection »[130]. En d'autres termes, la qualification d'objet de collection ne s'épuise pas dans l'énumération de l'article 98 A III de l'annexe III au CGI. L'approche constructive de l'administration s'étend aux objets de collection qui sont cotés sur un marché, au point d'admettre que les autographes constituent des biens de collection[131].

---

[128] CJUE 10-10-1985 aff. 200/84 Erika Daiber et aff. 252/84, Collector Guns, Recueil 1985-8 p. 3363 et 3387.

[129] Instruction 10 décembre 2008, 3K-2-08

[130] BOI-TVA-SECT-90-10 n° 300 à 360

[131] AN, RM Pierre Lequiller, n° 915, JO 2-8-1993 p. 2324.

Paragraphe 3 – La matrice fiscale des œuvres d'art

38- En définitive, les critères d'identification des œuvres d'art, en droit fiscal sont inhérents à l'originalité de l'œuvre, à la signature de l'œuvre, à la rareté du bien, et à l'utilisation différente de la destination initiale. Si l'empreinte de la personnalité de l'auteur et la rareté des biens sont des critères communs aux sept items, il n'en va pas de même de la signature de l'œuvre qui conditionne l'éligibilité des céramiques, des émaux sur cuivre et des photographies d'art. Comment comprendre cette condition qui n'est somme toute qu'une manifestation externe de l'empreinte de la personnalité de l'auteur ?. Marie Cornu précise à juste titre « La question de la signature renvoie d'abord à celle de la paternité de l'œuvre, ce que nous dit très explicitement l'article L. 113-1 du Code de la propriété intellectuelle (CPI) : « la qualité d'auteur appartient, sauf preuve contraire, à celui ou à ceux sous le nom de qui l'œuvre est divulguée. »[132]. Sans pour autant révéler la qualité intrinsèque de l'œuvre, la signature peut laisser présumer la paternité de l'œuvre. Sur un terrain artistique, le lien entre l'œuvre et l'empreinte de l'artiste extériorisée par sa signature, a été « métamorphosé ». Au XXe siècle, avec Marcel Duchamp, la signature acquiert un rôle nouveau dans la définition du statut de l'artiste. Acteur majeur du mouvement Dada, il présente au Salon des artistes indépendants de New York en 1917, une œuvre intitulée Fontaine. Il s'agit d'un urinoir de fabrication industrielle, signé énigmatiquement « R. Mutt 1917 ». Fontaine est une des premières sculptures de la série des *Ready-made*, qui marque l'émergence de l'art conceptuel. La consécration de la personnalité de l'artiste par les publics de l'art est devenue de plus en plus manifeste, avec Pablo Picasso, l'un des premiers à avoir établi une valeur commerciale à une signature. En d'autres termes, la signature de l'artiste autorise une authentification de l'œuvre, bien que cela ait été contesté dans le cadre des tableaux pièges de Spoerri. Le décret n° 81-255 du 3 mars 1981 dit Marcus[133], sur la répression des fraudes en matière de transactions d'œuvres d'art et d'objets de collection indique, dans son article 3, que : « *À moins qu'elle ne soit accompagnée d'une réserve expresse sur l'authenticité, l'indication qu'une œuvre ou un objet porte la signature ou l'estampille d'un artiste entraîne la garantie que l'artiste mentionné en est effectivement l'auteur* ». Or, pour la Cour de Cassation « au sens de ce texte, l'auteur effectif s'entend de celui qui réalise ou exécute personnellement l'œuvre ou l'objet, condition substantielle de leur authenticité dans le cadre d'une vente publique aux

---

132 Marie Cornu, « La signature et l'existence juridique de l'œuvre », Sociétés & Représentations 2008/1, n° 25, pp. 25-34

133 Décr. n° 81-255, 3 mars 1981 sur la répression des fraudes en matière de transmissions d'œuvres d'art et d'objets de collection, *JO* 20 mars, p. 825.

enchères »[134]. Autrement dit, selon la Cour de Cassation, pour qu'une création soit authentique, il faut qu'elle ait été effectivement réalisée ou exécutée personnellement par celui à qui on en confère la paternité. Conceptualiser l'œuvre d'art au point de ne retenir que la signature de l'artiste au détriment de son exécution personnelle, c'est courir le risque, de se heurter à un refus de protection par le droit d'auteur. En somme, « L'existence d'une signature ne suffit pas à lui conférer la qualité d'œuvre, sauf à soutenir qu'intimement liée à l'œuvre, elle exprime ou plus encore contient le critère d'originalité »[135]. La condition exigée par l'administration fiscale d'une signature apposée à l'œuvre de céramique, d'émaux sur cuivre et de photographies d'art est certes obligatoire pour bénéficier du régime fiscal dérogatoire mais superfétatoire pour apprécier la qualité de l'œuvre d'art, voire sa paternité dans la mesure où seule l'exécution manuelle de cette œuvre est déterminante. En définitive, la signature constitue au mieux un lien attributif. En ce qui concerne, les autres conditions de rareté ou d'usage, et somme toute de valorisation de l'œuvre d'art sur le marché ; elles ont été adoptées en fonction d'usages professionnels pour distinguer une œuvre d'art unique ou en nombre limité, d'une œuvre industrielle, mécanique, reproductible à l'infini et bien entendu différencié des objets ménagers, ceux du quotidien et en définitive de ceux qui sont « utilitaires ».

39- Cette matrice fiscale des œuvres d'art, des objets de collection et des objets d'antiquité détermine à titre principal un régime dérogatoire en matière de TVA. Tout d'abord, en application de l'article 278-0 bis, I-3° du CGI, le taux réduit de 5,5 %[136] s'applique aux livraisons d'œuvres d'art effectuées par leur auteur ou ses ayants droit (sous réserve, bien entendu, que ces personnes ne bénéficient pas de la franchise en base). La possibilité d'appliquer le taux réduit est strictement encadrée. Il ressort des dispositions de l'article L 121-1 et suivants du Code de la propriété intellectuelle que la qualité d'ayant droit d'un auteur ne peut résulter de la seule détention d'un droit patrimonial sur tout ou partie de ses œuvres. Selon la cour administrative d'appel de Lyon, « La remise à une société par un artiste de l'ensemble de ses œuvres et des droits patrimoniaux qui y sont attachés n'a dès lors pas pour effet de conférer à cette société la qualité d'ayant droit de l'artiste et, par suite, celle-

[134] Cass. Civ. 1re, 15 nov. 2005, n° 03-20.597 ; *D.* 2006. 1116, note Agnès Tricoire.

[135] Marie Cornu, « La signature et l'existence juridique de l'œuvre », Sociétés & Représentations 2008/1, n° 25, p. 29.

[136] L'article 8 de la loi 2013-1278 du 29 décembre 2013 a rétabli, à compter du 1er janvier 2014, le bénéfice du taux réduit de 5,5 % aux importations d'œuvres d'art, d'objets de collection ou d'antiquité ainsi qu'à certaines acquisitions intracommunautaires portant sur ces biens et créé par suite l'article 278-0 bis du CGI.

ci ne peut bénéficier du taux réduit de la TVA réservé aux livraisons d'œuvres d'art effectuées par leur auteur ou ses ayants droit »[137].

Ensuite, bénéficient du taux réduit de 5,5 %, en application de l'article 278-0 bis, I-2° du CGI, les acquisitions intracommunautaires d'œuvres d'art qui ont fait l'objet d'une livraison dans un autre État membre par des assujettis autres que des assujettis revendeurs. Cette mesure concerne les livraisons effectuées dans un autre État membre :

– Par un artiste ou un de ses ayants droit à condition que celui-ci ne soit pas exonéré de TVA ;

– Par un assujetti à la TVA pour lequel l'œuvre d'art avait le caractère d'immobilisation[138].

En revanche, les acquisitions intracommunautaires d'œuvres d'art auprès d'une société dont l'auteur est associé sont soumises au taux normal[139]. En effet, en vertu des articles 103 et 316 de la directive 2006/112/CE du 28 novembre 2006 et pour l'application du taux réduit et du régime de la marge qui lui est lié, les auteurs d'objets d'art, et notamment de tableaux, s'entendent des seules personnes physiques qui peuvent être regardées comme des « artistes » selon les critères fixés dans la partie A de l'annexe IX, à l'exclusion des personnes morales qui les vendent, quand bien même les auteurs en seraient associés. Enfin, conformément à l'article 278 septies, 3° du CGI, le taux intermédiaire de 10 % s'applique aux livraisons d'œuvres d'art effectuées à titre occasionnel par les personnes qui les ont utilisées pour les besoins de leurs exploitations et chez qui elles ont ouvert droit à déduction de la TVA (assujettis utilisateurs). Il s'agit des cessions effectuées par des entreprises qui ont acquis ou importé, dans le cadre du mécénat, des œuvres d'art qu'elles ont comptabilisées comme immobilisation et pour lesquelles elles ont bénéficié d'un droit à déduction total ou partiel[140].

40- En dehors des ventes réalisées par des artistes ou des assujettis utilisateurs, les livraisons d'œuvres d'art peuvent être effectuées par des assujettis revendeurs (brocanteurs, antiquaires, galeries d'art). La septième directive a consacré le régime de la marge comme régime de droit commun applicable au marché des biens d'occasion, œuvres d'art, objets d'antiquité et de collection. En vertu de l'article 297 A du CGI (issu de l'article 16 -VIII de la loi 94-1163 du 29 décembre 1994), les livraisons de biens d'occasion, d'œuvres d'art, objets de collection ou d'antiquité

---

[137] CAA Lyon 28-12-2006 n° 04-85, 2e ch., SARL François Brochet (FB), RJF 4/07 n° 417.

[138] BOI-TVA-SECT-90-40 n° 10, 4-3-2015.

[139] TA Paris 25-11-2020 n° 1812825, Sté Galerie Karsten Greve, RJF 4/21 n° 365

[140] BOI-TVA-SECT-90-40 n° 270

effectuées par des assujettis revendeurs sont soumises de plein droit au régime particulier de la marge bénéficiaire lorsque les biens en question leur ont été livrés par un non-redevable de la TVA ou par une personne qui n'est pas autorisée à facturer la TVA au titre de cette livraison, comme, par exemple, un autre assujetti revendeur. Pour éviter les risques de distorsion de concurrence qu'entraînent les différents systèmes de taxation des États membres dans ce domaine, la 7e directive TVA prévoit que c'est sur la marge bénéficiaire du vendeur (différence entre le prix auquel le vendeur a acheté le bien et le prix auquel il le revend), et non sur la valeur totale, que sont taxées, dans le pays du vendeur et au taux normal de TVA, les ventes de biens d'occasion et d'œuvres d'art dans l'ensemble de la Communauté. Afin d'atteindre cet objectif, la directive prévoit deux fondements possibles à la taxation sur la marge. Un régime de plein droit selon l'article 314 de la directive qui n'exclut cependant pas la possibilité pour l'assujetti de choisir le régime de droit commun de la TVA et un régime optionnel prévu à l'article 316 de la directive. Le régime de plein droit a été codifié à l'article 297 A du CGI tandis que le régime optionnel relève de l'article 297 B du CGI. Ce régime optionnel autorise un assujetti revendeur à déduire une TVA au taux réduit lors de l'acquisition du bien puis à appliquer une imposition sur la marge bénéficiaire lors de la vente de l'œuvre d'art. Aux termes de l'article 297 B du CGI, « les assujettis revendeurs peuvent demander à appliquer les dispositions de l'article 297 A pour les livraisons d'œuvres d'art, d'objets de collection ou d'antiquité subséquentes à une importation, une acquisition intracommunautaire ou une livraison soumises au taux réduit (ou au taux intermédiaire) de la TVA en application de l'article 278 septies ou du I de l'article 278-0 bis, du CGI ». À compter du 1er janvier 2025, cette « option » de l'article 297 B du CGI est abrogée par la loi de finances pour 2024.

Chapitre II :

L'interprétation formelle de l'article 98 A-II de l'annexe III au CGI

Le soutien fiscal protéiforme à l'art contemporain

41- Dès le XVIIIe siècle, Johann Gottlieb Fichte distinguait la lettre et l'esprit[1]. Pour Fichte, l'œuvre d'art est le signe d'une pulsion dite « esthétique ». L'artiste exprime cette pulsion à travers une production artistique et le spectateur la retrouve dans son contact avec l'art. Ainsi, l'artiste permet de communiquer la pulsion esthétique, il en est le médiateur. L'œuvre est de ce fait le produit d'une création, à la manière du concept qui est le produit de l'activité de la pensée. Selon Fichte, l'attitude de l'esprit est préférable à celle de la lettre non seulement parce qu'elle garantit un accès à l'objet mais aussi parce qu'elle nous met en contact avec la pulsion esthétique. Cette dissociation de l'objet et de l'idée préfigure la conception de l'art contemporain mais également de ses difficultés d'appréhension autant par le droit d'auteur que par le droit fiscal. En matière de politique publique, les pouvoirs publics n'ont jamais cessé de proclamer la sacralité de l'art contemporain. Les labels du spectacle vivant et des arts plastiques institués par l'article 5 de la loi n° 2016-925 du 7 juillet 2016 relative à la liberté de la création, à l'architecture et au patrimoine concernent notamment la production et la diffusion de spectacles de danse, de musiques contemporaines et des arts visuels contemporains[2]. Participant de la politique nationale de soutien à la création artistique, le programme des centres d'art contemporain d'intérêt national joue un rôle essentiel pour l'accompagnement et la présence des artistes, et la diffusion de leurs œuvres au plan national, contribuant ainsi à l'aménagement et à la diversité artistique et culturelle des territoires. L'art

---

[1] Johann Gottlieb Fichte, *Sur l'esprit et la lettre dans la philosophie*, trad. L. Ferry, in *Essais philosophiques choisis (1794-1795)*, Paris : Vrin, 1999.

[2] Voir le décret n° 2017-432 du 28 mars 2017 relatif aux labels et au conventionnement dans les domaines du spectacle vivant et des arts plastiques, JO 30 mars 2017.

contemporain brille en majesté aux frontons des centres d'art. Il s'est agi notamment de favoriser l'acquisition d'œuvres d'art d'artistes vivants par des mécanismes financiers autour du 1 % culturel, ou par la constitution de collections au sein des FRAC mais surtout sur un plan fiscal, le législateur a déployé plusieurs dispositifs. Adopté afin de faire connaître l'art contemporain au public et soutenir les artistes et le marché de l'art, le dispositif, issu des articles 7 à 9 de la loi n° 87-571 du 23 juillet 1987 sur le développement du mécénat autorise les entreprises à investir pour acquérir des œuvres d'art d'artistes vivants. Depuis le 1er janvier 2006, les jeunes artistes plasticiens sont encouragés par un dispositif fiscal autorisant un abattement sur leur revenu d'activité. Sans être exhaustif, il faut également rappeler que l'article 23, III de la loi n° 2007-1824 du 25 décembre 2007[3], étend ce mécénat aux versements en faveur des sociétés de capitaux dont la gestion est désintéressée et dont l'activité principale est la présentation de spectacles publics ou l'organisation d'expositions d'art contemporain. Malgré ces infléchissements à la faveur de la création contemporaine, la définition restrictive de l'œuvre d'art issue de l'article 98 A II de l'annexe III ne semble pas avoir évolué depuis le décret du 17 février 1995. L'approche fiscale de l'œuvre d'art semble figée alors que les expressions artistiques ont continué de se diversifier. Pour Valérie Varnerot, cette matrice fiscale « témoigne d'un fétichisme suranné de la main de l'auteur »[4]. L'œuvre d'art au sens fiscal semble se fondre dans l'art figuratif. Pierre-Yves Gautier propose de définir les œuvres d'art « comme les productions de l'esprit, faisant essentiellement appel aux formes et à l'esthétique »[5]. Il importe de confronter l'art conceptuel, le body art et l'art numérique à une telle appréhension juridique et fiscale.

Section I :
Les résistances d'une doctrine fiscale aux pratiques artistiques

Paragraphe 1 – La main invisible de l'artiste

42- Indépendamment des conditions inhérentes à la rareté de l'œuvre, à la signature de son auteur et à l'usage non utilitaire du bien, le socle commun aux sept items de l'article 98 A II de l'annexe III au CGI, est hérité de la protection du droit d'auteur. L'exécution manuelle de l'œuvre par l'artiste constitue une condition nécessaire pour que le bien en question, c'est-à-dire une marchandise singulière soit consacré en droit fiscal sous la qualification d'œuvre d'art. Ce recours en filigrane au droit de la propriété intellectuelle est ambigu en raison de l'absence de définition

---

[3] Loi n° 2007-1824 du 25 décembre 2007, Revue de droit fiscal 2008 n° 4, comm.106.

[4] Valérie Varnerot, *op.cit.*

[5] Pierre-Yves Gautier, *Propriété littéraire et artistique*, PUF, 11e éd., 2019, p.113

d'une œuvre d'art en droit d'auteur mais également au miroir des pratiques artistiques. Sans définir l'œuvre d'art, l'article L. 112-2 du code de la propriété intellectuelle, qui concerne le droit d'auteur, présente simplement une liste des types d'œuvres susceptibles d'être protégées. Nadia Walravens souligne l'inadéquation du droit et des pratiques artistiques en ces termes « Or l'approche humaniste du droit d'auteur, qui tire le fondement de la protection du lien qui unit l'œuvre à son auteur, était parfaitement adéquate au XIXe siècle. En revanche, si l'on tient compte de l'évolution des pratiques artistiques, on relève aujourd'hui un décalage entre le droit et l'art. ... La création artistique a évolué depuis le début du XXe siècle vers une dématérialisation de l'œuvre et un semblant de dépersonnalisation »[6].

43- La notion d'originalité confrontée au droit d'auteur. À ce titre, l'art conceptuel, est un mouvement qui met au cœur de sa création le concept, pour appréhender l'œuvre de la manière dont l'artiste l'a imaginé, il convient de s'imprégner du contexte à l'origine de la création, et s'attacher à tous les éléments la composant et pas uniquement à la forme de l'œuvre et encore moins à son support matériel. L'art conceptuel met « l'accent sur l'idée et non sur la forme » et « l'idée consiste dans un slogan ou dans le détournement du sens, de la fonction ou de l'affectation d'un objet ou d'un lieu »[7]. Cette logique disruptive, fragilise la conception ancienne du droit d'auteur. En principe, le droit d'auteur ne protège que les créations de forme, et refuse de protéger les idées, qui ne peuvent être considérées comme des œuvres concrètes. En somme, les idées ne sont pas appropriables mais constitutives d'un fonds commun ouvert à tous. C'est, bien sûr, le principe du *ready-made*, qui, procédant par appropriations et détournements, explique le champ illimité de l'art contemporain. En outre, l'adjectif « contemporain » peut être une source d'interprétations divergentes. S'agit-il de marquer une période de l'art postérieure à 1945 ? S'agit-il d'un sésame facilitant la cote d'une œuvre sur un marché ? Le législateur fiscal a préféré utiliser l'adjectif « contemporain » pour s'en tenir à des artistes vivants sans se référer à une temporalité de l'histoire de l'art. Cela étant, selon Nadia Walravens : « pour que la protection soit accordée à une œuvre, celle-ci doit être originale, mais encore faut-il que cette originalité soit exprimée de façon concrète, dans une forme, afin d'être rendue perceptible aux sens ce qui induit l'exclusion des idées du champ de la protection du droit d'auteur »[8]. Or, le droit positif admet le choix comme critère d'appréciation d'originalité pour des plans, des bases de données, des photographies, y compris des photographies d'art, et reste

---

[6] Nadia Walravens, *L'œuvre d'art en en droit d'auteur*, Economica, 2005, page 17.

[7] Fréderic Pollaud-Dulian « Œuvre protégée. Art conceptuel. Idées. Forme. Originalité », RTD com.2009, p.121.

[8] Nadia Walravens, « La notion d'originalité et les œuvres d'art contemporaines », RIDA 7/1999 n° 181, p.101.

cependant réticent à l'égard des œuvres d'art contemporaines. L'affaire du tableau piège de Spoerri témoigne de cette réticence de la Cour de Cassation. Au dos de l'œuvre acquise par un particulier, figurait un long texte manuscrit signé et daté de Daniel Spoerri sous le titre « *brevet* » indiquant « *Ne prenez pas mes tableaux pièges pour des œuvres d'art, c'est une information, une provocation, une indication pour l'œil de regarder les choses qu'il n'a pas l'habitude de regarder* » et encore « *fabriqué sous licence par Guy Marzaquil (suivent les indications de lieu et date) en foi de quoi – pour ceux qui ont des yeux voient – j'authentifie* ». La Cour d'appel de Paris considère que l'auteur d'une œuvre originale peut être celui qui l'a matériellement créée, ou celui qui l'a fait exécuter[9]. Telle n'est pas la position de la Cour de cassation qui consacre l'exécution personnelle de l'artiste comme qualité substantielle de l'authenticité d'une œuvre et condition déterminante de la qualité d'auteur[10]. C'est en somme sur l'autel du vice de consentement que la Cour de cassation se positionne. L'affaire de la réappropriation de l'œuvre « *Fontaine* » de Marcel Duchamp par l'artiste Pierre Pinoncelli a entraîné une jurisprudence singulière. On se souvient qu'il fracassa à coups de marteau la réplique du fameux « *Fontaine* » de Marcel Duchamp. Sans remettre en cause la portée artistique de l'auteur, le TGI de Tarascon se contente de constater la faute, selon lui « si uriner dans un urinoir peut rendre l'objet exposé comme une œuvre d'art à son usage premier, nul ne peut prétendre qu'une pissotière s'utilise à coups de marteau »[11]. En 2006, au centre Pompidou à Paris, Pierre Pinoncelli réitère son acte de vandalisme artistique pour frapper d'un coup de marteau l'œuvre de Marcel Duchamp et y porter l'inscription « Dada ». L'œuvre est restaurée, ce qui le conduit à invoquer l'atteinte à son droit moral. Néanmoins, la cour d'appel de Paris refuse de voir dans son geste une œuvre composite[12].

---

[9] CA Paris 1re ch. A, 18 oct. 1999, inédit.

[10] J-M. Brugière, « La Cour de cassation piégée par les tableaux de Spoerri ? », Revue Lamy droit de l'immatériel, avr. 2006, n° 15, p. 6-9 ; A. Tricoire, « La Cour de cassation au secours des "victimes" de l'art contemporain : le tableau-piège se referme sur Spoerri », Dalloz, 20 avr. 2006, n° 16, p. 1116-1120 ; N. Walravens, « Tableau-piège et délégation de l'exécution de l'œuvre : le droit piégé par l'art contemporain ! », Revue Lamy droit de l'immatériel, mars 2006, n° 14, p. 6-11.

[11] TGI Tarascon, 20 nov. 1998, Dalloz, 2000, jurisp. p. 128-129.

[12] CA Paris ch. corr. 12, sect. B, 9 févr. 2007 RG n° 06/04435 ; Emmanuel Pierrat, « L'œuvre d'art, support de création », Juris art etc. 2015, n° 22, p.25, Bernard Edelmann, « De l'urinoir comme un des beaux-arts : de la signature de Duchamp au geste de Pinoncelly », B. Edelmann, N. Heinich (Dir), *L'art en conflits*, La découverte2002, pp. 83-95, Agnès Tricoire, « Le droit pénal au secours des Ready-made : n'est pas Duchamp qui veut », commentaire de TGI Paris 28e ch. 24/04/2006, Dalloz n° 26, p.1827

Paragraphe 2 – L'infléchissement de la notion d'empreinte de la personnalité de l'auteur

44 – Sous les arcades d'une protection par le droit d'auteur, un artiste Alberto Sorbelli s'était fait photographier en 1994, en corset et en porte-jarretelles devant la Joconde, et il prétendait être le seul auteur des photographies. Sa performance intitulée *Première tentative de rapport avec un chef-d'œuvre* est alors photographiée. Devant le succès commercial, le directeur d'un musée japonais demande à l'artiste de réaliser une seconde performance pour une exposition intitulée « *Les 1 000 visages de Mona Lisa* ». Cette seconde performance est également photographiée par l'artiste japonaise, Mademoiselle Yoshida. Dans le litige qui oppose l'artiste au photographe, les juges doivent opérer une juste qualification juridique de la performance qui intègre une création relevant par principe, en raison de la mise en scène, du spectacle vivant. La Cour d'appel de Paris considère que ces photographies réalisées au musée du Louvre constituent une œuvre de collaboration en ce que le premier artiste a imposé son choix dans la composition et la mise en scène du sujet, tandis que la photographe a imposé son choix dans le cadrage, les contrastes et la lumière[13]. Dans le silence de l'article L. 112-2 du code de la propriété intellectuelle, le juge doit rattacher l'œuvre litigieuse à une catégorie existante ou bien refuser la protection du droit d'auteur. L'affaire de l'empaquetage du pont neuf par Christo et Jeanne Claude illustre bien la frontière entre l'idée, non protégée, et son expression particulière qui l'est. Le 13 mars 1986, la cour d'appel de Paris rendit une décision dans le cadre d'un conflit qui opposa ces artistes plasticiens à deux sociétés qui voulaient exploiter des films et photos de l'emballage du Pont Neuf, et estima que l'intervention des artistes, de par le choix des matériaux et de leur assemblage, pouvait être protégée au titre du droit d'auteur[14]. Le tribunal de grande instance de Paris a, par ailleurs, jugé que les droits de cet artiste ne pouvaient lui permettre de détenir un monopole sur les « emballages artistiques », et interdire à une agence de publicité d'éditer des affiches représentant des objets divers emballés « à sa façon »[15]. En définitive, le juge judiciaire n'ignore pas l'idée, le concept à l'origine de la création. Il accorde une plénitude de protection aux concepts par le truchement d'une œuvre matérialisée, c'est-à-dire d'une forme observable. Au-delà des catégories d'œuvres énumérées par la loi, la jurisprudence a balayé un certain nombre de créations pour leur attribuer ou leur dénier la qualité d'œuvres de l'esprit. Les œuvres olfactives ne sont pas protégées par le droit d'auteur. Dans un arrêt rendu le 1er juillet 2008 par la chambre

[13] CA Paris 3 déc. 2004, D. 2005. Jur. 1237, note Edouard Treppoz.

[14] CA Paris, 4e ch., 13 mars 1986, Sygma c/ Christo, *Gaz. Pal.* 1986, 1, 238 ; *RDPI* 1986, n° 4, p. 159

[15] TGI Paris, 10e ch. Corr., 26 mai 1987, D.1988.somm.201, obs. A. Colombet.

commerciale de la Cour de Cassation, la haute juridiction a confirmé sa doctrine antérieure, à savoir que « *la fragrance des parfums, qui procède de la simple mise en œuvre d'un savoir-faire, ne constitue pas une création d'une forme d'expression pouvant bénéficier de la protection des œuvres de l'esprit* »[16]. Il en va de même de l'œuvre gustative dont la protection au titre du droit d'auteur a été refusée par le juge communautaire dans la mesure où une saveur ne peut constituer une œuvre de l'esprit. À titre principal, outre la subjectivité de l'œuvre gustative, son expression manque de clarté et de précision[17]. Afin de considérer une œuvre d'art protégée par le droit d'auteur, la Cour de Cassation adopte une position de principe en considérant que l'approche conceptuelle de l'artiste doit être matérialisée dans une forme. Bettina Rheims, avait fait poser deux femmes au centre hospitalier spécialisé de Ville Évrard devant une porte des toilettes du dortoir désaffecté des alcooliques, au-dessus de laquelle Jakob Gautel avait, pour une installation *in situ* réalisée du 1er mai au 30 juin 1990, porté en lettres d'or l'inscription « Paradis ». Selon les juges, « l'œuvre litigieuse de Jakob Gautel matérialisée par l'inscription "Paradis" peinte en lettres dorées au-dessus de la porte des toilettes de l'ancien dortoir des alcooliques de l'hôpital de Ville Évrard, en vue de donner un nouveau sens au lieu, relève bien du style artistique de Jakob Gautel, et participe de l'originalité de son œuvre »[18]. Pour la juridiction suprême, « l'approche conceptuelle de l'artiste, qui consiste à apposer un mot dans un lieu particulier en le détournant de son sens commun, s'était formellement exprimée dans une réalisation matérielle originale »[19]. Il s'agit donc bien d'une œuvre de l'esprit. En définitive dans l'art contemporain, ce n'est pas l'objet en tant que tel qui constitue l'œuvre mais le processus de désignation qui présente cet objet comme œuvre d'art. Les manifestations d'art contemporain et les multiples pratiques artistiques fragilisent la conception subjective et romantique de l'œuvre d'art, et par ricochet les qualifications retenues en droit fiscal. Confronté à ces expressions artistiques, le juge judiciaire a intégré la conception de l'œuvre dans la protection du droit d'auteur à partir d'une forme matérialisée. Faute d'adaptation et de modernisation de notre matrice fiscale, le juge fiscal doit interpréter l'article 98 A II de l'annexe III au CGI à la lumière de ces orientations, sans se dissimuler

---

16 Cassation. Com. 1er juill. 2008, n° 07-13.952, *Bull. civ.* IV, n° 136

17 CJUE 13 nov. 2018, aff. C 310/17, RDLI, n° 154, 2018, n° 5291, obs. L. Costes

18 La troisième chambre du tribunal de grande instance de Paris donna raison, le 23 novembre 2005, à l'artiste Jakob Gautel qui avait assigné Bettina Rheims – auteur d'un triptyque photographique : *La Nouvelle Eve*- sur le fondement d'atteintes à ses droits patrimoniaux et à ses droits moraux.

19 Cass. Civ. 1re, 13 nov. 2008, pourvoi n° 06-19.021, arrêt n° 1108, Rheims c/ Gautel, D. 2008. AJ. 2933, obs. J. Daleau ; D. 1009. Jur. 263, note B. Edelmann, et 266, note E. Treppoz ; CCE janv. 2009, n° 1, obs. C. Caron.

derrière la sacro-sainte « autonomie » du droit fiscal. À la lecture formelle de cet article, nombre d'expressions artistiques ne sont pas des œuvres d'art au sens fiscal. Valentin Gazagne-Jammes l'a démontré au regard du droit douanier[20]. Dans le cadre du mécénat, l'administration a infléchi sa doctrine. D'une certaine manière, l'administration a consacré l'art conceptuel dans le cadre de ces expositions d'art contemporain : « Sont également éligibles les "installations" qui consistent en une œuvre combinant différents médias en vue de modifier l'expérience que peut se faire le spectateur d'un espace singulier ou de circonstances déterminées, et les "performances" où un ou plusieurs artistes exécutent une action artistique comportementale devant un public »[21]. Somme toute, l'administration des finances publiques admet que l'œuvre d'art peut certes susciter l'invention de formes esthétiques portant l'empreinte de la personnalité de l'auteur, mais s'agissant de l'art contemporain elle dévoile une invention de « sens ». Il conviendrait de dépasser cette avancée pour l'intégrer dans la matrice fiscale en élargissant la notion d'originalité à l'ensemble des éléments perceptibles de l'œuvre qui participent à son immanence. La ministre de la culture a œuvré en ce sens dans un courrier adressé au ministre de l'économie et des finances le 7 avril 2017. Elle propose d'insérer à l'article 98 A de l'annexe III au CGI, les œuvres vidéos et les installations artistiques dans la limite de 8 exemplaires, signés et numérotés. Par ailleurs, la ministre de la culture envisageait de prendre en compte les œuvres d'art réalisées sous le contrôle de l'artiste dans un atelier et non plus seulement réalisées de la main de l'artiste. Cette missive est restée sans réponse de la part de Bercy. Pour mémoire, l'administration avait déjà admis que pour définir les œuvres éligibles à l'abattement sur les bénéfices des jeunes artistes de la création plastique, « Les créations d'œuvres d'art audiovisuelles sur support analogique ou numérique, ainsi que les biens mobiliers constitutifs de l'installation dans laquelle elles s'intègrent lorsque l'ensemble constitue une œuvre d'art unique et indivisible, sous réserve que le tirage de ces œuvres soit contrôlé par l'artiste et limité à douze exemplaires et que ces œuvres soient signées et numérotées par l'artiste ou, à défaut, accompagnées d'un certificat d'authenticité signé et numéroté par l'artiste »[22]. En définitive, ce n'est qu'en appréhendant l'œuvre d'art de manière globale et non en la réduisant à ses seules formes d'expression tangibles que l'on pourra la saisir et souligner une reconnaissance par l'État des diverses formes d'art.

[20] Valentin Gazagne-Jammes, « L'art contemporain à l'épreuve des droits de douanes de l'espace européen », RTDE 2020 p. 43.

[21] Instruction 9 décembre 2008, 5 B-19-08 n° 17 ; BOI-IR-RICI-250-10-20-10 n° 260, 10/05/2017.

[22] Instruction 25 oct. 2006 : BOI 5 G-2-06, § 7 ; BOI-BNC-SECT-20-30 -§ 50, 8 Octobre 2012.

Section II :
Les limites des qualifications fiscales au miroir de la dignité humaine

Paragraphe 1 – Le rejet des tatouages, de la qualification fiscale d'œuvre d'art

45- L'utilisation du corps humain à des fins de création artistique n'est pas nouvelle. Songeons à la chorégraphie protégée depuis longtemps par le droit d'auteur ou, plus récemment, au *body art* mettant en scène le corps pour la réalisation de performances[23]. Penser juridiquement le corps humain implique nécessairement un questionnement relatif au statut de la personne et aux relations concernant le corps. Peut-on considérer le corps humain comme une chose ?[24]. Jean-Pierre Baud souligne que : « dès lors que le corps, dans son intégralité ou dans ses éléments, est envisagé de façon distincte de la personne, on est conduit à le percevoir comme une chose, et cela parce qu'il n'existe rien, dans les systèmes juridiques issus du droit romain, qui soit intermédiaire entre la catégorie des personnes et celle des choses »[25]. Le droit à transformer son corps signifie que le sujet de droit possède des droits sur son corps. Le droit induit ainsi une dissociation entre le sujet et son corps subsumé sous les traits d'un art disruptif, l'art charnel. Si l'on peut librement disposer de son corps pour soi, en le transformant ou même en le mutilant, le droit semble retrouver sa force contraignante lorsqu'il s'agit de disposer de son propre au corps au profit d'autrui. En interdisant la patrimonialité du corps humain, le droit vise à exclure ce dernier d'un rapport traditionnel sujet objet. Nonobstant les dispositions du Code civil, en raison de motivations artistiques, le corps humain se mue en un support d'exploitation. Le corps humain est le lieu de cette transformation, un lieu de passage, où se nouent les rapports complexes entre ce que Philippe Descola a nommé « intériorité et physicalité »[26]. Il faut alors questionner le principe de dignité en tant qu'attribut ontologique de la personne et substrat des positions adoptées par l'administration fiscale et surtout par le juge de l'impôt pour normer les œuvres réalisées à partir du corps humain, du vivant du sujet ou à titre

---

[23] Voir Ophélie Wang, *Le droit face à l'art corporel. Du corps comme œuvre d'art*, thèse 2020, M. Vivant (Dir), Ecole doctorale de Sciences Po. ; Nicolas Masquefa, *La patrimonialisation du corps humain*, Thèse université d'Avignon, F. Petit (Dir), 2019 ; Alicia Mâzouz, *Le prix du corps humain*, L'Harmattan, 2020 ; Sophie Joly « Le corps humain, œuvre d'art ? », séminaire Institut Art et droit, *L'art contemporain confronté au droit*, Univ Paris II, 8 juin 2006, p. 17.

[24] Voir Thierry Revêt, « Le corps humain est-il une chose appropriée ? », RTD Civ. 2017, p. 587.

[25] Jean-Pierre Baud, *L'affaire de la main volée. Une histoire juridique du corps.* Seuil 1993, p. 11.

[26] Philippe Descola, *Par delà nature et culture*, Ed. Gallimard, 2005, p. 169.

post mortem. Autant de questionnements pour saisir le corps humain dans les rets du droit d'auteur mais également du droit fiscal.

46- Les tatouages humains, sont-ils une œuvre de l'esprit ? Sur un plan juridique, bien que qualifiable d'œuvre originale[27], le tatouage n'est pas une œuvre d'art en droit fiscal. Grégoire Loiseau précise les difficultés de reconnaissance d'une telle œuvre protégée par le droit d'auteur : « Le tatouage lui-même est susceptible d'être protégé par le droit d'auteur en tant qu'œuvre originale. Toutefois, c'est le corps tatoué en soi qui, en considération de l'agencement original des différents tatouages qui le couvrent, pourrait être conçu comme une création, non pas alors du ou des tatoueurs qui en sont l'auteur, mais de la personne qui a fait le choix de leur composition et de leur répartition. Si la protection par le droit d'auteur devait être revendiquée – on pense à la personne qui exploiterait l'image de son corps tatoué en l'exhibant en public – sa reconnaissance impliquerait de concilier son droit avec celui, le cas échéant, des auteurs des tatouages sur leurs propres réalisations, à moins de faire appel à la notion d'œuvre collective »[28]. Au sens fiscal, la réalisation de tatouages constitue non pas une « livraison » d'œuvre d'art pouvant bénéficier du taux réduit, mais une prestation de services[29]. Bien avant le décret du 17 février 1995, l'administration fiscale considérait, s'agissant des tableaux, peintures et dessins, que : « cette énumération recouvre les peintures à l'huile, à l'aquarelle, à la gouache, au pastel, les dessins, les collages et tableautins similaires ainsi que les monotypes, quelle que soit la matière utilisée comme support [...] créées de la main de l'artiste, ce qui exclut l'emploi de tout procédé, quel qu'il soit, permettant de suppléer, en tout ou en partie, à cette intervention humaine », et s'agissant des gravures, « que seules les épreuves répondant à certaines conditions d'exécution (en taille-douce, au burin, à la pointe sèche, à l'eau-forte, au pointillé) ont droit à l'appellation « œuvres originales »[30]. Se prévalant de cette doctrine sur le fondement de l'article L 80 A du LPF, les tatoueurs ont sollicité, à plusieurs reprises, l'assimilation de leur « art » à la production de dessins ou de gravures. Mais l'administration s'est toujours refusée à faire droit à cette demande, en déniant aux tatouages la qualification d'œuvres d'art[31]. Pour l'administration fiscale : « L'activité de décorateur intradermique ou tatoueur constitue en effet une activité de prestataire

---

[27] Dimitri Belot cite une décision juridictionnelle qui qualifie le tatouage d'œuvre de l'esprit, protégé par le copyright : Case n° 11-cv-00752, 20 mai 2011, Whitmill vs. Warner Bros Entertainment Inc., Juris art, 2016 n° 33 p. 11.

[28] Grégoire Loiseau, « Le corps, objet de création » Juris art etc. 2015, n° 22, p.30

[29] CAA Douai 25-6-2009 n° 08-518, 3e ch., Legrand, RJF 1/10 n° 22

[30] DB 3 K-1121 n° 1, 15 août 1995.

[31] AN, RM Jack Lang, n° 23370, JO 12-4-1999 p. 2218

de services qui est soumise au taux normal de la TVA. »[32]. Les juges du fond adoptent une position analogue. : L'article 278-0 bis, I-3° prévoit l'application du taux réduit de la TVA sur les livraisons d'œuvres d'art effectuées par leur auteur ou ses ayants droit, tandis que l'article 98 A, II de l'annexe III à ce Code énumère les réalisations considérées comme des œuvres d'art. Or, Le tatouage sur peau humaine ne figure pas au nombre des réalisations considérées comme des œuvres d'art, limitativement énumérées par les dispositions du II de l'article 98 A de l'annexe III au CGI.

47- Compte tenu du caractère dérogatoire de l'article 278-0 bis I-3° du CGI (anciennement l'article 278 septies du CGI), le juge de l'impôt interprète strictement les dispositions litigieuses. Ainsi, dans l'affaire Helleisen[33], la Cour administrative d'appel de Paris a jugé, qu'à supposer même que les tatouages puissent être regardés comme des œuvres de l'esprit, ils ne figurent pas au nombre des biens énumérés par les articles L 112-2 du Code de la propriété intellectuelle et 71 A de l'annexe III au CGI, dont les dispositions ont été, pour l'essentiel, reprises à l'article 98 A de la même annexe. Cette décision a été rendue aux conclusions contraires du commissaire du gouvernement Victor Haïm, qui estimait que le tatouage pouvait être regardé comme une technique de gravure sur la peau humaine, susceptible de bénéficier du régime fiscal des œuvres d'art. De son côté, la Cour administrative d'appel de Douai a adopté la même lecture stricte des textes dans un arrêt Legrand[34], en jugeant par ailleurs que le corps humain ne constitue pas un support susceptible de susciter une livraison de bien. Sur ce terrain, la Cour en déduit à l'instar de la doctrine administrative, que la réalisation de tatouages constitue non pas une « livraison » d'œuvre d'art, mais une prestation de services relevant du taux normal de la taxe, alors même que ces derniers auraient la nature d'œuvres d'art. Le Conseil d'État juge à son tour qu'un tatoueur sur peau humaine, bien qu'il réalise des œuvres originales exécutées de sa main selon une conception et une exécution personnelles, ne pouvait prétendre au bénéfice du taux réduit de TVA[35]. Le sort des tatouages en droit fiscal semble scellé. Il n'en demeure pas moins que l'argumentation juridique au soutien de l'exclusion des tatouages en qualité d'œuvre d'art a évolué. En matière de taxe professionnelle, les juges du Palais- Royal considèrent que les tatoueurs ne figurent pas au nombre des professions limitativement énumérées par les dispositions du 2° de l'article 1460 du CGI. Par suite, contrairement aux conclusions de Claire Legras, le Conseil d'État maintient une position rigoureuse en excluant de l'activité de graveur les tatoueurs, alors même

[32] AN, RM Franck Marlin, n° 3088, JO, 5-1-1998 p. 48

[33] CAA Paris, 8 octobre 1998, n° 97-85, RJF 2/99 n° 150, conclusions V. Haïm BDCF 2/99 n° 20

[34] CAA Douai, 25 juin 2009 n° 08-518 : RJF 1/10 n° 22

[35] CE 21 octobre 2013 n° 358183, 8e et 3e s.-s., Auville, RJF 1/14 n° 18

que les tatouages réalisés sont des œuvres originales exécutées selon une conception personnelle comportant une part de création artistique[36]. Le juge de l'impôt adopte parfois une conception moins restrictive de la notion d'œuvres d'art qui fut admise pour un ferronnier d'art[37], mais également pour un sculpteur sur cheminée[38] et enfin pour un graphiste assimilé à un dessinateur au sens de l'article 1460-2° du CGI[39]. Malgré ces exceptions, le Conseil d'État privilégie une interprétation littérale de l'article 1460 du CGI, regardé comme énumérant limitativement une liste de professions exonérées, plutôt que d'y rattacher toutes les activités ayant une dimension de création artistique originale. Telle a été récemment la position de la haute juridiction à propos d'un recours pour excès de pouvoir contre un commentaire administratif publié sous la référence BOI-IF-CF-10-30-10-60, le 6 juillet 2016. Le Syndicat national des artistes tatoueurs et des professionnels du tatouage (SNAT) estime que les dispositions de l'article 1460, 2 ° du CGI, en tant qu'elles excluent les artistes tatoueurs du bénéfice de l'exonération de cotisation foncière des entreprises, méconnaissent les principes d'égalité devant la loi et d'égalité devant les charges publiques qui sont garantis respectivement par les articles 6 et 13 de la Déclaration des droits de l'Homme et du citoyen du 26 août 1789. Le Conseil d'État a rejeté le recours du SNAT ainsi que leur demande subséquente de question prioritaire de constitutionnalité : « En énonçant que l'exonération prévue à l'article 1460, 2 ° du CGI ne concerne que les professions limitativement énumérées à cet article sans aucune possibilité d'assimilation, les commentaires attaqués n'ont pas ajouté à la loi fiscale, dont ils se bornent à éclairer la portée »[40]. Le rapporteur public Romain Victor avait alors démontré que la qualification d'œuvre d'art pour des tatouages se heurtait au principe de non-patrimonialité du corps humain : « Comment pourraient-ils vendre un « produit tatouage », alors que cette prestation s'accomplit par définition sur le corps d'autrui, que la loi civile place en dehors du commerce ? L'article 16-1 du Code civil dispose en effet à son troisième alinéa : « Le corps humain, ses éléments et ses produits ne peuvent faire l'objet d'un droit patrimonial ». L'article 16-5 du Code susmentionné déclare nulles les « conventions ayant pour effet de conférer une valeur patrimoniale au corps humain, à ses éléments ou à ses produits »[41]. Par une

---

[36] CE 27 juillet 2009 n° 312165, RJF 12/09 n° 1102

[37] CE 6 décembre 1978, n° 9218, RJF 1/79 n° 9, conclusions B. Martin Laprade Dr. fisc. 30/79 c. 1617

[38] CE 11 mai 1984, n° 34600 , RJF 7/84 n° 819

[39] CAA Nancy 26 octobre 1995, n° 94-1008, RJF 5/96 n° 590

[40] CE 8e -3e ch , 5 décembre 2022, n° 467864, RJF 2/23 n° 136, commentaire Ophélie Wang, D actu. 10/1/2023.

[41] Conclusions du rapporteur public Romain Victor sur CE 8e -3e ch , 5 décembre 2022, n° 467864, RJF 2/23 C.136.

méconnaissance de la signification culturelle des marques corporelles dans les sociétés traditionnelles, et de la signification intime de la trace tégumentaire dans les milieux populaires, le tatouage est assimilé à une opération intradermique qui porte atteinte à la dignité du corps.

48- Plus récemment, l'administration des finances publiques a considéré, à propos du régime de cession de droits d'auteur, pour les tatouages créatifs, que le taux normal de TVA était applicable à la cession de leurs droits patrimoniaux. En effet, les prestations de services éligibles au taux réduit de la taxe sur la valeur ajoutée (TVA) sont limitativement énumérées par la Directive 2006/112 du 28 novembre 2006 relative au système harmonisé de la taxe sur la valeur ajoutée. Or selon l'administration : « les tatouages qui ne constituent pas des biens, ne figurent pas au nombre des objets d'art ou de collection tels que définis à l'annexe IX de la directive 2006/112 relative au système commun de la TVA. Ils ne figurent pas davantage à l'annexe III de ce même texte qui liste notamment les prestations de services éligibles. Il s'ensuit que les tatouages ne sont pas repris à la liste des œuvres d'art définies à l'article 98 A de l'annexe III au code général des impôts (CGI) et ne peuvent pas bénéficier du taux réduit de la TVA prévu par l'article 278-0 bis-I du même code. Ils ne peuvent non plus bénéficier du taux réduit de la TVA sur le fondement du g de l'article 279 du CGI relatif aux cessions des droits patrimoniaux reconnus par la loi aux auteurs des œuvres de l'esprit »[42]. La valeur artistique des tatouages n'est donc pas reconnue en droit fiscal. Au demeurant l'Administration fiscale écarte les prétentions artistiques du tatoueur sur l'autel de l'autonomie du droit fiscal : « Enfin, les décisions de justice évoquées par l'auteur de la question en matière de droit de propriété intellectuelle, dont les références ne sont pas fournies, et qui semblent porter sur le caractère artistique des tatouages sont inopérantes compte tenu de l'autonomie du droit fiscal »[43]. Mais qu'en est-il de l'art corporel qui conduit à transformer le corps humain ?

Paragraphe 2 – Le body art confronté au droit fiscal

49- En réaction à une conception aseptisée du corps humain dans nos sociétés postmodernes, le body art ou l'art corporel[44] fustige les apories d'une libération de l'individu en trompe-l'œil. Le corps humain est alors le médium qui permet d'exprimer l'authenticité du lien social. Des incisions, mutilations et scarifications épuisent d'une certaine manière la peau comme « enveloppe ». Les « actions « de

[42] AN, RM Stéphane Viry n° 29035, JO 22/12/2020 page 9524

[43] AN, RM Stéphane Viry n° 29035, JO 22/12/2020 page 9524

[44] François Pluchart, *L'Art corporel*, Paris, Limage 2, 1983

Gina Pane[45] en 1971 tendent à une scénographie dans laquelle son bras planté d'épines devient la tige d'une fleur sanglante[46]. La blessure est une écriture. Elle vient symboliquement subsumer une blessure intérieure. Avant d'hybrider le corps humain à l'aide de composants électroniques, Stelios Arcadiou, dit Stélarc réalise des suspensions en 1971, d'abord en se liant dans l'espace avec des cordes et des harnais avant de la radicaliser à partir de 1976 en utilisant des broches en inox fichées dans la peau. Dans cette perspective, l'artiste Orlan transgresse les conventions sociales de l'esthétisme corporel par de multiples opérations sur son corps, matière première et œuvre d'art. En 1997, elle mit, symboliquement, son corps en exploitation. Elle s'exposa, à la FIAC, assise sur une chaise, revêtue, des seins jusqu'au bas-ventre, d'un plastron en carton, coupé en son milieu d'un conduit transparent en plastique qui aboutissait à un « sexe réservoir », où l'on pouvait glisser une pièce de cinq francs pour obtenir un « baiser de l'artiste ». Somme toute, ces artistes qui mettent en scène leur corps interrogent le droit pour savoir, au titre de l'exploitation de leurs œuvres, quel régime juridique et fiscal appliquer ?

Des droits patrimoniaux peuvent être reconnus. L'artiste possède ainsi un droit de représentation/communication de l'œuvre au public, ce qui peut comprendre la présence de l'artiste à une exposition. L'article 122-2 du code de la propriété intellectuelle évoque ainsi la « présentation publique » de l'œuvre d'art. Cela peut comprendre une scénographie particulière, voire prendre la forme d'une performance. Quelle que soit la voie choisie, la Cour de Cassation est hostile à toute réification du corps humain. La Cour suprême a ainsi condamné des expositions de cadavres polymérisés à des fins commerciales au nom de l'exigence d'un traitement digne et respectueux des restes des personnes décédées[47]. Le fondement utilisé par la Cour de Cassation doit être particulièrement souligné. La Cour ne se réfère pas à l'article 16-5 prohibant les conventions patrimoniales, mais bien au nouvel article 16-1-1 prescrivant que les restes des personnes décédées soient notamment traitées avec dignité. Dans cette veine, Grégoire Loiseau semble hésitant, voire rétif

[45] David Le Breton « Body-art : la blessure comme œuvre chez Gina pane », Communications, 2013/1 n° 92, pp. 99 à 110.

[46] Gina Pane est sans doute l'artiste qui a poussé le plus loin l'interrogation sur les limites cutanées de la condition humaine. Dans *Escalade non anesthésiée*, en 1971, pieds et mains nus, elle monte sur un bâti métallique aux échelons munis de pointes acérées.

[47] Cass. Civ. 1re, 16 sept. 2010, n° 09-67.456, *Bull. civ.* I, n° 174 ; AJDA 2010. 1736 ; D. 2010. 2750, obs. C. Le Douaron, note G. Loiseau ; *ibid.* 2145, édito. F. Rome ; *ibid.* 2754, note B. Edelman ; *ibid.* 2011. 780, obs. E. Dreyer ; RTD civ. 2010. 760, obs. J. Hauser.

à concevoir des objets d'arts par la pratique de la plastination[48] de cadavres humains[49]. La décision du Comité Consultatif National d'Ethique abonde dans le même sens en ayant rendu un avis négatif à propos de l'exposition des corps plastinés en France[50]. Le principe de dignité humaine s'inscrit en quelque sorte en surplomb d'un encadrement juridique du corps humain. [51]. Il s'agit en somme d'un attribut ontologique de la personne. Porter atteinte au corps humain, revient à nier son humanité[52]. Le principe de dignité vise la protection de l'intégrité corporelle mais au-delà, valorise l'individu en raison de son appartenance à l'humanité[53]. Une telle dignité suppose, à travers l'estime du « soi » celui d'un « nous » au sens de l'humanité à laquelle nous appartenons.

Le principe de dignité dont la normativité a été reconnue, à la suite d'un arrêt de la 1re chambre civile de la Cour de Cassation en date du 26 septembre 2018, n'est pas selon Jean-Christophe Saint Pau « un droit subjectif parmi d'autres, mais constitue la matrice de l'ensemble des droits subjectifs de la personnalité, et au-delà des droits fondamentaux »[54]. À l'instar d'Orlan, de Marina Abramovic ou de Chris Burden, pour ne citer que les plus célèbres, nombreux sont les artistes qui commercialisent les photographies et les œuvres audiovisuelles de leurs

---

48 Günther Von Hagens et son épouse ont mis au point une technique de conservation du corps humain, dite « plastination ». Il s'agit de rendre les corps imputrescibles, éternels, par l'adjonction de résine de synthèse à la matière même du cadavre.

49 Grégoire Loiseau « Le corps, objet de création », Juris art etc. 2015, n° 22, p.30

50 CCNE, Avis sur les problèmes éthiques posés par l'utilisation des cadavres à des fins de conservation ou d'exposition muséale, Avis n° 111, 7 janv. 2010

51 V. Cons. const., n° 94-343-344, cons. 18

52 Voir Xavier Bioy, *Le concept de personne humaine en droit public. Recherche sur le sujet des droits fondamentaux,* Paris, Dalloz (Nouvelle bibliothèque de thèses; 22), 2003 ; Xavier Bioy « Le corps humain et la dignité » Cahiers de la recherche sur les droits fondamentaux, 15/2017, pp.11-17 ; Muriel Fabre-Magnan, « Le statut juridique du principe de dignité », Droits, nº 58, 2013, p. 167-196 ;Charlotte Girard, Stephanie Hennette-Vauchez (dir.), La dignité de la personne humaine : recherche sur un processus de juridicisation, Paris, PUF (Droit et justice), 2005.

53 Voir Muriel Fabre-Magnan, « Le sadisme n'est pas un droit de l'homme », D. 2005 p. 2973. Elle soutenait avec force soutenait à propos d'une affaire de sadomasochisme portée devant la Cour européenne des droits de l'homme que « La particularité de l'homme, notamment par rapport aux choses mais aussi par rapport aux animaux, est en effet que son humanité suppose aussi qu'il soit traité humainement » et de poursuivre : « Le principe de dignité marque l'unité du genre humain. A travers chaque personne, c'est l'humanité qui peut être atteinte et donc tous les autres. L'émergence du principe de dignité est ainsi le signe qu'il y a quelque chose qui dépasse (qui transcende) les volontés individuelles. Plus encore que le collectif, c'est le genre humain en général auquel le principe de dignité marque l'appartenance »

54 Jean-Christophe Saint-Pau « La normativité civile du principe constitutionnel de dignité de la personne humaine », JCP G. n° 1-2, 14 janvier 2019, p.32.

performances. La patrimonialité de ces œuvres ne fait aucun doute. Mais outre l'image du corps, le corps lui-même peut-il faire l'objet de droits, de droits pécuniaires et de droits moraux ? La reconnaissance de ces droits, malgré leur amputation est constatée en doctrine[55]. Comment le droit fiscal appréhende ces dispositifs ?

Pour les praticiens, il s'agit de qualifier ces contrats de louage d'œuvres d'art couplés à une option d'achat. En effet, la déductibilité fiscale des loyers au profit des entreprises est ici mise en exergue[56]. Soulignons néanmoins, que les velléités de défiscalisation, en cas d'option d'achat au terme d'une période de location, renvoient à l'article 238 bis AB du CGI au titre de l'acquisition d'œuvres d'art originales d'artistes vivants. Il s'agit d'œuvres d'art identifiées à partir de la classification précitée des œuvres d'art au sens de l'article 98 A II de l'annexe III au CGI dont est exclu le corps humain. En somme, l'auteur ne peut autoriser ni la location, ni la vente du support d'œuvres d'art corporelles car ces conventions sont illicites et encourent la nullité absolue, au visa de l'article 16-5 du Code civil. Pour Thierry Revêt : « Les articles 16-1, alinéa 3 et 16-5 du Code civil signifient donc, seulement, que le corps, ses composants et ses produits sont inaliénables à titre onéreux : ils n'intègrent pas le patrimoine de celui auquel ils appartiennent et ne sont donc pas saisissables par ses créanciers »[57] et de poursuivre « La nullité des conventions ayant pour effet de conférer une valeur patrimoniale au corps, à ses composants et ses produits, ne constitue donc qu'une limite à cette commercialité. Et elle n'est même pas absolue puisqu'un décret autorise l'aliénation à titre onéreux de certains produits du corps humain tels les cheveux, les ongles, les dents, la sueur, et autres émanations »[58]. Compte tenu de ces dispositifs et du principe de dignité humaine réaffirmés par la Cour de Cassation à l'occasion de l'exposition « Our body »[59], les conventions relatives à l'art corporel sont neutralisées sur la base d'un ordre public

[55] Voir Audrey Lebois, « Droit d'auteur et corps humain : le corps comme support d'une œuvre de l'esprit ». Mélanges en l'honneur du professeur André Lucas, LexisNexis, 2014, p. 519.

[56] Voir Marine Ranouil « Location d'œuvres d'art avec option d'achat : mode d'emploi à l'usage des entreprises », Droit et patrimoine n° 284, 1er octobre 2018.

[57] Thierry Revet « Le corps humain est-il une chose appropriée ? », RTD Civ. 2017, p. 585.

[58] Thierry Revet, *op.cit.*, p. 585.

[59] L'exposition controversée, présentait d'authentiques cadavres humains conservés par plastination et mis en scène dans des positions diverses et variées. Elle a été jugée illicite en 2010 par la Cour de Cassation. Cass. 1 re civ., 16 sept. 2010, n o 09-67456 : Bull. civ. I, n o 174 ; D. 2010, p. 2157, obs. C. Le Douaron ; D. 2010, p. 2750-2754, obs. G. Loiseau ; D. 2010, p. 2754-2757, obs. B. Edelmann ; D. 2011, p. 780-792, obs. E. Dreyer ; JCP G 2010, p. 2333-2335, note B. Marrion ; Comm. com. électr. nov. 2010, n o 11, p. 34-36, note A. Lepage ; RLDC mars 2011, n o 80, p. 61-62, obs. B. Parance ; RJPF nov. 2010, n o 11, p. 11-12, obs. E. Putman ; RTD civ. 2010, n° 4, p. 760-761, obs. J. Hauser ; RDC 2011, p. 605-608, chron. F. Bellivier et C. Noiville

de protection. En définitive, le droit fiscal reconnaît que l'image du corps humain peut être appréhendée en tant qu'œuvre d'art, par le médium d'une photographie ou d'une vidéo.

SECTION III :
Les paradoxes inhérents à l'œuvre d'art numérique

Paragraphe 1 – L'introduction des jetons non fongibles en matière d'œuvres d'art

50- L'année 2021 fut l'année de tous les records pour les ventes aux enchères de « non-fungible tokens (NFT) » ou jetons nos fongibles. Si Anil Dash et Kevin McCoy ont créé en 2014 le tout premier NFT « Quantum », il faut attendre quelques années afin de constater un engouement pour les jetons non fongibles. Le 11 mars 2021, l'œuvre numérique de l'artiste américain Mark Winkelmann alias Beeple : « Everydays : The First 5000 days » ; collage de 5062 œuvres numériques vectorielles commencées en 2007, a été vendue 69,3 millions de dollars par la maison d'enchères Christie's. Cette vente fait ainsi de Beeple un artiste vivant sacralisé à l'instar de David Hockney ou de Jeff Koons. Quelques mois plus tard, en décembre 2021, l'œuvre « The Merge » de l'artiste Pak s'est quant à elle vendue pour 91,9 millions de dollars sur la plateforme d'enchères en ligne Nifty. Des œuvres contemporaines sont même transformées en NFT pour nourrir le marché des enchères. Selon le Conseil supérieur de la propriété littéraire et artistique, en 2021, le secteur des jetons non fongibles artistiques « représentait un volume de ventes de 2 798 220 643,00 dollars, principalement sur le second marché, avec 1 639 782 actifs identifiés, 427 165 nouveaux actifs créés au cours de l'année »[60]. L'essor de ce segment du marché de l'art est souligné dans le rapport parlementaire de Pierre Person, en ces termes : « La valeur cumulée des transactions relatives aux NFT a dépassé les 44 milliards de dollars au terme de l'année 2021. La forte valorisation des œuvres comporte deux origines majeures. D'une part, les NFT ont, comme les ICO avant eux, bénéficié d'une forme d'euphorie. Cet enthousiasme a été amplifié par les valorisations exorbitantes induites par l'excès de liquidité dans l'écosystème. D'autre part, les NFT permettent de construire un sentiment de communauté autour des propriétaires d'une œuvre. En effet, détenir un NFT, et l'afficher comme tel, est

[60] CSPLA, *Rapport de la mission sur les jetons non fongibles*, juillet 2022, page 10.

devenu le témoignage d'une appartenance à un nouveau monde de la mode et de l'art digital »[61].

51- Mais quelle est la nature juridique de ce jeton non fongible, tant il semble irréductible à toute forme d'identification ?[62] Ce jeton, dont les usages sont pluriels, n'est qu'un lien numérique crypté avec l'œuvre lorsqu'il s'agit d'un jeton ou NFT « artistique ». Il n'existe pas de définition juridique du jeton non fongible et encore moins de celui qui est artistique[63]. Ces jetons se sont développés dans le domaine de l'art car ils offrent une rareté, une traçabilité certaine et une non-reproduction. La doctrine majoritaire considère que le jeton non fongible ou NFT artistique, inscrit sur la blockchain, est assimilable à un certificat d'authenticité d'une œuvre d'art[64]. Sa non-fongibilité et son inscription en *blockchain,* un système décentralisé et *a priori* infalsifiable, constituent des garanties sans commune mesure là où un certificat classique pourrait être facilement copié. En somme, il s'agit d'un certificat numérique inscrit sur une chaîne de blocs, destiné à garantir la propriété d'un actif « tokenisé », et lié de manière unique à ce dernier soit parce qu'il contient un lien vers cet actif, soit parce que ce dernier est directement incorporé dans le jeton. Pour autant, peut-on le qualifier d'actif numérique car il représente un bien tangible circulant dans l'économie réelle ? La loi Pacte n° 2019-486 du 22 mai 2019 a introduit au sein du Code monétaire et financier deux notions définissant l'« actif numérique »[65]. La notion de « jeton » est définie à l'article L. 552-2 du code monétaire et financier comme « tout bien incorporel représentant, sous forme numérique, un ou plusieurs droits pouvant être émis, inscrits, conservés ou transférés au moyen d'un dispositif d'enregistrement partagé permettant d'identifier, directement ou indirectement, le propriétaire dudit bien ». Elle autorise ainsi le rattachement du jeton à une catégorie du droit des biens, les biens incorporels[66]. Valérie Varnerot souligne à juste titre : « La doctrine de droit financier considère que la classe des jetons numériques, constitutive d'actifs numériques, forme une

[61] Pierre Person, Assemblée Nationale, rapport personnel *Monnaies, banques et finance : vers une nouvelle ère crypto* , 2022, p.84.

[62] Dominique Legeais « la folie NFT », RDBF, Mars-Avril 2022-32

[63] Lisa bataille et Laurent Badiane, « NFT : un actif numérique aux contours juridiques incertains », JCP E. 2022 n° 40

[64] Voir notamment Geraldine Goffaux Callebaut et François Burneau, « La transmission des œuvres d'art numériques », JCP N. 2022 n° 6

[65] La définition des actifs numériques repose sur l'article L. 54- 10-1 du Code monétaire et financier qui les répartit en deux catégories : celle des monnaies virtuelles ou cryptomonnaies et celle des jetons numériques

[66] Voir Nathalie Martial Braz, « Les NFT aux prises avec le droit des biens : essai de qualification », RDBF Juillet Aout 2022-31

“catégorie ouverte” dont le contenu n’est ni limitatif, ni exhaustif »[67]. Bien qu’il s’agisse d’une catégorie ouverte, le jeton non fongible, contrairement au jeton, ne représente pas forcément un ou plusieurs droits. Son assimilation à un droit appropriable doit donc être relativisée. Le 12 juillet 2022, dans son rapport sur les « *non – fungible tokens* », le conseil supérieur de la propriété littéraire et artistique a mis en lumière le besoin d’encadrement général de ces opérations : « À cet égard, l’assimilation à des actifs numériques tels qu’ils sont définis par le code monétaire et financier, bien qu’elle ne permette pas, comme on l’a vu, de saisir complètement la spécificité des jetons non fongibles, demeure pertinente à court terme, du fait de la multiplicité des usages possibles des jetons non fongibles et de la difficulté à établir un cadre réglementaire et fiscal définitif en présence d’un marché aussi volatil et récent »[68]. Cette interprétation est contestée, notamment par le député Pierre Person qui écarte cette qualification d’actif numérique : « En droit français, les NFT sont généralement assimilés à des actifs numériques. En fonction de leurs activités, les prestataires de services sur NFT sont soumis à la réglementation applicable aux prestataires de services sur actifs numériques. Toutefois, d’un point de vue empirique et technologique, il est permis de considérer que les NFT sont transparents et que le régime applicable aux NFT découle de l’actif qu’il représente. *De facto*, les NFT ne seraient plus des actifs numériques au sens de la définition légale héritée de la loi Pacte »[69]. Cette assimilation à un actif numérique soulève donc des difficultés non résolues, notamment en matière de droit de suite et de protection des investisseurs sur un marché secondaire[70]. À défaut de considérer les jetons non fongibles artistiques comme des actifs numériques, il serait envisageable de les assimiler à des biens meubles incorporels[71]. La jurisprudence du Conseil d’État avait adopté cette qualification de biens meubles incorporels pour les bitcoins, avant l’adoption de la loi Pacte n° 2019-486 du 22 mai 2019[72]. Les travaux parlementaires de la loi n° 2022-267 du 28 février 2022 de modernisation du marché de l’art, assimile également les jetons non fongibles artistiques à des biens meubles incorporels. La proposition issue de l’amendement Person finalement évincé de la

---

[67] Valerie Varnerot, « La qualification du NFT : enjeux pour l’imposition des plus-values », Revue de droit fiscal 2022 n° 36-302.

[68] CSPLA , rapport 2022, *op.cit.*, p. 58.

[69] Pierre Person, rapport précité, p.88.

[70] Dominique Legeais, « Les NFT sont-ils des actifs numériques ? », RDBF Juillet-Aout 2022-32.

[71] Voir Nathalie Martial Braz, « Les NFT aux prises avec le droit des biens : essai d’une qualification », RDBF Juillet-Aout 2022-31.

[72] CE 8e-3e ch. 26-4-2018 n° 417809, 418030, 418031, 418032 et 418033 : RJF 7/18 n° 720 , concl. R. Victor (C 720) ; note Martin Collet, JCP G. 2018. 743 ; F. Douet, « Modalités d’imposition des produits tirés de la cession de monnaies virtuelles », Dalloz IP/IT 2018, n° 7, p. 431. – A. Périn-Dureau, « Régime fiscal des bitcoins : quand le Conseil d’État saisit l’insaisissable » RTD com. 2018, p. 107

loi de finances pour 2022, épouse cette analyse juridique. Le dispositif imaginé visait à exclure les jetons non fongibles des actifs numériques pour assujettir les opérations « selon le régime applicable au sous-jacent du jeton non fongible faisant l'objet de la cession ». En restaurant la transparence du NFT à l'égard des droits qu'il représente, cette proposition transposait en droit fiscal la logique induite par un principe de neutralité technologique. L'amendement, adopté en commission, a été retiré en séance. Ainsi, que le jeton soit fongible ou non, il constitue toujours un bien incorporel représentant des droits sur un actif sous-jacent. En assimilant le jeton numérique à l'actif sous-jacent qu'il représente, la doctrine privilégie un principe de transparence « dont la seule manifestation numérique n'est pas de nature à lui conférer un particularisme suffisant pour qu'en découle la sujétion à un régime *sui generis* »[73]. Les propositions de Pierre Person abondaient en ces sens : « Au-delà de la transparence de l'objet NFT et de la nécessité d'interroger son sous-jacent plus que son enveloppe technologique en tant que telle, il sera nécessaire d'inscrire dans le droit civil une définition suffisamment large d'un "jeton non fongible", afin de couvrir l'ensemble du spectre des NFT existants ou pouvant émerger »[74].

En définitive, échappant à la définition formelle d'actifs financiers, récusant l'assimilation des jetons non fongibles à des actifs numériques, il n'est pas exclu que les NFT artistiques puissent être qualifiés de biens divers au sens de l'article L 551-1 du code monétaire et financier qui s'applique en matière d'intermédiation d'œuvres d'art.

Paragraphe 2 – L'approche fiscale de l'œuvre d'art numérique

52- L'approche fiscale de l'œuvre d'art numérique par le biais des jetons non fongibles pâtit de ces désordres juridiques[75]. Le rapport du Conseil supérieur de la propriété littéraire et artistique stigmatise les barrières fiscales en ces termes : « En effet, la définition de l'œuvre d'art posée par la directive 2006/112/CE du 28 novembre 2006 relative au système commun de TVA comme par l'article 98 A de l'annexe III au code général des impôts qui la transpose ne semble pas permettre de saisir actuellement l'objet fiscal que constitueraient les œuvres natives vendues en jetons non fongibles. En l'état actuel du droit, cette définition très restrictive exclut les jetons non fongibles, mais également les œuvres d'art numériques (qui ne sont pas, sauf exception entièrement exécutées à la main par l'artiste), les vidéos, mais également les reproductions numériques d'œuvres d'art susceptibles d'entrer dans

---

73 Valérie Varnerot, « Le régime fiscal des NFT artistiques », revue de droit fiscal 2022 n° 14, 176.

74 Pierre Person, rapport précité, p. 89.

75 Régis Vabres, « Les NFT : quelle règlementation fiscale ? », RDBF Juillet-Août 2022, 35.

l'article 98 A de l'annexe III au code général des impôts. Figée, cette définition fiscale des œuvres d'art n'intègre donc pas à ce jour toutes les pratiques artistiques, notamment numériques, qui tendent à se diffuser dans les lieux de création, d'exposition »[76]. La doctrine administrative exclut de la qualification d'œuvre d'art une création, aussi originale soit elle, réalisée par l'informatique, même sous contrôle de l'artiste, certifiée par lui, imprimée en série limitée sur papier, aluminium ou autre par le simple fait qu'elle a été reproduite par un procédé « photomécanique ». Dans ces conditions, la députée Annie Genevard interrogeait le ministre de la culture sur le régime fiscal applicable à l'art numérique. Dans une réponse en date du 12 janvier 2021, l'administration maintient l'exclusion de l'art numérique des œuvres d'art : « Cette définition fiscale figée des œuvres d'art ne prend ainsi pas en compte toutes les pratiques artistiques, notamment numériques, qui tendent à se diffuser dans les lieux de création, d'exposition. Si une évolution est souhaitable, elle ne peut néanmoins que s'envisager dans un cadre européen puisque la liste des œuvres d'art définie à l'article 98 A de l'annexe III au CGI est une reprise des dispositions de la directive 2006/112/CE du 28 novembre 2006 du Conseil de l'Union européenne relative au système commun de TVA. Il en résulte qu'en l'état actuel de la législation, il n'est pas possible de faire évoluer cette liste sans modification préalable de la directive »[77]. Or cette exclusion de l'art numérique conditionne la non-application du régime de la marge résultant des articles 311 et suivants de la directive TVA, l'application du taux normal de 20 % au lieu du taux de TVA réduit à 5,5 % prévu par le I de l'article 278-0 bis du CGI qui transpose l'article 103 de cette même directive. Il en va de même pour le refus de déduction spéciale en faveur des entreprises qui achètent des œuvres originales d'artistes vivants pour les exposer au public en vertu de l'article 238 bis AB du CGI, ou bien encore de l'absence d'abattement sur le bénéfice des jeunes artistes de la création plastique dans la mesure où la doctrine fait référence à la définition formelle de l'œuvre d'art retenue pour la TVA. Ajoutons à ces difficultés une barrière supplémentaire qui tient au jeton numérique. À supposer que l'œuvre d'art soit incorporée dans le jeton, voire donne accès à l'œuvre d'art, l'ensemble ne serait pas pour autant reconnu comme une œuvre d'art au sens du droit fiscal. Nous serions en présence d'un fichier non répertorié dans la liste énumérative de l'article 98 A II de l'annexe III au CGI. Enfin une ultime question surgit : doit-on considérer que le jeton non fongible est assujetti à la TVA ? Les jetons non fongibles artistiques sont des biens incorporels et partant leur cession doit être regardée comme une prestation de services susceptible d'être

[76] Conseil supérieur de la propriété littéraire et artistique, Rapport 2022, *op.cit.* pp. 61-62.

[77] AN, RM Annie Genevard, n° 22584, JO 12/1/2021, p.219

assujettie à la TVA lorsqu'elle est réalisée, à titre onéreux, par un assujetti agissant en tant que tel. À l'occasion d'un rescrit fiscal inhérent à l'offre au public de certains biens[78], l'administration a envisagé le régime fiscal des jetons numériques. Conformément aux dispositions du I de l'article 256 du code général des impôts (CGI), sont soumises à la TVA les livraisons de biens et les prestations de services effectuées à titre onéreux par un assujetti agissant en tant que tel. Toutefois, une opération entre dans le champ d'application de la TVA dès lors qu'il existe un lien direct entre le service rendu ou le bien acquis et la contre-valeur reçue. Est-ce le cas en présence d'un jeton numérique ? L'administration précise : « En raison de l'existence d'un aléa sur le principe même des contreparties futures, il n'existe pas de lien direct au sens de la TVA au moment de l'émission et de l'acquisition du jeton avec un quelconque bien ou service. Il s'ensuit, qu'au moment de la levée des fonds occasionnant la remise de jetons dans le cadre de l'offre au public de jetons, les sommes perçues par la société émettrice des jetons n'ont pas à être soumises à la TVA. En revanche, si ultérieurement, les jetons sont utilisés par leurs bénéficiaires pour obtenir un bien ou un service individualisé auprès de la société émettrice, cette opération est soumise à la TVA conformément à l'article 256 du CGI dans les conditions de droit commun »[79]. Selon l'administration, le lien direct peut être rompu en cas d'aléa, non seulement sur l'existence d'une rétribution, mais également sur le principe et la nature de l'avantage procuré parle prestataire au client. À défaut d'appliquer l'article 256 ter du CGI, l'interrogation initiale pour des jetons numériques artistiques persiste dans la mesure où le bon est considéré comme un fichier informatique donnant accès à une œuvre déterminée. Il s'agit d'une prestation de services assujettie par principe à la TVA lorsqu'elle est réalisée par un assujetti agissant en tant que tel[80].

53- Le législateur fiscal a opté pour rattacher le jeton non fongible à un actif numérique. À l'origine, la question s'était posée de savoir comment imposer les gains de cession de bitcoins et autres cryptomonnaies. L'administration avait précisé par deux instructions du 11 juillet 2014 le régime d'imposition applicable. Les gains de cession de bitcoins à titre occasionnel par des particuliers étaient imposés dans la catégorie des bénéfices non commerciaux (BNC), dans la « cédule balai » des profits ne se rattachant pas à une autre catégorie des revenus. Les gains tirés de l'exercice à titre habituel de l'activité d'achat revente de bitcoins étaient imposés dans la catégorie des bénéfices industriels et commerciaux (BIC). Saisi d'un recours en excès

---

[78] L'offre au public de jetons (Initial Coin Offering ou ICO) est définie comme une opération de levée de fonds par laquelle une société émet des jetons auxquels sont attachés certains droits sur l'émetteur.

[79] BOI-TVA-CHAMP-10-10-40-50 et BOI-RES-000054, 7 août 2019

[80] Voir Clément Herr et Alexandre Lourimi, « Crypto-actifs et TVA : Etat des lieux », Revue de droit fiscal 2022 n° 36-304.

de pouvoir contre ces instructions, le Conseil d'État avait invalidé partiellement cette classification. Il juge en effet que, les unités de bitcoins ayant le caractère de biens meubles incorporels, les profits tirés de leur cession par des particuliers relèvent en principe du régime des plus-values de cession de biens meubles de l'article 150 UA du CGI. Toutefois, les gains, y compris s'il s'agit d'une opération de cession unique, sont susceptibles d'être imposés dans la catégorie des BNC sur le fondement de l'article 92 du CGI dans la mesure où ils ne constituent pas un gain en capital résultant d'une opération de placement mais sont la contrepartie de la participation du contribuable à la création ou au fonctionnement de ce système d'unité de compte virtuelle. Réfutant cette jurisprudence, le législateur fiscal a neutralisé ses effets pour les opérations réalisées à compter du 1er janvier 2019. Issu de l'article 41 de la loi de finances pour 2019 n° 2018-1317 du 28 décembre 2018, l'article 150 VH bis du CGI prévoit une imposition forfaitaire des gains réalisés par des particuliers lors de la cession occasionnelle d'actifs numériques[81]. En revanche, les gains issus d'une activité d'achat revente d'actifs numériques exercée à titre habituel sont imposables dans la catégorie des bénéfices industriels et commerciaux. A fortiori, aux termes de l'article 150 VH bis, II-A du CGI, les opérations d'échanges sans soulte entre actifs numériques ou droits s'y rapportant bénéficient d'un sursis d'imposition. Considérées comme des opérations intercalaires, ces opérations ne constituent pas un fait générateur d'imposition. Somme toute, la loi de finances pour 2019, adopte la définition des actifs numériques de la loi relative à la croissance et la transformation des entreprises (Pacte). Il s'agit :

– Des jetons, à l'exclusion de ceux remplissant les caractéristiques des instruments financiers et des bons de caisse ;

– De toute représentation numérique d'une valeur qui n'est pas émise ou garantie par une banque centrale ou par une autorité publique, qui n'est pas nécessairement attachée à une monnaie ayant cours légal et qui ne possède pas le statut juridique d'une monnaie, mais qui est acceptée par des personnes physiques ou morales comme un moyen d'échange et qui peut être transférée, stockée ou échangée électroniquement.

54- Consciente de difficultés d'application, le législateur a aménagé dans la loi de finances pour 2022, le régime fiscal des gains de cession d'actifs numériques sur deux points. D'une part, la loi clarifie la distinction entre le professionnel et le non-professionnel ; et d'autre part, elle ouvre la possibilité pour le non-professionnel d'opter – de façon expresse et irrévocable – pour le barème progressif de l'impôt sur

[81] Les plus-values réalisées par les particuliers lors de la cession occasionnelle d'actifs numériques sont imposées à l'impôt sur le revenu au taux de 12,8 % en application d'un nouvel article 200 C du CGI, soit un taux global de 30 %, prélèvements sociaux inclus.

le revenu. L'article 70 de la loi de finances pour 2022 aligne les dispositions relatives aux opérations sur actifs numériques, sur celles applicables aux opérations de Bourse en prévoyant que relèvent de la catégorie des BNC les produits des opérations d'achat, de vente et d'échange d'actifs numériques effectuées dans des conditions analogues à celles qui caractérisent une activité exercée par une personne se livrant à titre professionnel à ce type d'opérations. Dans une mise à jour BOFIP du 28 juin 2023, l'administration précise l'appréciation des conditions de réalisation des opérations conduisant à la taxation selon le régime des BNC. À compter du 1er janvier 2023, pour qualifier le contribuable de professionnel, la grille d'analyse permet d'identifier le particulier qui revend ses actifs numériques en tant qu'un professionnel. Il convient de tenir compte de critères multiples, à savoir « la détention, la maîtrise et l'usage d'informations et de techniques d'intervention spécialisées ainsi que leur recherche organisée au profit d'opérations nombreuses et sophistiquées »[82]. Cette analyse laisse dans l'ombre la qualification fiscale des NFT artistiques, considérées comme des biens meubles incorporels. La loi de finances pour 2019 a entendu faire échec à l'application de l'article 150 UA, saisissant les plus-values réalisées par les particuliers sur des biens meubles, par la création d'un régime *ad hoc* dédié aux plus-values réalisées à titre occasionnel par les particuliers sur les actifs numériques. Articulé autour des cryptomonnaies, le législateur de 2019 n'avait pas envisagé le cas des jetons non fongibles artistiques. À ce titre, l'article 150 UA soumet à l'impôt sur le revenu les plus-values réalisées par les particuliers fiscalement domiciliés en France dans le cadre de la gestion de leur patrimoine privé sur la cession à titre onéreux de biens meubles. Le champ de l'article 150 UA, sans distinction de leur caractère corporel ou incorporel' est, en premier lieu, doublement restreint. En sont exclues les cessions portant 1 ° sur des meubles meublants, des appareils ménagers et des véhicules automobiles ; 2 ° sur des métaux précieux, bijoux, objets d'art, de collection et d'antiquité qui relèvent d'une taxation spécifique organisée par l'article 150 VI et 3 °, les valeurs mobilières et autres droits sociaux qui font l'objet du régime spécifique prévu aux articles 150-0 A et suivants. Il faut souligner, en deuxième lieu, que les cessions de meubles entrant dans le champ du régime ne sont imposables que si elles sont réalisées à un prix supérieur à 5 000 €. Par suite les biens meubles incorporels devraient être soumis aux dispositions de l'article 150 UA du CGI et partant, en cas d'option pour le régime des plus-values, à une exonération totale des plus-values occasionnelles au terme d'un délai de 22 ans compte tenu d'un abattement de 5 % par année au-delà

[82] BOI-BNC-CHAMP-10-10-20-40 n° 1080, 28 juin 2023.

de la deuxième année[83]. Cela étant, la solution est délicate car la transparence du NFT artistique conduit à raisonner sur un nouveau modèle inspiré de l'amendement de Pierre Person. Il entendait créer un nouvel article 150VH ter imposant les plus-values occasionnelles des particuliers « selon le régime applicable au sous-jacent du jeton non fongible faisant l'objet de la cession ». En définitive, Valérie Varnerot dévoile les ambiguïtés de la transparence fiscale du NFT artistique : « c'est la nature des droits numériquement représentés par le NFT qui définissent la nature et le régime tant juridique que fiscal du jeton »[84]. En d'autres termes, le régime fiscal du jeton non fongible artistique ne serait pas unitaire mais pluriel.

55-A la lumière de l'art conceptuel, de l'art charnel mais également de l'art numérique, l'interprétation formelle de l'œuvre d'art au sens de l'article 98 A II de l'annexe III au CGI est aporétique. Bien plus, malgré les timides avancées en matière d'art vidéo et de performances artistiques, l'absence de reconnaissance par l'État des formes contemporaines d'expression artistique, réduit le marché de l'art français à une vision romantique de l'art et somme toute conduit à son essoufflement. Pour dynamiser le marché de l'art contemporain, la loi n° 2022-267 du 28 février 2022 de modernisation du marché de l'art, qui modifie l'article L. 230-1 du Code de commerce, permet la vente aux enchères publiques de biens meubles incorporels, ce qui inclut les NFT. Il est sans doute trop tôt pour en mesurer les effets mais il semble déjà que les modifications réglementaires nécessaires pour saisir fiscalement les œuvres d'art contemporaines tardent à intervenir, au détriment d'un État collectionneur.

---

[83] Lorsque le NFT représente un droit de propriété incorporelle sur l'exemplaire original unique, la doctrine universitaire envisage que la cession soit passible de la taxe forfaitaire sur objets précieux au taux de 6,5 %, contribution sociale incluse. Valérie Varnerot « Le régime fiscal des NFT artistiques », RDF 2022 n° 14-176, paragraphe 12.

[84] Valérie Varnerot, « La qualification du NFT : enjeux pour l'imposition des plus-values des particuliers », *op.cit.* paragraphe 15.

Deuxième partie :

Le régime fiscal des collections publiques

L'État collectionneur

56- Traiter des vicissitudes financières des collections publiques conduit à mettre en lumière de multiples équivoques. Le premier est historique. Nous avons tendance à rattacher les origines d'un État collectionneur, doté de privilèges mais également de sujétions pour reprendre l'expression de Maryvonne de Saint-Pulgent[1], au mécénat royal de l'ancien régime, au mécénat des princes à titre individuel mais également au mécénat de l'Église[2]. Dans un climat pétri d'humanisme et d'esthétique, la filiation entre un mécénat fastueux et celui de l'État à l'issue de la Révolution française est sans doute réaliste mais le voile de l'histoire nous dissimule des évolutions, des continuités et des ruptures. Certes, la royauté de l'ancien régime, comme l'État contemporain, utilise la création artistique pour une représentation symbolique du pouvoir temporel comme spirituel mais il subsiste des ruptures qui tiennent notamment aux transformations de l'État. Somme toute, l'État est également un acteur du marché de l'art. L'interpénétration des sphères marchandes et publiques au nom de l'intérêt général mérite de plus amples développements[3]. Dans sa quête des racines du pouvoir, Pierre Legendre déplace l'interrogation du texte à l'image, des fondements du droit à la fabrique des images, en réinterprétant la problématique du miroir. L'image donne chair à une absence dans un écart référentiel qui est celui de la symbolisation. C'est dans le rapport du sujet à l'image

---

[1] Maryvonne de Saint-Pulgent, « Sujétions et privilèges de l'Etat collectionneur. De la loi de 1913 sur les monuments historiques à la loi de 1992 sur la circulation des biens culturels », Revue de l'art, 1993 n° 101, p. 63.

[2] Voir notamment Michel Durupty, *L'Etat et les Beaux-arts*, Thèse Bordeaux 1964

[3] Voir Ronan Bretel, *L'appréhension juridique du marché de l'art : entre jeu de marché et enjeux patrimoniaux*, thèse Paris-Saclay, en particulier le chapitre 8 consacré à « l'Etat , acteur du Marché », pp. 1111 à 1176, 2023

que se forge le lien à l'institution, rapport abordé sous l'angle du principe de raison. Pour Pierre Legendre, le creuset médiéval est une source incontestable de la modernité occidentale. Si le Décret de Gratien entérine l'acclimatation du droit romain aux institutions canoniques, c'est l'esthétique qui sert de médium pour légitimer une telle ossature. Ainsi, que le souligne un texte du pape Jean VIII repris par le moine Gratien vers 1140 : *« il faut vénérer les lois romaines, promulguées par les bouches des empereurs de la part de Dieu »*[4]. Cette représentation bicéphale d'un pontife romain *« interprète du livre incarné par le Messie »* selon l'expression de Pierre Legendre, et en même temps habité par l'imperium de la Rome antique a été mise en scène, nous rappelle l'auteur, par une œuvre esthétique décrite par Ernst Kantorowicz, celle des acclamations liturgiques[5]. La toute-puissance du pape est également célébrée par le culte des images, développé sous l'influence de la dévotion aux empereurs dans l'Empire romain puis byzantin et récupéré par le christianisme latin. À ce titre, Pierre Legendre s'attache à l'iconographie pour apercevoir les éléments constitutifs du montage humain, pour en restituer sa sémiotique : *« Si l'icône présente tant d'intérêt, c'est qu'elle illustre la logique du langage et ce qui la soutient dans le procès de la représentation subjective. L'icône départage, traçant par la coupure dont elle est le symbole une ligne de séparation infranchissable, qui pourrait aussi bien être désignée comme ligne d'interdit »*[6] et de poursuivre : *« L'icône prend statut elle aussi... Comme scène image d'un miroir qui serait cause de tous les miroirs, l'image du miroir absolu. Le montage théologique chrétien désigne ce miroir absolu par l'expression Imago Dei, formule qui signifie : il existe une Raison, un principe garant de la Raison, fondateur des images »*[7]. L'image devient icône précisément parce qu'elle participe à la nature divine de ce qui est représenté. La question immémoriale de l'image et partant de l'icône fait sens : *« En quoi le pouvoir esthétique est-il une création indéfinie de "la machine à voir" : la toute-puissance esthétique, nous la vivons sans la remarquer : elle repose sur la foi des images »*[8]. En faisant ainsi participer certaines formes visibles à la réalité ontologique de la divinité, la théologie chrétienne de l'image fut exposée à sacraliser l'icône, considérée comme dépositaire d'une véritable et vivante présence du divin. D'une certaine manière, l'Église assigne à l'art le rôle de persuader, ce qui autorise le déploiement des séductions picturales. Dans cette veine, l'esthétique correspond à la dimension symbolique et communicative des pratiques et des

---

[4] P. Legendre, *Leçons IX. L'autre bible de l'Occident : le monument romano-canonique. Étude sur l'architecture dogmatique des sociétés*, p. 165, Fayard, 2009.

[5] E.H. Kantorowicz, *Laudes Regiae, A study in liturgical acclamations and medieval ruler workship, 1946, traduction A. Wijffels, Une étude des acclamations liturgiques et du culte du souverain au moyen âge*, Fayard, 2004.

[6] P. Legendre, *Leçons I, op. cit.* p. 67.

[7] P. Legendre, *Leçons I, op. cit.* p. 69

[8] Pierre Legendre, « Valeur dogmatique de l'esthétique », op.cit. p.340

artefacts qui incarnent les idées de la société. L'esthétique fait donc office, dans l'œuvre de Pierre Legendre, d'un voile diaphane où sont imbriqués les espaces culturels et subjectifs. La continuité entre « ces mécénats » est donc révélée par l'instrumentalisation politique de l'art. Un second équivoque peut être observé dans les entrelacs de l'histoire entre l'État et le marché de l'art. Karl-Henri Voizard détermine les interactions entre l'État et le marché de l'art à partir de trois modèles. En premier lieu : « l'État opère ce qu'il convient d'appeler une substitution régulation »[9]. Il s'agit de la conception classique d'un État protecteur des arts et chargé à ce titre d'organiser un marché pour lui assurer fluidité et garantie de bon fonctionnement. Ce temps d'un Etat-arbitre ne correspond pas selon Annie Heritier au mécénat d'ancien régime, du moins jusqu'aux alentours de 1880 : « Ainsi, il semble difficile de considérer comme mécène l'État administratif comme tend à le mettre en place, dans le domaine culturel, la IIIe République »[10]. Dans les limbes d'un État interventionniste, à la fin du XIXe siècle, les mécènes deviennent alliés de l'État. Pour Annie Heritier, le décret portant règlement d'administration publique du 14 janvier 1896 qui organise le conseil de la réunion des musées nationaux autorise une affectation des dons et legs à cette caisse[11]. Toutefois les transformations d'un État-providence conduisent à un second modèle : « L'État procède à la substitution appropriation correspondant à l'extraction totale des biens que l'État considère comme ne devant pas être abandonnés au marché »[12]. Il s'agit de prérogatives de puissance publique en matière notamment de préemption, voire d'expropriation. En troisième lieu : « la substitution interdiction est mise en œuvre par l'État afin de limiter l'offre présente sur le marché suivant certains critères »[13]. Bien entendu, les interdictions d'exporter sont caractéristiques de ce troisième modèle. Il s'ensuit que l'intervention d'un État collectionneur peut être facilitée dans le cadre de ces deux derniers espaces, de ces deux derniers modèles. Il convient enfin d'introduire une dernière problématique empreinte également d'infléchissements. Le recours à la fiscalité comme dispositif de mise en valeur de biens culturels mais également de ressources fiscales qui transparaissent nettement au cours du

---

[9] Karl-Henri Voizard, *L'Etat culturel et le droit. Approche juridique des interventions culturelles de l'Etat en France,* thèse Paris II, (J. Caillosse, Dir), 2011, p.206.

[10] Annie Héritier, « De mécène à mécénat. Des idées reçues à une réalité politique et sociale. Une approche historique » in JP. Alline et R. Carrier, *La culture au risque du marché. Le mécénat face à ses acteurs.*, L'Harmattan, collection Droit du patrimoine culturel et naturel, 2010, p.95.

[11] Annie héritier, *op. cit.* p.101

[12] K.H.Voizard, *op.cit.* p. 206

[13] K.H. Voizard, *op.cit.* p. 207.

XXe siècle[14], semble se dissiper à la faveur d'un État-stratège qui préfère réguler le marché plutôt que d'intervenir activement. Au moyen de dépenses fiscales, des mécènes privés sont conviés à l'acquisition et à la restauration des collections publiques. Cette interpénétration d'une logique de marché et d'une posture managériale sur fond de *new public management*, conduit à un retournement axiologique dont il nous faut analyser les composantes, sans pour autant prétendre à une historicité des configurations. Ces multiples équivoques tracent les sillons de l'enrichissement des collections publiques (chapitre Ier) et de la mise en valeur du patrimoine culturel mobilier (chapitre II).

[14] Valérie Palma-Amalric, « Fiscalité et financement privé du patrimoine culturel », in N. Bettio et P.A. Collot, *Le financement privé du patrimoine culturel*, L'Harmattan, collection Droit du patrimoine culturel et naturel, 2018, p. 43.

Chapitre I :

L'enrichissement des collections publiques par l'impôt

Le soutien à l'acquisition et à la mise en valeur des œuvres d'art par l'impôt.

57- L'acquisition d'œuvres d'art par l'État est un procédé traditionnel de soutien à l'art et de constitution des collections publiques. Toutefois en raison de difficultés financières et budgétaires récurrentes, l'État a dû renouveler ses procédés d'acquisition. La puissance publique a diversifié ses moyens d'action par le truchement notable de l'impôt. Au lendemain de la Première Guerre mondiale, devant faire face à une exportation conséquente des œuvres d'art, notamment au profit de collectionneurs et marchands d'art américains, le législateur a tenté de freiner ce mouvement en édictant une première loi d'interdiction de sortie du territoire en 1920. Renonçant à l'interdiction des exportations le législateur autorise, dans la loi de finances pour 1922, un contrôle plus souple des exportations. En contrepartie de cette liberté du commerce de l'art, l'État perçoit de nouvelles ressources fiscales et concomitamment un droit de préemption de l'État sur des œuvres d'art remarquables. Selon les débats parlementaires, il est « juste d'exiger du commerce des objets d'art, qu'il aidât l'État à acquérir des œuvres artistiques situées en France qui mériteraient de prendre rang dans nos collections »[1]. En d'autres termes, le marché doit soutenir l'acquisition d'œuvres d'art par le biais d'une taxe de 1 % instituée au profit de la caisse nationale des monuments historiques. L'article 33 de la loi de finances pour 1922, prévoit un droit d'inventaire au profit de l'État « des objets mobiliers propriétés privées existant en France à la promulgation de la présente loi, et qui, connus comme présentant un intérêt exceptionnel d'histoire ou d'art, seraient de nature à figurer dans les collections nationales »[2]. L'article 33 poursuit sur le terrain de la propriété privé « L'inscription sur cet état sera notifié au

---

[1] Séance publique du 14 décembre 1921, JO débats parlementaires, chambre des députés du 15 décembre 1921, p.5089.

[2] Loi 31 décembre 1921, JO 1/1/1922, art.33

propriétaire et entraînera pour lui l'obligation d'aviser le ministre des Beaux-arts de tout projet d'aliénation concernant l'objet inventorié». Le ministre dispose alors d'un délai de quinze jours pour faire connaître à l'intéressé s'il souhaitait soit acquérir l'objet soit procéder à son classement. En marge du droit de préemption, sur toute vente publique d'œuvre d'art au sens de l'article 37 de cette loi de finances pour 1922, le législateur crée une taxe de 1 % destinée à alimenter la caisse nationale des monuments historiques. L'article 36 relatif à l'institution de cette taxe précise les catégories d'art concernées. Les œuvres d'art susceptibles d'être préemptées en vente publique et en toute hypothèse soumises à la taxe de 1 % sont « les curiosités, antiquités, livres anciens, objets de collection, peintures, aquarelles, pastels, dessins, sculptures originales, tapisseries anciennes »[3]. Outre les dons et legs affectés, la caisse nationale des monuments historiques crée par la loi du 10 juillet 1914, était principalement alimenté par des crédits de paiement. En vertu des articles 118 à 120 de la loi de finances pour 1922, un droit d'entrée et une taxe spéciale pour la visite des musées, collections et monuments appartenant à l'État sont institués. Le procédé fiscal d'une affectation de ressources fiscales est régulièrement utilisé au cours des décennies suivantes. L'enrichissement des collections publiques s'appuie sur des dispositifs de libéralités, de dations en paiement mais également sur des obligations de décoration qui ne seront pas abordées ici[4] et bien entendu des mécanismes de dépenses fiscales.

La collection publique, une notion introuvable ?

58- Il faut néanmoins circonscrire la notion de « collection publique ». Selon une conception classique, l'aspect public d'une collection renvoie à la nature d'une personne qui en est propriétaire. Le rattachement à une personne publique transforme la collection dont la nature peut être privée en une collection publique[5]. Au sens traditionnel, les collections publiques sont composées de biens culturels qui appartiennent à des personnes publiques et sont soumises au régime de la domanialité publique « dont l'affectation première n'est pas la seule mise à disposition du public pour des raisons artistiques ou historiques »[6]. Le terme de

---

[3] Décret du 18 mars 1924, portant règlement d'administration publique pour l'application des articles 36 et 37 de la loi de finances du 31 décembre 1921, JO. Du 29 mars 1924, P. 2978.

[4] Mise en place par l'arrêté du 18 mai 1951, l'obligation de décoration des constructions publiques » [...] impose aujourd'hui aux maîtres d'ouvrages publics de consacrer 1 % du coût de leur construction à la commande ou à l'acquisition d'une ou de plusieurs œuvres d'un artiste vivant, émergent ou expérimenté » Voir Yves Aguilar, *Un art de fonctionnaires, le 1 %. Introduction aux catégories esthétiques de l'Etat.* Préface Pierre Legendre. Ed. Jacqueline Chambon, 1998.

[5] Voir Jean Chatelain, *Œuvres d'art et objets de collection en droit français*, Berger Levrault, 3ème édition, 1997, p.20.

[6] Pierre-Laurent Frier, *Droit du patrimoine culturel*, PUF, 1997, p.361.

collection publique est utilisé dans plusieurs textes législatifs sans être défini. Pierre-Laurent Frier évoque l'article 5 de la loi du 27 septembre 1941 à propos de la revendication des objets archéologiques mais également l'article 4 de la loi du 31 décembre 1992 relative à la circulation juridique des biens dont ceux appartenant à des collections publiques. Pour Pierre-Laurent Frier « La collection publique peut donc concerner au sens de ces différents textes, soit l'ensemble des collections instituées notamment dans un but de présentation au public même si leurs propriétaires ne sont pas des personnes morales de droit public ou ne viser que des biens qui figurent dans les inventaires, des services d'archives, des bibliothèques et des musées »[7]. Gilles Wolkowitsch substitue à cette notion, celle de collection accessible au public : « Par collections accessibles au public il faut entendre celles pour lesquelles l'accès public est garanti et constitue un véritable droit, à l'exclusion de celles qui feraient simplement l'objet d'une présentation au public plus ou moins large mais révocable à tout moment »[8]. L'auteur vise des collections qui s'inscrivent dans les missions d'un service public à l'instar des musées ou bien encore celles qui sont protégées par les articles 257-1 et 2 du Code pénal aux termes de la loi du 15 juillet 1980. Dans l'entrelacs du domaine public mobilier et de la propriété publique, Fanny Tarlet nous livre une identification des biens publics mobiliers en distinguant les meubles de permanence qui « participent de la construction d'un patrimoine commun et de la mythologie d'une identité collective au sens large, qui se nourrit de richesses matérielles et symboliques »[9], des meubles de circulation « qui sont les meubles auxquels on aurait décidé de conférer une souplesse de circulation, ceux sur lesquels s'exprimerait particulièrement leur disposition au commerce juridique, car rien en particulier ne requerrait leur stabilité »[10]. Cette nouvelle typologie des meubles publics s'appuie, selon une approche matérielle, sur les activités de puissance publique assumées par les personnes publiques. Eu égard à l'intérêt public culturel, la notion de collection publique semble relever de la première de ces catégories, c'est-à-dire des meubles de permanence. Le recours à une « fiscalité comportementale » ou plus précisément à des dispositifs fiscaux incitatifs, en lien avec une économie de marché, permet de consolider l'acquisition et la conservation de ces collections publiques.

---

[7] Pierre-Laurent Frier, *op.cit.*, p. 360.

[8] Gilles Wolkowitsch, *Archives, bibliothèques, musées : statut des collections accessibles au public*, Economica, 1986, p. 31.

[9] Fanny Tarlet, *Les biens publics mobiliers*, nouvelle bibliothèque des thèses, volume 170, Dalloz, 2017, p. 119.

[10] Fanny Tarlet, *op.cit.* p. 120.

Section I :
Le recours aux legs et donations d'œuvres d'art

Paragraphe 1 – La faiblesse des crédits budgétaires pour l'acquisition d'œuvres d'art

59- Dans son rapport spécial sur le projet de loi de finances pour 2023, M. Jean-René Cazeneuve, alors rapporteur spécial de la commission des finances pour la mission Culture – Patrimoine, avait souligné une légère augmentation des crédits affectés au programme patrimoines de la mission culture. Cette dernière était imputable à la compensation partielle des effets de l'inflation[11]. Les crédits du programme « 175 Patrimoines » sont dédiés aux monuments historiques, aux musées de France, aux Archives nationales et au financement d'acteurs de l'archéologie. Leur montant s'établit à 1 110,7 millions d'euros en autorisations d'engagement (AE) et à 1 099 millions d'euros en crédit de paiement (CP). En 2021 et 2022, le plan de relance a constitué une utile bouffée d'oxygène pour le secteur du patrimoine mais cet apport financier exceptionnel doit disparaître en 2024[12]. Ce soutien exceptionnel de l'État s'explique par le contexte du Covid mais également par le mauvais état d'entretien de nos éléments patrimoniaux. Cela étant, ce plan de relance n'a pas, à ma connaissance, concerné l'acquisition et l'enrichissement des collections publiques. De manière plus précise, L'action 3 du programme budgétaire « patrimoines » finance à hauteur de 330,9 millions d'euros en AE et 335,6 millions d'euros en CP les subventions apportées aux établissements nationaux. Ces crédits reposent très largement sur des subventions pour charges de service public. En réalité, le montant du soutien budgétaire de l'État pour les acquisitions muséales d'œuvres est limité depuis plusieurs années[13]. Selon la direction des musées de France, la part budgétaire y compris les dotations des institutions muséales se limite en 2022 à 18,3 millions d'euros. Ce déficit chronique d'investissement de dépense budgétaire au titre des acquisitions d'œuvres d'art a conduit l'État depuis plusieurs dizaines d'années à développer d'autres stratégies d'acquisition. Ces crédits

---

[11] Assemblée Nationale, Rapport spécial n° 292, Jean-René Cazeneuve, au nome de la commission des finances, de l'économie générale et du contrôle budgétaire, sur le projet de loi de finances pour 2023, annexe 12, Culture : patrimoine.

[12] En 2021 et 2022, le plan de relance a mobilisé plus de 600 millions d'euros de crédits supplémentaires en faveur du patrimoine. Ces crédits ont supporté deux types de dépenses : d'une part, des subventions exceptionnelles d'équilibre apportées aux opérateurs patrimoniaux et, d'autre part, des dépenses d'investissement en matière d'investissement et de restauration du patrimoine.

[13] Voir Rapport spécial de Jean-René Cazeneuve, *op.cit.* p. 50

budgétaires sont indissociables de mesures fiscales « incitatives »[14]. Dans cette perspective, le recours à des libéralités au profit d'institutions publiques s'est imposé.

Paragraphe 2 - le recours aux libéralités pour soutenir les collections publiques

60- Conscient de l'enrichissement des collections muséales par le mode d'acquisition qu'est celui des libéralités, l'État a instauré un dispositif fiscal favorable aux donateurs. Ces libéralités d'œuvres d'art ou de numéraires au profit d'institutions muséales font florès. Réunies sur un nouvel espace imaginé par Jean Nouvel, une petite quarantaine d'œuvres viennent enrichir les collections du musée du quai Branly Jacques Chirac. Elles proviennent toutes en 2021, d'une donation de Marc Ladreit de Lacharrière qui représente, l'équivalent de 25 fois le budget d'acquisition de l'institution. La valeur des dons et legs reçu représente quatre à cinq fois le montant du budget d'acquisition du centre national d'art et de culture Georges Pompidou. Il en va de même des musées de province qui reçoivent régulièrement des œuvres d'art remarquables. En 2022, le musée de Bourges a enrichi sa collection numismatique à la suite d'une donation de plus d'un millier de pièces d'origine gauloise dont certaines proviennent du site de Saint-Ambroix. Clémentine Hebrard rappelait que le musée des Beaux-Arts de Rouen a dévoilé en 2020 des tableaux d'artistes de renom – notamment Chagall, Renoir, Dufy et Buffet – reçus dans le cadre d'un legs consenti par un couple de collectionneurs d'art[15]. En vertu de l'article 893 du Code civil, il ne peut être fait de libéralités que par donation entre vifs ou par testament. Aux termes de l'article 894 du Code civil, une donation entre vifs « est un acte par lequel le donateur se dépouille actuellement et irrévocablement de la chose donnée en faveur du donataire qui l'accepte ». Il s'agit donc d'une mutation à titre gratuit, une libéralité destinée à procurer un avantage à un bénéficiaire qui l'accepte, sans attendre ou recevoir des contreparties. On sait néanmoins que cette absence de contreparties n'est pas appréciée avec rigueur puisqu'il existe des contreparties symboliques dans le fait par exemple d'apposer le nom du donateur au pied de l'œuvre reçue. Outre l'intention libérale essentielle pour caractériser ce contrat à titre gratuit, l'élément matériel de cette libéralité est constitué par l'enrichissement des collections muséales corrélé à l'appauvrissement du disposant. Il existe plusieurs formes de libéralités abordées ultérieurement. Cette

---

[14] Le programme 175 sert de support à 12 dépenses fiscales dont le coût est estimé à 218 millions d'euros, sans pouvoir distinguer réellement celles qui sont afférentes à l'enrichissement des collections publiques.

[15] Clémentine Hebrard, « Les dons et legs d'œuvres d'art au profit des institutions muséales », Blog Droit , patrimoine et culture, billet de recherche, 2 novembre 2021.

donation entre vifs s'oppose au legs de l'article 895 du Code civil. Il s'agit d'un acte « par lequel le testateur dispose, pour le temps où il n'existera plus, de tout ou partie de ses biens ou de ses droits et qu'il peut révoquer ». Le support du legs est donc un testament qui s'exécute à titre *post mortem*. La délivrance de ces libéralités se réalise compte tenu des règles de dévolution successorale. L'acceptation d'une libéralité par un musée suit un formalisme rigoureux. En vertu de l'article 451-1 du Code du patrimoine : « Toute acquisition, à titre onéreux ou gratuit, d'un bien destiné à enrichir les collections d'un musée de France est soumise à l'avis d'instances scientifiques dont la composition et les modalités de fonctionnement sont fixées par décret ». En outre, selon l'article L. 1121-2 du Code général de la propriété des personnes publiques, les établissements publics de l'État acceptent et refusent librement les dons et legs qui leur sont faits sans charges, sans conditions ni affectation immobilière[16]. Ainsi, le juge administratif considère que Le Centre national d'art et de culture établissement public national à caractère culturel dénommé Centre national d'art et de culture a la capacité de recevoir des dons consistant en œuvres d'art destinées à prendre place dans les collections du Musée national d'art moderne[17]. Toutefois, lorsque ces dons ou legs sont grevés de charges, de conditions ou d'affectation immobilière, l'acceptation ou le refus est autorisée par arrêté du ou des ministres de tutelle de l'établissement public. Sur un terrain substantiel, ces libéralités suscitent deux difficultés majeures. La première liée à la dévolution successorale et à la protection de la réserve héréditaire et la seconde qui tient aux charges de la donation ou du legs. Sur le premier point, l'article 23 de la loi n° 87-571 du 23 juillet 1987 relative au développement du mécénat prévoyait déjà une dispense de restitution du bien en faveur des legs fait à l'État : « *lorsque la valeur d'un legs fait à l'État et portant sur un bien qui présente un intérêt pour le patrimoine historique, artistique ou culturel de la nation excède la quotité disponible, l'État peut, quel que soit cet excédent, réclamer en totalité le bien légué, sauf à récompenser préalablement les héritiers en argent* ». Afin de contourner la barrière de la réserve héréditaire, la loi n° 2006-728 du 23 juin 2006 portant réforme des successions et des libéralités a rendu possible la renonciation par anticipation, à l'action en réduction par des héritiers réservataires[18]. Il est possible de rédiger des pactes successoraux lorsqu'on prévoit d'effectuer une donation à un musée. Cette

[16] Voir Nathalie Jacquinot, « Les dons et legs aux personnes publiques » in *Le don en droit public*, N. Jacquinot (Dir) Presses universitaires de Toulouse, 2013, pp. 65-83

[17] CE 19 janvier 1990, n° 86920, Epx Berckelaers, Lebon.

[18] Voir Michel Grimaldi, « Présentation de la loi du 23 juin 2006 portant réforme des successions et des libéralités », D. 2006. 2551 ; Anne-Marie Leroyer, « Réforme des successions et des libéralités. Loi n° 2006-728 du 23 juin 2006 », RTD civ. 2006. 612.

disposition codifiée aux articles 929 et 930-5 du Code civil, a été accueillie favorablement par les institutions muséales qui évitent ainsi un contentieux au regard de la réserve héréditaire d'un successible. Sur le second point, la libéralité peut être assortie de charges. Les articles 953 et 954 du Code civil disposent que les donations peuvent être révoquées pour cause d'inexécution des charges[19]. Or l'inexécution de cette charge peut être une cause de révocation de la libéralité. Cette action peut être intentée par le donateur ou par ses héritiers. En 1976, l'artiste Simon Hantaï, a réalisé et cédé quatorze toiles et assemblages sérigraphiques pour la Régie Renault, notamment un *Monochrome vert* et un *Monochrome bleu* qui ont été ultérieurement rétrocédés à l'artiste. Lors de son décès en 2008, sa veuve est bénéficiaire de l'attribution intégrale en toute propriété des biens meubles et immeubles dépendant de la communauté universelle alors que le droit moral revient à ses cinq enfants. Dans le cadre d'un contentieux relatif à la donation de ces œuvres au profit d'une association, la veuve revendique un intérêt à agir et la restitution de ces œuvres qui ne devaient pas être cédées. Une question supplémentaire a été posée à la haute juridiction : lorsque la donation porte sur des œuvres d'art, faut-il distinguer entre les titulaires du droit moral et les titulaires des droits pécuniaires pour déterminer qui a qualité pour agir ? Selon la Cour de Cassation, la donation ayant porté sur des biens corporels, la révocation n'est pas liée au droit moral de l'œuvre[20]. Cependant, la révocation dont traite l'article 953 n'a pas lieu de plein droit et requiert l'appréciation des juges du fond. Ces derniers ont la charge d'apprécier le manquement à l'obligation et la sanction qui pourrait en résulter. La jurisprudence semble réduire la révocation à l'hypothèse dans laquelle la clause aurait été déterminante pour le donateur. Dans les autres cas, l'exécution forcée peut être prescrite voire des dommages-intérêts seulement[21]. Dans l'affaire des œuvres de Benjamin Cuyp léguées au musée du Louvre et au musée de Reims, Marie Cornu rappelait que « la libéralité avait été consentie à la condition que les œuvres soient exposées dans ces lieux. C'est l'interruption de la présentation des œuvres au public par ces deux institutions qu'avait à examiner le juge. Elle était justifiée dans le cas du musée de Reims, qui procédait à la restauration des œuvres, jugée au contraire fautive pour le musée du Louvre, qui, sur une période de 37 ans avait négligé de

[19] Cass. 1re civ., 25 sept. 2013, n° 12-13.747, Bull. civ. I, n° 181, JCP N 2013, n° 41, act. 995

[20] Cass. 1re civ., 16 janv. 2019, n° 18-10.603, publié au *Bulletin*, JCP N 2019, n° 8-9, 267, observations Sandrine Delayen, Dalloz IP/IT 2019 p.321 ; à propos de la Cour d'appel de Versailles , 1re ch., sect. 1, 22 déc. 2017, n° 16/04455 voir Frédéric Pollaud-Dulian, Donation d'œuvre d'art avec charges à une association : des pratiques bien étranges et une curieuse indulgence, RTD com. 2018. 334

[21] Cass. 1re civ., 27 janv. 1981, n° 79-16.156, Bull. civ. I, n° 32, RTD civ. 1981, p. 891, obs. J. Patarin.

montrer les toiles durant 26 ans »[22]. François Duret-Robert rappelle pour sa part que la ville de Bordeaux s'est vue retirer la propriété d'une collection entière, constituée par le frère du peintre Gabriel Domergue, faute pour la ville d'avoir respecté la charge acceptée consistant à créer pour cette collection un lieu d'accueil spécifique[23]. Compte tenu des difficultés matérielles et financières que peuvent entraîner ces charges, l'action en révision des libéralités consenties avec charges à une personne publique relève pour l'essentiel du régime de droit commun, c'est-à-dire des articles 900-2 à 900-8 du Code civil. En effet, le législateur est intervenu en 1984 pour permettre la révision des conditions et charges apposées à certaines libéralités, lorsque le changement de circonstances en rend l'exécution soit extrêmement difficile, soit sérieusement dommageable[24].

61-A l'initiative d'André Malraux, la loi n° 68-1 251 du 31 décembre 1968 relative à la conservation du patrimoine national et dont les droits de donation et de succession sont codifiés à l'article 1131 du CGI, autorise une exonération des droits de mutation à titre gratuit[25]. Aux termes de l'article 1131 du CGI, le donataire, l'héritier ou le légataire d'une œuvre d'art, de livres, d'objets de collection ou de documents de haute valeur artistique ou historique est exonéré des droits de mutation et des taxes annexes afférentes à la transmission de ces biens, lorsqu'il en fait don à l'État dans le délai prévu pour l'enregistrement de l'acte constatant la mutation ou de la déclaration de la succession. Il s'agit par essence d'une norme incitative qui répond à une nouvelle configuration de la politique culturelle de l'État. Les limites inhérentes aux conceptions formelles et matérielles de la norme conduisent le professeur Paul Amselek à privilégier une approche fonctionnelle de la normativité juridique : « les règles juridiques sont des outils de direction publique des conduites humaines, des outils de commandement ou gouvernement public »[26]. Dans cette veine, la norme constitue, un étalon, un modèle[27], dont la compréhension instrumentale s'impose pour saisir son essence[28]. Selon Paul Amselek, Il existe ainsi deux catégories de norme éthiques, celles à fonction directive

---

[22] Marie Cornu, « L'espérance d'intangibilité dans la vie de l'œuvre. Réflexions sur la longévité de certains biens », RTD Civ. 2000, p.697.

[23] François Duret-Robert, *Droit du marché de l'art*, Dalloz, 2020-2021, paragraphe 723-37.

[24] Loi n° 84-562 du 4 juill. 1984, J. O 6 juillet 1984, p. 2127.

[25] Il existe un dispositif analogue au profit d'associations ou de fondations reconnues d'utilité publique aux termes de l'article 8 de la loi n° 2003-709 du 1 août 2003, relative au mécénat, aux associations et aux fondations, dite loi « Aillagon » qui sera abordé ultérieurement avec le régime fiscal des collections privées.

[26] Paul Amselek, « Le droit, technique de direction publique des conduites humaines », Droits, n° 10, 1989, p. 10

[27] Paul Amselek, *op. cit.* P. 10

[28] Antoine Jeammaud, « La règle de droit comme modèle », Recueil Dalloz 1990 p.199

autoritaire et celles à fonction directive souple. En l'espèce, la politique incitative consolidée par André Malraux consistait à canaliser l'activité des personnes privées ou des institutions publiques en vue d'objectifs déterminés par l'État pour la sauvegarde d'un patrimoine digne d'intérêt, sans pour autant concurrencer une politique patrimoniale, empreinte de servitudes administratives, voire d'empiètements sur la propriété privée. Cette grammaire incitative est au cœur de la loi n° 68-1 251 du 31 décembre 1968. L'administration culturelle du jeune ministère de la culture ne procédait pas par voie de prescription, notamment par des procédés contraignants de classement, de préemption, liés à une propriété publique renouvelée, mais recherchait davantage l'assentiment des particuliers. Pour ce faire, la loi relative à la conservation du patrimoine national délaisse les prérogatives traditionnelles de l'impôt, pour inciter les administrés à adopter « spontanément » les comportements qui ont sa préférence. Par contagion, selon Jacques Chevallier, le droit postmoderne consacre des pans entiers d'une administrativité « incitative »[29]. L'application de cette exonération conditionnelle des droits de mutation à titre gratuit est subordonnée à un agrément préalable donné dans les conditions de l'article 310 G de l'annexe II au CGI[30] et après avis d'une commission dont la composition est fixée par arrêté interministériel. À l'origine, seuls les biens meubles donnés ou légués à l'État étaient éligibles à ce dispositif. Selon les travaux parlementaires, l'objectif du législateur était de favoriser des mesures de mise en valeur du patrimoine mobilier. Le dispositif voté était donc limité aux seuls biens qui revêtent le caractère de meubles en vertu des règles du droit civil[31]. Toutefois, pour tenir compte des règles civilistes et notamment de la distinction binaire des meubles et immeubles, l'Administration fiscale a étendu l'exonération des droits de mutation à titre gratuit aux immeubles par destination : « Il convient de n'exclure du bénéfice de l'article 1131 du CGI que les objets qui ne peuvent être détachés sans être fracturés ou détériorés, ou sans briser ou détériorer la partie du fonds à laquelle ils sont attachés. En effet, rien ne s'oppose à ce que la donation porte sur des objets mobiliers qui se trouvent immobilisés par destination uniquement parce qu'ils sont placés sur le fonds pour son service et son exploitation mais qui peuvent être remis

---

[29] Voir Jacques Chevallier, « La soft law, le point de vue d'un interniste publiciste » in Pascale Deumier et Jean-Marc Sorel, *Regards croisés sur la soft law en droit interne, européen et internationale*, LGDJ, 2018, page 79.

[30] Décret n° 70-1046, 10 nov. 1970 : JO 11 nov. 1970

[31] JO Sénat, débats parlementaires, 13 déc. 1968, pp. 1969-1970. Les amendements parlementaires qui prévoyaient une extension de l'exonération des droits de mutation à titre gratuit au profit d'immeubles donnés ou légués a l'Etat ont été retirés.

à l'État sans dégradation »[32]. Certains auteurs ont avancé le caractère dépassé voire obsolète de cette notion. Les immeubles par destination sont matériellement des meubles par nature, considérés juridiquement comme des immeubles. Cette fiction est fondée sur l'idée qu'ils constituent l'accessoire de l'immeuble auquel ils sont reliés, soit par un lien d'affectation, soit par une attache à perpétuelle demeure. Ils sont donc immeubles du fait de la destination qui leur est donnée par leur propriétaire[33]. L'exonération des droits de mutation à titre gratuit a été successivement étendue aux musées municipaux par l'article 7 III de la loi n° 86-972 du 19 août 1986 puis aux musées gérés par des collectivités territoriales en vertu de l'article 6 de la loi n° 91-1322 du 30 décembre 1991, loi de finances pour 1992[34]. L'application de l'exonération prévue à l'article 1131 du CGI est subordonnée à la double condition, d'une part que le bien recueilli fasse l'objet d'une offre de donation déposée dans le délai prévu pour l'enregistrement de l'acte constatant la transmission ou de la déclaration de mutation par décès et d'autre part que cette offre soit agréée par le ministre de l'économie et des finances.

Paragraphe 3 – Les charges inhérentes aux libéralités

62- le caractère incitatif du dispositif est renforcé par les caractéristiques de ces dons ou legs. L'offre de donation faite à l'État peut être assortie de certaines conditions ou réserves. Ces conditions peuvent concerner l'affectation du bien, par l'État à un musée départemental ou communal[35], ou à titre patrimoine par l'usage d'une réserve de jouissance. Le deuxième alinéa de l'article 1131, I du CGI prévoit expressément que le donateur peut conserver la jouissance du bien donné sa vie durant et que cette réserve de jouissance bénéficie après sa mort à son conjoint[36]. Cette réserve de jouissance peut être dommageable quant à l'accessibilité au public des œuvres jugées selon Malraux « capitales pour l'humanité », dans la mesure où aucune obligation d'exposition est envisagée à ce titre. Cela étant cette exonération conditionnelle des droits de mutation à titre gratuit n'est pas limitée à des héritiers, donateurs ou légataires personnes physiques. À l'occasion d'un récent contentieux, La Cour de Cassation reconnaît pour la première fois la possibilité pour les personnes morales de consentir des donations assujetties aux droits de mutation à

---

[32] D. adm. 7 G-2626 n° 3, 15-12-1991 ; BOI-ENR-DMTG-10-20-30-80 n° 10, 1-4-2015

[33] Voir Jean-Raphael Pellas, « les qualifications civiles attachées aux monuments historiques », RDP n° 1/2023, p.119.

[34] Loi n° 91-1322 du 30 décembre 1991, Revue de droit fiscal, 1992 n° 2-3, comm.46.

[35] Cela résulte des travaux parlementaires : JO AN 16 mai 1968, p. 1891 et JO Sénat 13 déc. 1968, p. 1962

[36] D. adm. 7 G-2626 n° 7, 15-12-1991 ; BOI-ENR-DMTG-10-20-30-80 n° 50, 1-4-2015

titre gratuit[37]. Cette décision est cohérente avec les dispositions fiscales. En effet, l'article 1131 envisage expressément le fait qu'une personne morale puisse être considérée comme un donateur. Dans cette hypothèse, le même texte limite la durée de la réserve de jouissance. Celle-ci doit normalement prendre fin à la dissolution de la collectivité, mais elle ne peut, en tout état de cause, excéder vingt-cinq ans. Cette durée correspond peu ou prou à une génération d'âge. « Toutefois, lorsque la décision d'agrément constate que les biens donnés sont attachés à un immeuble, en raison de motifs historiques ou artistiques, le donateur, personne physique ou morale, qui prend l'engagement de les conserver dans cet immeuble et d'autoriser le public à les visiter, est admis à stipuler une réserve de jouissance qui bénéficiera successivement aux personnes auxquelles l'immeuble sera transmis tant qu'elles respecteront elles-mêmes cet engagement »[38]. Quant à l'agrément ministériel, l'administration en précise l'articulation : « Le directeur régional ou départemental des finances publiques adresse, avec son avis, les trois exemplaires de l'offre et les photographies à la Direction générale (service juridique, bureau des agréments et rescrits), qui en fait parvenir un au secrétariat de la commission interministérielle, instituée par l'article 2 du décret 70-1046 du 10 novembre 1970 et dont la composition a été fixée par l'arrêté du 6 avril 1982 »[39]. *In fine*, la décision ministérielle incombe au ministère de l'économie et des finances pour fixer « les conditions auxquelles l'agrément est subordonné et arrête, le cas échéant, les mesures propres à assurer la conservation et la surveillance des biens donnés à l'État (CGI art. 1131, II al. 1). Si ces derniers sont, pour des raisons historiques ou artistiques, attachés à un immeuble, elle peut, en particulier, imposer au donateur de prendre l'engagement de les conserver dans cet immeuble et d'autoriser le public à les visiter »[40]. Dans la mesure où l'agrément peut être conditionnel, l'héritier, le donateur ou le légataire doit faire « connaître son acceptation à la Direction générale (service juridique de la fiscalité bureau des agréments et rescrits) par pli recommandé avec demande d'avis de réception. Un second exemplaire de l'offre, accompagné de la décision d'agrément ainsi qu'une copie de la lettre d'acceptation sont adressés au directeur régional ou départemental des finances publiques, qui les transmet, au service compétent qui a reçu l'offre. À défaut d'acceptation des conditions dans le délai imparti, la décision d'agrément est caduque »[41]. Ce qui est remarquable dans le

---

[37] Cass. Com. 7 mai 2019 n° 17-15621 F-D., RJF 4/20 n° 403.

[38] D. adm. 7 G-2626 n° 7, 15-12-1991 ; BOI-ENR-DMTG-10-20-30-80 n° 50, 1-4-2015 ; Article 1131-I al. 3 du CGI.

[39] D. adm. 7 G-2626 n° 10, 15-12-1991 ; BOI-ENR-DMTG-10-20-30-80 n° 80, 1-4-2015

[40] D. adm. 7 G-2626 n° 10, 15-12-1991 ; BOI-ENR-DMTG-10-20-30-80 n° 90, 1-4-2015

[41] D. adm. 7 G-2626 n° 12 à 14, 15-12-1991 ; BOI-ENR-DMTG-10-20-30-80 n° 100 à 120, 1-4-2015

cadre de cet agrément, c'est la faculté pour l'État de rendre accessible au public les œuvres ainsi reçues par voie de donation ou de succession.

SECTION II :
Le recours à la dation en paiement

Paragraphe 1 – La genèse de la dation en paiement

63- La loi n° 68-1251 tendant à favoriser la conservation du patrimoine artistique national, adoptée le 31 décembre 1968 ne comporte que deux articles. L'article premier est relatif à l'exonération des droits de succession par le donataire, l'héritier ou le légataire d'une œuvre d'art, de livres, d'objets de collection ou de documents de haute valeur artistique ou historique à condition qu'il fasse don à l'État du bien qui lui est transmis et dont il peut conserver la jouissance. L'article deux institue la dation en paiement par remise d'œuvres d'art. La dation en paiement par remise d'œuvres d'art constitue l'un des principaux modes d'acquisition du patrimoine artistique national [42]alors même que la part des dations acceptées par rapport aux crédits d'acquisition des musées a diminué au cours de ces dernières années[43]. Issu de l'article 2 de la loi précitée et codifié à l'article 1716 bis du CGI, ce mécanisme permet à tout héritier, donataire ou légataire de s'acquitter du paiement des droits de succession par la remise d'œuvres d'art, de livres, d'objets de collection ou de documents de haute valeur artistique ou historique[44]. Son intérêt ne se limite pas à l'analyse d'une simple extinction d'une obligation fiscale mais consacre une authentique politique de conservation du patrimoine artistique national. Dès les premières heures de la Révolution française[45] jusqu'à l'adoption de ce texte en 1968, la conservation et la mise en valeur d'un patrimoine culturel, dépositaire de la

---

[42] Marie-Christine Esclassan indique que le montant des dations acceptées depuis l'origine jusqu'en 2007 représente près de 60 % des crédits d'acquisition des musées, « Finances publiques et patrimoine culturel, un dispositif original pour l'enrichissement des collections publiques : la dation en paiement », in *L'art et le droit*, écrits en hommage à Pierre-Laurent Frier, (Dir) Maryse Deguergue, Publications de la Sorbonne, 2010, p.149

[43] Site du ministère de la culture et de la communication, statistiques relatives aux dations en paiement qui représentent de 2008 à 2015 près de 40 % des crédits d'acquisition des musées de France. http://www.culture.gouv.fr/content/download/88012/660679/version/5/file/Mus%C3%A9es%20de%20France%2C%20acquisitions.ods.

[44] Voir Fabien Bouglé « Art et transmission patrimoniale », Revue juridique de l'Ouest, 1999-2. pp. 131-173.

[45] *L'instruction sur la manière d'inventorier et de conserver dans toute l'étendue de la République tous les objets qui peuvent servir aux arts, aux sciences et à l'enseignement* rédigée par Vicq d'Azyr et Dom Poirier en 1794 consacre l'appropriation collective des biens culturels de la Nation, offerts à l'admiration et à la curiosité intellectuelle de tout citoyen des générations présentes ou futures.

mémoire collective d'une Nation, ont constitué le ciment d'une politique publique culturelle. Il ne s'agit pas uniquement d'un procédé destiné à archiver les œuvres capitales du passé au profit des générations futures mais également d'un mécanisme de nature à favoriser une plus grande accessibilité du public aux œuvres de l'humanité. Si la dation en paiement par remise d'œuvres d'art peut apparaître comme une réhabilitation archaïque de l'impôt en nature, voire des corvées de l'Ancien régime, cette procédure originale constitue avant tout un moyen d'enrichir et de diversifier le patrimoine artistique national. C'est grâce à elle que *l'origine du monde* (1866) de Gustave Courbet est devenue la propriété de l'État. Les droits de succession de Jacques Lacan et de son épouse Sylvia Bataille, derniers propriétaires de l'œuvre, furent en effet acquittés en 1995 par la remise de l'œuvre, affectée au Musée d'Orsay. C'est néanmoins la dation emblématique de Picasso qui domine ces cinquante dernières années avec plus de 600 pièces exposées à l'hôtel Salé à Paris. Des éléments factuels liés à la dispersion du patrimoine artistique expliquent sans doute la fabrique de ce texte de loi, mais son originalité doit être recherchée dans le cadre d'une procédure d'extinction de l'obligation fiscale. Jean Manguy, Rapporteur de la commission des affaires culturelles à l'Assemblée Nationale souligne cette dispersion du patrimoine culturel en ces termes : « Les mesures prévues dans le texte contribueront à éviter la fuite à l'étranger de trop nombreuses œuvres d'art nationales. Les musées et les bibliothèques ne peuvent parvenir à retenir sur le territoire national toutes les œuvres qui s'y trouvent »[46]. La possession de biens culturels attachés à l'histoire de France mais détenus par des musées étrangers est caractéristique de cette dispersion. Ainsi, un bureau de Louis XV, daté de 1759 et signé de Gilles Joubert est la propriété du Metropolitan Museum of Art de New York depuis une donation consentie par les Wrightsman en 1973. Ce bureau royal avait fait partie des ventes révolutionnaires de 1793-1794. Sa sortie de France au milieu des années 1960 suscita l'indignation d'André Malraux. L'exemple de la législation britannique renforce l'émergence de ce mécanisme. Ainsi que le rappelle Jacques Fingerhut : « Au royaume Uni, depuis 1910, la remise d'immeubles est acceptée par le Trésor en paiement des droits de succession par les héritiers. Depuis 1953, les biens mobiliers attachés à ces immeubles sont également admis. À partir de 1956, les œuvres d'art et les objets historiques de valeur, peuvent également faire l'objet d'une dation et sont attribués à la National Gallery ou à des trusts nationaux »[47]. En matière de patrimoine culturel, le procédé n'est pas inconnu en droit français. En effet, l'article 9-1 de la loi du 31 décembre 1913 relative aux monuments historiques, aujourd'hui codifié à l'article L 621-14 du code du

[46] Débats Assemblée Nationale, séance du 15 Mai 1968, J.O. 16/5/1968. p. 1890.

[47] J. Fingerhut, La fiscalité des œuvres d'art, Economica, 1995, p. 216

patrimoine, dispose à propos des travaux imposés aux propriétaires : « En cas d'exécution d'office, le propriétaire est tenu de rembourser à l'État le coût des travaux exécutés par celui-ci, dans la limite de la moitié de son montant. La créance ainsi née au profit de l'État est recouvrée suivant la procédure applicable aux créances de l'État étrangères à l'impôt et aux domaines... Les droits de l'État sont garantis par une hypothèque légale inscrite sur l'immeuble à la diligence de l'État. Le propriétaire peut toujours s'exonérer de sa dette en faisant abandon de son immeuble à l'État ». Il s'agit certes d'une dation en paiement mais d'une part elle ne concerne pas les œuvres d'art mais l'immeuble et d'autre part il ne s'agit pas de l'extinction d'une obligation fiscale. Enfin comme le précise Jacqueline Morand-Deviller, le recours à cette procédure est rare.[48]Il fallait donc inventer un procédé suffisamment souple pour permettre un réel enrichissement des collections publiques. Pour contenir la dispersion du patrimoine, le législateur renonce à un procédé contraignant pour lui préférer un mode consensuel. Jean de Bagneux, rapporteur à la commission des affaires culturelles du Sénat souligne la contrainte financière : « Ce n'est pas avec les 2 428 000 francs prévus au budget que le ministère des affaires culturelles pourra acquérir les œuvres importantes étant donné leur prix de plus en plus élevé. Le droit de préemption ne peut s'exercer efficacement et il est difficile d'empêcher l'exportation d'œuvres de grande valeur »[49]. Il convient en effet de rappeler que de 1959 à 1968, la part du budget du ministère des affaires culturelles, dans le budget de l'État représentait en moyenne 0, 35 %, soit environ 400 millions de francs pour l'année 1967. Les crédits correspondants aux dépenses en capital (crédits de paiement) des musées étaient plafonnés en moyenne à 15 millions de francs au titre des cinq années qui précèdent l'adoption de la loi[50].

Paragraphe 2 – La nature juridique controversée de la dation en paiement

64- Comment définir ce procédé de remise de biens ? La dation en paiement n'est ni une opération de mécénat dans la mesure où il existe une contrepartie à cette remise de biens, ni une dépense fiscale, faute d'une exonération fiscale ou d'une réduction des droits de mutation à titre gratuit. Le rapporteur de la commission des affaires culturelles au Sénat avait néanmoins suggéré une extension du dispositif proposé : « Il n'est pas impossible non plus de concevoir que d'autres catégories

---

[48] J. Morand-Deviller, Fascicule 35-1, Patrimoine architectural et urbain, Monuments Historiques, régime des travaux, Jurisclasseur urbanisme- construction, 25 octobre 2022.

[49] Débats Sénat, séance du 12/12/1968, J.O. 13/12/1968, p. 1960.

[50] Archives nationales, Répertoire 19990323/1 (Evolution du budget du ministère des affaires culturelles de 1960 à 1968).

d'impôts puissent être payées par des remises d'œuvres d'art : impôt général sur le revenu, impôts locaux, ce qui constituerait un pas décisif sur la voie du mécénat »[51]. Marie – Christine Esclassan précise à juste titre que la dation en paiement « ne génère en effet, ni une dépense directe, ni un quelconque manque à gagner en recettes puisqu'elle s'accompagne d'un transfert en nature au profit de l'État »[52]. Cela étant, la nature juridique de cette dation en paiement est débattue. Pour Jacques Fingerhut, il s'agit d'un acte administratif unilatéral « discrétionnaire »[53]. Cependant, on peut rétorquer avec Marie Cornu que le consentement du dataire est requis, après la proposition d'une valeur libératoire, ce qui rend l'acte plurilatéral[54]. Une doctrine fiscale majoritaire fait néanmoins figurer la dation en paiement par remise d'œuvres d'art dans la catégorie des agréments fiscaux en raison du pouvoir discrétionnaire de l'administration[55]. La dation en paiement par remise d'œuvres d'art, fruit d'un équilibre entre une finalité patrimoniale de l'État et la circulation des biens culturels, cristallise deux dimensions de la politique culturelle, à savoir celle de la consolidation d'un État collectionneur et celle d'un État gestionnaire attentif aux modalités de transfert de l'œuvre à son profit.

Paragraphe 3 – le régime fiscal de la dation en paiement

65- Aux termes de l'article 1716 bis du CGI, les biens remis en paiement sont les objets d'art, livres, objets de collection, documents, de haute valeur artistique ou historique mais également les immeubles situés dans les zones d'intervention du Conservatoire de l'espace littoral et des rivages lacustres définies à l'article L 322-1 du Code de l'environnement dont la situation ainsi que l'intérêt écologique ou paysager justifient la conservation à l'état naturel et les immeubles en nature de bois et forêts ou espaces naturels pouvant être incorporés au domaine forestier de l'État. S'agissant de la remise en paiement d'objets d'arts ou de collection (ou de documents), l'administration a précisé que ceux-ci doivent nécessairement être des meubles corporels ou des immeubles par destination, susceptibles d'être remobilisés[56]. Le champ d'application personnel restreint la portée du dispositif à certains droits et impôts dus par des particuliers. Ainsi, seul le redevable de droits de

[51] Sénat, J. de Bagneux, Rapport n° 77 relatif au projet de loi tendant à favoriser la conservation du patrimoine artistique national, J.O. 5 Décembre 1968. page 7.

[52] M-C. Esclassan, op. cit. p. 146.

[53] Jacques Fingerhut, « le 25ème anniversaire de la loi du 31 décembre 1968 instituant la dation en paiement », LPA 17 décembre 1993, p.17.

[54] Marie Cornu, *Le droit culturel des biens*, Bruylant, 1996, p.356.

[55] Gerard Tournie, *Les agréments fiscaux*, Pedone, 1970, p. 84 ; Gerard Timsit, « Les contrats fiscaux », Dalloz, 1964, chron. P.115.

[56] BOI-SJ-AGR-50-20 n° 50, 6-11-2018

mutation à titre gratuit, du droit de partage ou de l'impôt sur la fortune immobilière peut acquitter sa dette fiscale par dation, consistant dans la remise à l'État d'objets d'art ou de collection. Le champ d'application matériel des œuvres d'art, défini par la loi est suffisamment « large » pour y inclure divers biens. Il incombe à la commission administrative d'agrément et au ministère des finances de définir les œuvres qui peuvent faire l'objet d'une dation, d'orienter en somme la politique patrimoniale de l'État. Les offres de dation en paiement portant sur des œuvres d'artistes vivants étaient jusqu'à une date récente exclues du dispositif, pour éviter d'influencer le marché de l'art. Selon une réponse ministérielle, non reprise dans la base BOFIP, la doctrine de la commission a évolué. Les œuvres d'artistes vivants peuvent être acceptées « sous réserve de l'authenticité de l'œuvre proposée, du niveau de notoriété internationale de l'artiste, de son niveau de reconnaissance sur le marché international de l'art et de sa cote, de la qualité artistique et/ou de l'importance historique de l'œuvre, de l'absence ou de la rareté d'œuvres équivalentes dans les collections nationales »[57]. Pour la première fois en 2021, la France a accepté une dation de dessins d'illustration, proposée par les héritiers de F'Murrr, célèbre pour sa série de bandes dessinées *Le Génie des Alpages.* La Cité internationale de la bande dessinée et de l'image d'Angoulême est récipiendaire des planches originales des BD et le Musée Tomi Ungerer - centre international de l'illustration à Strasbourg accueillera un fonds d'environ 200 dessins originaux de l'artiste. Plusieurs conditions sont exigées pour réaliser cette dation. En premier lieu, l'offre de dation ne peut concerner que des biens dont les redevables sont pleinement propriétaires. Cette propriété doit être directe et effective à la date de l'offre. « Ainsi d'une manière générale, des offres portant sur des biens détenus en indivision ou en copropriété avec des personnes qui ne sont pas redevables des droits au titre desquels l'offre est faite ne peuvent être retenues »[58]. En second lieu, dans un but d'assainissement des finances publiques, l'article 53, X de la loi 2011-1978 du 28 décembre 2011 a ajouté certaines conditions à l'offre de dation. Tout d'abord, le paiement par remise à l'État de biens est applicable lorsque le montant des droits que l'intéressé propose d'acquitter par dation est au moins égal à 10 000 € au titre de chaque imposition considérée. Ensuite, l'offre de dation n'est pas recevable si les biens offerts en paiement ont précédemment entraîné deux refus d'agrément ou lorsqu'ils sont détenus depuis moins de cinq ans par l'intéressé. Cette condition ne s'applique pas s'ils sont entrés en sa possession par mutation à titre gratuit. Enfin, « conformément à l'article 1716 bis, I-al. 3 du CGI, l'offre de dation ne peut être retirée dans le délai de six mois suivant la date de son dépôt. Ce délai peut être prorogé de trois mois par

---

[57] AN RM Bruno Bourg-Broc, n° 92506 JO. 20 juin 2006, p.6569

[58] BOI-SJ-AGR-50-20 n° 55, 6-11-2018

décision motivée de l'autorité administrative, notifiée à l'intéressé. Passé ce délai de six mois, prorogé le cas échéant, si l'intéressé retire son offre de dation avant la notification de la décision d'agrément, les droits dus sont assortis de l'intérêt de retard prévu à l'article 1727 du CGI, calculé à compter du premier jour du mois suivant celui au cours duquel les droits devaient être acquittés, et jusqu'au dernier jour du mois du paiement »[59]. L'offre de dation suit un processus administratif bien huilé qui coordonne une décision de la commission interministérielle des agréments, chargée d'apprécier l'intérêt artistique ou historique ainsi que la valeur des biens offerts, et des décisions ministérielles[60]. Au vu de l'avis de la commission consultative, le ministre chargé de la culture propose au ministre chargé du budget l'octroi ou le refus de l'agrément.

66- Trois éléments substantiels doivent être soulignés dans le cadre de cette procédure. En premier lieu, à la différence d'un don ou d'un legs d'œuvre d'art à l'État, le dataire n'est pas admis à stipuler à son profit une réserve de jouissance, ni d'ailleurs comporter de paiement de soulte. La doctrine de l'administration est assez claire en l'espèce. Le redevable ne peut pas poser pour condition l'affectation à un musée déterminé des œuvres d'art qu'il propose à l'État en règlement de sa dette fiscale en application de l'article 1716 bis du CGI. Une telle mesure serait contraire au principe de l'universalité budgétaire et à celui selon lequel l'impôt est payé sans contrepartie. L'acceptation par l'État d'une dation en paiement ne peut donc, en aucun cas, être assortie d'une contrainte de la part du redevable de l'impôt[61]. Le juge de l'impôt confirme cette doctrine. La ville de Bayonne a, en vue de respecter les volontés de la testatrice, Mme Howard Johnston assorti son offre de dation en paiement d'une condition d'affectation des œuvres à ce musée. En se fondant sur la circonstance que l'acceptation de cette offre porterait atteinte à l'intérêt de l'État, qui ne pourrait disposer librement des œuvres proposées en dation, le juge administratif a rejeté cette requête[62]. En substance, la Cour administrative d'appel de Paris a suivi les conclusions du rapporteur Christelle Oriol pour qui « Normalement, si la dation est acceptée, la dette est éteinte et l'œuvre intègre le domaine public. Dès lors, les œuvres données à titre libératoire des droits de succession ne peuvent être soumises à des conditions de conservation ou d'exposition qui échappent à la volonté de l'État ». La juridiction administrative considère que la ville de Bayonne ne peut utilement se prévaloir à cet égard des

---

[59] BOI-SJ-AGR-50-20 n° 70, 6-11-2018

[60] En vertu de l'article 384 -OA bis, II de l'annexe II au CGI, le Bureau des agréments et rescrits de la DGFiP fait parvenir un exemplaire de l'offre au secrétariat de la commission interministérielle.

[61] AN RM Jean-Louis Masson, n° 50943 et 52622, JO AN 3 février 1992, p. 524-525

[62] CAA Paris 11 juin 2015 n° 13PA02966, 9 ème ,ch., ville de Bayonne, RJF 12/15 n° 1056, Concl. C. Oriol, C-1056. ; Obs. J-D. Dreyfus, AJCT 2015, p. 595.

dispositions de l'article 1131 du CGI, qui prévoient que le donataire d'œuvres d'art peut, dans certaines conditions, conserver la jouissance desdites œuvres, dès lors que ces dispositions, qui sont relatives à des libéralités consenties au bénéfice de l'État, ne peuvent s'appliquer aux dations en paiement. En second lieu, la décision d'agrément prise par le ministre chargé du budget, ou par son délégataire, fixe la valeur libératoire des biens offerts en paiement des droits dus au regard de la déclaration ou de l'acte au titre duquel l'offre de dation est proposée. « Lorsque l'État accepte les biens offerts en paiement pour une valeur libératoire différente de celle proposée par l'intéressé dans son offre, la DGFiP notifie au demandeur la valeur libératoire retenue par l'État pour les biens offerts en paiement par pli recommandé avec demande d'avis de réception. Le demandeur dispose d'un délai de trente jours à compter de la date de réception de la notification pour accepter la valeur libératoire retenue par l'État ou pour renoncer à son offre de dation »[63]. Lors du colloque sur la dation en paiement d'œuvres d'art qui s'est tenu le 10 janvier 2019 au musée Picasso de Paris, le représentant du ministère de l'économie, rappelait que la valeur libératoire ne correspond pas nécessairement à une valeur de marché et que celle-ci vient éteindre la dette d'impôt. Toutefois, si la dette d'impôt est supérieure, un complément de droits est exigé. En revanche, une valeur libératoire supérieure aux droits exigibles ne saurait se traduire par le versement d'une soulte à la charge de l'État[64]. En définitive, un des objectifs poursuivis par la procédure de dation par remise d'œuvres d'art pour faire entrer des œuvres majeures dans le patrimoine de l'État était de conjuguer un maillage territorial permettant d'affecter ces biens culturels aux institutions dépositaires d'une mémoire collective (musées, bibliothèques, archives) et de convaincre les héritiers d'une meilleure conservation par une appropriation publique. Jean Chatelain en précise les enjeux pour les héritiers : « Remettre un objet aimé sur le marché de l'art, c'est courir le risque de le voir tomber entre n'importe quelles mains ; l'offrir en dation à l'État c'est le mettre définitivement à l'abri de ce danger et lui assurer une place dans quelque glorieuse vitrine »[65]. Pour parvenir à cet objectif, encore fallait-il matérialiser une concordance de volontés. Bien plus, la dation ouvre la voie d'un processus dynamique conduisant des héritiers à transmettre des biens culturels à l'État, par le mécanisme des donations. Les œuvres d'art du musée Picasso ont fait l'objet pour l'essentiel d'un processus de dation puis ont entraîné dans leur sillage une politique active de libéralités au profit du musée éponyme. L'odyssée des dations s'inscrit régulièrement dans les pages d'une politique culturelle. Une troisième et dernière question nous interpelle, à défaut d'une condition d'affection de lieu, est-il envisageable de

[63] BOI-SJ-AGR-50-20 n° 130, 210 et 255, 6-11-2018

[64] BOI-SJ-AGR-50-20 n° 290, 6-11-2018

[65] Jean Chatelain, « Donation et dation en droit public financier », RFFP 1984 n° 7 p. 91

maintenir un bien au sein d'un monument historique ? Par deux décisions de l'administration fiscale, le maintien *in situ* a été rendu possible à propos d'une dation en paiement d'œuvres d'art, celle relative aux douze tentures de l'histoire d'Alexandre conservées au château d'Haroué dans le département de Meurthe et Moselle et celle relative à la tapisserie de Diane de Poitiers maintenue au château d'Anet dans le département d'Eure et Loir. Le maintien *in situ* des biens meubles, éléments de décor et d'histoire indissociables des monuments historiques a été envisagé ultérieurement par le ministre de la Culture dans une lettre datée du 7 mai 1985, adressée au Ministre de l'Économie et des finances Pierre Beregovoy. Deux propositions étaient alors soumises à Jack Lang par la Direction du patrimoine (lettre du sous-directeur des monuments historiques et des palais nationaux au directeur du patrimoine, Monsieur Weiss). Il s'agissait soit de conditionner ce maintien *in situ* à une convention signée entre les propriétaires du monument, à savoir les héritiers, et l'État pour une ouverture au public dont les modalités devaient être déterminées par Décret en Conseil d'État ; soit de laisser à la commission interministérielle consultative d'agrément pour la conservation du patrimoine artistique, le soin d'apprécier ce maintien *in situ* sans pour autant intégrer cette modification dans la loi de finances. Toutefois, le ministère de l'économie et des finances par une note en date du 15 juin 1984 opposa un refus pur et simple à une généralisation de ce principe. C'est finalement, la loi n° 2016-925 du 7 juillet 2016 relative à la liberté de création, à l'architecture et au patrimoine rend possible une servitude de maintien *in situ* d'objets dans un immeuble classé[66].

SECTION III :
L'impôt au soutien des trésors nationaux

Paragraphe 1 – La consécration juridique des trésors nationaux

67- Avant d'être une notion empruntée aux accords du GATT de 1947 et consacrée dans le cadre d'une exception à la libre circulation des biens culturels dans les relations interétatiques, la conception d'un « trésor national » a été instrumentalisée par l'État afin de lui permettre d'endiguer des exportations d'objets d'art. Il ne s'agit certes pas du dernier avatar d'un patriotisme artistique mis en lumière lors de l'interdiction d'exporter certains biens culturels par la loi du 31 août 1920 ou mis en exergue par la rétention d'œuvres d'art au sens de la loi du 23 juin 1941, mais d'une catégorie juridique permettant de concilier les principes directeurs

[66] Voir Mathilde Rollinger, « La protection des collections et des ensembles mixtes », in *De 1913 au code du patrimoine, une loi en évolution sur les monuments historiques,* J-P. Bady, M. Cornu, J. Fromageau, J-M. Leniaud et V. Negri (Dir), La documentation française, 2018, p.135.

du marché de l'art en France et les principes cardinaux d'une protection du patrimoine national. L'article 36 du traité fondamental de l'union Européenne énonce que « Les dispositions des articles 34 et 35 ne font pas obstacle aux interdictions ou restrictions d'importation, d'exportation ou de transit, justifiées par des raisons de moralité publique, d'ordre public, de sécurité publique, de protection de la santé et de la vie des personnes et des animaux ou de préservation des végétaux, de protection des trésors nationaux ayant une valeur artistique, historique ou archéologique ou de protection de la propriété industrielle et commerciale. Toutefois, ces interdictions ou restrictions ne doivent constituer ni un moyen de discrimination arbitraire ni une restriction déguisée dans le commerce entre les États membres ». Transcrite en droit interne, par la loi n° 92-1 477 du 31 décembre 1992 relative aux produits soumis à certaines restrictions de circulation, la notion de trésor national est au cœur du nouveau dispositif français de contrôle à l'exportation des biens culturels[67]. Pourtant, aucune définition de la notion de trésor national n'est constatée aux termes de l'article L 111-1 du Code du patrimoine, y compris à l'occasion de ses différentes moutures. Il ne s'agit que d'une liste énumérative enrichie au cours du temps. L'article 4 de la loi du 31 décembre 1992 dresse la liste des biens culturels. Il précise que relèvent des trésors nationaux : « les biens appartenant aux collections publiques, les biens classés en application de la loi du 31 décembre 1913 sur les monuments historiques ou de la loi n° 79-18 du 3 janvier 1979 sur les archives ainsi que les autres biens qui présentent un intérêt majeur pour le patrimoine national au point de vue de l'histoire, de l'art ou de l'archéologie ». Les contours de la matrice « trésor national » étaient certes délimités. Toutefois, au miroir des prérogatives d'une propriété privée, l'édifice semble fragile[68]. La loi n° 2000-642 du 10 juillet 2000 portant réglementation des ventes volontaires de meubles aux enchères publiques confère alors à la protection du patrimoine national une dimension nouvelle. Selon Frédéric Allaire « L'appropriation publique assure ainsi aux œuvres d'art acquises le bénéfice d'un régime de conservation et fonde l'intérêt de la protection sur l'accès du public aux œuvres d'art »[69]. Avec ces nouvelles dispositions, l'État peut faire une offre d'achat de l'œuvre d'art considérée comme

[67] Voir Nathalie Albert, « La protection des trésors nationaux ou l'Etat au pays des merveilles », in *L'art et le droit, Ecrits en hommage à Pierre-Laurent Frier,* Maryse Deguergue (Dir), Publications de la Sorbonne, 2010, p.19.

[68] A l'occasion d'un contentieux indemnitaire porté devant la Cour de Cassation, l'affaire du jardin a Auvers , œuvre de Vincent Van Gogh, réduit à néant la procédure de classement d'office comme mesure effective de protection des « trésors nationaux » dans la mesure où l'Etat doit indemniser le préjudice d'interdiction d'exportation, sur la valeur du marché international. Civ. 1re, 20 févr. 1996: D. 1996. jurispr. 511, note B.Edelman; JCP 1996. II. 22 672, note J-F.Poli.

[69] Frédéric Allaire, « Les trésors nationaux, le propriétaire et l'Etat », AJDA 2004.p.1338.

« trésor » dans un délai de trente mois. Encore fallait-il donner des moyens financiers à l'État pour acquérir ces trésors nationaux[70]. Le dispositif fut modifié par la loi du 4 janvier 2002 relative aux musées de France, puis codifié par l'ordonnance du 20 février 2004, celui-ci deviendra l'article L.111-1 du code du patrimoine. Dans sa rédaction définitive, entrent dans la catégorie des trésors nationaux les biens appartenant aux collections publiques mais aussi ceux « des collections des musées de France » ; les biens classés « en application des dispositions relatives aux monuments historiques et aux archives », formulation plus générale que celle initialement prévue dans le texte de 1992. La loi n° 2015-195 du 20 février 2015 portant diverses dispositions d'adaptation au droit de l'Union européenne dans les domaines de la propriété littéraire et artistique et du patrimoine culturel a formellement étendu le périmètre des trésors nationaux aux éléments du domaine public, aux archives publiques ainsi qu'aux objets mobiliers inscrits au titre des monuments historiques. Cela étant, il ne fait aucun doute que ces biens culturels sont déjà soumis aux dispositions de l'article L 111-1 du Code du patrimoine. Le juge administratif a déjà considéré que les fragments de la colonne Vendôme que se sont appropriés des particuliers au moment de la démolition du monument ont perdu leur caractère immobilier : « Dédiée initialement à la gloire de l'armée française, puis à celle de Napoléon 1er, chef de l'État, elle faisait partie, par sa nature même, du domaine public de l'État »[71]. Il en va de même du jubé de la cathédrale de Chartes[72] ou bien encore du pleurant n° 17 du tombeau de Philippe Hardi. Cette sépulture dans laquelle est intégrée la statuette en albâtre est un important témoignage de l'histoire de la Bourgogne et, au-delà, de la France. La magnificence du tombeau rappelle la puissance de l'État bourguignon. Après le refus ministériel d'une dation en paiement et le défaut d'intérêt manifesté par le Musée du Louvre pour son acquisition, les héritiers ont décidé de sa mise en vente. C'est la raison pour laquelle la société a sollicité auprès de l'administration le certificat d'exportation prévu par l'article L. 111-2 du Code du patrimoine, qui fut d'ailleurs refusé. À l'issue du contentieux administratif, le Conseil d'État a décidé qu'un pleurant du tombeau de Philippe le Hardi est une composante du domaine public mobilier de l'État[73].

---

[70] Voir G. Cerruti, Rapport de synthèse sur la protection des trésors nationaux et les moyens d'acquisition d'œuvres d'art par l'État, Inspection générale des Finances, *n° 2001-M-018-12, oct. 2001*

[71] TA Paris 9 avr. 2004, *Mme Françoise Mercier*, Obs. O. Le Bot, AJDA 2004 p.1711, CAA Paris, 4 Avril 2006 n° 04PA02037, Mercier, AJDA 2006.1294.

[72] CA Paris 18 janvier 2018, n° 16/02315, SARL Brimo de Laroussilhe, RTD Com.2018.359, note F. Pollaud Dulian ; Cass 1ere Civ, 5 sept.2018 n° 18-13748 ; CC 26 Oct.2018 n° 2018-743 QPC SARL Brimo, AJDA 2018.2103.

[73] CE 21 juin 2018 *Société Pierre Bergé et associés et autres*, n° 408822, AJDA 2018, 1303 ; J-F. Giacuzzo, « le pleurant n° 17 du tombeau de Philippe Hardi : histoire d'un meuble national », RFDA 2018.1057.

Les manuscrits considérés comme des archives publiques constituent également des trésors nationaux[74]. La lecture de l'article L 111-1 du Code du patrimoine laisse présager une pluralité de biens culturels au titre de cette catégorie ouverte que sont les trésors nationaux. Certains le sont par incorporation dans les collections publiques et d'autres le deviennent à l'occasion d'une demande de certificat d'exportation pour ceux qui présentent « un intérêt majeur pour le patrimoine national au point de vue de l'histoire, de l'art, de l'archéologie ou de la connaissance de la langue française et des langues régionales ». La notion de bien culturel d'intérêt majeur pour le patrimoine national ne semble pas foncièrement distincte des biens énumérés aux alinéas 1 à 4 de l'article L 111-1 du Code du patrimoine. Toutefois, selon Philippe Tosi : « Contrairement à ce qui se produit pour les précédentes catégories, l'administration n'est plus ici dans une situation de compétence liée mais peut user de son pouvoir d'appréciation discrétionnaire ». En d'autres termes, ce n'est pas la nature des biens qui diffère mais la procédure qui conduit à une telle qualification[75]. *In fine*, la focale d'analyse des trésors nationaux est déplacée du contrôle de l'exportation des biens culturels au profit de l'utilité publique de leur protection et au cas particulier d'interrogations relatives aux modalités financières d'acquisition.

Paragraphe 2 – Les trésors nationaux au risque du marché

68- Le rapporteur général Jean-René Cazeneuve, fait état, au nom de la commission des finances, de l'économie générale et du contrôle budgétaire sur le projet de loi de finances pour 2023, des trésors nationaux acquis par l'État entre 2019 et 2022[76]. Les données budgétaires démontrent une grande irrégularité du dispositif. Selon le tome II de l'annexe *Voies et moyens des projets de lois de finances, les dépenses fiscales*, la réduction d'impôt sur les sociétés pour les entreprises ayant effectué des versements en faveur de l'achat de trésors nationaux a beaucoup varié dans le temps au cours de ces dernières années. Le montant estimé de cette dépense fiscale est, en moyenne, de l'ordre de 10 millions d'euros[77]. Ainsi en, 2022 une seule œuvre d'art, celle de Gustave Caillebotte, *Partie de bateau ou Canotier au chapeau*

---

[74] CE, ass., 13 avr. 2018, n° 410939, *Association du musée des lettres et manuscrits*, Lebon p. 131, concl. E. Crépey ; AJDA 2018. 820 ; *ibid.* 973, chron. S. Roussel et C. Nicolas ; D. 2018. 853, obs. M.-C. de Montecler ; RFDA 2018. 531, concl. E. Crépey ; RTD com. 2018. 691, obs. F. Pollaud-Dulian ; position critique F. Tarlet, AJDA 2018.2209.

[75] Philippe Tosi, *La notion française de trésor national*, thèse Aix-Marseille, 2016, p. 165.

[76] Jean-René Cazeneuve, Rapport n° 292 sur le projet de loi de finances pour 2023, Annexe 12, Culture : Patrimoines, p.62.

[77] Voir PLF 2023, Voies et moyens, tome II Les dépenses fiscales, p.122. Pour le PLF 2022, Voies et moyens, tome II Les dépenses fiscales, p. 138.

haut de forme, a été acquise pour une valeur de 43 millions d'euros. Peinte par Gustave Caillebotte en 1878, cette scène bucolique a été reconnue comme « trésor national » en 2020, protégeant l'œuvre de l'exportation pendant trente mois. Répondant à un avis d'appel au mécénat d'entreprise lancé par l'État en 2022, afin d'acquérir la toile au bénéfice du Musée d'Orsay, le groupe LVMH a permis au chef-d'œuvre impressionniste de rentrer dans nos collections publiques. Cela étant, trois projets d'acquisition ont été abandonnés à l'expiration du délai de trente mois : *Le déjeuner* de Gustave Caillebotte, une représentation grinçante de la société bourgeoise qui aurait dû rejoindre les collections du musée d'Orsay ; Un manuscrit enluminé de textes de Guillaume de Digulleville au profit du musée d'Angers, *Le Pèlerinage de la vie humaine et Le Pèlerinage de l'âme* et un dessin de Michel-Ange, *Un jeune homme nu entouré de deux autres figures,* destiné initialement au musée du Louvre. Nonobstant l'avantage fiscal lié au mécénat, les échecs de la procédure d'acquisition des trésors nationaux sont nombreux. Pour ne citer que le dernier en date, un manuscrit du XIe siècle, qui appartenait à l'Institut catholique de Lille, l'évangéliaire de Saint-Mihiel rebaptisé Codex Irmengard, du nom de la commanditaire des enluminures, fut classé trésor national en 2020. Héritière de l'esthétique carolingienne, il témoigne de la fin éclatante de l'enluminure ottonienne, dans cette « école de Reichenau », au moment où se fixent les canons de l'art roman. Faute d'acquisition au bénéfice de l'État français, il a rejoint début 2023 les collections du Jean-Paul Getty Muséum, aux États-Unis. Pour l'année 2023, après l'avis de la commission consultative des trésors nationaux qui s'est réunie le 19 avril 2023, trois certificats d'exportation ont été refusés. La première est relative à une Aiguière aux armes et emblèmes d'Isabelle d'Este, attribuée en 1524 à Nicola da Urbino, peintre et chef d'un atelier actif dans la capitale du duché de 1520 à sa mort, qui a porté l'art de la majolique illustrée de scènes figurées (istoriato) à son plus haut niveau durant la renaissance italienne. Le second certificat refusé fut demandé pour un Plat ovale aux armes du connétable Anne de Montmorency, représentant le Festin des dieux, de Léonard Limosin, émail peint sur cuivre, Limoges, 1555. Par son style, la qualité de ses portraits et la maîtrise technique caractéristiques de la manière virtuose de Léonard Limosin ainsi que par son lien avec le personnage historique d'Anne de Montmorency, ce grand plat revêt une grande importance dans la production française des arts décoratifs d'une époque désignée en tant que Seconde Renaissance. Le troisième certificat refusé concerne une commode à vantaux, bois de rose, plaques de porcelaine de Sèvres, bronze ciselé et doré, marbre grillotte, meuble exécuté, sous l'impulsion du marchand mercier Simon Philippe Poirier (vers 1720-1785), par Bernard II Van Risen Burgh (vers 1695-1700-1766-1767), dit BVRB selon son estampille, un des plus fameux ébénistes parisiens du règne de Louis XV. Il s'agit d'un jalon majeur de l'histoire du mobilier français. Pour ces motifs, ces biens qui présentent un intérêt majeur pour le patrimoine national du point de vue de l'histoire et de l'art, ont été considérés comme des trésors nationaux par des arrêtés du ministre de la culture en date du 31 mai 2023[78]. Malgré le caractère erratique des mouvements financiers inhérents à ce mécénat, le processus fiscal d'acquisition mérite examen.

Paragraphe 3 – Le label musée de France et les trésors nationaux

69- Instauré par la loi du 4 janvier 2002, le label « Musée de France » peut être accordé, aux termes de l'article L. 441-1 du Code du patrimoine : « aux musées appartenant à l'État, à une autre personne morale de droit public ou à une personne morale de droit privé à but non lucratif, pour toute collection permanente composée de biens dont la conservation et la présentation revêtent un intérêt public et organisé en vue de la connaissance, de l'éducation et du plaisir du public »[79]. La loi du 4 janvier 2002 autorise une entreprise mécène à financer tout ou partie de l'acquisition de trésors nationaux, pour le compte de l'État ou pour son propre compte jusqu'à l'adoption de la loi de finances pour 2020, en lieu et place du dispositif antérieur qui prévoyait l'acquisition de l'œuvre ou de l'objet par l'entreprise, suivie d'une donation à l'État. L'articulation des trésors nationaux et du label musée de France suscite des interactions propices à l'enrichissement des collections dans le cadre d'un régime fiscal incitatif. Le label Musée de France consolide la perception d'un trésor national non plus simplement rattaché à d'un territoire d'origine ou d'adoption, revendiqué par un État propriétaire mais souligne une fonction sociale qui fait de l'État un collectionneur en vue d'éduquer et de satisfaire un public aussi large que possible. À la jonction de la loi sur la circulation des biens culturels et de celle relative à la qualification de musée de France, l'enrichissement des collections devient un paradigme qui légitime les intrusions de l'État collectionneur dans la sphère « marchande ». À ce titre, l'article 238 bis-0 A du CGI prévoit une réduction d'impôt réservée aux seules sociétés soumises à l'impôt sur les sociétés, égale à 90 % du montant des versements qu'elles effectuent pour contribuer à l'achat de trésors nationaux pour lesquels un refus d'exportation a été prononcé et pour lesquels l'État a fait une offre d'acquisition. L'article 14 de la loi 2003-709 du 1er août 2003, dite loi Aillagon, a étendu le champ d'application de l'article 238 bis-0 A du CGI aux versements effectués en faveur de l'achat des biens culturels situés en France ou à l'étranger dont l'acquisition présenterait un intérêt

---

[78] JO 8 juin 2023, n° 131, textes 21,22 et 23.

[79] Reçoivent de plein droit l'appellation « musée de France », les musées nationaux, les autres musées de l'État dont le statut est fixé par décret, ainsi que les musées classés ou contrôlés par l'État français ou une collectivité territoriale.

majeur pour le patrimoine national. Cette mesure vise ainsi à favoriser le retour en France d'œuvres majeures qui ont d'ores et déjà quitté le territoire ou d'œuvres dont l'importation est jugée opportune. Elle permet également de financer l'acquisition de trésors nationaux situés en France pour lesquels le refus du certificat d'exportation est devenu caduc. La réduction prévue à l'article 238 bis-0 A du CGI est instituée en faveur des entreprises imposées à l'impôt sur les sociétés d'après leur bénéfice réel, quel que soit leur objet. Selon l'administration : « Sont concernées toutes les personnes morales de droit public et de droit privé visées à l'article 206 du CGI. Peuvent bénéficier de cette réduction d'impôt les entreprises passibles de l'impôt sur les sociétés selon le régime du bénéfice réel normal ou simplifié, de droit ou sur option »[80]. Conformément à l'article 238 bis-0 A du CGI, les biens doivent avoir fait l'objet d'une offre d'achat par l'État pour son compte ou pour le compte de toute personne publique, dans les conditions prévues par l'article L 121-1 du Code du patrimoine : « Dans l'intérêt des collections publiques, l'autorité administrative peut présenter au propriétaire, dans le délai de trente mois suivant le refus de délivrance de certificat, une offre d'achat tenant compte des prix pratiqués sur le marché international. Si le propriétaire du bien n'accepte pas l'offre d'achat dans un délai de trois mois, l'autorité administrative peut faire procéder à une expertise pour fixer le prix du bien. L'autorité administrative dispose d'un délai de deux mois à compter de la remise du rapport d'expertise pour adresser au propriétaire une offre d'achat à la valeur d'expertise. À l'issue de ce délai, en l'absence d'offre d'achat, le certificat ne peut plus être refusé. Lorsque l'autorité administrative et le propriétaire se sont entendus sur le prix de cession d'un bien culturel, le ministre chargé de la culture peut publier au Journal officiel un avis à destination des entreprises susceptibles de bénéficier de l'article 238 bis-0 A précité »[81]. Les sommes sont alors versées par l'entreprise auprès de l'agent comptable de la Réunion des musées nationaux et du Grand Palais des Champs-Élysées dans les conditions définies par la décision d'acceptation. Les modalités d'application de la réduction d'impôt sont fixées par décret. La réduction d'impôt est égale à 90 % des sommes versées par l'entreprise. L'entreprise supporte donc une charge définitive égale à 10 % de son versement initial. Il existe néanmoins une mesure de plafonnement : « La réduction d'impôt ne peut être supérieure à 50 % du montant de l'impôt dû par l'entreprise au titre de l'exercice d'imputation conformément à l'article 219, I du CGI (impôt sur les sociétés au taux de droit commun ou au taux réduit). En cas de pluralité de versements, cette limite de 50 % s'apprécie par rapport au montant

[80] BOI-IS-RICI-20-20 n° 1, 12-9-2012

[81] BOI-IS-RICI-20-20 n° 70, 12-9-2012

global des versements effectués au cours de l'exercice, et non pour chaque versement »[82]. Dans le cas où le montant de la réduction d'impôt excède la moitié de l'impôt dû au titre de l'exercice de versement des fonds, la fraction non imputée de la réduction ne peut entraîner ni un remboursement des sommes, ni un quelconque report sur l'impôt sur les sociétés dû au titre des exercices suivants. S'agissant d'une opération de mécénat, les versements effectués à ce titre par les entreprises ne sont pas déductibles de leur résultat fiscal. Ils ne peuvent que générer un crédit d'impôt. Cela étant, l'opération ne correspond pas à une « pure » libéralité. En effet, comme toute opération de mécénat, l'entreprise peut en retirer des avantages « économiques ». Ainsi, l'entreprise associée à l'acquisition par l'État d'un trésor national ou d'un bien culturel présentant un intérêt majeur pour le patrimoine national devrait pouvoir se voir offrir par le « musée de France » récipiendaire de l'objet la faculté de participer à certaines opérations promotionnelles. Pour l'application de l'article 238 bis du CGI qui autorise une telle association du nom de l'entreprise, l'administration a indiqué que l'opération doit se caractériser par l'existence d'une disproportion marquée entre les sommes versées et la valeur de la prestation rendue[83]. Un deuxième dispositif avait été adopté en vertu de l'article 25 de la loi du 4 janvier 2002 qui instaure une réduction d'impôt en faveur des entreprises soumises à l'impôt sur le revenu ou à l'impôt sur les sociétés, égale à 40 % du montant des dépenses engagées. La deuxième opération de mécénat est relative à des versements consacrés à l'achat de biens culturels faisant l'objet d'un refus d'exportation, sans offre d'achat. Le bien acquis par l'entreprise reste sa propriété. Ce dispositif était codifié à l'article 238 bis-0 AB du CGI. Toutefois, en raison de la rareté de ces acquisitions, l'article 29 de la loi de finances pour 2020 abroge ce type de mécénat. La date d'entrée en vigueur de l'abrogation est fixée en fonction des opérations pour lesquelles le compromis de vente ou le contrat de vente n'a pas été signé à la date du 1er janvier 2020. On ne peut que regretter la disparition de ce crédit d'impôt qui aurait pu être redéployé afin d'enrichir les collections publiques. Ainsi, dans le courant des années 1990, l'administration avait souhaité expérimenter une politique d'acquisition d'œuvres d'art par les compagnies d'assurances. En contrepartie de leurs engagements financiers, les compagnies pouvaient constituer une provision sur leurs réserves techniques en vue de l'acquisition d'œuvres d'art. Axa avait alors acquis un tableau de Titien, *portrait d'Alfonso d'Avalos*, des dessins de Saint Aubin par les mutuelles du Mans et un tableau de Claude Monet acquis par le Gan, *Les villas à Bordiguera*. Au total, cette consolidation fiscale des collections publiques reste modeste mais témoigne, au-delà

---

[82] BOI-IS-RICI-20-20 n° 150, 12-9-2012

[83] BOI-IS-RICI-20-30-10-20 n° 120

du procédé classique de la dation en paiement par remise d'œuvres d'art, d'une volonté de démultiplier les moyens financiers de l'État collectionneur.

SECTION IV :
L'impôt au soutien du patrimoine archéologique

Paragraphe 1 – Du sauvetage à la consécration de l'archéologie préventive

70- L'article L. 510-1 du Code du patrimoine, tel qu'il résulte de la loi n° 2001-44 du 17 janvier 2001 modifiée par la loi n° 2003-707 du 1er août 2003 et par la loi n° 2016-825 du 7 juillet 2016, définit le patrimoine archéologique : « Constituent des éléments du patrimoine archéologique tous les vestiges, biens et autres traces de l'existence de l'humanité, y compris le contexte dans lequel ils s'inscrivent, dont la sauvegarde et l'étude, notamment par des fouilles ou des découvertes, permettent de retracer le développement de l'histoire de l'humanité et de sa relation avec l'environnement naturel ». Destinée à alimenter les musées en œuvres capitales de l'humanité, la fouille archéologique a également une vocation scientifique : celle de la recherche archéologique. Comme le précise Jean-Pierre Giraud, « Du point de vue scientifique, l'acte de fouille archéologique est à la fois un acte de dévalorisation et de valorisation des objets archéologiques : dévalorisation parce que les objets perdent leur sens unique, ils acquièrent un sens collectif. L'objet devient information, élément de preuve. Il appartient à la documentation scientifique »[84]. Aux termes de l'article L 521-1 du code du patrimoine, l'archéologie préventive « a pour objet d'assurer, à terre et sous les eaux, dans les délais appropriés, la détection, la conservation ou la sauvegarde par l'étude scientifique des éléments du patrimoine archéologique affectés ou susceptibles d'être affectés par les travaux publics ou privés concourant à l'aménagement. Elle a également pour objet l'interprétation et la diffusion des résultats obtenus ». Dans cette veine, un des objectifs du ministère de la culture est d'assurer la qualité scientifique et les moyens nécessaires à la réalisation des opérations d'archéologie préventive. L'archéologie préventive est un mode d'intervention qui doit répondre à des objectifs scientifiques mais qui est avant tout provoqué par le risque de destruction de vestiges en raison de travaux d'aménagement. Le Code du patrimoine rappelle à l'article L 510-1 que l'archéologie préventive relève de missions de service public et qu'elle est régie par les principes applicables à toute recherche scientifique. Les missions de l'État en matière de service public archéologique sont rappelées à l'article L 522-1 du Code

---

[84] Jean-Pierre Giraud, « L'invention de l'objet archéologique », in *Le patrimoine archéologique et son droit*, Vincent Negri (dir.), Bruylant 2015 p. 11

du patrimoine : « L'État veille à la conciliation des exigences respectives de la recherche scientifique, de la conservation du patrimoine et du développement économique et social. Il veille à la cohérence et au bon fonctionnement du service public de l'archéologie préventive dans sa dimension scientifique, ainsi que dans ses dimensions économique et financière dans le cadre des missions prévues à l'article L. 523-8-1. Il exerce la maîtrise scientifique des opérations d'archéologie préventive et, à ce titre : 1° Prescrit les mesures visant à la détection, à la conservation ou à la sauvegarde par l'étude scientifique du patrimoine archéologique ; 2° Désigne le responsable scientifique de toute opération ; 3° Assure le contrôle scientifique et technique et évalue ces opérations ; 4° Est destinataire de l'ensemble des données scientifiques afférentes aux opérations ». L'objectif principal est d'assurer la sauvegarde des éléments du patrimoine archéologique. Ces objets sont en effet porteurs d'un sens collectif, universel et mémoriel. Comme l'exprime Marie Cornu : « la dimension collective est dans cette mémoire partagée qui, si elle a à voir avec l'aventure nationale, concerne plus largement l'histoire de l'humanité »[85]. Sur un plan juridique, ce « patrimoine » archéologique fait figure d'oxymore dans la mesure où il est « inappropriable »[86]. Menacé de destruction par des travaux publics ou privés concourant à l'aménagement, ce patrimoine, est d'abord une ressource documentaire fragile exploitée à des fins scientifiques. À la lecture de la mission culture, les crédits consacrés à l'archéologie préventive dans le projet de loi de finances pour 2023 s'élèvent à 158 millions d'euros en crédits de paiement. Il n'en demeure pas moins que la progression de cette enveloppe budgétaire par rapport à 2022 (+ 8,42 %) est largement insuffisante pour faire face aux opérations d'archéologie menées par l'État[87]. La découverte en 1966 du site Terra Amata près de Nice, la construction en 1980 du métro de Lyon ou bien encore le scandale des remparts de Rodez en 1995, évoque, bien avant la financiarisation de l'archéologie préventive, autant des opérations archéologiques de sauvetage que la cristallisation d'arguments juridiques et politiques liés à une déficience des financements publics. Au fil du temps et des tensions entre les aménageurs et les services de l'État, de nombreux rapports ont tenté d'apporter un cadre juridique à ces problématiques financières récurrentes[88]. Ainsi, Bruno Martin Laprade, préconisait le financement

[85] Marie Cornu, « La propriété et la dimension collective du patrimoine archéologique », in *Le patrimoine archéologique et son droit.* Vincent Negri (dir.), Bruylant 2015, p.157

[86] Judith Rochfeld, « L'inappropriable, l'inaliénable et le droit », in *Le patrimoine archéologique et son droit,* Vincent Negri (dir.), Bruylant 2015, p.133.

[87] Voir Jean-René Cazeneuve, rapport *op.cit.* pp 44-49.

[88] Voir Jean-Paul Demoule, *Aux origines, l'archéologie. Une science au cœur des grands débats de notre siècle.* Paris, La Découverte, coll. « Cahiers libres », 2020.

de l'archéologie préventive par une taxe archéologique additionnelle à la taxe locale d'équipement (TLE). En outre, il proposait la substitution d'un établissement public à l'Association pour les fouilles archéologiques nationales (AFAN) qui avait pour objet dès 1973 : « de soutenir financièrement l'exploration et l'exploitation scientifique des gisements archéologiques »[89]. Il ne s'agit pas seulement de sauver matériellement et financièrement des sites menacés de destruction mais désormais d'organiser le financement de la sauvegarde du patrimoine archéologique. La normativité du droit de l'archéologie est articulée selon Vincent Negri : « sur une stratégie de prévention du double risque de dispersion du patrimoine enfoui et d'oblitération de la connaissance »[90]. Dans cette perspective, un financement par l'impôt se substitue au procédé contractuel en vigueur[91]. La loi n° 2001-44 du 17 janvier 2001[92] légalise la contribution des aménageurs à la réalisation des fouilles, et crée l'Institut de recherches archéologiques préventives (INRAP), établissement public administratif à vocation de recherche[93].

Paragraphe 2 – La financiarisation de l'archéologie préventive

71- Sans qu'il soit besoin de revenir sur une présentation généalogique[94], et encore moins sur la consistance des biens archéologiques en vertu de la loi du 27 septembre 1941[95], des contraintes financières pèsent sur les pouvoirs publics qui ont dû organiser, à la suite de la convention de Malte[96], un service public de l'archéologie préventive. Au cœur de ce dispositif et conformément à l'article 6 de ladite convention, les États parties s'engagent à accroître leurs engagements matériels

---

[89] Bruno Martin-Laprade, *Rapport sur l'archéologie de sauvetage*, dactylographié : Ministère de la culture, 1989, 39 p.

[90] Vincent Negri, « Normativité du droit de l'archéologie : sur la notion de risque, » in A. Camara et V. Negri (Dir*), La protection du patrimoine archéologique, Fondements sociaux et enjeux juridiques*, l'Harmattan, 2016, p.13.

[91] Voir Pierre-Laurent Frier, « La réforme de l'archéologie », AJDA 2001, p. 182 et « L'archéologie préventive, suite et fin... ? », AJDA 2004, p. 1587. Voir également du même auteur « Archéologie et opérations d'aménagement et d'urbanisme » in *Le nouveau droit de l'archéologie préventive* (Dir P.-L. Frier), L'Harmattan, 2004, p. 87

[92] Loi n° 2001-44 du 17 janvier 2001 relative à l'archéologie préventive, JO du 18 janvier 2001, p. 928.

[93] Voir Emmanuel De Crouy-Chanel, « La redevance d'archéologie préventive » in *Le nouveau droit de l'archéologie préventive* (Dir. P.-L. Frier), L'Harmattan, 2004, p. 113

[94] Voir Vincent Negri, *Archéologie préventive*, fasc.467, Jurisclasseur Administratif, 1er octobre 2018.

[95] Voir Pierre-Laurent Frier, *Droit du patrimoine culturel*, PUF, 2003, pp.307-354.

[96] La Convention européenne pour la protection du patrimoine archéologique (révisée), signée à Malte le 16 janvier 1992, a été ratifiée par la France en 1995 (D. n° 95-1039, 18 sept. 1995 : JO 23 sept. 1995, p. 13947).

en vue d'un financement idoine de la recherche archéologique. La nécessité d'une refonte du cadre juridique de l'archéologie préventive s'est finalement imposée dans un contexte marqué par l'entrée en vigueur, le 10 janvier 1996, de la Convention européenne pour la protection du patrimoine archéologique. Nonobstant quelques exonérations justifiées par des motifs sociaux et politiques, la loi du 17 janvier 2001 organise le financement des opérations archéologiques préventives principalement par voie de redevances, dont les prescriptions de diagnostics ou de fouilles constituent les faits générateurs[97]. À ce titre l'institut national de la recherche archéologique (INRAP), établissement public administratif qui se substitue à l'ANFAN, est doté du monopole des diagnostics d'archéologie préventive. Le secteur des fouilles est pour sa part ouvert à la concurrence depuis 2003. Or l'INRAP, établissement public, est présent à la fois sur le secteur du diagnostic et sur celui des fouilles dont il est le principal acteur[98]. À l'issue d'une décision de l'autorité de la concurrence, l'État s'est donc engagé au cours de la procédure, à mettre en place, d'ici au 1er mars 2018, une plateforme informatique sécurisée permettant à l'ensemble des opérateurs de fouilles d'accéder aux informations préalables dont disposent les opérateurs de diagnostic, dans des délais raisonnables[99]. Cela étant, la qualification de « redevance » est erronée dans la mesure où il s'agit d'une « imposition de toute nature »[100] au sens de l'article 34 de la Constitution[101]. Somme toute, le législateur s'est orienté vers une solution qui conjugue la création d'un principe de solidarité par l'impôt et d'un principe de responsabilité des aménageurs en faisant de ces derniers les redevables d'une imposition de toute nature dénommée « redevance d'archéologie préventive ». La loi avait en réalité créé en 2001 deux redevances, l'une au titre des fouilles et l'autre propre aux diagnostics. La loi du 17 janvier 2001 et son décret d'application n° 2002-89 du 16 janvier 2002 reposent sur trois mécanismes : la création de l'institut national de la recherche archéologique

---

[97] Voir Yves Jegouzo, « La loi du 17 janvier sur l'archéologie préventive », RDI 2001, p.354.

[98] Voir Lyne Touzeau-Mouflard, « L'ouverture à la concurrence en question », Juris. Arts 2016 n° 37, p.30

[99] Décision de l'Autorité de la concurrence n° 17-D-09 du 1er juin 2017, relative à des pratiques mises en œuvre par l'INRAP dans le secteur de l'archéologie préventive.

[100] L'article 155 de la loi du 29 décembre 2020 de finances pour 2021 a posé le cadre du transfert de la gestion de la taxe d'aménagement et de la composante logement de la redevance d'archéologie préventive – renommée taxe d'archéologie préventive – des services déconcentrés du ministère de la transition écologique et de la cohésion des territoires à ceux de la DGFiP. Depuis le 1er septembre 2022, la redevance d'archéologie préventive, pour sa composante logement, devient la taxe d'archéologie préventive dans le cadre de cette réforme administrative.

[101] Conseil Constitutionnel, Décision du 16 janvier 2001, n° 2000-439 DC , JO. 18 Janvier 2001, p.931 ; Frédérique Rueda, « Le Conseil constitutionnel et la loi sur l'archéologie préventive », RDP 2001 n° 3, p.947.

préventive, la carte des prescriptions et leur financement par deux redevances[102]. Dès la création de la redevance d'archéologie préventive, des difficultés de recouvrement ont perturbé le bon fonctionnement de la recherche archéologique. Les comptes financiers ont enregistré chaque année des déficits, que le ministère de la culture a dû combler par des subventions. La loi du 1er août 2003 a modifié les mécanismes de financement de l'archéologie préventive. D'une part, la loi de 2003 a mis fin au monopole de l'INRAP à la fois en ce qui concerne le diagnostic, cette activité étant partagée avec les collectivités territoriales à condition que ces dernières soient dotées de services archéologiques agréés par l'État, et en ce qui concerne l'activité de fouilles, ouverte à la concurrence. D'autre part, la redevance liée aux fouilles est supprimée, le financement étant mis à la charge de l'aménageur. Sous réserve d'éventuelles subventions, le prix est donc librement fixé dans le cadre d'un contrat passé entre opérateurs et aménageurs. Enfin, l'article 9 de la loi n° 2003-707 du 1er août 2003 a substitué à compter du 1er novembre 2003, une redevance d'archéologie préventive assise sur tout projet d'aménagement portant sur un terrain d'une superficie égale ou supérieure à 3 000 m^2. La perception de la redevance n'est donc plus liée à la prescription de diagnostics mais s'applique à l'ensemble des travaux susceptibles d'affecter le sous-sol en visant, par là même, une mutualisation des ressources que ne permettait pas la loi du 17 janvier 2001. Une partie du produit de la redevance d'archéologie préventive est affectée à un fonds national pour l'archéologie préventive. Ce fonds a principalement pour objet de financer la prise en charge du coût des fouilles prescrites à l'occasion de la construction de logements locatifs aidés mais surtout de permettre d'attribuer des subventions aux aménageurs « traditionnels » impécunieux pour leur permettre d'assumer le coût des fouilles. Les personnes qui projettent d'exécuter certains travaux affectant le sous-sol sont redevables de la redevance d'archéologie préventive. Cette dernière est exigible à raison, d'une part, des opérations de construction ou d'aménagement soumise à autorisation ou à déclaration préalable en application du Code de l'urbanisme (redevance « filière urbanisme ») et, d'autre part, des opérations entraînant une étude d'impact en application du Code de l'environnement et de certains affouillements soumis à déclaration administrative particulière (redevance « filière culture »). Au total, les ressources de l'INRAP sont constituées par des ressources propres qui correspondent à l'encaissement du produit de l'activité de fouilles et représentent jusqu'à 60 % de ses recettes totales mais également par le produit d'une taxe affectée, la redevance d'archéologie préventive, laquelle est divisée en une « redevance direction départementale de l'équipement » et une « redevance direction régionale

[102] P.L. Frier, Commentaire de la loi n° 2001-44 du 17 janvier 2001 relative à l'archéologie préventive, AJDA 2001 p.182.

des affaires culturelles » et qui est censée assurer le reliquat des recettes de l'établissement public. Les difficultés financières ont perduré. Les modalités de calcul de la redevance sont définies à l'article L 524-7 du Code du patrimoine. Elles diffèrent selon la nature des travaux projetés. Pour la filière urbanisme, l'assiette de la redevance est constituée par la valeur de l'ensemble immobilier déterminée dans les conditions prévues aux articles L 331-10 à L 331-13 du Code de l'urbanisme. Le taux de la redevance est fixé à 0,40 % de la valeur de l'ensemble immobilier. Dans le cadre de la filière culture, pour les travaux et affouillements autorisés en application du Code de l'environnement et les demandes volontaires de diagnostic préalables aux opérations d'aménagement, le montant de la redevance résulte de l'application à la surface du terrain, retenue pour la réalisation de l'opération imposable, d'un taux unique fixé par la loi. Dans ce cas, le taux de 0,64 euro par mètre carré en 2023[103] illustre la nette progression de la redevance d'archéologie préventive depuis quelques années. Celle-ci était en effet de pour 0,55 euro en 2019, 0,56 en 2020, puis 0,58 en 2021 et 0,60 en 2022. La Cour des comptes a rappelé à plusieurs reprises les difficultés financières de l'archéologie préventive « Il est ainsi impossible aux services de la direction générale des finances publiques (DGFiP) d'affecter directement le produit de la redevance d'archéologie préventive à un destinataire précis (INRAP ou collectivités territoriales), faute de mention sur les titres de recette »[104]. À ces dysfonctionnements s'est ajoutée la fronde d'élus locaux. La mise en œuvre de la réforme de 2003 n'a pas donné entière satisfaction aux collectivités territoriales. Afin de mettre fin aux dérives engendrées par l'application des modalités d'assiette fixées par la loi du 1er août 2003, l'article 17 de la loi 2004-804 du 9 août 2004 a par la suite modifié le champ d'application et l'assiette de la redevance « filière urbanisme ». Malgré ces modifications, le rendement de la redevance reste insuffisant. L'article 79 de la loi 2011-1978 du 28 décembre 2011 a de nouveau réformé la redevance. La redevance « filière urbanisme » est, pour les demandes d'autorisation et déclarations préalables déposées depuis le 1er mars 2012, adossée à la taxe d'aménagement[105], ce qui se traduit notamment par un élargissement de son champ d'application[106]. La redevance est due si les travaux

---

[103] Arrêté du 21 décembre 2022 portant fixation du taux de la redevance d'archéologie préventive, JO 24/12/2022, 152.

[104] Cour des Comptes, rapport public annuel 2016, p.558.

[105] Il est rappelé que l'article 28, I de la loi n° 2010-1658 du 29 décembre 2010, loi de finances rectificative pour 2010, a institué une taxe d'aménagement en lieu et place de la taxe locale d'équipement et de ses taxes additionnelles départementales et régionales.

[106] Prise en application de la loi du 29 décembre 2020 de finances pour 2021 , l'ordonnance n° 2022-883 du 14 juin 2022 est relative au transfert à la Direction générale des finances publiques de la gestion de la taxe d'aménagement et de la part logement de la redevance d'archéologie préventive. Les modalités

affectent le sous-sol. Encore fallait-il définir cette notion en cas de reconstruction. Par une décision du 10 mai 2017 rendue en matière de taxe locale d'équipement, le Conseil d'État a précisé qu'en cas d'agrandissement d'un bâtiment préexistant la taxe doit être calculée à partir de l'augmentation nette de la surface de construction sous déduction de la surface supprimée dans le cadre de la même opération[107]. Dans une note de septembre 2017, la direction générale de l'aménagement, du logement et de la nature (DGALN) a précisé les conséquences de cette décision en matière de taxe d'aménagement et de redevance d'archéologie préventive. Saisi d'un recours pour excès de pouvoir contre cette note et d'une QPC, le Conseil d'État juge qu'en cas de reconstruction après destruction totale d'une partie divisible d'un bâtiment existant la taxe d'aménagement est due sur la totalité de la surface de la construction nouvelle sans qu'il y ait lieu de déduire la surface supprimée lors de l'opération. Bien plus, la juridiction du Palais Royal estime sans incidence sur la détermination de l'assiette de la redevance d'archéologie préventive, la circonstance que les travaux réalisés occasionnent la suppression de surfaces existantes[108]. Affaiblie par le morcellement des procédures de recouvrement de la redevance et par une insuffisance globale de rendement ayant conduit le ministère de la culture et de la communication a apporté près de 170 millions d'euros entre 2006 et 2012 pour abonder le budget de l'INRAP et du FNAP, la re-budgétisation du financement de l'archéologie préventive a été retenue par l'article 41 de la loi de finances pour 2016[109]. La budgétisation de la redevance, renforce la lisibilité et la transparence du financement de l'archéologie préventive. En effet, L'affectation directe d'impôts à des organismes chargés d'une mission de service public plutôt que le versement de subventions attribuées en application des règles budgétaires de droit commun entraîne un affaiblissement du contrôle du Parlement et réduit son pouvoir d'appréciation quant à l'importance des moyens financiers qu'il entend consacrer aux politiques publiques. Corrélativement, l'affectation diminue la capacité de régulation du Gouvernement. La fin d'une redevance affectée à l'établissement public, censée être la cause des dysfonctionnements de l'INRAP, n'a pour autant pas mis aux dysfonctionnements récurrents selon le rapporteur Jean-René Cazeneuve. Dans la nomenclature budgétaire, Le programme 175 (patrimoines) prévoit un

---

de transfert retenues consistent à rapprocher le processus de liquidation de la taxe d'aménagement et de la redevance d'archéologie préventive « part logement » de celui des impôts fonciers gérés par la DGFiP.

107 CE 10-5-2017 n° 393485, min. c/ SARL Gej Immo Thouars, RJF 8-9/17 n° 811, concl. Marie-Astrid Nicolazo de Barmon @ (C811)

108 CE 8e-3e ch. 31-3-2022 n° 460168, SCI Aix Lesseps et Tubingen, RJF 6/22 n° 553, concl. K. Ciavaldini @ (C 553).

109 L. n° 2015-1785, 29 déc. 2015, JO. 30 décembre 2015 n° 302.

crédit de 92,9 millions d'euros crédits de paiement pour 2023 au profit de l'INRAP. Les ressources de l'établissement sont complétées par le chiffre d'affaires issu de ses activités concurrentielles en matière de fouilles archéologiques qui devrait représenter environ 75 millions d'euros. « Selon le rapporteur spécial, la principale fragilité de l'INRAP est cependant financière et concerne le niveau insuffisant de la subvention pour charges de service public accordée à l'établissement »[110]. L'origine de ces difficultés tient à une tension relative aux missions de l'INRAP : « de 2017 à 2022, le nombre de prescriptions de diagnostic attribuées à l'INRAP a crû de 32 %, le montant de la subvention pour charges de service public n'a progressé que de 15,3 %. En conséquence, l'INRAP ne parvient plus à exécuter dans des délais raisonnables les diagnostics lui étant confiés »[111]. De plus, les missions de l'INRAP ont été modifiées à l'occasion de l'adoption de la loi n° 2016-825 du 7 juillet 2016 relative à la liberté de création, à l'architecture et au patrimoine. L'article L. 523-13 du Code du patrimoine relatif à la poursuite des opérations de fouilles archéologiques en cas de défaillance de l'opérateur initialement retenu pour leur réalisation, confie la poursuite des investigations à l'INRAP. La loi rend obligatoire la négociation d'un contrat entre le nouvel opérateur et l'aménageur, comprenant un projet scientifique d'intervention. Dans ces conditions, afin d'assurer le bon fonctionnement de ce service public, une réforme du financement de l'archéologie préventive devrait conduire à accroître la subvention de charges de service public.

Paragraphe 3 – Les vicissitudes fiscales de l'archéologie préventive maritime

72- Une des difficultés d'application de cette redevance d'archéologie préventive devenue formellement une taxe d'archéologie préventive, concerne le domaine public maritime. En effet, les emprises d'aménagement ou d'exploitation en mer sont très étendues. Par suite, l'application de la redevance dont l'assiette et le taux sont communs aux espaces terrestres et maritimes aboutit à des prélèvements disproportionnés. Un rapport remis au ministre de la culture en 2015 avait démontré l'inadéquation de la redevance en milieu marin[112]. Ainsi le rapport de Madame Faure précisait : « Les professionnels rencontrés nous ont donné deux exemples : pour une concession d'exploitation de granulats marins de surface moyenne (25 km2), le montant de l'impôt à verser s'élèverait à 13,50 M€ ; pour les fuseaux de raccordement à la terre de quatre parcs éoliens, il serait de 48,60 M€, et

[110] Jean-René Cazeneuve, rapport précité, page 46.

[111] Jean-René Cazeneuve, rapport précité, page 47

[112] Rapport au ministre de la culture, Martine Faure : « Pour une politique publique équilibrée de l'archéologie préventive », p.28, Mai 2015.

pour quatre parcs éoliens, de 125,30 M€ »[113]. Dans ce contexte, le ministère de la culture privilégie un financement des diagnostics par voie de contractualisation avec les aménageurs de la mer. Dans cette veine, de nombreux contentieux sont nés. Afin de sécuriser les projets les plus importants (ceux supérieurs à 50 000 m^2), les redevables peuvent demander à l'administration une prise de position formelle sur l'appréciation de leur situation au regard des règles prévues par le Code du patrimoine en matière de redevance d'archéologie préventive[114]. Le contentieux qui oppose depuis plus d'une décennie la société Les Sablières de l'Atlantique, qui exploite une carrière de sables sous-marins au large des côtes de la Loire-Atlantique, et le ministère de la culture ont conduit la Cour administrative d'appel de Nantes à juger que la redevance d'archéologie préventive présente le caractère d'une aide d'État[115]. Dans le cadre du pourvoi en cassation du ministre de la culture, le Conseil d'État relève qu'en vertu des dispositions de l'article L. 524-11 du code du patrimoine, « une partie du produit de la redevance, d'un montant discrétionnairement fixé chaque année par les autorités compétentes, au-delà d'un seuil minimum de 30 %, était affectée au Fonds national pour l'archéologie préventive alors qu'une autre partie de ce produit était affectée aux collectivités territoriales ou à leurs groupements à raison des activités de diagnostic réalisées par leurs services d'archéologie ». Si l'article L. 524-1 prévoit le fléchage d'une partie du produit de la redevance au financement de l'INRAP, la redevance d'archéologie préventive ne constitue pas le mode exclusif de financement de l'INRAP. Le Conseil d'État juge ainsi que la redevance d'archéologie préventive ne peut pas être qualifiée d'aide d'État, faute de lien d'affection contraignant entre cette taxe et les éventuelles aides dont aurait bénéficié l'Institut national de recherches archéologiques préventives[116]. De manière plus substantielle, le Conseil constitutionnel a été saisi le 19 novembre 2019 par le Conseil d'État (décision n° 434334 du 15 novembre 2019) d'une question prioritaire de constitutionnalité (QPC) posée par la société Les sablières de l'Atlantique portant sur la conformité aux droits et libertés que la Constitution garantit du paragraphe II de l'article L. 524-7 du Code du patrimoine, dans sa rédaction résultant de la loi n° 2009-179 du 17 février 2009 pour l'accélération des programmes de construction et d'investissement publics et privés. Dans sa décision du 7 février 2020, le Conseil constitutionnel a considéré que,

[113] Rapport précité de madame M. Faure, p.37

[114] Il est souhaitable de gagner en sécurité juridique. La loi n° 2018-727, 10 août 2018 pour un État au service d'une société de confiance a instauré des procédures de rescrits spécifiques aux taxes d'urbanisme. Concernant la redevance d'archéologie préventive, la nouvelle procédure est codifiée à l'article L. 524-7-1 du Code du patrimoine. Voir Dr. fisc. 2018, n° 37, act. 393.

[115]CAA Nantes 23 oct. 2020, n° 18NT04279, AJDA 2021. 103, note S. Nicinski

[116] CE 9/12/2022 n° 448108, AJDA 2022. P. 2438

compte tenu des caractéristiques de la redevance d'archéologie préventive, le contrôle du caractère confiscatoire de cette imposition n'avait pas lieu d'être opéré. D'une part, compte tenu des modalités de calcul de cette imposition (un tarif unique appliqué à la superficie du terrain d'assiette des travaux), l'entreprise dispose des éléments lui permettant de « connaître le montant de la redevance, avant même de s'engager dans cette activité ». Elle peut ainsi déterminer, avant le début des travaux, le montant qu'elle devra verser au titre de la redevance. D'autre part, si l'entreprise décide de réaliser ces travaux, elle peut tenir compte du montant de la redevance « pour apprécier la rentabilité économique de son activité et fixer en conséquence le niveau de ses prix ». Autrement dit, l'entreprise peut tenir compte de la redevance pour réaliser ses calculs économiques. Ce régime a été jugé conforme à la constitution[117]. Il n'en demeure pas moins que le législateur a modifié la base de calcul de cette redevance. L'article 79 de la loi de finances rectificative pour 2017, modifié par l'article 74 de la loi de finances pour 2019, édicte un régime spécial pour l'application de la redevance d'archéologie préventive aux aménagements réalisés dans le domaine public maritime au-delà d'un mille marin à compter de la laisse de basse mer ou dans la zone contiguë. À la suite d'un amendement parlementaire à la loi de finances pour 2019, le législateur a donc substitué la notion de « laisse de basse mer » à celle de « ligne de base », dans le but de ne pas soumettre les projets d'ouvrage à deux régimes distincts. Les aménagements réalisés dans la limite d'un mille marin restent soumis au régime général de la redevance. Le fait générateur de la redevance d'archéologie préventive, pour les aménagements situés dans le domaine public maritime au-delà d'un mille à compter de la « laisse de basse mer » ou dans la zone contiguë, est l'acte qui décide la réalisation du projet, éventuellement après enquête publique, et en détermine l'emprise. Des exonérations sont établies. À ce titre, la redevance n'est pas due lorsque l'emprise des ouvrages, travaux ou aménagements situés, en tout ou partie, dans le domaine public maritime au-delà d'un mille marin à compter de la « laisse de basse mer » ou dans la zone contiguë a fait l'objet d'une opération d'évaluation archéologique réalisée dans le cadre d'une convention conclue entre la personne projetant les travaux et l'État. En outre, l'article 74 de la loi de finances pour 2019 exonère de la redevance d'archéologie préventive les aménagements liés à la pose et à l'exploitation de câbles sous-marins de transport d'information. Enfin, le montant de la redevance est adapté. Le montant de la redevance perçue sur les aménagements, ouvrages ou travaux réalisés dans le domaine public maritime ou dans la zone contiguë est déterminé en appliquant le taux de 0,10 € par mètre carré à la surface de ces aménagements, ouvrages ou travaux. En définitive, cette nouvelle gouvernance financière qui s'appuie non plus

[117]Cons. const., 7 févr. 2020, n° 2019-825 QPC ; Dr. fisc. 2020, n° 8, act. 55.

sur une taxe affectée mais sur l'attribution de subventions, souligne au-delà de la récurrence des indicateurs de performance que la politique de financement de la recherche archéologique préventive ne doit pas être réduite à une pondération rationnelle d'intérêts mais doit rester avant tout une politique de recherche scientifique. Garant de ces axiomes, l'État doit en assurer leur financement au nom d'une solidarité intergénérationnelle. L'équilibre des finances publiques est certes un principe cardinal à soutenir mais il ne faut pas pour autant sacrifier nos biens archéologiques sur l'autel de la finance. Sans consacrer une « archéologie de sauvetage », au risque d'une contractualisation exacerbée des rapports entre les aménageurs et l'État, il importe de dégager les ressources indispensables aux missions dévolues au service public de l'archéologie.

CHAPITRE II :

La mise en valeur du patrimoine culturel mobilier

La valorisation économique du patrimoine culturel

73- La valorisation du patrimoine culturel s'est imposée comme un paradigme dominant à mesure du désengagement financier de l'État. Le vocable de valorisation s'entend en économie de la culture comme « la volonté d'optimiser, *sur le plan économique*, le patrimoine, en lui donnant l'usage le plus rentable possible ou en le mettant à la disposition de partenaires extérieurs »[1]. Une double perspective semble se déduire de cette logique. En premier lieu, le patrimoine culturel est instrumentalisé dans le cadre d'une dynamique de l'aménagement du territoire. La puissance publique a érigé la culture comme partie prenante d'une économie plus largement créative, sur laquelle pèsent les attentes d'une croissance, d'une compétitivité et d'une attractivité territoriale. Le maillage culturel de l'État porte en germe des enjeux économiques qui ne se limitent pas à une mutualisation des moyens mais à une performance des activités culturelles. Le développement de l'économie culturelle passe en somme par la capacité des territoires à valoriser leurs ressources locales, à transformer des ressources latentes en ressources actives. Dans certains cas, la valorisation d'un lieu repose sur des ressources immanentes à un patrimoine local, historique ou traditionnel que les producteurs et les pouvoirs publics tentent de transformer en ressources « construites ». La valorisation s'exprime tant à travers la réhabilitation paysagère et monumentale que par le signalement d'un bien culturel, d'un musée ou la récurrence d'expositions. Un des enjeux territoriaux de cette stratégie culturelle est de créer un intérêt collectif à coopérer pour tous les acteurs impliqués de sorte que la qualité de biens culturels puisse être un vecteur de compétitivité globale du territoire. S'interrogeant sur la valorisation du patrimoine culturel, Françoise Benhamou et David Thesmar considèrent que « La valorisation

[1] Jean-Bernard Auby, « Le patrimoine immobilier et l'évolution du droit des propriétés publiques », D. 1993. Chron. 296.

du patrimoine procède de son potentiel en matière d'usages, de communication, d'appropriation par des résidents et des touristes ; elle renvoie à la capacité d'un lieu d'attirer du tourisme ou à l'installation d'entreprises de services dont les employés et cadres sont sensibles à la qualité de l'environnement architectural esthétique ou historique. Elle procède surtout de la valeur symbolique associée au patrimoine, celle qui en fait un condensé d'histoire, de références communes, celle qui entre dans la psyché nationale »[2]. En second lieu, l'impératif économique peut être perçu comme un axiome de rentabilité pour une institution culturelle. Les musées ont ainsi dégagé des ressources propres générées par une activité, commerciale[3]. Pour Arnaud Latil, « L'activité muséale a fréquemment recours à la réalisation de produits de *merchandising*. Vendus dans les boutiques des musées ou sur Internet, les produits dérivés des œuvres d'art connaissent un engouement ces dernières années et découlent d'une véritable stratégie de gestion commerciale »[4]. Bien plus, les personnes publiques et les institutions culturelles en particulier se sont orientées vers la perception de ressources générées à partir d'un patrimoine immatériel[5]. En 2006, la commission Levy-Jouyet posait les bases d'une nécessaire exploitation de patrimoine immatériel des personnes publiques : « Force est de constater que l'État et les établissements publics sont loin d'avoir adopté une gestion aussi dynamique de leur capital immatériel. Certes, plusieurs facteurs objectifs rendent la constitution et la valorisation de ce type d'actifs moins aisées dans le cas des administrations publiques. Ne pas rentrer dans cette dynamique de gestion, c'est donc avant tout se priver d'un facteur important d'amélioration de la qualité de la prestation de service reçue par les usagers et de l'efficacité des pouvoirs publics »[6]. Le mouvement est alors initié sous le Gouvernement Villepin par une circulaire, du 18 avril 2007, relative à la gestion des actifs immatériels de l'État[7]. Dans ce contexte, sont alors publiés deux

[2] Françoise Benhamou et David Thesmar, *Valoriser le patrimoine culturel de la France*, Rapport conseil d'analyse économique, juin 2011, p.34.

[3] Voir Mathilde Gautier, « Marques muséales et produits dérivés », Juris art etc. 2016, n° 36, p.34

[4] Arnaud Latil, « Le merchandising des musées », Juris art etc. 2014, n° 15, p.30

[5] Voir Conseil d'Etat, *Le Patrimoine immatériel des personnes publiques*, Coll. Droits et débats, La Doc. fr., 2013 ; Odile de David Beauregard-Berthier, Le patrimoine immatériel de l'Etat, *in Bien public, bien commun. Mélanges en l'honneur d'Etienne Fatôme*, 2011, Dalloz, p. 27 ; P. Terneyre, Les actifs immatériels des personnes publiques, RJEP 2013, n° 713, étude n° 16 ; P. Yolka, Le droit de l'immatériel public, AJDA 2017. 2047 ; P.-A. Blanchet, *La valorisation du patrimoine immatériel des personnes publiques*, L'Harmattan, Logiques juridiques, 2020 ; Maxime Boul, *Le patrimoine immatériel des personnes publiques*, LGDJ, BDP, 2023.

[6] Maurice Levy et Jean-Pierre Jouyet, *L'économie de l'immatériel. La croissance de demain*. Rapport au ministre de l'économie et des finances, 23 novembre 2006, page 103.

[7] Circ. du 18 avr. 2007, relative à la gestion des actifs immatériels de l'État, JO n° 99 du 27 avr.

décrets du 10 février 2009[8] relatifs à la rémunération de certains services rendus par l'État consistant en une valorisation de son patrimoine immatériel.[9]Dans cette veine, les marques muséales deviennent un enjeu financier pour les institutions culturelles et une ressource pour l'exécution de leur mission de service public. Transcendant les clivages, le rapport Levy-Jouyet trace les sillons d'une économie de l'immatériel : « Les établissements culturels ont aujourd'hui à relever deux défis importants. Le premier consiste à maintenir leur rang en matière culturelle, en demeurant une référence incontournable pour les collections permanentes et les expositions temporaires. Le second concerne l'objectif fondateur de la politique culturelle, la démocratisation, qui demeure trop souvent inaccessible pour les catégories socioprofessionnelles les moins favorisées. Pour répondre à ces deux défis, les musées nationaux ont besoin de moyens financiers importants. La rénovation des équipements actuels, le développement de nouvelles salles, l'organisation de grandes expositions et l'acquisition d'œuvres recherchées, indispensables à la renommée des musées français, sont en effet particulièrement coûteux. L'élargissement de l'accès à la culture nécessiterait par ailleurs de développer plus largement des formules de gratuité d'accès. Si celles-ci ont fait la preuve de leur efficacité, elles renforcent cependant la tension budgétaire pesant sur les établissements »[10]. C'est dans ce contexte de contraintes budgétaires internes et d'une concurrence internationale renforcée que la question des marques culturelles est appréhendée. La logique économique impulsée par l'État n'est pas la seule focale d'analyse. Claire Malwé souligne l'enjeu d'une mise en valeur du patrimoine immatériel : « La valorisation du patrimoine immatériel public peut encore agir comme un "vecteur" du service public en ce qu'elle permet d'améliorer les relations de l'administration avec ses administrés. Les revues locales, les sites internet, plaquettes ou guides de renseignements administratifs sont autant de nouveaux moyens de communication qui, en réalisant la proximité de l'administration avec ses usagers, participent à l'amélioration du service public »[11].

La marchandisation des biens culturels

74- La logique patrimoniale semble rebelle à toute soumission des collections publiques à une logique commerciale. Selon Martine Corral- Regourd : « L'association des termes musée et marque ont longtemps constitué un oxymore, le second ressortissant au secteur commercial, le premier à celui du patrimoine que le

---

[8] Décrets n°s 2009-151 et 2009-157 du 10 février 2009, JO 12 février 2009 n° 036

[9]Voir Jean-David Dreyfus, « La valorisation par l'Etat de son patrimoine immatériel », AJDA 2009, p. 697.

[10]Maurice Levy et Jean-Pierre Jouyet, *L'économie de l'immatériel. La croissance de demain.*, précité, p.122.

[11] Claire Malwé, « Valorisation du patrimoine immatériel : de quoi parle-t-on ? », AJCT 2013, p.120.

code éponyme (2004) soustrait clairement au secteur marchand, notamment sous la forme du principe d'inaliénabilité des objets composant les collections publiques. Ces deux univers mobilisent la figure du public largement entendue, que chacun décline soit en termes de client, de consommateur, de cible, soit selon celui de public, de grand public (initialement public citoyen), des publics. Il convient donc de déterminer quel type de porosité a pu s'instaurer entre ces deux registres sémantiques pour susciter l'émergence des marques muséales »[12]. Le musée du Louvre, le musée d'Orsay et bien d'autres institutions culturelles n'ont attendu ni la prise de conscience de l'importance de l'économie de l'immatériel, ni l'injonction économique d'une valorisation du patrimoine pour développer une politique des marques muséales. En 2007, la France et les Émirats arabes unis ont signé un accord inédit comprenant notamment la licence de la marque verbale Louvre Abou Dabi®, en vue de la création d'un musée universel dans l'émirat[13]. Il s'agit de créer une collection permanente d'œuvres d'art et durant le temps de sa constitution, d'organiser un système de prêt en provenance des œuvres des collections françaises. Le modèle de prêts introduit néanmoins une tension juridique que le contrat a su surmonter dans la mesure où ces prêts sont « payants » et non pas gratuits. Le modèle financier a essaimé à l'international. L'accord entre le Centre Pompidou et Málaga prévoit la concession d'une licence d'exploitation de la marque Centre Pompidou®, pour une redevance annuelle d'un million d'euros[14]. La mue managériale des personnes publiques est ancienne. Il suffit pour s'en convaincre d'examiner la financiarisation des occupations privatives du domaine public. Plus récemment à l'occasion de photographies de biens dépendant du domaine public, la problématique des redevances et plus généralement d'un droit à l'image s'est posé. Selon une jurisprudence de la Cour de Cassation : « le propriétaire d'une chose ne dispose pas d'un droit exclusif sur l'image de celle-ci ; qu'il peut toutefois s'opposer à l'utilisation de cette image par un tiers lorsqu'elle lui cause un trouble anormal »[15]. Caroline Chamard-Heim précise à juste titre que « L'image d'un bien devient une

---

[12] Martine Corral-Régourd, « Marque muséale » *Publictionnaire. Dictionnaire encyclopédique et critique des publics.* Mis en ligne le 30 octobre 2018.

[13] Marie Cornu et Manlio Frigo, « L'accord portant création du Louvre Abou Dabi, musée universel : une double invention culturelle et juridique », *Annuaire français de droit international*, 2009, vol. 55, n° 1, p. 111 s.

[14] Nicolas Peyre, « Le centre Pompidou Malaga », Juris art etc. 2016, n° 36, p.33

[15] Cass., ass. plén., 7 mai 2004, n° 02-10.450, *Société Hôtel de Girancourt c/ Société SCIR Normandie*, Bull. AP, n° 10, p. 21 ; D. 2004. 1545, note J.-M. Bruguière ; 1459, point de vue C. Atias, note E. Dreyer et 2406, obs. N. Reboul-Maupin ; RDI 2004. 437, obs. E. Gavin-Millan-Oosterlynck ; RTD civ. 2004. 528, obs. T. Revet ; RTD com. 2004. 712, obs. J. Azéma ; JCP E 2004, n° 1021, note C. Caron ; JCP 2004, II, n° 10085, note C. Caron.

sorte de chose commune sur laquelle le propriétaire du bien ne peut prétendre à un droit exclusif. L'angle retenu réside désormais soit dans les droits de la personnalité en raison de l'atteinte à la vie privée, soit dans la responsabilité civile qui devient une alternative au droit de propriété et qui suppose de caractériser le préjudice pour le propriétaire »[16]. De son côté, la juridiction du Palais Royal s'est alignée sur la position adoptée en 2004 par la Cour de Cassation, en considérant que « l'utilisation à des fins commerciales de l'image d'un tel bien ne saurait être assimilée à une utilisation privative du domaine public, au sens des dispositions précitées du code général de la propriété des personnes publiques »[17]. S'agit-il d'un revirement de jurisprudence ? En 2012, dans l'arrêt photo Josse, le Conseil d'État s'est inspiré de la jurisprudence *Café de Gondrée* de la Cour de Cassation du 10 mars 1999,[18] considérant que l'image n'a pas d'existence autonome par rapport au bien corporel qu'elle reproduit[19]. L'articulation juridique des décisions de 2012 et de 2018 est néanmoins problématique. Pour Hélène Hoepffner, qui rappelle la position doctrinale de maxime Boul[20] : « Les biens meubles seraient soumis à un régime domanial : les prises de vues à des fins d'exploitation commerciale sont des utilisations privatives soumises à l'octroi d'une autorisation préalable et au paiement de redevances. Les biens immeubles sont quant à eux soumis à un régime de responsabilité permettant seulement aux personnes publiques de réclamer la réparation d'un trouble anormal »[21]. L'article 75 de la loi n° 2016-925 du 7 juillet 2016 relative à la liberté de la création, à l'architecture et au patrimoine constitue néanmoins une exception en soumettant l'exploitation commerciale des images des domaines nationaux préalablement listés à autorisation et donc à la perception de redevances. L'autorisation préalable du gestionnaire du domaine national n'est pas

---

[16] Caroline Chamard-Heim, « L'image du domaine public mobilier : un bien public « spécial » ? », AJDA 2023, p. 364.

[17] CE, ass., 13 avr. 2018, n° 397047, *Etablissement public du domaine national de Chambord*, Lebon avec les concl. ; AJDA 2018. 1850, note F. Tarlet ; D. 2018. 1051, note J.-M. Bruguière ; RDI 2018. 345, obs. F. Tarlet ; AJCT 2018. 463, obs. J.-D. Dreyfus ; Dalloz IP/IT 2018. 490, obs. M. Cornu ; Légipresse 2018. 306 et les obs. ; RFDA 2018. 461, note N. Foulquier ; RTD com. 2018. 628, obs. F. Lombard ; BJCL 2018. 280, concl. R. Victor

[18] Civ. 1re, 10 mars 1999, n° 96-18.699, *Mme Pritchett c/ Société Editions Dubray*, Bull. civ. I, n° 87 ; D. 1999. 319, concl. J. Sainte-Rose ; 247, obs. S. Durrande, note E. Agostini ; 2000. 281, obs. O. Tournafond et 2002. 1161, chron. F. Kendérian ; RDI 1999. 187, obs. J.-L. Bergel ; RTD civ. 1999. 859, obs. F. Zenati ; RTD com. 1999. 397, obs. A. Françon.

[19] CE 29 oct. 2012, n° 341173, *Commune de Tours c/ EURL Photo Josse*, Lebon 368 ; AJDA 2013. 111, note N. Foulquier ; AJCT 2013. 153, obs. F. Blanc ; Légipresse 2012. 675 et les obs. et 2013. 168, Etude G. Lécuyer ; RTD com. 2013. 271, obs. F. Pollaud-Dulian

[20] Maxime Boul, « Les concours de droits sur l'image du domaine public mobilier », AJDA 2023, p.371

[21] Helène Hoepffner, « Les utilisations de l'image du domaine public mobilier », AJDA 2023, p.377.

requise lorsque l'image est notamment utilisée à des fins commerciales. Ce dispositif est jugé conforme à la constitution[22].

En définitive, la confrontation d'institutions culturelles et d'une logique commerciale, rend précaire la récurrence de leurs ressources et ce d'autant que ces institutions sont censées combler l'insuffisance des subventions publiques par des ressources propres. La torsion de ces modèles managériaux et de l'action publique conduit Jacques Caillosse à considérer que « Finalement, c'est bien l'économie concurrentielle de marché qui tend à devenir, en tant que telle, principe de validité de l'action publique, quel qu'en soit l'objet. Certes, il serait absurde d'en faire des productions juridiques induites par le néolibéralisme, mais l'action publique qui s'inspire de ce dernier en fait un tel usage qu'une relation privilégiée semble bien s'être instituée entre les deux phénomènes »[23]. Dans cette construction dogmatique qui privilégie le marché, l'impôt est convoqué pour favoriser l'accessibilité des œuvres d'art au public et plus généralement pour favoriser leur mise en valeur qui doit tenir compte des exigences de démocratisation culturelle mais également de diversité culturelle.

SECTION I :
Les incidences fiscales du label musée de France

Paragraphe 1 – La singularité du label Musée de France.

75- Soutien de la création artistique et gardien d'un patrimoine « commun », l'État a multiplié ses interventions culturelles au point de « publiciser » une sphère considérée comme privée et en retour de « privatiser » ses modes d'intervention par le recours à des méthodes managériales. L'hybridation du droit applicable à l'action publique culturelle profite en dernière instance à une nouvelle posture de l'État stratège qui se cantonne à des activités normatives en laissant le soin à des satellites publics ou privés de gérer les activités culturelles. Dans cet agencement institutionnel, les labels de l'action culturelle de l'État font flores. Comme jadis Minerve sortit toute armée du cerveau de Jupiter, l'administration centrale a multiplié le recours à cet instrument de l'action publique. Tout d'abord, il importe

[22] Cons. const. 2 févr. 2018, n° 2017-687 QPC, *Association Wikimédia France*, AJDA 2018. 247 ; AJCT 2018. 155, obs. J.-D. Dreyfus ; Dalloz IP/IT 2018. 490, obs. M. Cornu ; Constitutions 2018. 86, chron. M. Boul

[23] Jacques Caillosse, « Faire du droit administratif à l'heure du néolibéralisme » in Jus politicum n° 27/2022, pp. 199-223

de souligner la pluralité de ces labels[24] dans le domaine culturel ou naturel[25], dont l'initiative peut relever de l'État, au soutien d'une politique muséale[26] ou de la mise en valeur d'un patrimoine vernaculaire[27]. Les labels sont instrumentalisés afin de favoriser le développement économique et touristique d'une collectivité territoriale[28] ou à celle de l'État à l'instar du label des villes ou pays d'art et d'histoire[29]. En outre, des appellations sont suscitées par des personnes privées, notamment des associations chargées de mobiliser des initiatives, pour conserver des ensembles non protégés grâce au label vieilles maisons de France ou bien encore de valoriser la culture bretonne dans le cadre du label port d'intérêt patrimonial. Dans cet entrelacs, s'est développé sous l'égide d'instances internationales, sensibilisées à l'émergence et la consolidation d'une identité européenne, le label du patrimoine européen[30]. En dehors d'une sensibilisation des publics, qu'est-ce que ces labels ont de commun sur un plan juridique et politique ? La nature juridique incertaine des labels culturels est prégnante. À titre liminaire, rappelons que le terme de label est déjà par lui-même source d'ambiguïté. Dérivé de l'anglais *label* et transporté dans la langue française, le terme label semble correspondre à un lambeau, une bande ou une frange de quelque chose. Selon le vocabulaire juridique le label se définit comme « un signe

---

[24] Voir Philippe Tanchoux et François Priet, *Les labels dans le domaine du patrimoine culturel et naturel*, PUR, 2020.

[25] La distinction entre un patrimoine culturel et un patrimoine naturel demeure ambigüe tant ces notions peuvent être imbriquées dans le cadre par exemple des grottes de Lascaux ornées de peintures rupestres ou bien encore du Mont Saint Michel où le spirituel rencontre le culturel dans les enceintes d'un site protégé. L'imbrication du culturel et du naturel est sensible. Ainsi, en 2018, le label « Grand site de France » pour le territoire d'« Aigues-Mortes-Camargue Gardoise-Saint-Gilles » a remplacé le label précédent intitulé « Grand site de la Camargue Gardoise » et s'étend désormais au patrimoine culturel.

[26] Voir par exemple, Jean-Raphael Pellas, « Le label « Musée de France », instrument de pilotage du service public muséal » , in Marie Cornu, Jerôme Fromageau et Dominique Poulot, *2002, Genèse d'une loi sur les musées*, La documentation française, 2022, p. 289 ; Marie Cornu, « Le label Musée de France : l'émergence d'une nouvelle catégorie juridique » in Marie Cornu, Jerôme Fromageau et Dominique Poulot, *2002, Genèse d'une loi sur les musées*, La documentation française, 2022, p. 277

[27] Voir Elise Cosson, *Le label du patrimoine culturel*, mémoire master 2 droit du patrimoine culturel, 2021-2022, Université de Paris-Saclay, à paraître dans la collection Droit du patrimoine culturel et naturel (Marie Cornu et Jerôme Fromageau Dir), aux éditions L'harmattan.

[28] Plus récemment ont été crées, le label patrimoine rural d'intérêt départemental pour le département de la Seine Maritime ou le label patrimoine d'intérêt régional pour la région Ile de France.

[29] Ce label est attribué depuis 1985 par le ministère en charge de la Culture et de la Communication aux communes ou aux pays qui s'engagent dans une politique d'animation et de valorisation de leurs patrimoines bâtis, naturel et industriel, ainsi que de l'architecture.

[30] Voir Lyne Touzeau-Mouflard, « Le label patrimoine européen : un label faussement consensuel » in Philippe Tanchoux et François Priet, *Les labels dans le domaine du patrimoine culturel et naturel*, PUR, 2020, p. 153.

distinctif apposé sur un produit destiné à la vente ou accompagnant un service et garantissant une certaine qualité du produit, ou certaines caractéristiques du service. »[31]. Au miroir du *negotium*, l'ambivalence des labels de l'action culturelle de l'État est à son apogée car ils ne sont pas que « des signes distinctifs » mais un ensemble de dispositions regroupant des obligations et des devoirs à la charge de leurs destinataires, dans le cadre d'un acte, mixte, hybride et plus précisément gigogne qui associe un acte unilatéral à des stipulations contractuelles. Dans le cadre d'une architecture binaire des actes, leur nature juridique d'acte unilatéral ou de convention reste en débat.

Dans le sillage d'une logique de certification, les labels du patrimoine culturel offrent « un signe de qualité octroyé par une institution privée ou publique telle une société, une association, une fondation ou une administration »[32]. Quelle est la valeur normative de ces labels ? Selon le professeur Francois Priet, l'hétérogénéité des labels dans le domaine culturel laisse transparaître une force normative dont l'objectif ultime est de garantir la qualité patrimoniale lato sensu, « en fonction d'une échelle de normativité ou, si l'on préfère, d'une normativité graduée »[33]. Cette normativité a été sensiblement renforcée par la loi du 7 juillet 2016 relative à la liberté de la création, à l'architecture et au patrimoine[34]. À ce titre, le label « musée de France », issu de la loi du 4 janvier 2002[35], institué pour unifier la prolifération des musées publics et privés au cours des dernières décennies mais également pour encadrer l'excellence des institutions muséales au regard de leur projet scientifique et culturel est exemplaire de cette normativité. D'une part, l'engagement des institutions candidates au label doit permettre au sens de l'article L 442-1 du code

[31] Gérard Cornu, « Label », *vocabulaire juridique*, PUF, 14 ème édition 2022.

[32] Géraldine Goffaux-Callebaut, « La juridicité des labels dans le domaine du patrimoine culturel et naturel, regards de droit privé », in Philippe Tanchoux et François Priet, *Les labels dans le domaine du patrimoine culturel et naturel*, PUR, 2020 p. 205

[33] François Priet, « Les labels en matière patrimoniale : essai d'identification juridique » in Philippe Tanchoux et François Priet, *Les labels dans le domaine du patrimoine culturel et naturel*, PUR, 2020. pp. 185-204

[34] L. n° 2016-925, *JO* du 8. Voir Mylène Le Roux, « Le volet « patrimoine » de la loi du 7 juillet 2016 relative à la liberté de création, à l'architecture et au patrimoine », Droit administratif, Mars 2017, étude 5 ; Marie Cornu « Le législateur culturel et les chantiers de la création, de l'architecture et du patrimoine », communication, commerce électronique, mars 2017.

[35] Loi n° 2002-5 du 4 janvier 2002 (JO du 5/1) ; dossier juris art 2017 n° 52 ; Marie Cornu « Le label musée de France, l'émergence d'une nouvelle catégorie juridique » in M. Cornu, J. Fromageau et D. Poulot, *2002 Genèse d'une loi sur les musées*, Documentation française, 2020, p. 277 ; C. Hautefaye-Bosseboeuf, « Les paradoxes liés à la mise en œuvre des dispositions relatives à l'appellation musée de France » in Ph. Tanchoux et F. Priet, *Les labels dans le domaine du patrimoine culturel et naturel*, PUR, 2020, p. 145.

du patrimoine de : « Conserver, restaurer, étudier et enrichir leurs collections ; de rendre leurs collections accessibles au public le plus large ; de concevoir et mettre en œuvre des actions d'éducation et de diffusion visant à assurer l'égal accès de tous à la culture ; de contribuer aux progrès de la connaissance et de la recherche ainsi qu'à leur diffusion ». Ces missions constituent l'ossature du service public muséal[36]. D'autre part, La démarche de Projet Scientifique et Culturel initiée par la Direction des Musées de France en 1992, sous la direction de Jacques Sallois, pour encadrer ce mouvement d'expansion des musées, est devenu obligatoire pour obtenir le label convoité. Au demeurant, l'octroi d'une subvention de l'État à un projet de construction, d'extension ou de réaménagement d'un musée de France est par ailleurs subordonné à la validation préalable de ce document. On le constate ce projet scientifique et culturel qui définit l'identité et les orientations du musée, constitue le point de jonction où le droit souple rencontre le droit dur. En outre, les musées de France sont bénéficiaires d'aides financières, indépendantes des contrats d'objectifs et de performance, outils privilégiés du dialogue de gestion entre le ministère et les opérateurs[37].

Paragraphe 2 – L'instrumentalisation fiscale du label musée de France

76- La particularité de ce label ou appellation « Musée de France » est sur un plan juridique, de conditionner des avantages fiscaux tant au profit des entreprises que des particuliers. À titre principal, le label « musée de France » rend éligible, les institutions bénéficiaires à des opérations de mécénat pour les versements effectués par les entreprises (article 238 bis du CGI) et ceux réalisés par les particuliers (article 200-1 b du CGI). Indépendamment de l'acquisition des œuvres d'art d'artistes vivants, sans lien avec le label « musée de France »[38], l'article 24 de la loi n° 2002-5 du 4 janvier 2002[39] relative aux musées de France modifie le 2 de

[36] Voir Marie Cornu, « Le label « Musée de France », l'émergence d'une nouvelle catégorie juridique », in M. Cornu, J. Fromageau et D. Poulot, *2002 Genèse d'une loi sur les musées*, Documentation française, 2020, p. 277.

[37] Voir J-R Pellas, « Les incidences fiscales du label musée de France » in M. Cornu, J. Fromageau et D. Poulot, *2002 Genèse d'une loi sur les musées*, Documentation française, 2020, p.349 ; Claire Chastanier, « L'enrichissement des collections et l'introduction du mécénat d'entreprise dans la loi de 2002 », in M. Cornu, J. Fromageau et D. Poulot, *2002 Genèse d'une loi sur les musées*, Documentation française, 2020, p.331

[38] Le 1er alinéa de l'article 238 *bis* AB du CGI modifié par l'article 22 de la loi relative aux musées de France permet désormais aux entreprises d'amortir par fractions égales sur cinq ans au lieu de dix ans le prix d'acquisition des œuvres originales d'artistes vivants acquises à compter du 1er janvier 2002.

[39] L. n° 2002-5, 4 janv. 2002, Dr. fisc. 2002, n° 4, comm. 44

l'article 238 *bis* en ajoutant ces institutions aux organismes permettant de bénéficier de la limite majorée de 5 ‰. Il s'agit ainsi de favoriser le mécénat général des entreprises au profit des organismes labélisés. Les personnes morales peuvent ainsi bénéficier d'une réduction d'impôt sur le revenu ou sur les sociétés à hauteur de 60 %, dans la limite de cinq pour mille du chiffre d'affaires, au titre des versements effectués au profit des musées de France. Pour mémoire, l'article 6 de la loi du 1er août 2003 relative au mécénat, aux associations et aux fondations a remplacé le dispositif auparavant applicable de déduction des dons du résultat imposable par une réduction d'impôt au taux de 60 % dans la limite de 5 ‰ du chiffre d'affaires[40]. À la suite d'un rapport de la Cour des Comptes, relatif au soutien public au mécénat des entreprises[41], le montant de cette réduction d'impôt a fait l'objet d'une modification substantielle. Après avoir été modifié par la loi de finances pour 2019 qui crée un nouveau plafond de versements, alternatif au plafond de 5 ‰ du chiffre d'affaires, lequel continue à s'appliquer lorsqu'il est plus élevé ; l'article 134 de la loi de finances pour 2020 a rehaussé ce plafond alternatif à 20 000 € pour les versements effectués au cours des exercices clos à compter du 31 décembre 2020. Le même article a instauré un seuil de 2 M€ de versement, au-delà duquel le taux de la réduction d'impôt est abaissé de 60 % à 40 %. En outre, l'article 21 de la loi relative aux musées de France a complété les dispositions de l'article 200 du CGI en précisant que la mise en valeur du patrimoine artistique peut être opérée « notamment, à travers les souscriptions ouvertes pour financer l'achat d'objets ou d'œuvres d'art destinés à rejoindre les collections d'un musée de France accessibles au public ». Cette précision permet d'intégrer au champ d'application de la réduction d'impôt les dons et versements effectués au profit d'organismes de mise en valeur du patrimoine artistique, dont les « musées de France », dans le cadre de souscriptions destinées à l'enrichissement de leurs collections. Confrontés à des problématiques de financement, les musées de France s'exposent ainsi à des logiques philanthropiques qui privilégient des valeurs de marché et de mécénat privé. Dès 2013, le musée du Louvre a lancé une campagne d'appel aux dons sur le thème « tous mécènes du Louvre » afin d'obtenir du public une participation financière à la restauration de la victoire de Samothrace et de son escalier monumental. Depuis dix ans, Le musée du Louvre fait donc appel à des souscripteurs pour l'acquisition de ces « trésors ». En 2022, le *camée de Vénus et l'amour* ont rejoint les collections du Louvre. L'institution invitait alors le public à se mobiliser pour permettre l'entrée

[40] L. n° 2003-709, 1er août 2003, Dr. fisc. 2003, n° 41, comm. 706

[41] Cour des comptes, *rapport sur le soutien public au mécénat des entreprises,* Octobre 2018. La Cour des comptes recommande une gouvernance par une structure unique interministérielle. De plus, face à la progression de la dépense fiscale et dans le contexte de la baisse programmée du taux normal de l'impôt sur les sociétés, la juridiction recommande une baisse de la réduction d'impôt.

dans les collections nationales de ce chef-d'œuvre attribué à Giovanni Ambrogio Miseroni (1551-1616) et compléter ainsi une coupe ayant appartenu à Mazarin puis à Louis XIV. La campagne de 2023 s'est portée sur un fabuleux chef-d'œuvre du XVIIIe siècle acquis par le Louvre pour un montant de 3 900 000 € : *la Tabatière Choiseul*. Symbole des fastes du Siècle des lumières, elle constitue aussi un précieux témoignage sur la vie du duc de Choiseul et sa riche collection de peintures. Dans la famille Rothschild depuis le début du XXe siècle, ce petit objet bénéficie d'une grande renommée en raison de ses miniatures qui en font un précieux témoignage sur la vie du duc de Choiseul (1719-1785), puissant ministre et collectionneur. Enfin, l'article 26 de la loi relative aux musées de France complète le dispositif d'exonération de la taxe forfaitaire sur les objets et les métaux précieux en étendant aux ventes faites à l'ensemble des musées bénéficiaires du label « musée de France », l'exonération dont bénéficient déjà les ventes réalisées au profit de certains musées et bibliothèques publics[42]. Créée en 1976, cette taxe forfaitaire calculée sur le prix de cession ou la valeur en douane, des métaux précieux, des bijoux, des objets d'art, des objets de collection et d'antiquité, est représentative de l'imposition des plus-values à laquelle elle se substitue. Elle est réputée tenir compte, de manière forfaitaire, de l'ensemble des éléments qui concourent à la détermination d'une plus-value et, notamment, des charges supportées par le vendeur ou l'exportateur. Cette taxe supportée par des particuliers est liquidée au taux de 6 % du prix de cession en ce qui concerne les bijoux, objets d'art, de collection et d'antiquité et au taux de 11 % en ce qui concerne les métaux précieux. Afin de favoriser l'accroissement du patrimoine artistique collectif, l'article 150 V *bis*-II du CGI prévoit une exonération définitive de taxe forfaitaire sur les métaux précieux, les bijoux, les objets d'arts, de collection et d'antiquité lorsque la vente est réalisée au profit des musées de France ou d'une collectivité territoriale, de la Bibliothèque nationale de France (BNF) ou d'une autre bibliothèque de l'État, d'une collectivité territoriale ou d'une autre personne publique ou bien enfin au profit d'un service d'archives de l'État, d'une collectivité territoriale ou d'une autre personne publique. En définitive, ces mesures fiscales adoptées dans le cadre de loi relative aux musées de France, permettent de consolider les collections muséales, pour les rendre accessibles au public.

77- Le mécénat culturel est ainsi devenu à partir de la décennie 2010 une priorité pour tous les grands établissements publics culturels sous tutelle de l'État, afin de compenser la baisse des subventions pour charges de service public versées par le ministère de la culture. Cette priorité a été consacrée en 2012 à l'occasion de la modernisation de l'action publique (MAP) dans les contrats pluriannuels d'objectifs et de performance conclus par le ministère de la culture et ses opérateurs culturels.

[42] CGI, art. 150 V *bis*-II.

C'est le mécénat de compétences qui fait l'objet de la plus grande attention. Le mécénat en nature ou de compétence consiste à apporter non pas des financements en numéraire mais des moyens (produits ou services) à la cause que les entreprises mécènes soutiennent. L'évaluation du mécénat en nature (remise de biens, de produits ou de technologie) et du mécénat de compétence (mise à disposition de personnels avec leur savoir-faire) doit d'une part être effectuée par celui qui aide ou qui donne (et non par l'organisme bénéficiaire) et d'autre part être estimée au regard de la perte d'argent que l'aide représente pour celui qui la fournit (et non au regard des dépenses évitées à l'organisme bénéficiaire). Pour permettre une réduction d'impôt au titre du mécénat, le don doit procéder d'une intention libérale, c'est-à-dire qu'il doit être consenti à titre gratuit, sans contrepartie directe ou indirecte de la part du bénéficiaire au profit de la personne qui l'effectue. Dès lors que le donateur bénéficie d'une contrepartie, le don est en principe exclu du régime du mécénat et de la réduction d'impôt y afférant. Par dérogation, il est néanmoins admis que le donateur bénéficie de contreparties sous certaines conditions, qui sont différentes selon que le donateur est un particulier ou une entreprise. Elles peuvent être symboliques telle que l'attribution d'un titre honorifique, comme « membre bienfaiteur », mais ne doivent pas être assimilées à des opérations publicitaires. L'opération de mécénat doit comporter une disproportion marquée et manifeste entre le don et la valorisation de la contrepartie. Les instructions fiscales du 3 janvier 2018 rappellent qu'en application de l'article 238 bis du CGI, les biens et prestations de service donnés sont valorisés à leur coût de revient, c'est-à-dire les coûts supportés par l'entreprise pour acquérir ou produire le bien ou la prestation donnés. Ils ne doivent donc pas être facturés au prix de vente publique[43]. Selon une démarche éthique, le ministère de la culture et de la communication recommande aux opérateurs culturels de l'État de mettre en œuvre un mécénat de compétences pour des projets et activités présentant un caractère d'intérêt général culturel marqué. La restauration de *la galerie des Glaces* du château de Versailles par Vinci, à partir de 2003 est la plus emblématique dans le cadre d'un mécénat de compétences. Bien d'autres institutions en bénéficient. Ce mécénat de compétence a permis notamment de restaurer avec l'aide de Saint Gobain *L'Atelier du peintre* de Gustave Courbet (1855) qui est l'une des œuvres majeures conservées par le musée d'Orsay.

[43] BOI-BIC-RICI-20-30-10-15, actualisé le 21 juin 2023

SECTION II :
Le régime fiscal des musées publics et des musées privés

Paragraphe 1 – Les distorsions fiscales inhérentes aux musées privés

78- Sur la base d'une distinction « droit public droit privé », un critère organique structure l'organisation des musées en France[44]. Les vicissitudes du principe de la personnalité sont suffisamment connues pour y revenir[45]. Ainsi, pour identifier la transparence d'une association, les juges utilisent un faisceau d'indices, pour déterminer si l'association est ou non dépourvue d'autonomie par rapport à la collectivité publique. Faute d'indépendance, elle est considérée comme un « faux nez » de l'Administration, pour reprendre l'expression d'André de Laubadère[46]. Selon l'arrêt du 21 mars 2007 « Commune de Boulogne-Billancourt », « *Lorsqu'une personne privée est créée à l'initiative d'une personne publique qui en contrôle l'organisation et le fonctionnement et qui lui procure l'essentiel de ses ressources, cette personne privée doit être regardée comme transparente et les contrats qu'elle conclut pour l'exécution de la mission de service public qui lui est confiée sont des contrats administratifs* »[47]. En d'autres termes, le juge apprécie d'une part, les règles inhérentes au fonctionnement de l'association pour savoir si l'Administration s'est immiscée dans son organisation matérielle, d'autre part, le contrôle exercé par l'Administration afin d'en mesurer l'autonomie de l'association[48] et bien entendu de déterminer le niveau de financement public permettant à l'association de fonctionner[49]. La personne morale publique peut ainsi être dissimulée sous le voile d'une personne privée. Il faut alors en tirer des conséquences quant au fonctionnement de l'institution. La propriété des collections muséales s'est posée dans une affaire où la

---

[44] Voir Paul-Maxence Murgue-Varoclier, *Le critère organique en droit administratif français*, LGDJ, BDP n° 306, 2018.

[45] Voir Didier Guignard et Jacques Viguier, « La transparence des personnes morales en droit administratif », in X. Bioy (dir), *La personnalité juridique*, Presses universitaires de Toulouse, 2013, pp.277-290

[46] A. de Laubadère, « Les associations et la vie administrative », AJDA 1980, p.115.

[47] CE 21 mars 2007, *Cne de Boulogne-Billancourt*, req. n° 281796 ; *AJDA* 2007. 915, note J. D. Dreyfus ; *BJCP* 2007, n° 52, p. 230, concl. N. Boulouis ; *ACCP* 2007, n° 68, p. 58, note F. Brenet ; *RLCT* 2007, n° 25, p. 49 ; *CMP* 2007, étude n° 14, note F. Lichère et étude n° 137, note G. Eckert.

[48] Voir par exemple, CE 24 juin 2011, *Sté Atexo*, req. n° 347429 ; *AJDA* 2011. 1298 ; *CMP* 2011, n° 243, note D. Devillers.

[49] Voir a contrario, T. confl. 19 janv. 2004, *Mme Devun c/Cne de Saint-Chamond*, req. n° 3393 ; *Lebon* 509 ; *AJDA* 2004. 432, chron. F. Donnat et D. Casas ; *D.* 2004. 397 ; *AJFP* 2004. 118, obs. P. Journé.

ville de Toulouse avait installé une galerie d'exposition d'œuvres photographiques dans les locaux de l'ancien Château d'eau. Initialement gérée en régie, cette activité l'a ensuite été sous couvert d'une association, à l'issue de plusieurs conventions successives conclues avec la ville de Toulouse. Dans ce contexte, soulignant l'initiative publique, le Conseil d'État considère que l'activité en cause revêt un caractère public et n'est pas exercée en propre par l'association. En outre, il s'agit d'un service public. De ce double constat, la juridiction du Palais Royal conclut à la propriété publique des collections muséales[50]. Les collections muséales ne sont pas toutes organisées sous le sceau d'associations de la loi du 1er juillet 1901, mais elles sont également administrées par des sociétés commerciales dont le caractère lucratif se déduit davantage de la nature de sa structure que de son objet. Aux termes de l'article L 410-1 du Code du patrimoine « Est considérée comme musée, au sens du présent livre, toute collection permanente composée de biens dont la conservation et la présentation revêtent un intérêt public et organisé en vue de la connaissance, de l'éducation et du plaisir du public ». Les distorsions fiscales apparaissent, tant pour la constitution des collections que pour l'exploitation du musée[51]. Cet aspect est renforcé par le fait que des collections privées peuvent désormais bénéficier de l'onction du label Musée de France[52], sans en avoir les privilèges.

79- Les collections d'œuvres d'art peuvent avoir été constituées à titre onéreux ou à titre gratuit. Lorsqu'il s'agit d'acquisitions à titre gratuit, l'article 1131 du CGI précise que l'État est bénéficiaire du don ou du legs, sous réserve d'une affectation par l'État à un musée. Il résulte des débats parlementaires que le donateur a la faculté de demander que le bien faisant l'objet de sa libéralité soit affecté par l'État à un musée départemental ou communal. Aux termes de l'article 7, III de la loi 86-972 du 19 août 1986 portant dispositions diverses relatives aux collectivités locales, les donations et legs consentis au profit des musées municipaux font bénéficier leurs auteurs des mêmes avantages fiscaux que ceux réalisés au profit des musées nationaux, sous réserve qu'ils soient effectués dans les mêmes conditions. Enfin, l'article 6 de la loi 91-1322 du 30 décembre 1991 a étendu cette disposition aux dons et legs faits aux musées gérés par des collectivités territoriales ou par des groupements de telles collectivités. En définitive les dons et legs d'œuvres d'art qui font bénéficier leurs auteurs d'une exonération des droits de donation ou de

---

[50]CE, 24 mars 2022, n° 449826, ville de Toulouse, Recueil Lebon, CMP 2022 n° 174, note G. Eckert.

[51] Voir François Goliard, « La création du musée privé : de l'idée à la réalisation », Tourisme et Droit 2008, n° 103, p.27 ; du même auteur, « Les musées privés, une fiscalité inappliquée », Juris art etc. 2017, n° 42, p.41

[52] Voir Marie Cornu, Les collections privées sous label Musé de France : jusqu'à quel point penser l'assimilation avec le secteur public » in M. Cornu (Dir) 2002, Genèse d'une loi sur les musées, La documentation Française, 2020, p.317

succession, ne concernent que des destinataires personnes publiques. Un assouplissement existe en matière de mécénat dans la mesure où les articles 238 bis et 200-1b du CGI permettent à des structures labellisées « musées de France » d'être bénéficiaires des opérations concernées. Selon l'article L. 441-1 du code du patrimoine, « L'appellation Musée de France peut être accordée aux musées appartenant à l'État, à une autre personne morale de droit public, ou à une personne morale de droit privé à but non lucratif ». Le statut Musée de France n'est pas réservé aux seules personnes publiques : des musées privés aussi bien que des musées publics peuvent en effet en bénéficier. Le Code du patrimoine fait donc jouer un critère matériel pour encadrer ce service public muséal. Au-delà des principes fondamentaux d'inaliénabilité et d'imprescriptibilité des collections, quatre éléments déterminent la notion juridique de musée et partant le périmètre des musées de France. En premier lieu, la spécificité du musée repose sur la notion de collection et non les objets pris dans leur propre individualité. En second lieu, cette collection doit avoir un caractère permanent. En troisième lieu, la préservation et la conservation de la collection présentent un intérêt public. Enfin, en quatrième lieu, la mission du musée est articulée autour d'une démocratisation des arts, de l'éducation et le plaisir du public. Les musées de France appartenant à des personnes morales de droit privé sans but lucratif ne peuvent céder les biens de leurs collections qui ont été acquis par dons et legs ou avec le concours financier de l'État ou d'une collectivité territoriale que sous certaines conditions restrictives. Force est de constater que ce service public muséal, sous réserve d'un projet scientifique et culturel et partant d'un agrément de la direction des musées de France, peut être géré par des personnes privées « sans but lucratif ». Ce périmètre légal exclut des opérations de mécénat réalisées au profit de musées ayant adopté le statut de structure commerciale[53]. Les acquisitions à titre onéreux d'œuvres d'art font également état d'une distorsion fiscale selon le statut de l'acquéreur. L'article 150 VI du CGI prévoit que sont exonérées de la taxe forfaitaire sur les objets précieux « Les cessions réalisées au profit d'un musée auquel a été attribuée l'appellation « musée de France » prévue à l'article L. 441-1 du Code du patrimoine ou d'un musée d'une collectivité territoriale ; les cessions réalisées au profit de la Bibliothèque nationale de France ou d'une autre bibliothèque de l'État, d'une collectivité territoriale ou d'une autre personne publique ; les cessions réalisées au profit d'un service d'archives de l'État, d'une collectivité territoriale ou d'une autre personne publique. Ce dispositif permet donc à des particuliers, redevables en principe d'une taxe de 11 % sur le prix

---

53 Une exception existe en la matière mais au titre des expositions d'œuvres d'art contemporain. En vertu de l'article 238 bis 1e du CGI, dispose que les structures privés dont la gestion est désintéressée peuvent bénéficier du dispositif du mécénat notamment lorsque l'organisation d'expositions d'art contemporain constitue leur activité principale.

de cession, de privilégier un acquéreur en fonction de leur statut public ou de l'attribution du label « musée de France ».

Paragraphe 2 – Les propositions de réformes inabouties des musées privés

80- L'exploitation d'un musée privé a fait l'objet de plusieurs propositions de loi qui n'ont jamais abouti. En premier lieu, l'article 206 du code général des impôts assujettit à l'impôt sur les sociétés, *toutes les personnes morales qui se livrent à une exploitation ou à des opérations de caractère lucratif.* Selon une jurisprudence constante du Conseil d'État, les dispositions litigieuses « assujettissent à l'impôt sur les sociétés, au-delà des sociétés qu'elles désignent expressément, toutes les personnes morales qui se livrent à une exploitation ou à des opérations de caractère lucratif, sans exclure les États étrangers. Il s'ensuit que l'activité qu'un État étranger exerce en France est assujettie à l'impôt sur les sociétés si cette activité, eu égard à son objet et aux conditions particulières dans lesquelles elle est exercée, relève d'une exploitation à caractère lucratif »[54]. Le Conseil d'État a clairement posé, dans son arrêt « Association Jeune France » du 1er octobre 1999, la grille d'analyse à utiliser pour déterminer le caractère lucratif ou non de l'activité exercée par un organisme privé, à savoir la gestion intéressée ou désintéressée de l'organisme, la concurrence avec une entreprise et les conditions d'exercice de l'activité[55]. Dans une décision « Commune de la Ciotat » du 20 juin 2012, le Conseil d'État a jugé pour sa part que sa jurisprudence « Association Jeune France » n'est pas transposable aux organismes publics et qu'il convient de retenir des critères propres pour apprécier le caractère lucratif ou non des activités d'une collectivité publique. Ces critères, qui sont l'objet du service et les conditions particulières dans lesquelles il est rendu, recoupent toutefois en partie les critères de concurrence et de conditions d'exercice retenus pour les collectivités privées[56]. Par suite, le fait d'être public ou privé est inopérant pour connaître l'état d'assujettissement à l'impôt sur les sociétés d'un musée. Ce qui importe pour déterminer le champ d'application de l'exonération prévue à l'article 206 du CGI, est relatif à l'activité lucrative déployée. En second lieu, il existe néanmoins des différences majeures entre les musées privés et les musées publics. Les droits d'entrée sont exonérés de TVA au titre des musées publics. Une réponse ministérielle rappelle la doctrine fiscale en ces termes « Les musées de droit public

---

[54] CE 9 e -10 e ch. 22 janvier 2020 n° 421913, État du Koweït RJF 4/20 n° 307 , concl. É. Bokdam-Tognetti (C 307).

[55] CE 1-10-1999 n° 170289 sect., Association Jeune France : RJF 11/99 n° 1354 avec chronique d'Emmanuelle Mignon

[56] CE 20-6-2012 n° 341410, 3e et 8e s.-s., Commune de la Ciotat, RJF 10/12 n° 902 avec chronique, concl. V. Daumas BDCF 10/12 n° 110

ont des obligations, tant en matière de missions que de modalités de gestion, auxquelles ne sont pas soumis leurs homologues du secteur privé. Ainsi, les musées publics répondant à l'appellation de "musée de France" sont tenus non seulement de conserver, restaurer, étudier et enrichir leurs collections, mais aussi de les rendre accessibles au public le plus large. Dans ce cadre, contrairement aux musées privés, leurs droits d'entrée doivent respecter les impératifs d'un service public et leurs collections sont inaliénables. Ils sont également tenus par la loi de concevoir et mettre en œuvre des actions d'éducation et de diffusion visant à assurer l'égal accès de tous à la culture, de contribuer aux progrès de la connaissance et de la recherche ainsi qu'à leur diffusion. En raison des missions légales et des exigences de service public des musées publics, leur absence d'assujettissement à la TVA ne peut constituer un facteur de distorsion de concurrence par rapport aux musées privés, qui ne sont pas placés dans une situation identique. En outre, l'avantage qui en résulte pour la personne publique est relatif dans la mesure où elle est privée de la possibilité de déduire la TVA grevant les dépenses engagées pour son exploitation. Par ailleurs, les musées publics sont imposés à la TVA, au même titre que les musées privés, pour leurs activités lucratives qui ne constituent pas le prolongement nécessaire de leurs activités à caractère culturel ou éducatif liées à leurs missions de service public (restauration ou vente d'ouvrages par exemple). Enfin, conformément au droit européen, les droits d'entrée pour la visite des musées privés relèvent d'ores et déjà d'un taux réduit de TVA que le Gouvernement n'envisage pas d'abaisser, étant rappelé que la proposition de directive mentionnée par l'auteur de la question est sans incidence sur ce point »[57]. Dans la même veine, le député Franck Marlin avait proposé un texte de loi autorisant un taux super réduit de TVA sur les droits d'entrée des musées privés[58]. Une exonération de TVA sur les droits d'entrée avait été suggérée par une interrogation sénatoriale. La position ministérielle met en exergue les différentes missions de service public des musées de France, qui justifient les exonérations fiscales et dans le meilleur des cas des activités d'intérêt général pour les musées privés qui président à leur imposition : « Les musées de droit public ont des obligations, tant en matière de missions que de modalités de gestion, auxquelles ne sont pas soumis leurs homologues du secteur privé. Ainsi, les musées publics répondant à l'appellation de "musée de France" sont tenus non seulement de conserver, restaurer, étudier et enrichir leurs collections, mais aussi de les rendre accessibles au public le plus large. Dans ce cadre, contrairement aux musées privés, leurs droits d'entrée doivent respecter les impératifs d'un service public et leurs collections sont inaliénables. Ils sont également tenus par la loi de concevoir et

[57] RM Franck Marlin, n° 5002, JOAN 14 Août 2018, p. 7317

[58] Proposition de loi relative aux musées privés, AN n° 2961, JO 8 juillet 2015

mettre en œuvre des actions d'éducation et de diffusion visant à assurer l'égal accès de tous à la culture, de contribuer aux progrès de la connaissance et de la recherche ainsi qu'à leur diffusion. En raison des missions légales et des exigences de service public des musées publics, les exonérations de la taxe sur la valeur ajoutée (TVA), de cotisation foncière des entreprises (CFE) et de cotisation sur la valeur ajoutée des entreprises (CVAE) dont ils bénéficient ne peuvent donc constituer un facteur de distorsion de concurrence par rapport aux musées privés »[59]. Il en va de même en matière d'impôts locaux. Ainsi, les musées publics sont exonérés de la contribution économique territoriale, les musées privés y sont soumis de plein droit. En quatrième et dernier lieu, Le député Jean-Charles Taugourdeau propose de créer l'appellation « musée privé de France » qui donnerait droit aux mêmes avantages « économiques, juridiques, sociaux et fiscaux » que les musées publics relevant de l'appellation « musée de France »[60]. Le député estimait que « l'appellation « musée privé de France » pourrait être attribuée à la personne morale de droit privé qui en ferait la demande, dès lors que celle-ci justifierait détenir une collection permanente significative d'œuvres d'art ou d'objets de collection, à condition qu'elles soient portées sur un inventaire et destinées à être présentées dans un établissement recevant du public ouvert au moins six mois par an et existant depuis plus de deux ans, afin de bénéficier d'avantages juridiques et fiscaux similaires à ceux relevant de l'appellation « musée de France ». Cette proposition de loi n'a pas reçu l'assentiment du gouvernement qui est donc resté sourd aux demandes incessantes en la faveur des musées privés estimant qu'il n'y avait pas de distorsion fiscale entre lesdites institutions. Cela étant au-delà d'un principe dogmatique, la notion matérielle de musée de France introduit un espace de conciliation entre les intérêts publics et privés de nature à satisfaire l'accessibilité du public.

SECTION III : Le régime fiscal du patrimoine culturel écrit

Paragraphe 1 – Les supports du patrimoine écrit

81- En 5 millénaires, les supports du patrimoine écrit ont connu des métamorphoses retracées par l'usage des papyrus Égyptien ou Mérovingien, par des parchemins enluminés durant le Moyen Âge ou bien encore des tablettes d'argile de Mésopotamie jusqu'aux tablettes tactiles contemporaines. Inexorablement, le

[59] RM Bruno Gilles, n° 10772, JO Sénat 6 aout 2015, p.1886.
[60] Proposition de loi visant à préserver l'avenir des musées privés français, AN n° 1072, 13 juin 2018.

patrimoine écrit étend son champ d'investigation, au-delà de la sphère des livres ou des manuscrits littéraires, scientifiques et historiques, à l'ensemble des documents porteurs de signes et partant de traces pour l'humanité[61]. À y regarder de plus près, les fonds patrimoniaux des bibliothèques sont non seulement composés de manuscrits mais également d'estampes, de dessins, de cartes, de photographies, de monnaies, de médailles et de partitions musicales. Aux termes de l'article 1er du décret n° 2020-195 du 4 mars 2020, codifié à l'article R 311-1 du Code du patrimoine « Sont des documents patrimoniaux, au sens du présent livre, les biens conservés par les bibliothèques relevant d'une personne publique, qui présentent un intérêt public du point de vue de l'histoire, de l'art, de l'archéologie, de la science ou de la technique, notamment les exemplaires identifiés de chacun des documents dont le dépôt est prescrit aux fins de constitution d'une mémoire nationale par l'article L. 131-2 du présent code et les documents anciens, rares ou précieux. En application de l'article L. 2112-1 du Code général de la propriété des personnes publiques, ces documents patrimoniaux font partie du domaine public mobilier de la personne publique propriétaire »[62]. La commission Desgraves soulignait en 1982 l'importance du patrimoine des bibliothèques en intégrant aux fonds anciens, rares et précieux, les fonds sonores et iconographiques[63]. À ce labyrinthe mémoriel, il faut ajouter au périmètre du patrimoine écrit, celui des Archives nationales, départementales et communales[64], la diversité des archives publiques et privées[65]. La notion d'archive privée est délicate à appréhender. Afin de consolider les droits subjectifs des particuliers, la loi n° 2018-727 du 10 août 2018 pour un État au service d'une société de confiance a introduit la possibilité pour une personne de bonne foi de demander à l'administration des archives de se prononcer sur la nature

---

[61] Voir Pierre-Marc de Biaisi, « Pour une politique d'enrichissement du patrimoine écrit », *in Trésor de l'écrit, 10 ans d'enrichissement du patrimoine écrit*, éd. Réunion des musées nationaux 1991, pp. 10-31.

[62] Le code général de la propriété des personnes publiques comporte en cet article L 2112-1 un alinéa 10 relatif aux « collections de documents anciens, rares ou précieux des bibliothèques », assujettis ainsi aux principes d'inaliénabilité et d'imprescriptibilité des biens du domaine public mobilier.

[63] Louis Desgraves, *Le Patrimoine des bibliothèques* : rapport à M. le directeur du livre et de la lecture, Ministère de la Culture, 1982, 2 vol

[64] Voir Marie Cornu, « La revendication des archives entre les mains publiques » in Marie Cornu et Jérôme Fromageau (Dir) *La revendication du patrimoine écrit. Questions juridiques et pratiques institutionnelles*, L'harmattan, 2009, p.39.

[65] La loi du 3 janvier 1979 introduit la notion juridique d'archives applicable à l'ensemble des documents quelle qu'en soit la source. L'article L 211-1 du code du patrimoine définit l'archive comme « l'ensemble des documents y compris les données… ». Il serait néanmoins plus judicieux au regard d'une notion de patrimoine écrit de traiter des fonds d'archives. Voir Christine Nougaret, « Classement et description : des principes à la pratique », *in* Jean Favier (dir.), *La pratique archivistique française,* Direction des Archives de France, Paris, Archives nationales, 1993, p. 135

d'archive privée d'une archive n'appartenant pas au domaine public. L'article L. 211-2 du Code du patrimoine[66] énonce que « La conservation des archives est organisée dans l'intérêt public tant pour les besoins de la gestion et de la justification des droits des personnes physiques ou morales, publiques ou privées, que pour la documentation historique de la recherche »[67]. Outre la fonction scientifique et culturelle des archives, le rapport de Guy Braibant met en lumière les différentes fonctions des archives, administratives dans la gestion de l'État et utilitaires pour garantir les droits des personnes physiques et des personnes morales[68]. Faute d'être une notion juridique, l'expression patrimoine écrit est néanmoins objet de politiques publiques. Ainsi, le Plan d'action pour le patrimoine écrit, engagé à la demande du ministre de la Culture et de la Communication s'est développé à partir de 2004, afin d'identifier les conditions de conservation, de signalement et de valorisation du patrimoine écrit dans les territoires. Il s'agit d'une part de mettre en exergue la conservation et l'enrichissement des collections patrimoniales et d'autre part de mettre en valeur les collections, la mise en ligne de leurs catalogues et la constitution de bibliothèques virtuelles. Depuis plusieurs décennies, l'État s'attache à la valorisation des collections patrimoniales dont les personnes publiques sont propriétaires, qu'elles soient conservées au sein de la Bibliothèque nationale de France (BNF) ou bien dans des bibliothèques relevant de collectivités territoriales. L'État soutient ainsi l'enrichissement, le signalement et la numérisation de ces collections, notamment au travers de la politique de coopération de la BNF, dont Gallica et le catalogue collectif de France constituent les programmes les plus emblématiques. Cela étant, les documents budgétaires manquent de clarté pour identifier les subventions allouées à ces programmes. Ces documents privilégient une attribution de subventions aux trois opérateurs culturels d'environ 330 millions d'euros (La Bibliothèque nationale de France (BNF), la Bibliothèque publique d'information (BPI) implantée au Centre national d'art et de culture Georges Pompidou et le Centre national du livre). À ce titre, les dépenses d'investissement prévues se concentrent essentiellement sur les frais liés aux travaux de rénovation de la BNF et de relocalisation de la BPI en 2022 et 2023. Somme toute, les politiques du patrimoine écrit sont pilotées à partir du budget général sur fonds d'une solidarité

[66] Voir Marie Cornu, « Les archives comme catégorie juridique spéciale », *1979. Genèse d'une loi sur les archives (*dir. Marie Cornu, Christine Nougaret, Yann Potent, Bruno Ricard et Noé Wagener), coll. Comité d'histoire du Ministère de la Culture, La documentation française, 2019, p. 287-302

[67] Jean-Marie Pontier, « Les archives publiques » in *Le droit des archives publiques, entre permanence et mutations,* S. Monnier et K. Fiorentino (dir) : Paris, L'Harmattan, coll. Droit du patrimoine culturel et naturel, 2014, p. 193

[68] Guy Braibant, *Les Archives en France*, Rapport remis au Premier ministre : Paris, Doc. fr., 1996.

nationale par l'impôt. Bien entendu, le législateur a prévu des dispositions favorables au patrimoine écrit[69], outre les procédures de dépôt légal [70] et de préemption qui ont permis d'enrichir les fonds patrimoniaux des bibliothèques. C'est par préemption que de nombreuses pièces de tout premier plan ont pu rejoindre les collections publiques : par exemple, un carnet de Victor Hugo, ou bien encore les brouillons de *que ma joie demeure* de Giono. À ces procédés « régaliens » s'ajoutent des procédés « incitatifs » liés aux dons et legs dont on sait que les bibliothèques ou les services d'archives sont exemptés des droits de donation ou de succession. Depuis 1968, la procédure de « dation en paiement » accorde également aux héritiers, sur avis d'une commission interministérielle, la possibilité de régler leurs droits de succession par la remise d'œuvres d'art, de livres, d'objet de collection et de documents de haute valeur historique ou artistique. C'est par exemple grâce à cette procédure que la Correspondance Jean-Paul Sartre - Simone de Beauvoir (1930-1963) est entrée, à la Bibliothèque nationale de France comme certains manuscrits de Jules Verne et de Marcel Proust. Il arrive que les dations soient réparties entre plusieurs institutions. Ainsi, la dation Brassaï de 2011 dont les pièces ont été dispersées entre la BNF, le Musée National d'Art Moderne (MNAM) et le Musée Picasso. Selon le dernier rapport d'activité de la BNF, cette institution a notamment acquis en 2022, un ensemble exceptionnel de lettres écrites par Émile Zola à sa femme Alexandrine entre 1876 et 1901, un manuscrit médiéval d'œuvres de Chrétien de Troyes, acquis en préemption. Par le mécanisme de dons, un album exceptionnel de photographies, constitué par Henri Le Secq au début des années 1850 ainsi que les archives littéraires et personnelles de l'écrivain Maurice Genevoix. Enfin, par voie de dation, un fonds d'archives de près de 300 cahiers, manuscrits et dactylographies d'œuvres du philosophe et académicien Michel Serres a rejoint le département des manuscrits. À cela il convient de préciser que la dation concerne également les archives privées à l'instar des archives des physiciens Louis de Broglie et Antoine Lavoisier ou bien encore la dation Brancusi qui regroupe des dessins et des archives. À la fin du XIXe siècle, le développement des sciences historiques contribue à la reconnaissance de l'originalité des archives privées et de l'utilité de leur entrée dans les services d'archives. Ce mouvement bénéficie notamment aux archives de la période

[69] Voir notamment Jean-François Poli, « La domanialité publique et le patrimoine écrit », in Marie Cornu et Jérôme Fromageau (Dir) *La revendication du patrimoine écrit. Questions juridiques et pratiques institutionnelles*, L'harmattan, 2009, p.13

[70] Instituée sous François Ier par une ordonnance du 28 décembre 1537 créant le dépôt des imprimés et complétée par un édit du roi Louis XIII d'août 1617, la loi sur le dépôt légal est dès l'origine marquée d'une double finalité au titre d'une activité mémorielle (la mémoire administrative de l'Etat) et d'une activité de police (contrôle des publications).

napoléonienne qui permet d'acquérir jusqu'à nos jours cent vingt fonds privés intéressant la période napoléonienne[71]. Enfin, en vue de favoriser l'accroissement du patrimoine artistique collectif, l'article 150 VJ du CGI prévoit, pour un particulier qui réalise une cession de bien meuble à titre onéreux, une exonération de taxe forfaitaire lorsque la cession est réalisée au profit d'un musée de France ou d'un musée d'une collectivité territoriale ; de la Bibliothèque nationale de France ou d'une autre bibliothèque de l'État, d'une collectivité territoriale ou d'une autre personne publique ; d'un service d'archives de l'État, d'une collectivité territoriale ou d'une autre personne publique. À ce titre, l'Administration précise que « Bénéficient notamment de l'exonération, les cessions opérées au profit des Archives nationales, des services d'archives régionaux, départementaux et communaux ainsi qu'aux organismes publics autorisés à gérer leurs archives définitives. Par extension, sont admises au bénéfice de l'exonération les cessions réalisées au profit d'un organisme privé lorsque les archives gérées par celui-ci font l'objet d'un classement en tant qu'archives historiques. »[72].

Paragraphe 2 – L'aide fiscale au patrimoine écrit

82- Au-delà de ces mécanismes dérogatoires au droit commun, le soutien financier de l'État pour la mise en valeur d'un patrimoine écrit est focalisé sur le livre, y compris en lien avec la chaîne du livre, selon une conception qui dépasse la notion de patrimoine pour embrasser celle d'un soutien à une industrie culturelle. La mesure emblématique concerne le taux de TVA réduit applicable au livre. L'évaluation budgétaire de ce taux réduit de TVA est de l'ordre de 713 millions d'euros en 2022[73]. Pour mémoire, en raison de la bonne santé économique du livre, ce montant a augmenté au cours des 15 dernières années. En effet, établi à 500 millions d'euros en 2007, ce taux réduit de TVA était alors considéré comme une dépense fiscale[74]. Sur un plan méthodologique, sont considérés comme des dépenses fiscales, les taux de TVA ayant une visée de soutien sectoriel ou incitatif ; à l'inverse, ne sont pas considérés comme des dépenses fiscales les taux réduits de TVA destinés non à favoriser un secteur ou un comportement, mais visant à influer sur la consommation de certains produits de base. Pour cette raison, les évaluations des voies et moyens, annexes aux projets de lois de finances, ne retiennent plus dans le cadre des dépenses fiscales, le taux réduit de TVA applicable au livre rendant ainsi

---

[71] Voir Christine Nougaret, « L'apport des fonds d'archives privées des archives nationales à la correspondance de Napoléon », in Napoléonica, 2022 n° 42, p.31.

[72] BOFIP, BOI-RPPM-PVBMC-20-10, n° 320, 31/12/2018.

[73] Cour des comptes, *Analyse de l'exécution budgétaire 2022*, p. 53.

[74] IGF et IGAAC, Mission d'audit et de modernisation, *Rapport sur la chaine du livre*, 2007, p. 2

peu lisible cette politique publique. Cela étant, le taux réduit de TVA est un élément de soutien public au patrimoine public dont il importe de retracer les dispositions fiscales. À l'origine, l'Administration estimait que, pour être considéré comme un livre, un ouvrage devait, en la forme, représenter un volume imprimé sous un titre et au fond, il fallait qu'il s'agisse de l'œuvre intellectuelle d'un ou plusieurs auteurs ou de la reproduction d'œuvres ayant pour objet l'enseignement ou la diffusion de la pensée et de la culture[75]. La définition fiscale du livre a rapidement évolué et est issue d'une instruction fiscale du 30 décembre 1971 relative à la TVA[76] depuis remplacée par une instruction du 12 mai 2005[77]. Pour l'administration des finances publiques, un livre est un ensemble imprimé, illustré ou non, publié sous un titre, ayant pour objet la reproduction d'une œuvre de l'esprit d'un ou plusieurs auteurs en vue de l'enseignement, de la diffusion de la pensée et de la culture. En 2005, une légère évolution permet de qualifier de livre des publications à « l'apport éditorial avéré » c'est-à-dire caractérisé par la recherche, la sélection et la mise en forme de données conférant à l'ensemble une homogénéité et une cohérence globale, même si l'ouvrage est dépourvu de contenu rédactionnel au sens strict. À ce jour, la définition fiscale du livre est donnée par l'administration comme suit « Un livre est un ensemble imprimé, illustré ou non, publié sous un titre, ayant pour objet la reproduction d'une œuvre de l'esprit d'un ou plusieurs auteurs en vue de l'enseignement, de la diffusion de la pensée et de la culture. Pour être considéré comme un livre, un ouvrage doit remplir les conditions cumulatives suivantes : – être constitué d'éléments imprimés ; – reproduire une œuvre de l'esprit ; – ne pas présenter un caractère commercial ou publicitaire marqué ; – ne pas contenir un espace important destiné à être rempli par le lecteur »[78]. De cette approche, le juge de l'impôt en tire une qualification juridique articulée autour de trois critères. Le critère physique est caractérisé par un imprimé tandis que le critère intellectuel renvoie à une œuvre de l'esprit, complété par un critère finaliste lié à la diffusion de la pensée ou de la culture. Pour le Conseil d'État : « un livre doit être regardé comme un ouvrage imprimé ayant pour objet la reproduction d'une œuvre de l'esprit en vue de l'enseignement, de la diffusion de la pensée ou de la culture »[79]. En 1996, le Conseil d'État adopte la formulation d'*« ensemble homogène comportant un apport intellectuel »*. Il y recourt alors aussi bien que pour dénier le bénéfice du taux réduit à des ouvrages se présentant comme la réunion et l'amalgame de chapitres

[75] Instruction générale TVA, 20 novembre 1967, n° 221-20

[76] BODGI 3 C-14/71. – Doc. adm. DGI, 3 C-215, § 6, 31 août 1994

[77] BODGI 3 C-4-05 n° 82 , 12 mai 2005.

[78] BOI-TVA-LIQ-30-10-40, 15 juillet 2013, § 40.

[79] CE, 8e et 9e ss-sect., 18 juin 1990, n° 54316 : Dr. fisc. 1990, n° 39, comm. 1727, concl. P.-F. Racine.

interchangeables[80] que pour valider la doctrine administrative reconnaissant le bénéfice du taux réduit aux partitions de musique[81]. Somme toute, le juge de l'impôt caractérise un livre à partir de deux critères cumulatifs, l'un matériel (ensemble imprimé homogène) et l'autre fonctionnel (apport intellectuel). Cette notion d'apport intellectuel constitue un critère objectif de qualification. Ainsi, ont seuls le caractère de livres susceptibles de bénéficier du taux réduit de la TVA, en application de l'article 278 bis, 6° du CGI (désormais remplacé par l'article 278-0 bis, A-3° du même Code), les ouvrages qui constituent des ensembles homogènes comportant un apport intellectuel. Une Cour administrative d'appel commet une erreur de droit en se fondant sur le caractère érotique d'un ouvrage pour lui refuser la qualification de livre au sens de la disposition précitée[82]. En d'autres termes, le juge de l'impôt ne s'interroge nullement sur le sujet traité pour caractériser l'apport intellectuel. Les juges du fond adoptent une position analogue. Selon la Cour administrative de Nantes, tout ouvrage imprimé, quel qu'en soit le sujet, peut constituer un livre au sens de l'ancien article 278 bis, 6° du CGI. Dès lors, constituent des livres au sens de cette disposition des ouvrages à caractère pornographique qui ne présentent pas, aux plans matériel et intellectuel, des caractéristiques excluant qu'ils puissent être regardés comme tels. « Ces ouvrages peuvent donc bénéficier du taux réduit de la TVA dès lors qu'ils n'ont pas fait l'objet des interdictions prévues par l'article 14 de la loi 49-956 du 16 juillet 1949 modifiée »[83]. Pour le tribunal administratif de Paris, répond à la définition fiscale du livre, et bénéficie par suite du taux réduit, « un ouvrage composé de fiches techniques reliées en tomes, qui ne peuvent pas être utilisées indépendamment les unes des autres et constituent ainsi un ensemble cohérent, dont le contenu n'est pas une simple compilation de données objectives, et qui présentent une méthode, susceptible d'être employée pour la formation des professionnels, qui n'est pas utilisable sans le mode d'emploi comportant lui-même un apport intellectuel »[84]. Pour juger que les exemplaires de huit revues éditées par la société requérante avaient le caractère de livres, une Cour administrative d'appel s'est livrée à une appréciation souveraine des faits exempts de dénaturation et n'a ni commis d'erreur de droit ni inexactement qualifié les faits en jugeant que lesdits exemplaires constituaient chacun un ensemble homogène comportant un apport

[80] CE, 9e et 8e ss-sect., 17 juin 1996, n° 145594, SA France Sud Diffusion : Lebon, p. 229 ; Dr. fisc. 1996, n° 49, comm. 1476, concl. Ph. Martin ; RJF 7/1996, n° 902, chron. S. Austry, p. 478

[81] CE, 8e et 3e ss-sect., 26 nov. 2007, n° 300828, Sté Arezzo et a. : JurisData n° 2007-081224 ; Dr. fisc. 2007, n° 51, comm. 1064, concl. N. Escaut ; RJF 2008, n° 133

[82] CE 9e-8e s.-s., 17-2-1997 n° 165538, Sté ED-DIS-SUD, RJF 4/97 n° 323.

[83] CAA Nantes 13-3-1996 n° 94950, SARL Promotion-Diffusion « Les Vikings », RJF 1/97 n° 20

[84] TA Paris 5-7-2000 n° 95-13409, sté Conseils-Mainpierre, RJF 1/01 n° 20.

intellectuel, « dès lors que ces exemplaires constituaient des ensembles imprimés et brochés contenant des articles traitant de manière approfondie de sujets d'ordre historique, géographique, culturel, scientifique et médical en relation, pour chacun d'eux, avec le thème de la revue, c'est-à-dire, selon les cas, le mystère, les mythes et les légendes, le Moyen Âge, l'histoire des religions et des mythes, la Seconde Guerre mondiale, les religions, les croyances et les énigmes historiques, les extraterrestres, le sacré et les religions et les énigmes historiques »[85]. S'agissant d'un livre destiné à une diffusion de la pensée et de la culture, le 3° du A de l'article 278-0 bis du code général des impôts (CGI) soumet à la TVA au taux réduit de 5,5 % les opérations d'achat, d'importation, d'acquisition intracommunautaire, de vente, de livraison, de commission, de courtage ou de façon, ainsi que de location portant sur les livres sur tout type de support physique, y compris ceux fournis par téléchargement. Jusqu'au 31 mars 2012, les livres imprimés, ainsi que ceux fournis sur un autre support physique tel que cassette audio, disque compact, cédérom, clé USB étaient soumis au taux réduit de 5,5 %. Suite à l'intervention de l'article 13 de la loi 2011-1978 du 28 décembre 2011 instaurant un second taux réduit de 7 %, les livres précités sont passés, à compter du 1er avril 2012, à ce taux. Les livres fournis par téléchargement, qui constituent des prestations de services par voie électronique, relevaient du taux normal jusqu'en 2011. Ils ont bénéficié du taux réduit de 7 % à compter du 1er janvier 2012 en application des articles 25 de la loi 2010-1657 du 29 décembre 2010 et 13 de la loi 2011-1978 précitée. L'article 28 de la loi 2012-958 du 16 août 2012 a rétabli le taux réduit de 5,5 %, à compter du 1er janvier 2013, en ce qui concerne les opérations d'achat, d'importation, d'acquisition intracommunautaire, de vente, de livraison, de commission, de courtage, de façon ou de location portant sur les livres sur tout type de support physique y compris aux livres fournis par téléchargement. La directive 2009-1947/CE du Conseil du 5 mai 2009, entrée en vigueur le 1er juin 2009, a étendu le bénéfice du taux réduit de TVA de 5,5 % à la fourniture de livres sur tout type de support physique. En conséquence, l'administration fiscale a précisé que les livres audio bénéficient du taux réduit de TVA, tout comme les livres sous forme de Cédérom ou de clé USB dès lors que le contenu du support reproduit, pour l'essentiel, la même information que celle contenue dans les livres imprimés[86]. Outre la problématique d'une définition du livre, une pomme de discorde est survenue à propos du taux de TVA appliqué par la France au livre numérique. L'article 1er de la loi du 26 mai 2011 relative au prix du livre numérique définit ce dernier comme « *une œuvre de l'esprit créée par un ou*

---

[85] CE sect. 2-12-2016 n° 387 613, 387631, 387632, 387633, 387635, 387636, 387637 et 387638, Sté Export Press, RJF 2/17 n° 168, concl. E. Cortot-Boucher (C 168)

[86] Rescrit fiscal n° 2009-48 (TCA) : Taxe sur la valeur ajoutée des livres Audio, 15 septembre 2009

plusieurs auteurs et [qui] est à la fois commercialisé sous sa forme numérique et publié sous forme imprimée ou [qui] est, par son contenu et sa composition, susceptible d'être imprimé, à l'exception des éléments accessoires propres à l'édition numérique »[87]. La Commission européenne a décidé le 21 février 2013 de saisir la CJUE de recours contre la France et le Luxembourg en raison de l'application d'un taux réduit de TVA aux livres numériques. En effet, la Commission rappelle que la fourniture de livres numériques est un service délivré par voie électronique et que l'application d'un taux réduit à ce type de services est exclue. Le non-respect de la législation européenne en la matière par la France et le Luxembourg génère de graves distorsions de concurrence au détriment des opérateurs des autres États membres de l'Union. Saisie de deux recours introduits par la Commission européenne, la Cour de justice de l'Union européenne a rendu deux décisions le 5 mars 2015 : une concernant la France, la deuxième relative au Luxembourg qui appliquait également une TVA à taux réduit pour les livres numériques. La Cour de justice a jugé que ces deux États ont manqué à leurs obligations en retenant que les livres électroniques constituent un « service fourni par voie électronique » auquel il est exclu d'appliquer un taux réduit de TVA : « En appliquant un taux réduit de TVA à la fourniture de livres numériques ou électroniques, un État membre manque aux obligations qui lui incombent en vertu des articles 96 et 98 de la directive 2 006/112/CE du 28 novembre 2006, telle que modifiée par la directive 2010/88/UE du 7 décembre 2010, lus en combinaison avec les annexes II et III de ladite directive et le règlement d'exécution (UE) n° 282/2011 du 15 mars 2011, portant mesures d'exécution de la directive 2 006/112 »[88]. Elle relève, en outre, que, pour la même raison tenant à l'absence de support physique, la fourniture d'un livre électronique ne peut pas être regardée comme une livraison de biens mais doit être qualifiée de prestation de services. L'enjeu de qualification est donc empreint d'une absence de prise en compte des évolutions technologiques. La Cour écarte ainsi la possibilité que l'invocation du principe de neutralité de la TVA puisse conduire à une autre solution que celle qu'ils dictent en l'espèce. Pour la Cour européenne, le principe de neutralité fiscale est cardinal. Une question posée à titre préjudiciel concernait précisément le livre numérique. La question posée était de savoir si un État membre peut réserver le bénéfice du taux réduit de TVA aux livres édités sur format papier, et en exclure les livres édités sur d'autres supports. Le choix opéré par les États membres doit cependant respecter le principe de neutralité qui s'oppose à ce que des biens ou des prestations de services semblables, qui se trouvent en concurrence les uns avec les autres, soient traités de manière différente du point de vue de la TVA. Elle considère

[87] Loi n° 2011-590 du 26 mai 2011 relative au prix du livre numérique,

[88] CJUE 5 mars 2015, aff. 479/13, 4e ch., Commission européenne c/République française, RJF 5/15 n° 457

que pour les livres édités sur des supports autres que le format papier, ce point de vue est susceptible de varier en fonction du degré de pénétration des nouvelles technologies sur chaque marché national, et il y a donc lieu de se mettre à la place du consommateur moyen de chaque État membre[89]. Cette fenêtre d'ouverture d'un taux réduit de TVA applicable au livre numérique, à l'instar du livre imprimé, a été exploitée par le législateur français[90]. La Commission européenne a présenté le 1er décembre 2016 une proposition de modification du point 6 de l'annexe III de la directive 2 006/112/CE ainsi que de l'article 98, 2 de cette directive visant à permettre aux États membres le souhaitant d'aligner les taux de TVA applicables aux publications électroniques telles que les livres électroniques et les journaux en ligne sur ceux des publications sur support physique et d'appliquer ainsi des taux de TVA réduits, voire super-réduits ou nuls aux publications électroniques. Cette proposition a finalement été adoptée le 6 novembre 2018, par le conseil de l'Union européenne, pour donner naissance à la directive UE/2018-1713. Évitant ainsi une rupture technologique, le législateur français qui avait soumis dès 2012 le livre numérique au taux réduit de TVA, est ainsi conforté. La loi n° 2019-1479 du 28 décembre 2019 de finances pour 2020 est venue à nouveau modifier l'article 278-0 bis du code général des impôts pour étendre au livre audio l'application du taux réduit de TVA. Depuis le 1er janvier 2020, les livres audio au format numérique sont donc soumis à un taux réduit de TVA de 5,5 %, comme le sont les livres audio sous forme physique depuis un rescrit de l'administration fiscale publié le 15 septembre 2009. La chaîne du livre ne se limite pas au manuscrit mais concerne en aval les librairies. À ce titre, en application de l'article 70 de la loi 2007-1824 du 25 décembre 2007, les collectivités territoriales et leurs groupements dotés d'une fiscalité propre peuvent exonérer de cotisation foncière des entreprises, à compter des impositions établies au titre de 2009, les établissements de vente de livres neufs au détail qui disposent, au 1er janvier de l'année d'imposition, du label de librairie indépendante de référence. Ce label est délivré par le ministère chargé de la culture aux établissements qui disposent de locaux ouverts à tout public et proposent un service de qualité reposant notamment sur une offre diversifiée de titres, la présence d'un personnel affecté à la vente de livres en nombre suffisant et des actions régulières d'animation culturelle.

[89] CJUE 11-9-2014 aff.219/13, 3e Ch, K Oy, RJF 12/14 n° 1163

[90] Voir Lukasz Stankiewicz, « Le livre numérique en quête de neutralité fiscale », Juris art etc. 2013, n° 7, p.31.

Paragraphe 3 – La singularité d'une fiscalité affectée au patrimoine écrit

83- La fabrique du patrimoine écrit tient à de multiples opérateurs dont le centre national du livre crée le 11 octobre 1946, sous l'appellation de Caisse nationale des lettres. Cette conquête institutionnelle s'inscrivait dans un vaste chantier social pour permettre à des auteurs de bénéficier d'avances sur la cession de leurs ouvrages et plus généralement de subventions[91]. S'agissant d'un établissement public, sous la tutelle du ministère des affaires culturelles, la caisse nationale des lettres était dotée d'une autonomie financière « théorique ». Le financement devait être assuré par une double cotisation : 5 pour 1 000 sur le chiffre d'affaires des maisons d'édition et autant sur les droits d'auteur. Cependant, la loi demeura lettre morte, l'exécutif n'ayant pu obtenir l'accord des intéressés. Devenu centre national des lettres, le décret n° 73539 du 14 juin 1973[92] ajoute aux activités sociales de l'établissement des missions culturelles, sans avoir réglé l'épineux problème d'un financement autonome. Aux termes de l'article 3 le centre national des lettres doit désormais « Offrir aux auteurs un centre permanent de rencontres et d'échanges ; Animer les activités littéraires des régions françaises ; Appliquer à tous les modes d'expression littéraire les mesures d'aide à la création et concourir à la diffusion, sous toutes ses formes, des œuvres littéraires sans distinction de genre ; Assurer la défense et le développement de la langue et de la culture françaises ; Contribuer, dans le cadre des textes législatifs et réglementaires, à l'application de toutes les dispositions d'ordre social et économique prises en faveur des auteurs ». Le principe selon lequel les diffuseurs de contenus culturels contribuent à leur création devrait d'ailleurs permettre de dégager des ressources propres de nature à permettre un enrichissement du patrimoine écrit. Dans cette veine, le décret n° 76-113 du 30 janvier 1976, crée enfin des ressources de nature à consolider l'autonomie financière de l'institution. À la taxe de 0,2 % sur les ventes des éditeurs, dont l'assiette est quelque peu élargie, s'ajoute le produit d'une taxe de 3,25 % sur le matériel de reprographie, qui constitue une première réponse aux revendications des éditeurs sur le préjudice que représente pour eux cette nouvelle technologie. Par la suite, le décret n° 93-397 du 19 mars 1993[93], change la dénomination de l'institution qui devient le centre national du livre et renforce les missions de l'établissement sur l'ensemble de la chaîne du livre y compris au profit des auteurs, éditeurs, traducteurs, libraires, imprimeurs, bibliothécaires et à tous les professionnels et amateurs du livre afin de les doter d'un centre permanent de rencontres et de dialogues. En somme, le CNL défend la langue et la culture française en encourageant tous les modes d'expression littéraire. Il contribue

---

[91] Loi n° 46-2196 du 11 octobre 1946, JO.12/10/1946, p. 8639.

[92] Décret n° 73539 du 14 juin 1973, JO. 22/06/1973, p. 6614.

[93] Décret n° 93-397 du 19 mars 1993, JO.21/03/1993, p. 4406

ainsi au développement économique du livre. Pour y parvenir, le législateur a institué à son profit deux prélèvements obligatoires qualifiés initialement et faussement de redevances alors qu'il s'agit dès l'origine d'impositions de toute nature au sens de l'article 34 de la constitution. L'article 22, I de la loi de finances pour 1976[94] a institué à compter du 1er janvier 1976 au profit du Fonds national du livre : une redevance sur l'édition des ouvrages de librairie (devenu taxe sur l'édition des ouvrages de librairie) et une redevance sur l'emploi de la reprographie (devenue taxe sur les appareils de reproduction ou d'impression). Les deux redevances étaient portées en recettes à un compte spécial du Trésor intitulé Fonds national du livre. À compter du 1er janvier 2001, ce compte est supprimé et le produit des deux redevances est affecté au Centre national du livre. Ces deux redevances ont été contestées au miroir du droit communautaire. En premier lieu, l'institution de la redevance sur l'emploi de la reprographie a été contestée dans son principe même par la Commission des Communautés européennes qui, par une requête déposée le 5 juin 1979 auprès de la Cour de justice des Communautés européennes, a soutenu, sur le fondement de l'article 169 du traité de Rome, qu'en créant cette redevance la France avait manqué aux obligations lui incombant en vertu des articles 12 et 113 dudit traité ainsi que des dispositions du règlement n° 950-68 du 28 juin 1968 relatif au tarif douanier commun. Par son arrêt du 3 février 1981[95] la Cour de justice a rejeté cette argumentation et considéré que la redevance en cause, perçue au même taux sur les produits nationaux et importés, revêt le caractère d'une imposition intérieure ainsi que la France l'avait soutenu. En second lieu, un autre contentieux est né au titre de la compétence personnelle et matérielle de la redevance sur l'édition des ouvrages de librairie. En effet, selon les juges du Palais Royal, les subventions accordées par le Centre national du livre à des bibliothèques, ses soutiens financiers à des manifestations ou des organismes contribuant à la diffusion du livre, ses aides personnelles à certains auteurs ou traducteurs sont, de par leur objet, sans incidence sur la concurrence susceptible de s'exercer entre les éditeurs d'ouvrages de librairie. Les prêts et subventions accordés par le Centre national du livre à des revues, actes de colloques ou livres ne concernent que des publications qui, en raison de la spécificité des sujets traités et du public restreint auquel elles s'adressent, ne sont pas en concurrence virtuelle avec d'autres ouvrages édités dans un autre État membre. « Dès lors, les aides au financement desquelles concourt le produit de la taxe sur l'édition des ouvrages de librairie affecté au Centre national du livre n'entrent pas dans le champ de l'article 92 (devenu article 87) du traité CE. Par suite, une Cour administrative d'appel commet une erreur de droit en regardant les soutiens financiers alloués par le Centre national du livre comme des aides

---

[94] Loi n° 75-1278 du 30 décembre 1975, JO. 31/12/1975, p.13564.

[95] CJCE, 3 févr. 1981, aff. C-90/79, Comm. des Communautés européennes c/ République française : Dr. fisc. 1982, n° 11, comm. 577 ; JCP G 1982, II, 13700, note E.-P. Burki.

d'État au sens de l'article 92 du Traité, sans rechercher si ces soutiens, eu égard à leur destination et à la spécificité du marché des ouvrages de librairie, étaient de nature à affecter ou non les échanges entre États membres. Le moyen tiré de ce que la taxe sur l'édition des ouvrages de librairie constituerait une imposition intérieure discriminatoire au sens de l'article 95 (devenu article 90) du Traité est inopérant à l'appui d'une demande en décharge de cotisations qui n'ont pas été, en tout ou partie, établies à raison d'opérations portant sur des produits importés d'un autre État membre »[96]. En dehors de quelques exonérations, le champ d'application de ces taxes était suffisamment large pour assurer un recouvrement cohérent d'impositions au regard des objectifs de politique économique[97] mais insuffisant pour assumer le bon fonctionnement de l'institution. L'affectation d'impôts à ces organismes fait échapper ces ressources publiques au contrôle et à l'autorisation annuelle du Parlement dans le cadre de l'examen du projet de loi de finances. Des rapports parlementaires, comme celui relatif au financement des politiques culturelles de l'État par des ressources affectées[98] avaient stigmatisé une telle dérive[99]. Les impôts affectés sont en effet encadrés par la loi organique des finances publiques. Aux termes de l'article 2 de la loi organique du 1er août 2001 relative aux lois de finances, « les impositions de toutes natures ne peuvent être directement affectées à un tiers qu'à raison des missions de service public confiées à lui et sous les réserves prévues par les articles 34, 36 et 51 ». Dans sa décision du 25 juillet 2001, interprétant ces dispositions, le Conseil constitutionnel a jugé que « la loi ne peut affecter directement à un tiers des impositions de toutes natures qu'à raison des missions de service public confiées à lui, sous la triple condition que la perception de ces impositions soit autorisée par la loi de finances de l'année, que, lorsque l'imposition concernée a été établie au profit de l'État, ce soit une loi de finances qui procède à cette affectation et qu'enfin le projet de loi de finances de l'année soit accompagné d'une annexe explicative concernant la liste et l'évaluation de ces impositions »[100]. L'affectation de ces deux taxes au profit de l'établissement public répond donc à ces exigences budgétaires. Pour l'institution bénéficiaire, cette affectation de ressources est un gage de son autonomie alors que du point de vue parlementaire, il s'agit d'une amputation de son pouvoir d'appréciation sur des ressources « nationales ». Selon le Conseil des prélèvements obligatoires « L'affectation de recettes constitue une

---

[96] CE 23-11-2001 n° 209974, 9e et 10e s.-s., min. c/ SA Editions Jacques Glénat, Lebon, p. 566 ; Dr. fisc. 2002, n° 14, comm. 309, concl. J. Courtial ; RJF 2/02 n° 24

[97] Ces taxes dont le fait générateur et l'exigibilité de la taxe sont déterminés dans les mêmes conditions qu'en matière de TVA, étaient liquidées et recouvrées selon les modalités inhérentes à la TVA.

[98] Rapport AN, n° 3798, 12 octobre 2011

[99] Voir Jean-Raphael Pellas, « Les impôts affectés , quelle légitimité ? », RFFP, n° 123, 2013, p.115.

[100] Cons. const., 25 juill. 2001, déc. n° 2001-448 DC, considérant 10.

entorse au principe d'universalité budgétaire, en vertu duquel l'ensemble des ressources publiques ont vocation à financer indistinctement l'ensemble des politiques publiques, conformément à l'article 6 de la LOLF. Il en résulte un affaiblissement concomitant du pouvoir du Parlement et de celui de la tutelle »[101]. Somme toute, pour le Conseil des prélèvements obligatoires, le financement par taxe affectée, qui est dérogatoire au principe d'universalité budgétaire, ne peut être justifié que s'il accroît l'efficience des entités ainsi financées. En synthèse, le CPO subordonne au principe d'universalité budgétaire, l'indispensable efficience d'une ressource affectée, pour des raisons de gestion, voire de fuite budgétaire : « Dans un contexte où les finances publiques sont durablement contraintes, la ressource fiscale ne peut plus être utilisée de manière inefficiente. Afin que le législateur puisse opérer des choix et répartir cette ressource au mieux de l'intérêt général, la fiscalité affectée doit faire l'objet d'une refonte fondée sur la réaffirmation du principe d'universalité budgétaire »[102]. Sur l'autel de l'inefficience économique, à raison de leurs faibles rendements, ces deux taxes ont été supprimées à compter du 1er janvier 2019 par l'article 26 de la loi n° 2018-1317 du 28 décembre 2018. Cette ressource fiscale affectée, génératrice d'une politique publique à l'ombre de la tutelle ministérielle était donc suffisamment critiquable sur la base de principes budgétaires et d'impératifs de justice fiscale au titre d'une redistribution des deniers publics, pour faire l'objet d'une suppression, concourant ainsi à réaffirmer la centralité du rôle de l'État dans le pilotage de la chaîne du livre et partant du patrimoine écrit. Désormais, l'opérateur culturel dépend des subventions allouées par le ministère de la culture, de ses arbitrages et somme toute, d'un pouvoir décisionnel recentré autour des conférences budgétaires.

SECTION IV :
Le régime fiscal du patrimoine culturel cinématographique et audiovisuel

Paragraphe 1 : Les opérateurs chargés de la conservation du patrimoine cinématographique et audiovisuelle

84- Il n'existe pas de définition juridique du patrimoine cinématographique. En déterminant les missions du centre national du cinéma et de l'image animée, l'article L. 111-2 du code du cinéma et de l'image animée précise que l'une d'entre elles est « 5° de collecter, conserver, restaurer et valoriser le patrimoine cinématographique. À ce titre, il exerce notamment les missions relatives au dépôt légal qui lui sont

[101] Conseil des Prélèvements Obligatoires, rapport particulier de Justine Coutard, « Les effets des taxes affectées sur les finances publiques », 2013, p.20.
[102] CPO, rapport précité, synthèse. p.1.

confiées par le titre III du livre I du code du patrimoine ; il reçoit en dépôt les documents cinématographiques et les biens culturels se rapportant à la cinématographie et procède, en propre ou pour le compte de l'État, à des acquisitions destinées à enrichir les collections dont il a la garde ». Le dépôt légal cinématographique instauré par la loi n° 92-546 du 20 juin 1992, dont les dispositions ont été codifiées aux articles L. 131-1 à L. 133-1 du code du patrimoine, s'inscrit dans le cadre d'une politique volontariste de rationalisation de la collecte, de protection et de valorisation du patrimoine cinématographique. La préservation de ce patrimoine constitutif de l'identité nationale semble se fondre dans la nécessité d'élaborer des procédures de dépôt[103], d'archivage des documents cinématographiques et audiovisuels, de restauration mais également de mise en valeur d'un patrimoine accessible au public. À ce titre, l'article L. 261-1 du Code du cinéma et de l'image animée, issu de la loi n° 2021-1382 du 25 octobre 2021, impose la notification préalable au ministre de la Culture des opérations par lesquelles un producteur audiovisuel céderait des « œuvres cinématographiques ou audiovisuelles, entrant dans le champ d'application de l'accord prévu [à l'] article L. 132-27 [du CPI], à une personne non soumise audit article L. 132-27 et n'ayant pas la qualité de coproducteur de l'œuvre [...] ». Aurore Bergé et Sophie Mette en précisaient le sens comme suit : « Ce dispositif est destiné à faire obstacle au départ du territoire et à l'arrêt de l'exploitation d'œuvres constitutives du patrimoine audiovisuel et cinématographique français »[104]. La notion de patrimoine cinématographique demeure diffuse et suffisamment large pour englober non seulement les kilomètres de pellicules, mais également les affiches, les bandes-annonces, les photos, les scenarii, les costumes et les décors pour ne citer que les éléments constitutifs. Cela étant, il s'agit d'un patrimoine vulnérable. De ce fait, il devenait urgent d'organiser un dépôt légal des œuvres cinématographiques qui permettrait leur collecte systématique aux fins de conservation. Le décret n° 77-535 du 23 mai 1977 fixe les conditions d'application aux films cinématographiques de

[103] L'article L 131-2 du code du patrimoine dispose que « Les documents imprimés, graphiques, photographiques, sonores, audiovisuels, multimédias, quel que soit leur procédé technique de production, d'édition ou de diffusion, font l'objet d'un dépôt obligatoire, dénommé dépôt légal, dès lors qu'ils sont mis à la disposition d'un public. *(Ord. n° 2009-901 du 24 juill. 2009, art. 5)* «Toutefois, les documents destinés à une première exploitation en salles de spectacles cinématographiques sont soumis à l'obligation de dépôt légal dès lors qu'ils ont obtenu le visa d'exploitation cinématographique prévu à l'article L. 211-1 du code du cinéma et de l'image animée ».

[104] AN, rapport n° 4245 relatif à la régulation et à la protection de l'accès aux œuvres culturelles à l'ère numérique, 15 juin 2021, p. 121. Dans son avis n° 402564 du 1er avril 2021, le Conseil d'Etat n'était pas favorable à la procédure initiale d'autorisation préalable -voir le § 16.

la loi du 21 juin 1943 relative au dépôt légal[105]. La Bibliothèque nationale est certes dépositaire des films français, tous genres et métrages confondus. Cependant, l'article L. 132-3 du code du patrimoine confie la responsabilité du dépôt légal cinématographique au Centre national du cinéma et de l'image animée. Au sens de l'article R. 132-28 du code du patrimoine, l'élément déposé doit être un élément intermédiaire permettant l'obtention d'une copie positive ou d'une matrice négative, ou encore une copie positive conforme aux copies d'exploitation. Le synopsis et le matériel publicitaire (bandes-annonces, affiches, photographies) sont intégrés au dépôt légal. Celui-ci est modifié par le décret n° 93-1429 du 31 décembre 1993[106] qui introduit le principe d'universalité du dépôt et confirme la multiplicité des institutions dépositaires du dépôt légal. Pour l'essentiel, un bicéphalisme s'est progressivement installé en vue de la conservation de ce patrimoine cinématographique. André Malraux, alors Ministre des Affaires Culturelles, décida en 1969 la création du Service des Archives du Film, rattaché depuis l'origine au CNC. Le décret n° 69-675 du 19 juin 1969, charge le Centre National de la Cinématographie d'« assurer la conservation des films qu'il reçoit en dépôt ou dont il acquiert la propriété ». Au sein du centre national du cinéma et de l'image animée, l'actuelle direction du patrimoine cinématographique est en charge de la gestion directe et indirecte de l'activité patrimoniale cinématographique française. Elle gère la conservation, la sauvegarde, la restauration et le catalogage des films sur tous supports, confiés au CNC dans le cadre de dons, de dépôts volontaires et du dépôt légal des œuvres cinématographiques. Placé sous la tutelle de la direction du patrimoine du CNC, ce service devait remédier aux insuffisances de la cinémathèque dans l'inventaire et la conservation des films. Dans le même temps, cette mission apparaissait comme un moyen pour les pouvoirs publics de reprendre en main la protection et la diffusion du patrimoine cinématographique jusqu'alors été assumée par la cinémathèque française. Depuis sa création en 1936, la Cinémathèque française a réuni une collection de très grande envergure. Cette collection est en constante augmentation, en raison des dépôts de films ou des dons d'objets et d'archives de cinéastes, de producteurs, de distributeurs ou de techniciens vivants ou décédés. Pour accroître la sélectivité des acquisitions, la Cinémathèque s'est dotée en 2008 d'une charte du patrimoine qui définit les priorités d'enrichissement. Son dernier rapport d'activité de 2022 mentionne une stabilité de ses ressources financières annuelles à environ 30 millions d'euros dont les 2/3 sont constitués depuis 2011 par une subvention versée par le CNC. Les autres ressources propres proviennent de la billetterie, des locations et de la librairie. Du point de vue

[105] Décret n° 77-535 du 23 mai 1977, JO 27/05/1977.
[106] Décret n° 93-1429 du 31 décembre 1993 relatif au dépôt légal, JO 1/1/1994, p.62

des archives du film, l'appropriation de technologies modernes a permis, via la numérisation du support pellicule, de sauvegarder des œuvres vouées à une disparition certaine, en raison de la nature chimique de leur support et de leur diffusion auprès d'un large public[107]. Poser la question de l'éphémère, c'est s'intéresser aux pratiques patrimoniales, de l'inventaire à l'appel au financement comme auxiliaire de la restauration. Cette dernière permet à un élément du patrimoine emblématique d'être transmis aux générations futures. Dans cette veine, le CNC met en place un dispositif de financement via le mécénat pour la numérisation et la restauration d'œuvres cinématographiques du patrimoine. La question des critères de sélection est délicate : un film de patrimoine est-il défini par son âge, sa rareté, sa qualité artistique, sa popularité ? Dans une perspective de marché, les critères ont été appréciés en fonction d'une temporalité. Les films de patrimoine, objet de ce mécénat, ont été déterminés à partir d'une date de sortie en salle « Il s'agit des œuvres du cinéma muet et du cinéma parlant, de court et de long métrage, quel qu'en soit le genre, sorties en salle avant le 1er janvier 2000 et ayant obtenu un visa ou représentées en salle avant l'institution de ce visa (la notion de visa existe depuis 1919) » et de poursuivre « Les œuvres parlantes doivent avoir été réalisées intégralement ou principalement, soit en version originale en langue française ou dans une langue régionale en usage en France, soit, dans le cadre d'une coproduction internationale, dans la langue du pays du coproducteur majoritaire »[108]. Conserver, restaurer, rassembler une solide documentation en vue de communiquer au plus grand nombre les richesses du patrimoine cinématographique français. Tels sont somme toute les principaux objectifs d'une politique publique relative au patrimoine cinématographique. On peut se demander si, avec le numérique, ce qui s'impose n'est pas un nouveau régime d'historicité du patrimoine, au sens où François Hartog le définit, à la fois sous l'angle des rapports au temps et de la conscience de soi d'une communauté[109].

---

[107] Une perte massive du patrimoine cinématographique s'explique par la matérialité du support pellicule. Le celluloïd ou « film flamme » en nitrate de cellulose, est fabriqué à partir d'un polymère naturel, la cellulose qui se dégrade progressivement en fonction des températures environnantes.

[108] Site du CNC, Direction du patrimoine cinématographique, Dispositif mécénat pour la numérisation et la restauration d'œuvres cinématographiques du patrimoine.

[109] François Hartog, Régimes d'historicité. Présentisme et expériences du temps. Paris, Editions du Seuil, 2003, p. 19.

Paragraphe 2 – La genèse des ressources fiscales au soutien de l'industrie cinématographique

85- Avant 1946, l'organisation de l'industrie cinématographique relevait de deux organismes : la direction générale du cinéma placée sous l'autorité directe du ministre de l'Information et l'office professionnel du cinéma lequel avait remplacé le comité d'organisation de l'industrie cinématographique. Pour concilier des prérogatives corporatives et étatiques, le Centre national de la cinématographie fut créé par la loi du 25 octobre 1946. L'organisation de l'industrie cinématographique est paradoxalement à la fois autonome dans ses mécanismes et ses orientations et dépendante des orientations du ministère de l'information dans un premier temps puis des affaires culturelles à partir de 1959. La genèse de l'organisation administrative et financière de la filière cinématographique est ainsi fixée par la création en 1946 d'un établissement public administratif, dotée de l'autonomie financière, dénommée centre national de la cinématographie[110] qui devient en 2009 le centre national du cinéma et de l'image animée[111]. Ce sont néanmoins les prémisses de cette installation qui retiennent notre attention. Clef de voûte des institutions contemporaines du cinéma, le rapport du député Maurice Petsche présenté à la commission des Finances du cinéma, souligne les crises que traverse l'industrie cinématographique. En effet, Maurice Petsche saisit l'occasion de la discussion autour de la récupération de la créance de la Banque nationale de crédit sur la Gaumont-Franco-Film-Aubert pour provoquer une réflexion sur la situation de l'ensemble de l'industrie cinématographique. Le projet essentiel est la création d'un fonds national du cinéma, organisme de financement et de crédit qui, sous les habits d'une réglementation financière, s'avère être une mise sous contrôle étatique du marché, une « étatisation » de l'industrie cinématographique pour les professionnels[112]. Un deuxième rapport présenté au Conseil national économique,

[110] Loi n° 46-2360 du 25 octobre 1946 portant création d'un centre national de la cinématographie, JO. 26/10/1946, p.9070.

[111] Ordonnance n° 2009-901 du 24 juillet 2009 relative à la partie législative du code du cinéma et de l'image animée. JO. 25/7/2009, texte 38. L'ordonnance précise en préambule que « l'établissement change de nom afin d'entériner l'évolution qui, depuis 1946, a conduit à l'extension de son champ d'action au-delà du seul cinéma, en direction principalement de la production audiovisuelle, de la vidéo et du multimédia, incluant le jeu vidéo ».

[112] En juin 1935, la Commission des Finances de la Chambre des Députes adopte un rapport de Maurice Petsche, spécialiste des questions financières, qui avait été Sous-Secrétaire d'Etat aux Beaux-Arts dans les trois premiers gouvernements Laval en 1931 et 1932. Voir Paul Léglise, *Histoire de la politique du cinéma français. Le cinéma et la III è République,* LGDJ, Paris, 1970, pp.105-114 ; Laurent Creton, *Histoire économique du cinéma français,* CNRS, 2004 ; Jean-Pierre Jeancolas, « Cinéma des années trente : la crise et l'image de la crise », Le mouvement social, 1991, n° 154, pp.173-195 ; Jacques

sous l'autorité de l'inspecteur des finances Guy de Carmoy, est plus pessimiste que le premier quant à la crise que traverse l'industrie cinématographique. En réponse, mais prenant le contrepied du rapport Petsche, dénoncé comme interventionniste, le rapport de Carmoy offrait « à un organisme corporatif unique des pouvoirs normalement dévolus a la puissance publique »[113]. En effet, le nœud de la réforme préconisée par de Carmoy consiste en la création d'un groupement unique des chambres syndicales patronale jouissant d'attributions d'ordre régalien sous le contrôle de la puissance publique. Ainsi, les professionnels du cinéma pourraient, sous le contrôle de la puissance publique, limiter la mise en distribution des films d'exploitation générale, veiller à l'ouverture de nouvelles salles, examiner la programmation, contrôler les recettes dans les salles et apprécier qualitativement les films importés. Ces deux rapports opposés sur un plan dogmatique se rejoignaient sur un terrain financier dans la mesure où ces projets étaient financés par des taxes supportées par les entreprises cinématographiques. Différentes taxes s'appliquent à la projection cinématographique, outre l'impôt sur les spectacles (droit des pauvres), d'autres taxes sont créées pour « moraliser » le divertissement en temps de guerre. L'ordonnance du 30 décembre 1916 institue ainsi une taxe spéciale d'État sur le prix des places de théâtres, concerts, cinématographes et autres lieux de spectacle. Elle replace alors, près de 18 mois après sa suspension (dès le printemps 1915), la taxe de 5 % instaurée par l'ordonnance de réouverture des spectacles. La loi de finances pour 1922, crée en son article 49, « une redevance par mètre de film cinématographique soumis au contrôle institué au ministère des Beaux-arts [...]. Le visa de contrôle vaut autorisation de représenter sur tout le territoire français ». Il s'agit de mesures expéditives qui ne permettent pas de financer les besoins de l'industrie cinématographique. La création du CNC tente de concilier ces objectifs. Selon Jean-Marc Vernier « L'acte majeur, qui va donner au CNC les moyens de développer ses aides et sa légitimité face à la profession, est la création de la "loi d'aide temporaire à l'industrie cinématographique" du 23 septembre 1948 qui instaure un mécanisme constituant jusqu'à aujourd'hui la base du financement du système d'aides à l'industrie du cinéma : la taxe sur les billets alimente un compte spécial d'aide temporaire qui permet l'attribution d'un soutien automatique à la production et à l'exploitation. Le CNC, par ce prélèvement sous forme de taxe sur les tickets des

---

Choukroun, « Aux origines de « l'exception culturelle française » ? Des études d'experts au « Rapport Petsche » (1933-1935) », 1895. Mille huit cent quatre-vingt-quinze 44 | 2004 ; Jean-Marc Vernier, « L'État français à la recherche d'une politique culturelle du cinéma : de son invention à sa dissolution gestionnaire ». In Quaderni, n° 54, Printemps 2004, pp. 95-108.

[113] Paul Leglise, *op.cit.* p. 121.

salles de cinéma, devient le régulateur du circuit de l'argent, son "ordonnateur". »[114]. Cette constitution financière s'est considérablement renforcée. Le CNC ne bénéficie, en principe, d'aucun crédit budgétaire. Outre des cotisations obligatoires versées par les professionnels (producteurs, exploitants)[115], le budget annuel du CNC – 697,6 millions d'euros en 2022 et environ 710 millions d'euros pour 2023 – est abondé par quatre taxes affectées[116]. La taxe sur les services de télévision (TST) est la plus importante (environ 475 millions d'euros), dont on distingue deux « branches » : d'une part, la plus ancienne (1986), la TST « éditeurs » (TSTE), évaluée à 300 millions d'euros, à laquelle sont assujetties les chaînes de télévision ; d'autre part, la TST « distributeurs » (TSTD), évaluée à 175 millions d'euros, qui concerne, depuis 2008, les distributeurs qui acheminent le contenu audiovisuel vers le téléspectateur. La taxe sur la diffusion en vidéo physique et en ligne de contenus audiovisuels (TSV) est évaluée en 2023 à 105 millions d'euros et la taxe sur les entrées en salle de cinéma (TSA) devrait bénéficier d'un regain, post-covid, pour abonder le CNC à environ 125 millions d'euros. D'autres recettes à caractère fiscal, de montant plus marginal, sont affectées au CNC dont la taxe perçue sur les producteurs, distributeurs, exploitants et diffuseurs de contenus pornographiques ou d'incitation à la violence. Ces ressources fiscales permettent au CNC de réaliser ses missions au titre du soutien à la création cinématographique, du soutien à la diversité de la production cinématographique, du soutien à la distribution cinématographique, le soutien au parc des salles de cinéma et bien entendu pour réaliser ses missions de police du cinéma. À titre exceptionnel, l'État a versé des aides d'urgence pendant la période de crise sanitaire pour couvrir un plan de relance qui a permis au Centre national du cinéma de jouer un rôle d'amortisseur de la crise pour la plupart des acteurs du secteur, tout en tentant d'accélérer la modernisation de la filière[117]. Ces taxes affectées pour financer des dépenses d'ordre économique ou social ne sont pas sans rappeler les taxes parafiscales qui ont existé de l'entre deux-guerre jusqu'à leur suppression par la LOLF, le 1er août 2001 qui concernaient pour l'essentiel l'organisation des comités professionnels[118]. En fait, cette vague

[114] Jean-Marc Vernier, « L'État français à la recherche d'une politique culturelle du cinéma : de son invention à sa dissolution gestionnaire », Quaderni 2004, p.95.
[115] Voir Ludovic Julie, *La fiscalité de la culture*, PUAM 2005, p.190
[116] Voir PLF 2023, Sénat, Rapport général n° 115 (2022-2023), tome III, annexe 19 Médias, Livres et Industries culturelles, notamment p.43 et s., déposé le 17 novembre 2022
[117] PLF 2023, Sénat, *op.cit.* p. 55 « Le CNC a mis en place, depuis le déclenchement de la crise sanitaire une trentaine de mesures d'urgence et de sauvegarde pour soutenir les secteurs du cinéma, de l'audiovisuel et du numérique. Financées par des dotations exceptionnelles de l'État, elles représentent sur la période 2020- 2023 un montant de 262,8 millions d'euros ».
[118] Voir RFFP, La parafiscalité, n° 21, 1988.

corporatiste, née d'une crise générale et d'une sorte de dégénérescence de l'État-providence, est à l'origine d'une démultiplication depuis plusieurs années de mesures de faveur qui donnent à la fiscalité la structure d'une véritable mosaïque. Ces taxes visent à alimenter le financement des fonds d'aides par des mécanismes de péréquation dont le CNC est maître d'œuvre[119]. Cette intervention s'effectue selon deux modalités prévues par le décret n° 99-130 du 24 février 1999 modifié qui précise les conditions pour bénéficier du compte de *soutien* à l'industrie cinématographique selon les mécanismes de subventions dites « *automatiques* » et d'avances sur recettes. Un nouveau décret réforme le dispositif de soutien financier automatique et sélectif à la distribution des œuvres cinématographiques[120]. Ce texte instaure ainsi une allocation complémentaire de 25 % pour les entreprises de distribution qui investissent leur soutien automatique en minimum garanti dans une œuvre cinématographique d'initiative française, dont le budget de production est inférieur à 4 millions d'euros et qui n'est pas préfinancée par une chaîne en clair. Il renvoie au président du Centre national du cinéma et de l'image animée le soin de définir les dépenses de distribution que doivent prendre en charge les entreprises de distribution pour bénéficier du soutien financier automatique. Dans ce cadre, l'article L. 311-1 du code du cinéma et de l'image animée précise que ces différentes aides sont attribuées sous forme sélective ou automatique. Le soutien sélectif se distingue du soutien automatique dans la mesure où il considère les critères subjectifs de l'œuvre, notamment qualitatifs et culturels, en vue d'attribuer l'aide. Ce type d'aides sélectives prend principalement la forme d'avances remboursables par la société de production qui en a bénéficié. L'avance est alors attribuée par contrat[121]. Les œuvres cinématographiques de longue durée ne peuvent obtenir l'aide (qu'elle soit sélective ou automatique) qu'après l'obtention d'un agrément attribué aux producteurs du film par le directeur du CNC après avis d'une commission consultative dite commission d'agrément. Le financement de ces aides est donc réalisé à partir de ressources fiscales, dont la première fut la taxe sur les productions pornographiques ou d'incitation à la violence avant de créer celles liées aux recettes publicitaires et plus généralement aux services de télévision[122]. Plusieurs entreprises ayant été soumises au paiement de la TSV, en particulier Carrefour (pour 2008-2009) et la FNAC (pour 2009-2011), ont saisi le Conseil d'État afin d'en obtenir le remboursement en se fondant sur la violation par les autorités françaises de

[119] Voir Ludovic Julie, *op.cit.* p. 189

[120] Décret n° 2013-198 du 7 mars 2013 modifiant le décret n° 99-130 du 24 février 1999 relatif au soutien financier de l'industrie cinématographique, JO 9/03/2013, texte 30.

[121] Voir Françoise Benhamou, « Entre économie de marché et économie administrée. La politique du cinéma en question », Esprit 2006/10, p. 63.

[122] Voir Ludovic Julié, *op.cit.* p. 209

l'article 108, § 3 du Traité sur le fonctionnement de l'Union européenne (TFUE). D'autres entreprises, Canal + (pour 2010-2011) et SFR (pour 2009), ont saisi le juge administratif pour obtenir la restitution de la TST. Par son arrêt du 20 septembre 2018 se prononçant sur les questions dont le Conseil d'État, statuant au contentieux l'avait saisie à titre préjudiciel, la CJUE a invité le Conseil d'État, à titre liminaire, à s'assurer que les trois taxes affectées au financement des aides au cinéma et à l'audiovisuel, à savoir la taxe sur les billets de cinéma, la taxe sur les services de télévision et la taxe sur les ventes et locations de vidéogrammes, faisaient, lors de la période considérée, partie intégrante des régimes d'aides en cause et, en particulier, à examiner si la mise en réserve d'une partie des recettes du Centre national du cinéma et de l'image animée (CNC) avait eu pour effet de réaffecter le montant concerné à une mesure autre que celle revêtant toutes les caractéristiques d'une aide[123]. Ces régimes avaient été autorisés par la Commission en 2006 et leur mode de financement avait également fait l'objet d'une autorisation en 2007 mais les entreprises requérantes considéraient que de nouvelles modifications n'avaient pas été notifiées à la commission. En l'espèce, le Gouvernement français fait valoir que l'augmentation du produit des taxes n'a pas entraîné une augmentation dans la même proportion du montant des aides et que l'excédent a été utilisé à d'autres fins, pour alimenter un fonds de réserve du CNC et le budget général de l'État. Le Conseil d'État juge qu'en l'absence de lien d'affectation contraignant entre les taxes françaises destinées à financer le cinéma et le régime d'aides au cinéma et à l'audiovisuel qu'elles financent, les trois taxes affectées au CNC ne peuvent être regardées comme faisant partie intégrante du régime d'aides concerné[124]. La matrice financière du CNC s'inscrit dans cette « fenêtre » d'autonomie d'une politique publique. Doté de l'autonomie financière, le CNC jouit de la personnalité morale. Il exerce, dans les domaines du cinéma et des autres arts et industries de l'image animée (notamment ceux de l'audiovisuel, de la vidéo et du multimédia, dont le jeu vidéo), des missions régaliennes notamment au titre de sa mission de réglementation du secteur du cinéma et des industries de l'image animée. Quel sens donner à une telle architecture ? Le CNC est doté d'un pouvoir de décision qui se double d'un pouvoir fiscal. Il est sans doute possible de soutenir que l'établissement public correspond à la personnalisation d'un service public et, en ce sens, d'une décentralisation fonctionnelle, correspondant au souci de l'État de conférer

[123] Voir Laurence Idot « Éclaircissements sur la question de la modification d'un régime d'aides existant en cas d'augmentation du produit de taxes parafiscales, et première interprétation de l'article 4, § 1, deuxième phrase du règlement (CE) n° 794/2004. CJUE, 4e ch., 20 sept. 2018, aff. C-510/16, Carrefour hypermarchés : JurisData n° 2018-018250 », Europe, 2018 n° 11, com.429.

[124] Voir Fabrice Pezet, « twist final dans l'affaire de l'aide au cinéma. Les décisions de la commission font-elles grand écran ? », Revue de droit fiscal, 2019 n° 30-35, 348.

l'autonomie administrative et financière à l'une de ses propres activités. On sait que la tutelle administrative et technique est le contrepoids de cette décentralisation fonctionnelle. L'idée d'une institution en charge de la politique publique cinématographique et audiovisuelle, dotée de ressources fiscales exclusives, s'inscrit pleinement dans la configuration d'un ordre juridique au sens institutionnel du terme. La thèse défendue par Santi Romano est qu'il est impossible de définir un ordre juridique simplement comme un ensemble de normes. Pour cet auteur : « Tout ordre juridique est une institution et, inversement, toute institution est un ordre juridique : il y a, entre ces deux concepts, une équation nécessaire et absolue. »[125]. Cette doctrine institutionnelle partage le sort de ces rivières karstiques, destinées à ressurgir et à fertiliser des terres éloignées de leur origine natale. En d'autres termes, ce pouvoir fiscal du CNC contribue à un pluralisme juridique dans la mesure où l'État n'est pas le seul dépositaire de ce pouvoir régalien. Au demeurant, Santi Romano s'attache à remettre en cause « le principe du droit positif actuel », qui voit « dans l'État l'organe unique ou l'unique producteur du droit » et qui définit le droit « comme étant la réalisation concrète [...] d'un principe transcendant et absolu, de la justice éternelle »[126]. Nous sommes certes éloignés des théories corporatistes du rapport de Carmoy mais par le truchement d'une institution publique dotée d'un pouvoir fiscal, un ordre juridique capable d'engendrer des normes juridiques s'est installé dans le paysage administratif contemporain. Pour Eric Millard : « Santi Romano partage avec Hauriou la conviction que la théorie juridique doit conceptualiser la sociabilité première du phénomène juridique »[127]. En définitive, n'est-ce pas un principe de solidarité professionnelle qui est mis en œuvre dans cette architecture d'une politique publique cinématographique et audiovisuelle ? Les bénéficiaires de cette politique publique participent à son financement par un procédé d'impôts affectés afin, d'une part de combattre un affaiblissement du consentement à l'impôt et d'autre part de dégager un corpus de règles techniques acceptées par la profession. Ce démembrement de la puissance publique semble donc bénéficier d'avantages structurels qui sont parfois remis en cause à la faveur de crises conjoncturelles.

[125] Santi Romano, L'ordre juridique, Dalloz, 1975, p.19.

[126] Santi Romano, *op.cit.* p. 80.

[127] Eric Millard, « Sur les théories italiennes de l'Institution ». in B. Basdevant et M. Bouvier (dir). *Contrat ou institution : un enjeu de société,* LGDJ, pp.31-46, 2004, Systèmes.

Paragraphe 3 – Les ressources fiscales pour la conservation du patrimoine cinématographique et audiovisuel

86- Afin d'enrichir les collections publiques d'œuvres cinématographiques, le législateur a déployé plusieurs mesures fiscales dont celles liées à l'exonération des droits de douane pour l'importation des films au profit de la cinémathèque française[128]. Cela étant, l'action du CNC est appuyée, au niveau fiscal, par plusieurs crédits d'impôts dont le rendement est jugé « dynamique »[129]. Ces crédits d'impôt s'appliquent aux seules entreprises soumises à l'impôt sur les sociétés. Selon le rapport de Jean-François Husson « Ces dispositifs ont permis de réduire le phénomène de délocalisation des tournages – 15 % en 2019 et 10 % en 2021 contre 27 % en 2015 – et auraient permis, d'après le CNC, la création de 20 000 à 30 000 emplois. Plus du tiers des emplois créés depuis 2015 sont liés à des tournages en régions, hors Île-de-France. Le montant total de la dépense fiscale a été chiffré à 394 millions d'euros en 2021, soit un niveau à peu près équivalent à celui constaté en 2020 (412 millions d'euros). Les montants prévisionnels pour 2022 et 2023 dénotent une nette progression – + 38 % entre 2021 et 2022 – atteignant des niveaux inédits : 547 millions d'euros en 2022 puis 587 millions d'euros en 2023. Ces montants contrastent avec la faible dynamique des dépenses de soutien ou le recul des entrées en salles »[130]. L'action de l'État ne se limite pas à des mécanismes de crédit d'impôt en la faveur des producteurs mais concerne également le financement de la production mis en place à partir de 1985 dans le cadre d'une « défiscalisation » de l'investissement dans des sociétés pour le financement de l'industrie cinématographique et de l'audiovisuel (SOFICA)[131]. Le CNC assure ainsi la gestion des crédits d'impôts mis en place à partir de 2004. Les œuvres éligibles au crédit d'impôt sont des œuvres de fiction (cinéma ou télévision) et d'animation qui doivent comporter, dans leur contenu dramatique, des éléments rattachés à la culture, au patrimoine ou au territoire français. Les barèmes utilisés pour l'appréciation du respect des conditions fixées par les articles 220 sexies et quaterdecies du CGI sont prévus par le règlement général des aides financières du

[128] Voir Ludovic Julié, *op.cit.* p. 58.

[129] Voir PLF 2023, Sénat, Rapport général n° 115 (2022-2023), tome III, annexe 19, p. 51.

[130] PLF 2023, Sénat, *op.cit.* p.51.

[131] Les contribuables domiciliés en France qui, jusqu'au 31 décembre 2023, souscrivent en numéraire au capital initial ou aux augmentations de capital des sociétés pour le financement de l'industrie cinématographique ou audiovisuelle, bénéficient d'une réduction d'impôt qui s'applique aux sommes effectivement versées pour les souscriptions retenues dans la double limite annuelle de 25 % du revenu net global et de 18 000 €.

Voir Ludovic Julié, *op.cit.* p. 115 et s. ; Marc Leroy, JurisClasseur Collectivités territoriales, fasc. Cinéma, 5/4/2021 ; pour une mise à jour fiscale BOI-IR-RICI-180 du 6/07/2021.

Centre national du cinéma et de l'image animée (JO du 10 février 2015). Ces barèmes de points permettent d'apprécier la composante culturelle de ces œuvres cinématographiques et audiovisuelles y compris au titre du patrimoine linguistique. Sur cette base, le Centre national du cinéma et de l'image animée délivre ses agréments ouvrant droit au soutien financier à l'industrie cinématographique. Il s'agit d'une part d'un agrément délivré à titre provisoire attestant qu'à ce stade l'œuvre remplira les conditions lui permettant de bénéficier du crédit d'impôt et d'autre part, d'un agrément à titre définitif attestant que l'œuvre achevée a effectivement rempli lesdites conditions. Compte tenu d'un plafonnement global des aides publiques et aux termes de l'article 220 sexies, VII du CGI, le crédit d'impôt obtenu pour la production d'une même œuvre cinématographique ou audiovisuelle ne peut avoir pour effet de porter à plus de 50 % le total des aides publiques accordées. En premier lieu, L'article 88 de la loi 2003-1311 du 30 décembre 2003 (codifié aux articles 220 sexies et 220 F du CGI) a institué un crédit d'impôt au titre des dépenses de production cinématographique. Ce dispositif vise à encourager les entreprises de production cinématographique à réaliser sur le territoire français, avec le concours d'intervenants techniques français ou européens, les travaux d'élaboration et de production de leurs œuvres cinématographiques de longue durée agréées par le Centre national du cinéma et de l'image animée. Égal à 20 % des dépenses techniques exposées pour la production des œuvres cinématographiques (ou 30 % pour les œuvres d'animation et celles autres que d'animations réalisées intégralement ou principalement en langue française ou dans une langue régionale en usage en France), le crédit d'impôt est soumis à un plafond de 30 m €. Les œuvres cinématographiques susceptibles de bénéficier du crédit d'impôt cinéma sont les œuvres cinématographiques de longue durée définies à l'article D 210-1 du Code du cinéma et de l'image animée. La dépense fiscale afférente est évaluée en 2022 à 160 millions d'euros. En second lieu, L'article 48 de la loi 2004-1485 du 30 décembre 2004 a modifié les dispositions de l'article 220 sexies du CGI afin d'étendre le bénéfice du crédit d'impôt cinéma au secteur audiovisuel, créant ainsi le crédit d'impôt pour la production audiovisuelle. Comme précédemment, l'objectif de ce crédit d'impôt est d'inciter les producteurs à localiser sur le territoire national le tournage et la postproduction des œuvres audiovisuelles et d'améliorer ainsi le financement du secteur de l'audiovisuel en essayant de limiter le phénomène de délocalisation au détriment de l'emploi. Égal à 20 % (ou 25 % pour les œuvres de fiction) du montant total des dépenses techniques exposées pour la production d'une œuvre audiovisuelle, le crédit d'impôt est soumis à plusieurs plafonds variant selon le genre de l'œuvre (fiction, documentaire, animation ou adaptation de spectacle). Aux termes de l'article 220 sexies, III-3 du CGI, l'assiette des dépenses éligibles au crédit d'impôt audiovisuel est plafonnée à 80 % du budget de production de l'œuvre. En 2022, la dépense fiscale est estimée à 188 millions d'euros. En troisième lieu, L'article 131 de la loi 2008-1425 (codifié aux articles 220 quaterdecies et 220 Z bis du CGI) a instauré un crédit d'impôt en faveur des entreprises de production exécutive qui réalisent des opérations en France en vue de la réalisation d'œuvres cinématographiques ou audiovisuelles produites par des entreprises de production établies hors de France. Ce crédit d'impôt « international » (C2I) est donc dédié aux œuvres étrangères tournées en France depuis 2009. Ce crédit d'impôt est en principe égal à 30 % de certaines dépenses engagées jusqu'au 31 décembre 2024. Pour les exercices clos à compter du 31 décembre 2020, ce taux est porté à 40 % pour certaines œuvres à forts effets visuels. Le montant du crédit d'impôt est plafonné. L'assiette des dépenses éligibles est plafonnée à 80 % du budget de production de l'œuvre Le crédit d'impôt pour dépenses de production exécutive d'œuvres cinématographiques et audiovisuelles prévu par l'article 220 quaterdecies du CGI est institué en faveur des entreprises de production cinématographique et des entreprises de production audiovisuelle qui assument les fonctions d'entreprises de production exécutive, qui sont soumises à l'impôt sur les sociétés et qui respectent la législation sociale en vigueur. La dépense fiscale est estimée à 120 millions d'euros en 2022. En quatrième lieu, le crédit d'impôt « jeux vidéo » créé en 2009, vise les dépenses afférentes à la création de ce type de programme. Le crédit d'impôt est égal à 30 % des dépenses éligibles, dans la limite de 6 millions d'euros par exercice et par entreprise. Les barèmes de points, matrices des deux agréments provisoire et définitif, doivent permettent d'apprécier d'une part que les œuvres sont réalisées principalement avec le concours d'auteurs et de collaborateurs de création qui sont soit de nationalité française, soit ressortissants d'un autre État membre de l'Union européenne, ou d'un autre État partie à l'accord sur l'Espace économique européen (EEE) ayant conclu avec la France une convention d'assistance administrative en vue de lutter contre la fraude et l'évasion fiscales et d'autre part qu'elles contribuent au développement de la création française et européenne en matière de jeux vidéo ainsi qu'à sa diversité en se distinguant notamment par la qualité, l'originalité ou le caractère innovant du concept et le niveau des dépenses artistiques. Selon, un décret n° 2022-1392 du 19-10-2022[132], le barème de points permettant de vérifier l'éligibilité des jeux vidéo est aménagé pour intégrer au sous-groupe « Création d'origine patrimoniale » un nombre total de 2 points (le jeu vidéo est adapté d'une œuvre cinématographique, d'une œuvre audiovisuelle, d'une œuvre littéraire ou artistique ou d'une bande dessinée) ou de 4 points selon que le jeu vidéo est inspiré d'une œuvre reconnue du patrimoine

[132] Décret no 2022-1392 du 19 octobre 2022 modifiant les dispositions du code du cinéma et de l'image animée relatives aux crédits d'impôt en faveur des créateurs de jeux vidéo, JO 1/11/2022, texte 21.

historique, artistique et scientifique européen. La dépense fiscale est estimée à 43 millions d'euros en 2022. En cinquième et dernier lieu, pour conjurer la crise sanitaire et à titre conjoncturel, l'article 49 de la loi 2020-935 du 30 juillet 2020 (codifié à l'article 220 sexies A du CGI) a instauré un crédit d'impôt spécifique en faveur des éditeurs de services de télévision, de radio ou de médias audiovisuels à la demande pour certaines dépenses exposées entre le 1er mars 2020 et le 31 décembre 2020, à condition que le chiffre d'affaires réalisé pendant cette période soit inférieur d'au moins 10 % à celui réalisé au cours de la même période de l'année précédente. Ce crédit d'impôt est en principe égal à 15 % de certaines dépenses favorisant la création. Il est imputé sur l'impôt sur les sociétés.

En dehors du crédit d'impôt conjoncturel, lié à la crise sanitaire, les quatre autres dispositifs ont en commun de favoriser la production de films et partant, de stimuler la création artistique et culturelle des œuvres cinématographiques et audiovisuelles. La filière cinématographique et audiovisuelle est donc soutenue par des dispositifs fiscaux de nature à enrichir à terme des collections patrimoniales.

TROISIÈME PARTIE :

LE RÉGIME FISCAL DES COLLECTIONS PRIVÉES

La notion ambiguë d'une collection d'œuvres d'art

87- Qu'est-ce qu'une collection d'œuvres d'art ? Le mot résonne parmi les passions françaises mais la notion de collection en droit demeure ambiguë. Le décret n° 2001-894 du 26 septembre 2001 modifiant le décret n° 93-124 du 29 janvier 1993 relatif aux biens culturels soumis à certaines restrictions de circulation, et codifié à l'article R 111-3 du code du patrimoine, apporte une définition de la collection d'œuvre d'art « Constitue une collection, pour l'application de l'annexe au présent décret, un ensemble d'objets, d'œuvres et de documents dont les différents éléments ne peuvent être dissociés sans porter atteinte à sa cohérence et dont la valeur est supérieure à la somme des valeurs individuelles des éléments qui le composent. La valeur et la cohérence de la collection s'apprécient en fonction de son intérêt pour l'histoire ou pour l'histoire de l'art, des civilisations, des sciences et des techniques »[1]. Dans le cadre de la circulation juridique des biens culturels, ce décret reprend à l'identique, les termes du décret précité n° 93-124 du 29 janvier 1993 pris en application de la loi du 31 décembre 1992 relative aux produits soumis à certaines restrictions de circulation[2]. Selon Françoise Chatelain et Pierre Tagourdeau, cette notion semble découler d'une construction jurisprudentielle à propos d'un

[1] Décret n° 2001-894 du 26 septembre 2001, JO. 29/9/2001, p. 15393.

[2] Les biens culturels dont l'exportation est subordonnée à la délivrance du certificat prévu à l'article 5 de la loi du 31 décembre 1992 susvisée sont ceux qui entrent, à la date de la demande de certificat, dans l'une des catégories définies à l'annexe au présent décret. Pour la délivrance du certificat, cette annexe prévoit, pour certaines catégories, des seuils de valeur différents selon qu'il s'agit d'une exportation à destination d'un autre Etat membre de la Communauté européenne ou d'une exportation à destination d'un Etat tiers ;

contentieux inhérent aux sculptures de Hans Arp[3]. Toutefois, Mathilde Roellinger estime qu'une ébauche de la notion de collection est retenue dans un arrêt de la Cour d'appel de paris en 1941, à propos d'une collection au profit de l'État français. Cette collection « forme un tout indivisible et ne tire sa valeur que de la réunion des objets qu'elle contient »[4]. Pour Mathilde Roellinger, « La valeur patrimoniale d'une collection réside dans le rassemblement de meubles qui ont été sélectionnés par une personne physique ou morale et dont se dégage une cohérence »[5]. En d'autres termes si une collection d'œuvres d'art est le fruit d'une volonté d'une personne physique ou morale, rien n'est dit sur la collection privée qui est, pour l'essentiel, le fait d'une personne privée mais qui pourrait être considérée comme constituée par une personne publique au titre de son domaine privé. Cet aspect ne sera pas abordé dans cette troisième partie relative régime fiscal des collections des personnes privées. La démarche personnaliste du collectionneur nous permet de saisir la cohérence d'une collection et partant les vicissitudes d'une dispersion du patrimoine mobilier. On se souvient de l'émoi qu'avait provoqué le projet de dispersion « au feu des enchères » de la collection du maréchal Lyautey[6], du dépeçage des châteaux achetés par un couple franco japonais mais également de l'heureuse situation des statuettes en ivoire assemblées pour former une scène de la descente du corps du Christ de la croix. Le patrimoine mobilier français est menacé, comme l'illustre le cas de l'œuvre de la « descente de croix » recueillie par le Louvre. Au département des objets d'art du Louvre, ce joyau de l'art gothique n'est pas parvenu dans sa globalité ; il manquait deux pièces majeures acquises en 2013, par une opération de mécénat. La souscription lancée par le Louvre pour l'acquisition des statuettes en ivoire de la *Synagogue* et de *Saint Jean* complétant une *Descente de Croix* du XIIIe siècle fut couronnée de succès. Cette notion juridique de collection s'inscrit dans une volonté de protection du patrimoine culturel qu'il faut sommairement rappeler. Une telle protection peut dépendre des principes inhérents à la domanialité publique, du droit de la propriété

---

[3] Françoise Chatelain et Pierre Tagourdeau, Ouvres d'art et objets de collection en droit français, Lexisnexis, 2011, p. 182.

[4] CA paris, 1ère Ch, 5 novembre 1941, Gazette du palais, 1942, 1, 49. Arrêt cité par Mathilde Roellinger « La protection des collections et des ensembles mixtes », in De 1913 au code du patrimoine. Une loi en évolution sur les monuments historiques, J-P. Bady, M. Cornu, J. Fromageau, J-M. Leniaud et V. Négri (dir), la documentation française, 2018, p.140. Dans le même sens, Cass. 1re civ., 2 nov. 1954, *JCP* 1954, II, n° 8443, note P. Esmein, et CA Paris, 25 mars 1991, *D.* 1992, *Somm.* p. 230, obs. M. Grimaldi.

[5] Mathile Roellinger, *op.cit.* p. 140.

[6] Question n° 29916 du 28 avr. 1980, *JOAN Q*, 26 mai 1980, p.2138.

littéraire et artistique[7] ou bien encore du droit des biens culturels[8]. En premier lieu, l'article L. 451-5 du code du patrimoine, énonce que les biens constituant les collections des musées de France appartenant à une personne publique font partie de leur domaine public et sont, à ce titre, inaliénables. Mais qu'en est-il des collections des personnes morales de droit privé ? Depuis 1982, l'acquisition d'œuvres d'art contemporains ne relève plus uniquement d'instances nationales comme le centre national des arts plastiques ou le fonds national d'art contemporain qui lui est rattaché, mais également de « fonds » constitués au niveau régional[9]. Il convient néanmoins de distinguer les fonds régionaux d'acquisition des musées (FRAM), des fonds régionaux d'aide à la restauration[10] et enfin des fonds régionaux d'art contemporains (FRAC) créés à l'initiative de l'État avec le concours des régions pour assurer la présence de l'art contemporain dans chaque région. Une circulaire du 28 février 2002, leur donne mission de constituer un patrimoine d'art contemporain et d'en assurer la présentation au public le plus large au moyen de prêts et dépôts des œuvres hors les murs, y compris dans des lieux non dédiés à la culture[11]. La circulaire de 2002 considère que les œuvres acquises par les FRAC ont : « une destination de service public comme toute collection publique d'œuvres d'art ». L'affirmation est généreuse mais ne va pas de soi concernant le régime juridique de ces œuvres dans la mesure où les FRAC sont, sauf exception, constituées sous forme d'associations. Leurs œuvres ne sont donc pas frappées du sceau de la domanialité publique et partant ne sont pas automatiquement astreintes à ses règles et notamment au principe de l'inaliénabilité des biens concernés. N'étant pas

---

[7] Voir Mathilde Roellinger, « La notion de collection en droit français », », M. Cornu et J. Fromageau, *Les collections privées. Approches historiques et juridiques.* Collection droit du patrimoine culturel et naturel Edition L'harmattan, 2022 p.109

[8] Voir Marie Cornu, « La protection publique des collections privées », M. Cornu et J. Fromageau, *Les collections privées. Approches historiques et juridiques.* Collection droit du patrimoine culturel et naturel Edition L'harmattan, 2022 p. 127

[9] Voir J-M. Pontier, *Les interventions culturelles des collectivités territoriales*, Encyclopédie Dalloz des collectivités locales, paragraphes 453 et suivants ; J-R.Pellas, *L'action financière de l'Etat dans le domaine des arts plastiques, in Le budget de la culture* , E.Douat et J-R.Pellas, *Le financement de la culture, sous la direction de* G.Orsoni, Economica, 2007 p.99 et s.

[10] Voir, C.Delivré-Gilg, *Finances publiques et protection du patrimoine culturel*, thèse Lyon III, 2004, p.402 ; C.Bosseboeuf, *Les collectivités territoriales et leurs musées : Recherches sur le développement et les modalités de gestion et de gouvernance d'un service public local*, thèse Paris V, 2012, Paragraphes 189 et s. Contrairement aux FRAM, les FRAC sont dotés de structures juridiques propres. Contrairement aux FRAC, les FRAM ont pour finalité d'enrichir les musées territoriaux.

[11] Cette circulaire précise que la mission des FRAC doit se traduire par « l'acquisition d'artistes vivants, représentative des orientations les plus actuelles de la création tant du point de vue régional, que national et international »

explicitement mentionnées à l'article L2112-1 du CGPPP, les collections des FRAC, détenues par des personnes privées, ne sont pas assimilées à celles de collections publiques[12]. Dans cette veine, la loi LCAP n° 2016-925 du 7 juillet 2016 assure des mesures de protection pour des collections d'art contemporain qui relèvent des FRAC[13]. Le label « FRAC », est de nature à marquer la spécificité de leurs collections notamment, aux organismes qui en font la demande. Il s'agit de rapprocher le statut des collections des FRAC de celui des « musées de France » en créant les conditions d'un régime destiné à rendre indisponibles des collections qui ont été acquises avec des concours publics. L'article L 116-2 du code du patrimoine dispose ainsi que « Le label est attribué par décision du ministre chargé de la culture. Dans le cas où le demandeur du label est une personne morale de droit privé à but non lucratif, il doit justifier de l'inscription, dans ses statuts, d'une clause prévoyant l'affectation irrévocable des biens acquis par dons et legs ou avec le concours de l'État ou d'une collectivité territoriale à la présentation au public. Ces biens ne peuvent être cédés, à titre gratuit ou onéreux, qu'aux personnes publiques ou aux personnes morales de droit privé à but non lucratif qui se sont engagées, au préalable, à maintenir l'affectation de ces biens à la présentation au public... ». En second lieu, la collection est protégée à la lumière du droit de la propriété littéraire et artistique. À deux reprises, à propos d'une collection de voitures anciennes réunies par les frères Schlumpf, les tribunaux se prononcèrent en faveur d'une protection par le droit d'auteur. Ainsi, le Tribunal de grande instance de Paris estima que « la collection et le cadre conçu et créé pour la recevoir constituaient un ensemble indissociable (à) considérer comme une véritable création originale de l'esprit »[14]. La Cour d'appel de Colmar rejoint une telle interprétation. Cette collection, loin d'être une simple réunion d'objets du même genre, est une création originale de par le choix opéré, la présentation et la disposition des véhicules dans un local déterminé et affecté à ce seul usage[15]. Toutefois, la cour d'appel de paris adopte une position

[12] Jacques Rigaud qualifie les FRAC d'« OVNI juridiques » de droit privé qui parfois ressemblent « de plus en plus à des musées ou à des centres d'art contemporain » (*rapport. 6 févr. 2008, pp. 42-43*).

[13] Sur la question de l'inaliénabilité des biens meubles du domaine public : F. Hourquebie, *Le domaine public mobilier*, RDP 2005, p. 635; Ph. Yolka, *Les meubles de l'Administration* : AJDA 2007, p. 964 ; et du même auteur, *La propriété publique. Eléments pour une théorie*, LGDJ, 1997; J.-D. Dreyfus, *La respiration des collections publiques :* AJDA 2008, p. 680. - O. Buy-Xuan, *L'inaliénabilité des collections en question* : AJDA 2010, p. 233 et à propos des collections d'art contemporain, J-M. Pontier, *La question de l'inaliénabilité appliquée au patrimoine contemporain,* in L'inaliénabilité des collections, performance et limites, (sous la direction de M. Cornu, J. Fromageau, J-F. Poli, A-C.Taylor) L'Harmattan, 2012 , p.121; du même auteur, *La gestion par les musées de leurs œuvres*, AJDA 2015 p. 1086.

[14] TGI Paris, 25 nov. 1986, inédit. Voir Ophélie Coste-Gouzes *Contribution à l'étude juridique des collections privées,* thèse université de Montpellier, 2017, en particulier pp. 139-146 et 272-282

[15] CA Colmar, 1re ch. civ., 2 nov. 1988, IU 3603-85, inédit.

originale. En raison de l'intangibilité de l'œuvre d'art opposée à une conception moderne de la muséologie qui consacre « des évolutions et des présentations capables de retenir l'attention et l'intérêt des visiteurs », la collection n'est pas une œuvre de l'esprit, le collectionneur ne pouvant prétendre à un quelconque droit d'auteur. Malgré tout, la cour d'appel offrit une consistance juridique au lien existant entre le collectionneur et la collection grâce à la notion d'« œuvre de l'homme »[16]. À l'instar d'une dogmatique de la main de l'artiste pour la qualification d'œuvres d'art, c'est le génie de l'homme créateur qui justifie ce droit « quasi moral ». À l'opposé, l'exposition d'une collection cinématographique de Henri Langlois a été considérée comme une œuvre de l'esprit bien qu'elle ne soit pas intangible et sans se préoccuper du statut juridique des objets qui la composent[17]. En troisième et dernier lieu, le ciment d'une protection effective des collections d'œuvres d'art est consolidé par une construction progressive du droit des biens culturels. La volonté d'éviter la dispersion d'une collection qui justifie parfois un classement ou une inscription est subordonnée à la condition que sa conservation présente au point de vue de l'histoire, de l'art, de la science ou de la technique un intérêt public. Tel est le cas du classement d'office de la collection de véhicules automobiles des frères Schlumpf. Le Conseil d'État a en effet, jugé que la collection composée de modèles qui constituent des témoignages exceptionnels de la technologie du XXe siècle n'existant qu'à quelques exemplaires présentait bien un intérêt public au point de vue de l'histoire et de la technique[18]. La loi n° 2016-925 du 7 juillet 2016 relative à la création, à l'architecture et au patrimoine corrige les lacunes de la loi de 1913 en renforçant plusieurs dispositifs de nature à assurer une meilleure cohérence des protections tout en œuvrant au maintien de l'intégrité physique des monuments historiques[19]. Il s'agit en somme de mettre en œuvre des servitudes administratives[20] pour protéger

[16] CA Paris, 25 mai 1988, *JurisData* : 1988-022721 et 1988-601250, *D.* 1988. 545, note B. Edelman.

[17] CA Paris, 2 oct. 1997, RIDA avril 1988, p.422. Voir Marie Cornu, « L'espérance d'intangibilité dans la vie des œuvres », RTDC, 2000, p. 697 ; Mathilde Roellinger, « La notion de collection en droit français », », M. Cornu et J. Fromageau, *Les collections privées. Approches historiques et juridiques.* Collection droit du patrimoine culturel et naturel Edition L'Harmattan, 2022 p.109.

[18] CE, 27 mars 1981, *Rec. Lebon*, p. 168

[19] Voir Jean-Raphael Pellas, « Les qualifications civiles attachées aux monuments historiques », RDP Janvier 2023, p. 119.

[20] L'article L 622-1-1 du code du patrimoine dispose « Un ensemble ou une collection d'objets mobiliers dont la conservation dans son intégrité et sa cohérence présente un intérêt public au point de vue de l'histoire, de l'art, de l'architecture, de l'archéologie, de l'ethnologie, de la science ou de la technique peut être classé au titre des monuments historiques comme ensemble historique mobilier par décision de l'autorité administrative, après avis de la Commission nationale du patrimoine et de l'architecture. Cet ensemble ne peut être divisé ou aliéné par lot ou *[par]* pièce sans autorisation de cette autorité. Les effets du classement s'appliquent à chaque élément de l'ensemble historique mobilier classé et subsistent

les ensembles mixtes et les collections d'une éventuelle dispersion[21]. Saisie par le droit, la collection demeure énigmatique. Une doctrine majoritaire semble l'assimiler à une universalité de fait[22]. Selon une opinion, au sein de l'universalité, les biens sont considérés moins pour leur individualité matérielle ou physique que pour leur valeur pécuniaire[23]. Il y a universalité, lorsqu'un agrégat de biens est considéré *ut universi* et non pas *ut singuli*[24]. Ce bien nouveau qui n'est certes pas fongible en ses composantes, demeure le siège d'une affectation par un collectionneur. La réunion des biens en une collection témoigne de cette affectation et partant de la destination assignée par le collectionneur. Une collection n'est pas une simple juxtaposition de biens. Cette dernière procure au propriétaire des biens rassemblés « une utilité nouvelle qui dédouble celle des composants ». [25]En définitive, la substance même de la collection est l'idée d'un ensemble appréhendé par le concept d'universalité de fait qui est au demeurant ignoré par le droit fiscal.

pour un élément s'il est dissocié de l'ensemble. Toutefois, lorsque l'élément dissocié ne bénéficie pas d'un classement en application de l'article L. 622-1, les effets du classement peuvent être levés pour cet élément par l'autorité administrative. L'article L 622-1-2 dudit code concerne les ensembles mixtes et dispose d'une servitude de maintien in situ «Lorsque des objets mobiliers classés ou un ensemble historique mobilier classé sont attachés, par des liens historiques ou artistiques remarquables, à un immeuble classé et forment avec lui un ensemble d'une qualité et d'une cohérence dont la conservation dans son intégrité présente un intérêt public, ces objets mobiliers ou cet ensemble historique mobilier peuvent être grevés d'une servitude de maintien dans les lieux par décision de l'autorité administrative, après avis de la Commission nationale du patrimoine et de l'architecture et accord du propriétaire. Cette servitude peut être levée dans les mêmes conditions. En cas de refus de l'autorité administrative de lever la servitude, les sujétions anormales qui peuvent en résulter sont compensées par une indemnité. A défaut d'accord amiable, l'action en indemnité est portée devant le juge judiciaire. Le déplacement de cet objet mobilier ou de tout ou partie de cet ensemble historique mobilier classé est subordonné à une autorisation de l'autorité administrative. La servitude de maintien dans les lieux peut être prononcée en même temps que la décision de classement des objets mobiliers ou de l'ensemble historique mobilier, ou postérieurement à celle-ci ».

[21] Voir Mathilde Roellinger, « La protection des collections et des ensembles mixtes », in De 1913 au code du patrimoine. Une loi en évolution sur les monuments historiques, J-P. Bady, M. Cornu, J. Fromageau, J-M. Leniaud et V. Négri (dir), la documentation française, 2018, p.152.

[22] Voir Eric Meiller, « L'universalité de fait », RTD Civ. 2012 p.651

[23] Robert Gary, *Essai sur les notions d'universalité de fait et d'universalité de droit dans leur état actuel*, Paris, Librairie du Recueil Sirey, 1932 p. 304.

[24] Voir Aude Denizot, *L'universalité de fait*, Fondation Varenne, LGDJ, 2008.

[25] Antoine Nallet, *La notion d'universalité, étude de droit civil*, thèse sous la direction de Frédéric Zenati-Castaing, Université Jean Moulin (Lyon 3), 2019, n° 399 à 406, pp. 195 et s.

CHAPITRE I :

L'émergence d'une fiscalité favorable aux collectionneurs privés

Les immunités fiscales liées à la détention des œuvres d'art par des particuliers

88- La dynamique du marché de l'art tient autant à l'organisation du marché qu'à la vitalité des collectionneurs, à la levée des obstacles réglementaires mais également aux mesures incitatives de conservation et de mise en valeur des biens culturels. L'émergence d'une fiscalité favorable à la constitution de collections est liée au statut fiscal du collectionneur[1] qui repose, au-delà de l'impôt sur le revenu, sur des biens culturels enchâssés dans des dispositifs dérogatoires au droit commun. Dans la seconde moitié du XIXe siècle, les débats théoriques sur un impôt synthétique ou analytique sur le capital font florès. Emile de Girardin, Pierre-Joseph Proudhon ou bien encore René Stourm estiment qu'un impôt sur le capital relève d'un instrument de justice fiscale. Guillaume de la Taille, rappelle que des impôts analytiques sur le patrimoine ont existé dès le XIXe siècle : « L'impôt a également frappé les métaux et objets précieux, à plusieurs reprises au cours des deux derniers siècles, au titre de leur simple détention. Dès 1789, les « bijoux d'or et d'argent dont on [serait] possesseur » et « l'or et [...] l'argent monnayés que l'on garde en réserve » ont été l'objet, pour un tantième de leur valeur, d'une contribution extraordinaire et patriotique. Son recouvrement demeura toutefois très partiel, « l'Assemblée, pleine de confiance dans les sentiments d'honneur de la nation française », ayant résolu qu'« il ne [serait] fait aucune

[1] Voir Jacques Fingerhut, « Le statut fiscal du collectionneur », Droit et patrimoine 2008 n° 176, pp. 70-80 ; Olivier de Saint Chaffray, « Les objets d'art et de collection. Enjeux juridiques et fiscaux. Réflexions autour du statut fiscal ambivalent du collectionneur », Revue fiscale du patrimoine, 2021 n° 6 ; Ivana Zivanovic et Olivier Le Goff, « Le parcours de l'œuvre d'art dans le patrimoine du collectionneur » *Marché de l'art et droit, Liber Amicorum François Duret-Robert,* Editions du cosmogone, Lyon, 2021, pp.377-389.

recherche ni inquisition pour découvrir si chacun [avait] fourni une contribution conforme ». [2] À la faveur des crises financières, l'impôt sur le capital des objets de luxe est présenté comme un substitut à l'effort de guerre et devient objet de débats parlementaires. Indépendamment de la création d'impôts analytiques sur le capital au cours des deux siècles, et alors même qu'un impôt progressif sur le patrimoine est esquissé en 1945[3], il faut attendre les années 1980 pour voir apparaître un impôt synthétique sur le capital[4]. Dès la création de l'impôt sur les grandes fortunes en 1982, les objets d'antiquité, d'art ou de collection ont été exonérés sans condition. Aux termes de l'article 885 I du code général des impôts : « les objets d'antiquité, d'art ou de collection [...] ne sont pas compris dans les bases d'imposition à l'impôt de solidarité sur la fortune »[5]. L'exonération était alors justifiée par des raisons administratives tenant à la difficulté du contrôle de ces biens culturels et par des raisons économiques tenant à la fois à la nécessité de soutenir le marché de l'art et à l'absence de rendement de ces stocks patrimoniaux. Stigmatisant le défaut de cohérence de l'impôt de solidarité sur la fortune qui se substitua à l'impôt sur les grosses fortunes en 1998, le Conseil des impôts proposa des aménagements relatifs notamment à l'assujettissement des œuvres d'art, des objets d'art et des objets de collection à cet impôt. En effet, l'exonération des œuvres d'art est apparue, selon le conseil des impôts comme favorisant les détenteurs de patrimoines importants. Mais d'autres motifs l'on conduit à relativiser cette appréciation : l'imposition de ces biens pose aux services fiscaux des problèmes, d'évaluation et de contrôle. Ces diverses considérations ont conduit le Conseil des impôts à opter pour une autre voie. Celle-ci avait pour effets simultanés d'inclure les œuvres d'art dans l'assiette de l'ISF, de simplifier et de globaliser leur imposition en la plafonnant en proportion du patrimoine et de limiter les risques de fraude. Concrètement, il s'agissait d'inclure les œuvres d'art, les objets de collection et les objets d'antiquité dans le forfait mobilier fixé à 5 % de la valeur brute du patrimoine. Cette proposition fut reprise à l'Assemblée Nationale dans le cadre des discussions du projet de loi de finances pour 1999 ainsi qu'au titre d'ailleurs des projets de lois de finances des années suivantes, mais le gouvernement s'y est toujours opposé. Tel un serpent de mer, la problématique de

---

[2] Guillaume de la Taille « Peinture jurisprudentielle de la taxe forfaitaire sur les objets précieux » RJF 5/22 p.5. Cet auteur cite le décret des 6 et 9-10-1789 portant établissement d'une contribution patriotique, Duvergier 1789 p. 45.

[3] Ordonnance 45-1820 du 17-8-1945 instituant un impôt de solidarité nationale et édictant diverses mesures de simplification fiscales, Exposé des motifs, art. 1er, 3 et 19, JO du 17-8-1945, p. 5090 et s

[4] Loi 81-1160 du 30-12-1981 de finances pour 1982, art. 3, JO du 31-12-1981 p. 3539 et s. ; loi 88-1149 du 23-12-1988 de finances pour 1989, art. 26 et s., JO du 28-12-1988 p. 16320 et s.

[5] Voir Jean-Raphael Pellas, « les anamorphoses de l'impôt de solidarité sur la fortune et les œuvres d'art », RFFP sept. 2013, n° 123, p. 197.

l'assujettissement des œuvres d'art, des objets d'art et de collection à l'ISF resurgit en période de crise des finances publiques. Ainsi, à l'occasion de la première loi de finances rectificative pour 2011, les députés de l'opposition ont proposé à nouveau d'inclure ces biens dans l'assiette ISF mais avec une variante, à la faveur d'un amendement du député Jérôme Cahuzac, celle de maintenir l'exonération au titre des biens qui seraient exposés au public, notamment par un dépôt auprès des musées de France. Dans le cadre de la présentation du projet de loi de finances pour 2013, les députés de la majorité ont, une fois de plus, adopté en commission des finances un amendement visant à intégrer ces biens culturels dans l'assiette de l'ISF. Sur proposition du rapporteur général à la commission des finances, Christian Eckert, les œuvres d'art, objets d'art et de collection dont la valeur serait supérieure à 50 000 euros, devraient être assujetties à l'ISF, sauf dans l'hypothèse d'une exposition au public pendant une durée et selon des conditions à définir par décret en Conseil d'État. Face à la fronde de personnalités du monde artistique et notamment de quelques-uns des directeurs de musées de France, cet amendement ne fut pas adopté en séance publique. Ainsi que le rappelle, Éric Mirieu de Labarre, « l'objet d'art ne peut être réduit à une marchandise comme une autre. [...]. Comme bien culturel, l'objet d'art – en tout cas dès lors qu'il présente une certaine ancienneté – constitue un élément d'un patrimoine collectif dont l'État peut souhaiter, au nom de l'intérêt public, la sauvegarde et la conservation sur le territoire national »[6]. En d'autres termes, les œuvres d'art, les objets d'art et de collection ont une fonction sociale qui justifie leur exonération dans le cadre de l'ISF. Les pouvoirs publics soutiennent ainsi le marché de l'art dans une perspective à terme d'enrichir les collections publiques sur la base de mécanismes volontaires que sont les dations en paiement, les donations et les legs à des musées de France. De son côté, L'administration explique cette exonération comme suit : « Une remise en cause de l'exonération de l'ISF aurait un effet désincitatif à l'acquisition d'œuvres d'art par les particuliers, par rapport à l'acquisition d'autres actifs, au détriment du soutien au marché de l'art français et à la création artistique. Elle limiterait aussi la possibilité de faire appel aux collectionneurs privés en France pour contribuer à des expositions et elle encouragerait les non-résidents à détenir leurs collections hors de France. Elle encouragerait par ailleurs à la dissimulation de ces œuvres, dont la détention n'est pas toujours bien connue et dont l'évaluation est souvent incertaine, ce qui poserait des difficultés de gestion et de contrôle, avec des perspectives de contentieux multiples. Indirectement, elle affecterait aussi les possibilités d'enrichissement des collections nationales. En effet, les donations et dations d'œuvres d'art contribuent, à hauteur de 90 %, à l'enrichissement des

[6] Eric Mirieu de Labarre, « Le statut fiscal de l'objet d'art », in Revue de Droit fiscal. 18 mai 2006, n° 20.

collections publiques. Une taxation accrue des œuvres d'art comporterait ainsi pour la collectivité nationale, au regard des enjeux de sa politique culturelle, des risques supérieurs à sa contribution supposée à une plus grande justice fiscale »[7]. Ces amendements n'ont jamais été adoptés mais ont créé une situation d'incertitude « identifiée comme nuisant au marché de l'art français »[8] L'article 885 I du CGI ne définit pas les biens objet de l'exonération d'ISF, mais renvoie par analogie avec d'autres impositions à des catégories de biens susceptibles d'être identifiés comme tels. Ainsi, selon la doctrine de l'administration exprimée depuis le 12 septembre 2012 dans sa nouvelle base « BOFIP », il convient de se référer à la taxe forfaitaire sur les métaux précieux, les bijoux, les objets d'art, de collection et d'antiquité pour en déterminer le contenu. C'est au demeurant, en se référant à la nomenclature du tarif extérieur commun de l'Union européenne, applicable aux termes de l'article 98 A-II de l'annexe III au CGI au régime de TVA, que l'on distingue les œuvres d'art, des objets d'art, des objets de collection et des objets d'antiquité. Cela étant, une différence de traitement est observable. Pour bénéficier de cette exonération, ces différents biens doivent être détenus directement par l'un des membres du foyer imposable à l'ISF, et en aucun cas par le biais d'une personne morale, même lorsque cette dernière est une simple société civile, à l'exception de celle constituée par un monument historique. Malgré cette lacune, la volonté de protéger les biens culturels mobiliers par l'impôt était donc acquise dans le lit des dispositions de l'article 98 A-II de l'annexe III au CGI.

SECTION I :
La transmission à titre gratuit des œuvres d'art

Paragraphe 1 – Le rejet fiscal des collections d'œuvres d'art en qualité d'universalités de fait

89- Pour Armelle Verjat « Le droit fiscal n'appréhende pas la collection comme une universalité de fait ; il identifie des objets, des éléments individuels susceptibles d'intégrer la collection mais pouvant exister en dehors d'un tel ensemble »[9]. En d'autres termes, la notion de collection n'est pas inconnue du droit fiscal, comme l'atteste l'article 98 A-II de l'annexe III au CGI. Celle-ci n'est pas appréciée *ut universi* mais *ut singuli* par la juxtaposition des objets de collection. Il faut

[7] Réponse ministérielle, Yvan Lachaud, JOAN 23/08/2011, p. 9088

[8] Armelle Verjat « La fiscalité française favorise -t-elle l'accès aux collections privées ? » in M. Cornu et J. Fromageau, *Les collections privées. Approches historiques et juridiques.* Collection droit du patrimoine culturel et naturel Edition L'harmattan, 2022 p. 215

[9] Armelle Verjat, *op.cit.* p. 215

néanmoins relativiser cette approche au titre d'une transmission d'œuvres d'art dans la mesure où le droit fiscal renvoie au droit civil pour qualifier des biens en vue de leur évaluation. La transmission à titre gratuit d'œuvres d'art ou de collection est objet de taxation. Depuis la loi du 22 frimaire an VII sur l'enregistrement, les métaux et les objets précieux sont imposés lors de leur transmission à titre gratuit[10]. Cette taxation est confirmée lors de l'adoption de loi de finances du 25 février 1901 relative aux droits de succession[11]. À titre exceptionnel, le législateur a exonéré de droits de successions des collections privés dont il importait de sauvegarder son unité, à l'instar de celle du général de Gaulle[12]. Le principe demeure la taxation des mutations à titre gratuit d'œuvres d'art. Leur évaluation est objet de difficultés. Aux termes de l'article 758 du CGI, la valeur des biens meubles autres que les valeurs mobilières cotées et les créances à terme est déterminée par la déclaration détaillée et estimative des parties, sous réserve toutefois de l'application des bases légales d'évaluation fixées par l'article 764 du CGI pour les meubles corporels et qui varient selon qu'il s'agit de meubles meublants ou de bijoux, pierreries, objets d'art ou de collection[13]. L'article 764-1 du CGI indique trois modes d'évaluation des meubles meublants, lesquels suivent un ordre de préférence. Il s'agit en premier lieu de la vente publique, puis de l'inventaire respectant l'article 943 de l'Ancien Code de Procédure Civile, enfin de la déclaration estimative des parties, qui ne doit pas être inférieure à 5 % du montant total des autres biens transmis[14]. L'article 534 du Code civil oppose les meubles meublants qui sont « destinés à l'usage et à l'ornement des appartements », aux « collections de tableaux qui peuvent être dans les galeries ou pièces particulières ». Pour distinguer, parmi les objets d'art ou de collection ceux qui sont des meubles meublants et ceux qui n'en sont pas, il faut donc s'appuyer sur l'affectation qui a été donnée à ces biens par leur propriétaire. Guilhem Gil précise l'origine historique de ce critère finaliste « Ce principe d'une affectation de certains

10 Duvergier, T11, p. 90 et s.

11 Voir J. Alix, *Traité pratique du régime fiscal des successions au courant de la nouvelle législation*, Gazette du Palais, Paris, 1901, 577 pages ; P. Guérin, *La loi du 25 février 1901 sur le régime fiscal des successions*, thèse université de Caen, 1903, 277 pages.

12 Loi n* 70-1206 du 23 décembre 1970 portant exonération des droits de mutation sur la succession du général de Gaulle. JO 24/12/1990 p. 11891.

13 Voir François Duret-Robert, *Droit du marché de l'art*, Dalloz action, chapitre 523 Évaluation des œuvres d'art pour le paiement des droits de succession, 2021 ; Marceau Clermon « Objets d'art et de collection, enjeux juridiques et fiscaux. La transmission des objets d'art et de collection », revue fiscale du patrimoine, 2021 n° 7-8.

14 Voir Fabien Bouglé, «Art et transmission patrimoniale» In Revue juridique de l'Ouest, N° Spécial 1999. pp. 47-80.

biens meubles à l'usage du logement puise ses racines directes dans les œuvres de Pothier dont les rédacteurs du Code civil se sont ici très largement inspirés »[15]. L'article 534, alinéa 2 dispose que les tableaux et statues qui font partie du meuble d'un appartement relèvent de la catégorie des meubles meublants mais non « les collections de tableaux [et de porcelaines] qui peuvent être dans les galeries ou pièces particulières » ne sont pas des meubles meublants ». Ce texte isole donc des universalités de fait qui peuvent être constituées au sein d'un patrimoine et se trouvent soumises à des règles spécifiques. En rappelant la jurisprudence des juridictions de fond, le professeur Frédéric Zenati décèle une interprétation objective des meubles meublants « La cour d'appel de Douai a eu l'occasion de dire que ni la valeur d'un tableau ni la circonstance qu'il ait occasionnellement fait partie d'une exposition ne sont de nature à écarter la qualification de meuble meublant (Douai, 28 sept. 1965, *D.* 1966.*Somm* .45). Dès lors qu'il garnit une habitation, il a la qualité de meuble meublant. De même, la cour d'appel de Paris a considéré que cette qualification doit être retenue dès lors que l'objet d'art a été rencontré dans l'appartement du défunt et n'a été par lui placé ni dans une galerie ni dans une pièce particulière (Paris, 15 juillet. 1896, *DP* 1897.2.92) »[16]. Une telle conception objective est consacrée par la Cour de cassation en rejetant l'argumentation fiscale faisant état de ce que le tableau litigieux était *susceptible* d'être exposé dans une galerie[17]. En l'espèce, la question à trancher par la Cour de cassation était de savoir si un tableau de maître, celui de Serge Poliakoff, « composition rouge », devait être rangé dans la catégorie des meubles meublants visée à l'article 764, I-3° du CGI, écartée en l'occurrence par l'administration (remise en cause du forfait de 5 %), ou bien dans celle des objets d'art ou de collection visée à l'article 764, II du CGI ? Le juge fait en l'espèce, une exacte application de la loi en retenant que le tableau litigieux est un meuble meublant, appliquant ainsi le droit commun, auquel l'article 764, I, 3° du CGI renvoie en citant cette catégorie de biens sans en donner une définition spéciale. La localisation de l'œuvre semble déterminante pour sa qualification de collection. Au soutien d'une jurisprudence civile, Guilhem Gil le rappelle « Lorsque les œuvres sont placées dans un lieu de stockage sécurisé par la création d'une pièce cachée et deux zones importantes sous verrière principalement dédiées à l'exposition, cette collection ne peut faire partie des meubles meublants car la situation correspond

---

[15] Guilhem Gil , Jurisclasseur notarial répertoire, fasc. 100 Biens, paragraphe 30, 25 mai 2021.

[16] Fréderic Zenati, « meubles meublants », RTD Civ 1996, p. 650.

[17] Cass. com. 17 octobre 1995, n° 1845 P, Tenoudjï ; note A. Robert, D.1996, p. 33 ; B. Jadaud, Les « tableaux de maître » sont des meubles meublants : JCP N 1996, p. 451 ; note A. Chappert, Defrénois 1997. 527 ; RJF 1/96 n° 140.

aux prévisions de l'article 534, alinéa 2 [...]. En revanche, lorsque les œuvres d'art n'ont pas été placées dans des pièces particulières mais ornent diverses pièces de l'appartement, elles échappent au régime dérogatoire de la collection [...] et doivent être qualifiées de meubles meublants puisqu'elles remplissent par nature une fonction ornementale »[18] Compte tenu du moyen soulevé par l'administration fiscale dans l'affaire Tenoudji, la qualification de collection demeure pour la Cour de cassation indépendante de la définition des œuvres d'art en matière de TVA. Le juge civil condamne une interprétation *ut singuli* pour consacrer indirectement une collection *ut universi* y compris pour un unique tableau de Serge Poliakoff détenu par un particulier. Dès lors qu'un tableau peut être qualifié de meuble meublant, pour déterminer les droits de succession, sa valeur est couverte par le forfait mobilier de 5 %. En définitive, le forfait mobilier de 5 % s'applique à défaut de ventes publiques ou à défaut d'inventaire. Les héritiers sont libres de dresser une liste estimative, mais celle-ci ne saurait en tout état de cause être inférieure à ce forfait. L'arrêt évoqué laisse néanmoins subsister des zones d'ombre. En commentant cet arrêt, l'administration fiscale livre une interprétation peu favorable au contribuable « il est rappelé que chacune des bases légales d'évaluation de l'article 764 du C.G.I., et plus spécialement le forfait de 5 % prévu au § 1-3°, est susceptible de céder devant la preuve contraire, celle-ci pouvant être fournie, soit par le redevable, soit par l'administration, dans les formes compatibles avec la procédure écrite. En particulier, le fait que les tableaux de maître constituent des meubles meublants ne signifie pas pour autant qu'ils sont nécessairement inclus dans le forfait de 5 %. Si l'administration apporte la preuve que la valeur des meubles meublants, y compris les tableaux, dépasse le chiffre du forfait de 5 %, elle pourra écarter ce dernier »[19]. Lorsqu'un tableau est un meuble meublant, les dispositions du II de l'article 764 du CGI sont-elles néanmoins applicables en ce qui concerne sa valeur ? La Cour de cassation avait auparavant jugé que des objets d'art estimés à la valeur déclarée dans une convention d'assurance ne sont pas pour autant des meubles meublants et applique en conséquence, en application de l'article 764, I-3° du CGI, la valeur des meubles meublants à 5 % de celle de l'ensemble des autres biens mobiliers et immobiliers composant la succession, y compris les objets d'art[20]. Dans cette affaire soumise aux juges, l'Administration fiscale avait considéré que, puisque des œuvres d'art étaient assurées, elles ne pouvaient pas être incluses dans le forfait mobilier. Elle avait donc retenu comme valeurs imposables les estimations figurant dans le contrat d'assurance, et avait

[18] Guilhem Gil, Jurisclasseur notarial répertoire, fasc. 100 Biens, paragraphe 37, 25 mai 2021.

[19] Commentaire administratif à la suite de l'arrêt Tenoudji, BOI 7 G-6-98, 8 avril 1998

[20] Cass. com. 4-10-1994 n° 1748 D, Chatelain, RJF 12/94 n° 1386.

réintégré dans l'assiette du forfait mobilier la valeur imposable des œuvres d'art. La Cour de cassation assimile la sous-évaluation des meubles meublants dans un inventaire à l'absence d'évaluation et justifie ainsi l'application du forfait de 5 %[21]. Pour la Cour de cassation, les inventaires réguliers au regard de l'article 943 du Code de procédure civile priment l'application du forfait de 5 %, sauf preuve contraire, à défaut d'actes de vente. En outre, les inventaires sont réputés complets s'ils comprennent tous les meubles meublants appartenant au défunt. L'omission des autres biens est sans incidence pour l'évaluation des meubles meublants[22]. Un inventaire non conforme aux dispositions du Code de procédure civile peut constituer un élément susceptible d'être envisagé pour prouver que la valeur des meubles meublants est inférieure à 5 % de l'ensemble des autres valeurs mobilières et immobilières de la succession[23].

Selon une lecture littérale, les bijoux, pierreries, objets d'art ou de collection sont soumis aux dispositions de l'article 764 -II du C.G.I. L'article 764, II du CGI dispose qu'en ce qui concerne les bijoux, pierreries, objets d'art ou de collection, la valeur imposable ne peut, sous réserve de ce qui est dit au paragraphe I du même article, être inférieure à l'évaluation faite dans les contrats ou conventions d'assurance contre le vol ou contre l'incendie en cours au jour du décès et conclus par le défunt, son conjoint ou ses auteurs. De la combinaison des paragraphes I et II de l'article 764 du CGI, il résulte que la valeur des bijoux, pierreries, objets d'art ou de collection est constituée, dans l'ordre de préférence, par le prix net de la vente publique intervenue dans les deux ans du décès. En l'absence de vente publique, la plus élevée des valeurs figurant : soit dans un acte estimatif de la valeur des biens à la date du décès (inventaire, même non conforme aux dispositions de l'article 789 du Code civil, délivrance de legs, partage) dressé dans les cinq ans du décès ; soit dans un contrat d'assurance, s'il en existe, concernant ces biens et répondant aux caractéristiques définies ci-dessus ; ou, à défaut des bases d'évaluation indiquées ci-dessus, la déclaration détaillée et estimative des parties[24]. Cette interprétation restrictive est critiquée par les praticiens. Gilles Bonnet souligne la construction légistique adoptée par l'administration « En effet, la présentation qui est faite de ces modes d'évaluation conduit, à notre sens au mépris de la lettre du texte, à surclasser le rôle accordé aux contrats d'assurance, puisqu'elle aboutit curieusement à faire prévaloir l'évaluation qui dérive de ceux-ci sur les inventaires dressés par les professionnels, sauf dans le cas où ces derniers contiennent une prisée

[21] Cass. com. 97-19.000 8 février 2000, n° 352 D, DGI c/ Quié, RJF 5/00 n° 718.

[22] Cass. Com. 02-12.183, 30 novembre 2004, n° 1745 FS-PB, DGI/c Riou, RJF 4/05 n° 404.

[23] Cass.com 27 mars 2019 n° 17-23.699 F-D, RJF 4/20 n° 404.

[24] Voir Stéphane Berre « Fiscalité de la transmission de la collection », Juris art etc. 2014, n° 18, p.27

supérieure. Or, en subordonnant le recours à ce mode d'évaluation "*sous réserve de ce qui est dit au I*", le législateur a relégué celui-ci derrière la vente aux enchères et l'inventaire. Il remplit le même rôle que le forfait de 5 % dans la mesure où, en cas d'existence de telles polices d'assurance, la déclaration estimative faite par le contribuable ne saurait être inférieure aux évaluations contenues dans celles-ci »[25].

Paragraphe 2 – les mesures fiscales favorables à la transmission à titre gratuit d'œuvres d'art et d'objets de collection

90- Faute d'identifier une collection d'œuvres d'art en droit fiscal, existe-t-il néanmoins des mesures favorables à la transmission à titre gratuit d'œuvres d'art et d'objets de collection ? Nous avons déjà examiné, au sens de l'article 1131 du CGI, l'exonération des droits de mutation à titre gratuit d'œuvres d'art, livres, objets de collection et documents de haute valeur artistique ou historique lorsqu'il en est fait don à l'État. Notre analyse porte désormais sur l'article 795 A du CGI qui exonère de droits de mutation à titre gratuit les immeubles classés ou inscrits au titre des monuments historiques et les meubles qui en constituent le complément historique ou artistique. Issu de l'article 5-I de la loi de programme 88-12 du 5 janvier 1988 relative au patrimoine monumental, l'article 795 A du CGI exonère des droits de mutation à titre gratuit les immeubles qui sont pour l'essentiel classés ou inscrits sur l'inventaire supplémentaire des monuments historiques[26] lorsque les héritiers, les donataires ou les légataires ont souscrit avec les ministres chargés de la culture et des finances une convention à durée indéterminée prévoyant notamment les modalités d'accès du public à ces immeubles. L'exonération porte non seulement sur les monuments, « pour l'essentiel », classés et inscrits au titre des monuments historiques mais également sur les biens meubles qui en constituent le complément historique ou artistique. Maintenus dans leur contexte, les meubles valorisent le monument historique. Saisissant l'urgence de la question, craignant que se poursuive le démantèlement des propriétés, la loi relative au patrimoine monumental de 1988 mit en place cette exonération conditionnelle. Les sénateurs avaient mis l'accent sur ce constat d'une difficile conciliation entre la conservation et la transmission du patrimoine. « Lors de la transmission du patrimoine, les droits de succession

[25] Gilles Bonnet, *Droit patrimonial de la famille*, Dalloz action n° 612-61, 2021.

[26] Il s'agit des immeubles ou jardins totalement classés ou inscrits ; des immeubles dont les façades et couverture sont protégées en totalité ; ceux dont les principaux volumes intérieurs et leurs décors sont protégés ; les parcs et jardins ordonnancés des édifices en cause, c'est-à-dire les parcs et jardins qui constituent les dépendances immédiates et nécessaires des biens immobiliers énumérés ci-dessus, à condition que ces parcs et jardins soient aménagés pour un décor végétal et soient organisés pour la visite.

viennent se greffer sur les charges déjà bien lourdes résultant pour le propriétaire de l'entretien et de la restauration du bâtiment et des frais engagés pour l'accueil du public». Un amendement a été adopté en 1995 afin de parer à l'impossibilité d'appliquer ce dispositif aux parts de sociétés civiles[27] alors que l'usage des SCI est devenu familier à l'occasion d'une transmission des monuments historiques[28]. Deux figures de la propriété sont ici convoquées ; celle d'un propriétaire conservateur chargé d'entretenir de manière continue dans le temps un bien d'exception et celle d'un propriétaire fiduciaire, chargé non seulement de transmettre aux générations futures un tel bien mais également de permettre à la collectivité une jouissance paisible de ce patrimoine culturel. Les biens meubles dans le champ d'application de ce dispositif constituent le complément historique ou artistique selon l'administration :

« – Les biens meubles classés ou inscrits au titre des monuments historiques et qui sont conservés dans des immeubles protégés au titre des monuments historiques. Les immeubles par destination classés ou inscrits bénéficient du même régime ;

– Les autres biens meubles et immeubles par destination conservés dans un monument historique et dont la qualité de "complément historique ou artistique" du monument est reconnue par la direction régionale des affaires culturelles (DRAC) lors de l'examen de la demande de convention (ou, le cas échéant, de la demande d'adhésion à une convention existante) et approuvée par le directeur régional ou départemental des finances publiques lors de la délivrance de son avis conforme. »[29]. Les biens meubles ou immeubles par destination reconnus comme complément historique ou artistique font l'objet d'un inventaire dressé

[27] L'exonération prévue à l'article 5-I de la loi n° 88-12 du 5 janvier 1988, ne pouvait bénéficier aux biens détenus sous la forme sociale (parts ou actions de sociétés civiles immobilières, sociétés anonymes...). Cette solution, qui figurait dans l'instruction administrative du 10 mai 1988 (BOI 7 G-1-88), a été réaffirmée dans une réponse ministérielle (Rép. min. n° 53035 : JOAN Q 9 mars 1992, p. 1120, Edmond Alphandéry), aux termes de laquelle une extension du dispositif aux monuments historiques détenus sous la forme sociale ne pouvait être envisagée dès lors que le patrimoine d'une société civile comprend généralement d'autres biens que les immeubles classés et qu'elle favoriserait la création d'un marché des parts de ces sociétés civiles qui permettrait de transmettre des patrimoines en franchise de droits de mutation à titre gratuit.

[28] Remettant partiellement en cause cette exclusion, l'article 72 de la loi n° 94-679 du 8 août 1994 (JO 10 août 1994 ; Dr. fisc. 1994, n° 30-31, comm. 1439) a complété l'article 795 A du CGI par six nouveaux alinéas qui étendent le champ d'application de l'exonération de droits de mutation à titre gratuit applicable aux monuments historiques aux parts de sociétés civiles représentatives des mêmes biens. Cette exonération s'applique aux donations consenties et aux successions ouvertes à compter du 1er janvier 1995.

[29] BOI-ENR-DMTG-10-20-30-60 n° 50, 29-6-2020

contradictoirement par les héritiers, donataires ou légataires et les représentants de la direction régionale des affaires culturelles (DRAC) et approuvé par la direction régionale ou départementale des finances publiques du lieu de situation de l'immeuble lors de son avis conforme. L'article 795 A du CGI subordonne le bénéfice de l'exonération à la conclusion d'une convention devant être acceptée par les ministres de l'économie et de la culture[30]. Suite à la simplification de la procédure réalisée par l'article 120 de la loi n° 2018-1317 du 28 décembre 2018 de finances pour 2019, la convention est signée par le seul ministre de la culture sur avis conforme du ministre du Budget. Lorsque l'autorité administrative accepte la convention, elle reconnaît à l'autre partie le droit de bénéficier d'un régime fiscal privilégié dans la mesure où celle-ci respecte les engagements qu'elle a pris. L'accord de l'administration a la nature d'un acte conditionnel puisqu'il est subordonné à l'acceptation de ces engagements et à leur respect. Nous ne sommes donc pas en présence d'un contrat fiscal mais d'un acte administratif unilatéral prenant la forme d'un agrément[31]. Existe-t-il un délai pour présenter la convention ? Par un arrêt du 11 février 2022, le Conseil d'État précise la mise en œuvre de ces dispositions[32]. Les faits étaient les suivants. Au décès de leur tante, le 18 décembre 2010, deux frères héritèrent d'un couvent. Cette propriété comportait un château inscrit à l'inventaire supplémentaire des monuments historiques. Afin de bénéficier de l'exonération, leur notaire adressa à la direction régionale des affaires culturelles un projet de convention prévoyant l'ouverture au public de la propriété ainsi que les conditions d'entretien et de maintien sur place des éléments mobiliers. Par une décision du 26 septembre 2017, le ministre des Finances refusa aux héritiers le bénéfice de cette exonération. Par un jugement du 2 octobre 2019, les juges du fond lui ayant enjoint de délivrer l'agrément sollicité, il se pourvut en cassation. L'argumentaire du ministre, autour de cette condition de délai, était ainsi triple : le non-respect du délai de dépôt de la déclaration de succession, l'absence de dépôt conjoint de la demande de convention

[30] Depuis l'adoption de l'article 120 de la loi de finances pour 2019, l'établissement de ces conventions ne nécessite plus la signature conjointe du ministre chargé de la culture et des finances, mais le seul seing du ministre chargé de la culture après avis conforme du ministre chargé du Budget. L'intégration de cette procédure dans le giron du seul ministère chargé de la culture aurait davantage simplifié la procédure, mais le maintien d'un avis conforme du ministre chargé du budget a été jugé nécessaire pour s'assurer de la recevabilité et sincérité de la demande de convention. Cette simplification toute relative devrait permettre suivant les travaux préparatoires d'accélérer l'instruction des demandes de convention qui durent parfois plusieurs années en raison de l'intervention de multiples services de l'État. L'autorité compétente pour signer la convention avec les héritiers ou donataires est le préfet de région (Décret 2021-979 du 23-7-2021).

[31] BOI-ENR-DMTG-10-20-30-60 n° 1, 29-6-2020

[32] CE 11-2-2022 n° 454999 et n° 458465, min. c/ d'Espinay Saint Luc, RJF 5/22 n° 502, concl. K. Ciavaldini (C 502), Droit fiscal 2022 n° 7, act.77.

dans le délai de la déclaration de succession et l'absence de dépôt de la demande d'agrément préalablement à l'opération qui la motive. Selon le Conseil d'État, qui donne tort au ministre, « il ne résulte pas des dispositions du CGI que le dépôt de la déclaration de succession, au-delà du délai fixé à l'article 641 du CGI ferait par lui-même obstacle au bénéfice de l'exonération des droits de mutation prévue à l'article 795 A de ce code ». En premier lieu que l'article 1649 nonies du CGI prévoit que, sauf disposition expresse contraire, toute demande d'agrément auquel est subordonnée l'application d'un régime fiscal particulier doit être déposée préalablement à la réalisation de l'opération qui la motive, la demande de convention adressée aux services compétents du ministère de la Culture pour bénéficier de l'exonération de l'article 795 A du CGI ne saurait être regardée comme une demande d'agrément déposée en vue de la réalisation d'une opération, au sens de ces dispositions. En second lieu, il estime qu'il résulte des dispositions du I de l'article 281 bis de l'annexe III au CGI que les modalités selon lesquelles le paiement des droits de succession peut être différé jusqu'à la signature de la convention prévue par l'article 795 A permettant l'exonération de ces droits ; - elles n'ont en revanche pas pour effet de subordonner le bénéfice de l'exonération au dépôt dans le délai qu'elles impartissent d'une déclaration de succession accompagnée d'une copie de la convention adressée au service du département de la culture compétent et certifiée conforme par celui-ci. En somme l'œuvre d'art ou l'objet de collection analysée ici est un accessoire du monument historique et en tant que tel bénéficie de l'exonération de droit qui y est attachée

Paragraphe 3 – La constitution d'une personne morale pour une transmission générationnelle des œuvres d'art et des objets de collection[33]

91-. Est-il possible en dehors de cette hypothèse de bénéficier d'un régime dérogatoire pour conserver une collection d'œuvres d'art, à des fins de transmission générationnelle ? Pour limiter les aléas liés à l'indivision, il est préférable d'envisager la constitution d'une société civile. Toutefois, tout apport d'œuvres d'art entraîne l'imposition d'une plus-value mobilière dans la mesure où l'apport par une personne physique à une telle entité est une mutation effectuée à titre onéreux. En d'autres termes, s'il est loisible de constituer par voie d'apport une collection d'œuvres d'art, son coût risque d'être élevé à moins de bénéficier d'un régime de faveur. Tel est le cas de l'article 795 A du CGI. Les personnes physiques bénéficiaires peuvent également être regroupées, notamment dans une indivision. Une convention peut être signée avec l'accord de tous les indivisaires, ceux-ci devront donc s'engager à

[33] Les organismes d'intérêt général sont abordées ultérieurement.

ouvrir au public, la vente des droits par un ou plusieurs des membres de l'indivision entraîne la résolution de la convention. La sortie éventuelle d'un indivisaire ne remet pas en cause le régime si les droits sur les biens sont cédés à un autre indivisaire ou si ces droits sont partagés entre ses membres[34]. Dans cette veine de l'article 795 A du CGI, la société qui réunit des indivisaires doit être civile donc, a contrario, le régime n'est pas applicable aux structures commerciales.

– La société est constituée uniquement entre personnes parentes en ligne directe ou entre frères et sœurs, leurs conjoints et, le cas échéant, les enfants de ces différentes personnes. Ainsi, l'introduction d'un tiers à la SCI entraîne la déchéance du régime d'exonération.

– La société doit détenir les meubles ou immeubles concernés en pleine propriété

– Des clauses anti-abus ont été adoptées et visent à éviter la constitution d'un marché de ce type de parts permettant de transmettre un patrimoine en franchise d'impôt : au jour de la transmission, le donateur ou défunt doit avoir détenu les parts pendant plus de 2 ans si celui-ci les a souscrites ou acquises à titre onéreux plus de 5 ans en cas d'acquisition à titre gratuit avec bénéfice du régime d'exonération de l'article 795 A.

– Le bénéficiaire doit conserver les parts pendant 5 ans ; dès lors l'exonération est définitive. À défaut, les biens transmis seront soumis aux droits de mutation avec versement des intérêts de retard.

– Les parts souscrites ou acquises à titre onéreux ne donnent droit à aucun avantage fiscal

– La société civile doit conclure la convention prévue par l'article 795 A du Code Général des Impôts et le légataire ou héritier doit y adhérer.

L'apport en nature, à titre pur et simple à cette société civile est considéré comme une « opération intercalaire » : la souscription à une convention n'est pas remise en cause en cas d'apport ultérieur des biens exonérés à une société civile sous certaines conditions

[34] Les modalités d'application de l'exonération des droits de mutation afférente aux monuments historiques, en cas d'indivision, ont été précisées par le rescrit n° 2006/4 du 5 septembre 2005 (RES n° 2006/4 (ENR). À cette occasion, l'administration fiscale a précisé que lorsque des héritiers, légataires ou donataires détiennent les biens ayant bénéficié de cette exonération en indivision, le bénéfice du régime de faveur n'est pas remis en cause lorsqu'un membre de l'indivision cède ses droits sur les biens considérés à un autre membre de l'indivision ou en cas de partage de l'indivision entraînant la sortie d'un ou de plusieurs coindivisaires de cette dernière. En conséquence, l'acquéreur, dans la première situation, ou le co-indivisaire dont les droits se seront accrus dans la seconde, se trouve subrogé aux engagements solidaires de respect de la convention signée par l'ensemble des ayants droit à titre gratuit ayant bénéficié du régime de faveur

– L'opération est effectuée par l'ensemble des signataires et à concurrence de l'ensemble des droits,

– Les apports sont effectués à titre pur et simple et

– La société civile souscrit un avenant à la convention à laquelle elle s'engage.

Enfin, une circulaire du 21 juillet 2006 du Ministère de la culture reconnaît la possibilité pour les « personnes morales constituées sous forme associative » de bénéficier du régime de l'article 795 A du Code général des impôts, ce qui est exclu pour les sociétés commerciales.

L'usage des sociétés civiles me conduit à deux remarques d'inégale importance.

En premier lieu, la notion de société civile familiale constituée entre personnes parentes n'est pas limitée en termes de degrés mais demeure étrangère aux modifications introduites il y a quelques années notamment au regard du Pacs.

En second lieu, si la société civile doit détenir les biens meubles et immeubles en pleine propriété, rien n'est dit dans la loi sur la propriété des parts. Le démembrement de propriété est suffisamment familier pour permettre une transmission en douceur de ce patrimoine. Il suffirait que les usufruitiers et nus-propriétaires soient signataires de la convention pour permettre une présentation au public des œuvres. On sait en vertu de la jurisprudence Seegmuller de 2003[35] que l'absence de pleine disposition des parties communes, seules protégées pour un immeuble classé relevant du régime de la copropriété, entrave la signature d'une convention avec un copropriétaire. Mais il ne s'agissait pas d'un démembrement de propriété. La règle de propriété semble ici respecter un principe de neutralité conduisant la société civile à être assujettie aux revenus fonciers. Il n'y a pas d'interférence entre ce régime et le démembrement de la propriété des parts. Le démembrement de la propriété du bien ne devrait pas être une cause d'exclusion du régime spécial, afin notamment de ne pas pénaliser les situations résultant d'un héritage, ni priver de toute souplesse la gestion de ces propriétés. Cela étant, l'engagement de conservation s'applique également aux propriétaires de droits démembrés d'immeubles historiques ou assimilés. Autrement dit, l'engagement de conservation s'applique à l'usufruitier comme au nu-propriétaire. Indépendamment des dons effectués à des personnes morales spécifiques[36], les exonérations de droits

[35]CE 8e et 3e s.-s., 19-3-2003 n° 233359, Seegmuller, RJF 6/03 n° 750, concl. G. Bachelier BDCF 6/03 n° 85

[36] Le montant des dons provenant d'une succession effectués par les héritiers, donataires ou légataires au profit d'une fondation ou association reconnue d'utilité publique est désormais soustrait de l'assiette des droits de succession, conformément à l'article 788 -III du Code général des impôts.

de succession au titre des œuvres d'art et objets de collection demeurent donc encadrées.

SECTION II :
La transmission à titre onéreux d'œuvres d'art

Paragraphe 1 – La taxe forfaitaire sur les objets précieux

92- En application des articles 150 VI à 150 VM du CGI, les cessions à titre onéreux et les exportations de métaux précieux, de bijoux, d'objets d'art, de collection ou d'antiquité sont soumises à une taxe forfaitaire proportionnelle au prix de cession (ou à la valeur en douane), tenant lieu d'imposition des plus-values. Toutefois, le vendeur ou l'exportateur peut opter pour le régime d'imposition de droit commun des plus-values sur biens meubles[37]. La loi 76-660 du 19 juillet 1976 a institué un régime d'imposition généralisée des plus-values de cession de meubles ou d'immeubles réalisés par les particuliers dans le cadre de la gestion de leur patrimoine privé. Pour les métaux précieux, les bijoux, les objets d'art, de collection et d'antiquité, la taxe forfaitaire est représentative de cette imposition des plus-values à laquelle elle se substitue[38]. Les insuffisances législatives de cette taxe liées à la qualité douteuse du redevable légal, à l'indétermination de son assiette, mais également au caractère aléatoire de son fait générateur aléatoire et à des modalités de recouvrement embryonnaires, ont le législateur à une refonte des dispositions législatives y afférentes[39]. Les dispositions de l'article 68 de la loi de finances rectificative pour 2005 se sont appliquées aux cessions et aux exportations intervenues depuis le 1er janvier 2006. Dès l'origine, des motifs de justice fiscale ont guidé la fabrique de cette taxe dont la nature semble hybride. En reprenant l'exposé des motifs, Guillaume de la Taille rappelle que « Par cette imposition ad valorem, le Gouvernement a concilié son objectif d'équité fiscale « dans [un] monde [où] les occasions de réaliser des plus-values [s'étaient] multipliées », avec « la difficulté de déterminer sur les ventes d'objets précieux la plus-value qui serait imposable » compte tenu des « problèmes inhérents à la justification de la date et du prix

---

[37] Voir BOI-RPPM-PVBMC-20, 1er avr. 2014.

[38] L'article 10 de la loi du 19 juillet 1976, étaient codifiées initialement aux articles 302 bis A et suivants du CGI, puis le 18 août 1993 aux articles 150 V bis et suivants, et depuis le 31 décembre 2005, aux articles 150 VI et suivants.

[39] Voir Pascal Schlele et Emmanuel Talec, « La taxe sur les œuvres d'art : une législation elliptique qui nécessitait une « consolidation législative », Revue de droit fiscal 2006 n° 26, 49.

d'acquisition de ces biens »[40]. En changeant de focale, Jacques Fingerhut rappelle que « La taxe forfaitaire sur les métaux précieux, les bijoux, les objets d'art, de collection et d'antiquité, [...] a été créée par l'article 10 de la loi n° 76-660 du 19 juillet 1976 portant imposition des plus-values. Elle est assimilée à l'impôt sur le revenu des plus-values réalisées par les contribuables lors de la vente d'objets précieux faisant partie de leur patrimoine privé, qu'ils aient été acquis dans une intention spéculative ou non. Aujourd'hui, elle trouve une nouvelle justification dès lors que les œuvres et objets d'art sont exclus, [...], de l'assiette de l'impôt de solidarité sur la fortune (ISF) » ; et d'expliquer plus loin : « Rappelons que dans le projet de loi de finances pour 1982 le gouvernement avait prévu que les objets d'art, d'antiquité et de collection feraient partie de l'assiette de l'impôt sur les grandes fortunes (IGF). [...] À l'initiative du président de la République, le gouvernement décida finalement d'exclure de l'assiette de l'impôt les œuvres d'art, d'antiquité et de collection. En compensation, les taux de la taxe forfaitaire sur les bijoux, les objets d'art, de collection et d'antiquité furent augmentés de moitié. [...] »[41]. Autrement dit, c'est l'imposition des plus-values relative à ces biens qui justifie leur exonération au titre de l'impôt sur la fortune. Le législateur a souhaité compenser le manque à gagner en matière d'ISF en augmentant somme toute faiblement l'imposition *ad valorem* créée en 1976 puisque le taux actuel de la taxe sur les cessions d'objets d'art, d'antiquité et de collection codifiée aux articles 150 VI à 150 VM du CGI, est de 6 % contre 11 % au titre des métaux précieux. Bien plus, ces taxes sont assorties de la seule contribution au redressement de la dette sociale au taux de 0,5 % et non pas des autres prélèvements sociaux. Il est néanmoins possible d'échapper à cette taxe forfaitaire en optant pour le régime des plus-values mobilières spécifiques aux biens meubles. En d'autres termes, un régime fiscal dérogatoire permet à son propriétaire, qui peut prouver la détention de ces biens pendant au moins 22 ans, de bénéficier d'une exonération de l'imposition au titre des plus-values. Il n'existe pas une telle mesure en faveur de la cession des valeurs mobilières dont les plus values sont à ce jour taxées au taux de 12,8 % majoré des prélèvements sociaux au taux de 17,2 %. Cela étant, la nature juridique de la taxe demeure ambiguë. Certes le Conseil d'État, a rappelé à plusieurs reprises que cette taxe est une modalité particulière d'imposition des plus-values réalisées par les particuliers[42]. Elle n'a pas le caractère d'une taxe sur

---

[40] Pour une étude d'ensemble, Guillaume de la Taille, « Peinture jurisprudentielle de la taxe forfaitaire sur les objets précieux », RJF 5/22 p.5.

[41] Jacques Fingerhut, « le statut fiscal du collectionneur », Droit et patrimoine 2008 n° 176, p.71.

[42] CE, 3 mai 2004, n° 236669, min c/ M. Besaucèle ; Dr. fisc. 2004, n° 42, comm. 772, concl. M.-H. Mitjavile ; RJF 7/2004, n° 773 ; BDCF 7 /2004, n° 96

le chiffre d'affaires au sens de la directive sur la TVA[43]. En jugeant que, dès lors que la taxe sur les objets et métaux précieux constituait une modalité particulière d'imposition des plus-values, elle ne contrevenait pas aux dispositions de l'article 1er de la première directive du 11 avril 1967 et de l'article 33 de la 6e directive du 17 mai 1977 interdisant aux États membres d'introduire ou de maintenir des impôts qui ont le caractère d'une taxe sur le chiffre d'affaires[44]. La haute juridiction précise d'ailleurs que son dispositif est justifié au motif que la taxe sur les objets et métaux précieux n'est due que par les personnes qui vendent dans le cadre de la gestion de leur patrimoine privé des métaux précieux ou des objets d'art. Contrairement à une taxe sur le chiffre d'affaires, elle ne s'applique pas à chaque stade du processus de production et de distribution de ces biens. Dans un cadre conventionnel, le Conseil d'État n'adopte pas la même position. Il juge que la taxe sur les ventes de bijoux, objets d'art, de collection et d'antiquité a la nature d'une imposition distincte de l'impôt sur le revenu, au sens de l'article 7 de la convention franco-monégasque du 18 mai 1963, en raison de son assiette, de son taux et de ses modalités de recouvrement[45]. Une difficulté pratique d'application de cette taxe tient à son champ d'application personnel. En effet, l'article 150 VI du CGI prévoit que sont soumises à une taxe forfaitaire les cessions ou les exportations de métaux précieux, de bijoux, d'objets d'art, de collection ou d'antiquité, sous réserve des dispositions propres aux bénéfices professionnels. La frontière est délicate entre une gestion d'un patrimoine privé et l'exercice d'une activité professionnelle. Par opposition à la gestion d'un patrimoine privé, l'exercice d'une activité professionnelle se définit par l'accomplissement habituel par le contribuable, et pour son propre compte, d'opérations à but lucratif. Pour caractériser ces deux critères d'habitude et d'intention spéculative, la jurisprudence retient le nombre, la fréquence des opérations, leur importance, la brièveté du délai séparant les achats de leur revente. Dans cette veine, un collectionneur ou un expert en art exerce une activité commerciale de marchand de tableaux lorsqu'il achète et revend sur une période de quatre ans plusieurs centaines de tableaux[46]. Les juges du fond ont déjà eu l'occasion de prononcer sur la qualification d'un collectionneur dans une affaire où le contribuable avait cédé des tableaux provenant de sa collection personnelle. L'enjeu

---

[43] CE 8e-3e s.-s. 27-6-2008 n° 301343, Sté Segame, RJF 11/08 n° 1213 ; CE 8e-3e s.-s. 27-6-2008 n° 301342, Melki, Dr. fisc. 2008, n° 38, comm. 501, concl. L. Olléon, RJF 11/2008, n° 1213.

[44] Pour une étude d'ensemble sur la nature juridique de la taxe, voir Lukasz Stankiewicz « La taxe forfaitaire sur les objets précieux : réflexions sur un janus gaulois », *Marché de l'art et droit, Liber Amicorum François Duret-Robert,* Editions du cosmogone, Lyon, 2021, pp.327-337.

[45] CE, 6 mai 2015, n° 378534, Miloe, Revue Dr. fisc. 2015, n° 42, comm. 641 ; RJF 7/15 n° 624, concl. N. Escaut, BDCF 7/15 n° 94.

[46] CE 14-1-1983 n° 34133, RJF 3/83 n° 357 ; voir aussi CE 18-6-2007 n° 270734, RJF 10/07 n° 1088 et CE 27-1-2010 n° 306956, RJF 4/10 n° 379, concl. L. Olléon BDCF 4/10 n° 4.

est évidemment de savoir si les ventes sont assujetties à la taxe sur les œuvres d'art ou bien à des bénéfices industriels et commerciaux générés par cette activité. En l'espèce, le délai de mise en vente des manuscrits ne constitue pas un indice de rattachement de ces derniers au patrimoine personnel de la brocanteuse. Comme le relève la rapporteure publique, le choix de vendre les manuscrits dix ans après le décès de l'écrivain ne révèle pas nécessairement l'absence d'intention spéculative. En somme les juges du fond constatent une présomption de commercialité dans le cadre de l'activité du brocanteur, à charge pour lui de la renverser pour démontrer que cette vente est rattachée à une gestion du patrimoine privé. La vente de manuscrits trouvés par un brocanteur à l'occasion d'un débarras relève donc de son activité professionnelle[47].

Paragraphe 2 – Les lacunes de la taxe forfaitaire sur les objets précieux

93- Le régime juridique de cette taxe demeure miné en raison de trop nombreuses imprécisions. En premier lieu, le champ d'application matériel de cette taxe n'a pas été défini par la loi. L'administration se réfère aux éléments d'identification de l'œuvre d'art en droit fiscal, au sens de l'article 98 A II de l'annexe III au CGI, notamment pour les photographies d'art[48]. Mais compte tenu de la diversité des biens soumis à taxation, les références sont souvent elliptiques. Pour Guillaume de la Taille : « En particulier, rien ne témoigne de ce que le législateur aurait jamais cherché à se référer à la nomenclature douanière »[49]. En effet, les travaux préparatoires de la loi laissent perplexes quant à l'identification des biens objets de taxation. Selon le rapport de la commission des finances du Sénat, les bijoux, objets d'art de collection et d'antiquité « sont des objets ayant acquis une valeur de rareté et recherchés pour des collections (monnaies, timbres, livres, autographes, armes, instruments de musique), des œuvres d'art originales (tableaux, dessins, estampes, sculptures), des meubles et objets d'art anciens et les antiquités françaises et étrangères. Pour ces biens, également soumis à une taxe de 4 %, la limite de franchise est de 10 000 F »[50]. Compte tenu de la faible densité juridique de cette liste énumérative, le juge doit qualifier la nature de ces biens. Ainsi, pour sanctionner les démembrements de monuments historiques, la taxe frappe les « éléments faisant partie intégrante de monuments artistiques, historiques ou religieux et provenant du

---

[47] CAA Paris, 21-9-2022 n° 21PA04520 , RJF 4/23 n° 277, concl M. Prévot (C 277).

[48] BOI 8 M 2-06 du 4 Aout 2006 paragraphe 11 ; BOI-RPPM-PVBMC-20-10 n° 40, 31-12-2018.

[49] Guillaume de la Taille, « Peinture jurisprudentielle de la taxe forfaitaire sur les objets précieux », RJF 5/22 p.5.

[50] Rapport au nom de la commission des finances Sénat n° 404 , 1er juillet 1976, présenté par M. Yvon Coudé du Foresto sur le projet de loi portant imposition des plus-values et création d'une taxe forfaitaire sur les métaux précieux, les bijoux, les objets d'art, de collection et d'antiquité (article 9) p. 113.

démembrement de ceux-ci, ayant plus de cent ans d'âge». Dans une récente affaire contentieuse, un requérant soutenait que les meubles qui avaient été soumis à la taxe sur les ventes de métaux et objets précieux étaient le complément indissociable et indispensable du château et constituaient par conséquent des immeubles par destination : les meubles étaient liés à ce château par des liens historiques et artistiques, donnant à l'ensemble une cohérence exceptionnelle et permettaient l'exploitation de cet immeuble qui était ouvert à la visite payante. Un bien meuble peut être qualifié d'immeuble par destination à condition, notamment, qu'un rapport de destination soit matériellement établi. Ce rapport de destination est, conformément à l'article 524 du Code civil, soit l'affectation au service et à l'exploitation du fonds, soit l'attache à perpétuelle demeure. Peu convaincu par l'argumentation, le tribunal administratif de Paris estime que la circonstance de classement des meubles vendus en application de l'article L 622-1 du Code du patrimoine n'est pas de nature à leur conférer la qualification d'immeubles par destination et par suite, leur qualité originelle, intrinsèque de meuble conduit à une telle taxation[51]. Par ailleurs, les montres de luxe non composées de métaux précieux, perles ou pierres précieuses ne sont pas des bijoux. Il ressort des termes de l'article 150 VI, I-2° du CGI, éclairés par les travaux préparatoires ayant précédé l'adoption de la loi de finances rectificative pour l'année 2005, dont l'article 68 a remplacé les articles 150 V bis à 150 V sexies de ce Code par les articles 150 VI à 150 VM, que seules les montres composées de métaux précieux ou celles qui, en raison de la présence de perles, pierres précieuses ou diamants, pourraient être regardées comme constituant non seulement des objets d'horlogerie, mais également des objets de bijouterie ou de joaillerie, sont susceptibles d'entrer dans son champ d'application[52]. En définitive, les objets de collection ne sont pas plus éclairés par les travaux préparatoires. Pour l'administration « D'une manière générale, le point de savoir si un bien constitue un objet de collection est une question de fait qui doit être appréciée, cas par cas, sous le contrôle du juge de l'impôt. ». À cet égard, la qualification d'objet de collection découle de l'application d'un ou plusieurs des critères suivants : « l'ancienneté ; la rareté ; l'importance de son prix, lequel doit être sensiblement supérieur à la valeur d'un bien similaire destiné à un usage courant ; l'arrêt de la fabrication du bien ; la provenance ou la destination ; l'intérêt historique qu'il présente ; le fait qu'il ait appartenu à un personnage célèbre »[53]. L'administration a modifié, dans une mise à jour de sa base BOFIP publiée le 23 avril 2013, la définition qu'elle retenait des véhicules de collection. Depuis cette

[51] TA Paris15-11-2017 n° 1607598, RJF 6/18 n° 702.

[52] CAA Paris 10-11-2022 n° 21PA03755, min.c/SARL Paris Heure, RJF 2/23 n° 167.

[53] BOI-RPPM-PVBMC-20-10 n° 70, 31-12-2018

date, elle considère que les véhicules de collection s'entendent de ceux définis par la circulaire douanière FCPD1421298C du 8 septembre 2014, publiée au Bulletin officiel des douanes n° 7032. Ainsi les véhicules de collection[54] sont « outre les véhicules ayant participé à un événement historique et ceux conçus, construits et utilisés exclusivement pour la compétition et qui possèdent un palmarès sportif significatif acquis lors d'événements nationaux ou internationaux prestigieux, il s'agit de ceux qui, cumulativement, se trouvent dans leur état d'origine [...] ; sont âgés d'au moins trente ans ; et correspondent à un modèle ou à un type dont la production a cessé. Constituent également des véhicules de collection les véhicules pour lesquels ont été délivrés des certificats d'immatriculation portant la mention véhicule de collection [...] »[55]. Bien qu'un arrêt ait été invalidé en cassation, la cour administrative d'appel de Marseille avait jugé en 2014 que « des objets peuvent être qualifiés d'objets de collection, au sens des dispositions précitées de l'article 150 V bis du CGI, s'ils répondent à un certain nombre de critères, parmi lesquels peut figurer leur intérêt artistique ou historique, ou encore leur ancienneté, leur prix quand il excède sensiblement la valeur du bien destiné à un usage courant, ou encore l'arrêt de la fabrication du bien »[56].

94- En deuxième lieu, l'article 150 VI, I du CGI prévoit deux types d'opérations taxables : les cessions à titre onéreux d'un bien situé en France ou dans un autre État membre de l'Union européenne et les exportations définitives hors du territoire des États membres de l'Union européenne. Il s'agit en l'espèce d'apprécier le champ d'application territoriale de la taxe. Or, la taxe ne s'applique qu'aux cessions d'objets et métaux précieux physiquement situés en France ou dans un autre État membre de l'Union européenne, à l'exclusion de ceux situés dans un État tiers qui sont imposés de plein droit à l'impôt sur le revenu selon le régime des plus-values sur biens meubles sans possibilité d'option pour une imposition à cette taxe forfaitaire. Une QPC est formée dans le cadre d'un recours pour excès de pouvoir contre la doctrine administrative. Des requérants soutiennent, à l'appui d'une question prioritaire de constitutionnalité, que ces dispositions conduisent à une différence de traitement, selon que le bien cédé est physiquement situé au jour de la cession dans un État membre de l'Union européenne ou dans un État tiers, qui porte atteinte au principe d'égalité devant la loi au sens de l'article 6 de la DDHC. Jugeant cette question sérieuse, le Conseil d'État la transmet au Conseil constitutionnel[57]. Le Conseil constitutionnel a constaté que la taxe forfaitaire n'avait d'autre objet que

[54] Voir l'étude d'ensemble de W. Hannecart-Weyth et J. de Pingon, « Réflexions sur la définition fiscale d'une voiture de collection », RFP 2016 n° 11.

[55] BOI-RPPM-PVBMC-20-10 n° 90, 31-12-2018

[56] CAA Marseille 25-2-2014 n° 11MA02403, RJF 7/14 n° 686

[57] CE, 8e et 3e ch., 25 sept. 2020, n° 441908 : Dr. fisc. 2020, n° 46, comm. 436.

d'offrir aux contribuables « une modalité d'imposition du revenu plus simple et plus adaptée à la nature du bien cédé que celles du régime général d'imposition des plus-values ». « Or, au regard de cet objet », a-t-il ajouté, « il n'y [avait] pas de différence de situation entre les contribuables imposés en France selon que la cession est réalisée au sein de l'Union européenne ou en dehors. » La différence de traitement, n'étant pas non plus justifiée par un motif d'intérêt général, était contraire au principe d'égalité et le II de l'article 150 VI devait être déclaré inconstitutionnel[58]. Les commentaires administratifs liés à cette territorialité de la taxe ont donc été rapportés[59]. Seules les exportations définitives vers un État tiers à l'Union européenne entraînent l'application de la taxe forfaitaire. En effet, depuis le 1er janvier 1993, l'expédition de métaux ou d'objets précieux vers un autre État membre de l'Union européenne ne constitue pas une « exportation » susceptible d'entraîner la perception de la taxe. Toutefois, dans le cas des contribuables qui, lors de leur installation en France, ont importé des métaux précieux, bijoux, objets d'art, de collection et d'antiquité, l'Administration admet que l'exportation de ces biens consécutive au transfert de leur domicile fiscal hors de l'Union européenne soit exclue du champ d'application de la taxe forfaitaire[60]. Sur le terrain des obligations déclaratives et de l'acquittement subséquent de la taxe, dans l'hypothèse d'une cession ou d'une exportation effectuée avec la participation d'un intermédiaire domicilié fiscalement en France, l'article 150 VK, I du CGI prévoit que le versement de la taxe est effectué par cet intermédiaire et sous sa responsabilité. Que l'intermédiaire soit transparent ou opaque, Ii ressort des dispositions de l'article 74 S quinquies de l'annexe II au CGI que l'intermédiaire participant à la transaction s'entend de toute personne domiciliée fiscalement en France qui agit au nom et pour le compte du vendeur ou de l'acquéreur. L'intermédiaire doit agir au nom et pour le compte du vendeur. De fait, le II de l'article 10 de la loi de 1976 avait déjà prévu que, si la taxe était supportée par le vendeur, elle serait versée « par l'intermédiaire participant à la transaction ou, à défaut, par l'acheteur ». S'il y a plusieurs redevables possibles pour la taxe, l'intermédiaire est le redevable prioritaire. Lorsqu'il existe, l'administration ne peut établir celle-ci qu'entre ses mains, à l'exclusion de celles du vendeur. Dans l'arrêt Effilog, le Conseil d'État donne à la notion « d'intermédiaire participant à la transaction » une portée juridique et non simplement économique, contrairement à la thèse de l'Administration. L'intermédiaire doit être partie à la transaction, ce qui est le cas lorsqu'une personne agit au nom et pour le compte de l'acheteur ou du vendeur, c'est-à-dire lorsqu'elle est un intermédiaire transparent. En l'espèce, le rôle essentiellement logistique joué par la société française interdisait

[58] Cons. Const. 27-11-2020 n° 2020-868 QPC FR 50/20 inf. 3 p. 8 ; Dr. fisc. 2020, n° 49, act. 427
[59] CE 17-11-2021 n° 441908 BF 2/22 inf. 150
[60] BOI-RPPM-PVBMC-20-10, 27 avr. 2018, § 210

de la qualifier d'intermédiaire Dès lors, la société française qui n'exerçait pas, en exécution du contrat, une activité d'intermédiaire dans des opérations de cession d'or et de métaux précieux ne pouvait pas être assujettie à la taxe forfaitaire sur les objets et métaux précieux[61].

Paragraphe 3 – Les vicissitudes de l'option pour le régime des plus-values de biens meubles

95- En troisième lieu, outre les exonérations liées à des biens dont la valeur est inférieure à 5 000 €[62], à la qualité d'un vendeur non-résident au sens fiscal ou bien encore à des institutions culturelles qui se portent acquéreurs (musées, bibliothèques, services d'archives), la taxe forfaitaire est calculée sur le prix de cession ou la valeur en douane. Elle est réputée tenir compte, de manière forfaitaire, de l'ensemble des éléments qui concourent à la détermination d'une plus-value et, notamment, des charges supportées par le vendeur ou l'exportateur, telles que les commissions versées à des intermédiaires. Faute de supporter la taxe forfaitaire, le collectionneur peut opter pour le régime des plus-values sur biens meubles. Lorsque la cession ou l'exportation entre dans le champ d'application de la taxe forfaitaire, les dispositions de l'article 150 VL du CGI autorisent, sous certaines conditions, le vendeur ou l'exportateur à opter pour le régime de droit commun d'imposition des plus-values de cession de biens meubles prévu à l'article 150 UA du CGI. Conformément aux dispositions de l'article 150 VL du CGI, l'option est possible pour les métaux précieux, les bijoux, les objets d'art, de collection ou d'antiquité, c'est-à-dire pour l'ensemble des biens qui composent son champ d'application matérielle. Toutefois, l'option ne peut être formulée que si le vendeur ou l'exportateur est en mesure d'établir de manière probante la date et le prix d'acquisition de l'objet ou de justifier que le bien est détenu depuis plus de vingt-deux ans. Bien que la justification du prix d'acquisition puisse être apportée par tous moyens[63], il n'en demeure pas moins que les pièces justificatives sont d'un maniement délicat. S'agissant de certains biens et notamment des métaux précieux, la justification de la date d'acquisition ou d'une

---

[61] CE 8e-3e ch. 11-2-2022 n° 446801, min. c/ Sté Efilog, RJF 5/22 n°511 ; Revue Dr. fisc. 2022, n° 7-8, act. 78.

[62] La limite d'imposition s'applique à chaque cession ou exportation. En pratique, il convient de l'apprécier objet par objet, sauf lorsque les objets cédés ou exportés forment un ensemble.

[63] L'administration énonce comme élément de preuve : un certificat délivré par un officier ministériel attestant que l'objet a été acquis dans une vente publique, et mentionnant la date et le prix payé ; une facture régulière délivrée par un commerçant ou une société de ventes ; un reçu ou une facture délivré par un particulier ; ou s'il s'agit d'un bien reçu par voie de succession ou de donation, un extrait de la déclaration ou de l'acte ayant servi de base à la liquidation des droits de mutation et mentionnant le bien concerné.

durée de détention supérieure à 22 ans ne peut être opérée que si l'objet ou le lot d'objets en cause peut être individualisé de manière suffisante (présence d'un numéro, gravure personnalisée, emballage scellé identifiable, objet inscrit au crédit d'un compte de dépôt ouvert auprès d'un établissement financier etc.). En définitive, le caractère hybride de cette taxe substitutive de l'impôt de plus-value et les scories d'une taxation forfaitaire qui est assise sur le prix de cession de l'œuvre, sans tenir compte des charges subséquentes sont critiquables sur le terrain de la justice fiscale. S'agissant de la finalité de la taxe, le Conseil constitutionnel a relevé, au point 13 de sa décision, qu'« il ressort des travaux préparatoires de la loi du 19 juillet 1976 que le législateur a considéré que le régime général d'imposition des plus-values qu'il instaurait par cette loi n'était pas adapté au cas des biens mobiliers précieux. En effet, ce régime général repose sur la comparaison entre la valeur d'acquisition d'un bien et sa valeur au moment de sa cession. Or, le législateur a estimé que, compte tenu des règles de cession des biens mobiliers, qui sont peu formalistes, les propriétaires d'objets précieux ne seraient pas toujours en mesure d'apporter la preuve de la date et de la valeur initiale d'acquisition de ces biens. La taxe forfaitaire a donc pour objet d'offrir aux contribuables en cause une modalité d'imposition du revenu plus simple et plus adaptée à la nature du bien cédé que celles du régime général d'imposition des plus-values »[64]. Il semble opportun de faire évoluer ce texte pour une meilleure prise en compte de l'équité fiscale au soutien d'une imposition de faible rendement budgétaire.

SECTION III : L'impôt au soutien des collections d'œuvres d'art des entreprises

Paragraphe 1 – Les entreprises, bras armés de l'État pour financer l'acquisition d'œuvres d'art d'un intérêt majeur

96- Selon l'étude de Nathalie Moureau réalisée en 2016, *l'International Directory of Corporate Art Collection* recense 800 entreprises dans le monde ayant une collection. Bien plus, « L'importance du rôle de la collection pour la communication est plus affirmée chez les entreprises détenant des collections patrimoniales. Plus de la moitié de ces entreprises soulignent que la collection est très importante pour la communication externe (51,7 %), les 2/3 la considèrent

[64] Cons. Const. 27-11-2020 n° 2020-868 QPC FR 50/20 inf. 3 p. 8 ; Dr. fisc. 2020, n° 49, act. 427

comme très importante pour la communication interne (66,7 %) »[65]. La part d'entreprises mécènes dans le domaine de la culture a progressé en 2021[66] et particulièrement les actions en la faveur de la sauvegarde du patrimoine[67]. Au-delà des problématiques de marketing, la volonté de constituer des collections d'œuvres d'art dépend du goût et des passions du dirigeant de l'entreprise mais également de la taille plus ou moins modeste des capitaux investis voire actuellement de la capitalisation boursière de l'établissement. Historiquement, ce sont des établissements financiers qui ont constitué des collections d'œuvres d'art à l'instar de la Banca Monte dei Paschi di Siena qui a créé à la fin du XVe siècle, la première collection d'art d'entreprise. Sa collection comprend notamment des œuvres de l'artiste siennois Pietro Lorenzetti. La compagnie d'assurances italienne Generali a constitué au cours du XIXe siècle, outre des palais remarquables à Venise et à Triste, une collection d'œuvres d'art acquise notamment lors des crises financières qu'ont connu ces cités. Actuellement, la banque suisse UBS possède également une collection de 35 000 peintures, photographies, dessins, gravures et sculptures, notamment des œuvres de Lucian Freud. Caixabank, établissement bancaire d'Espagne a constitué depuis 1917 une collection d'art contemporain dont l'acquisition des œuvres d'artistes tels que Joseph Beuys, Bruce Nauman mais également Joan Miro. La banque a créé plusieurs centres culturels sous la dénomination « caixaforum » dont celui Barcelone en vue d'expositions et de parcours artistiques. En France, les collections d'entreprises se sont multipliées au cours du XXe siècle, à l'instar de la société générale qui a constitué une collection d'art contemporain sous l'impulsion de Marc Vienot, ancien président de l'établissement. Parfois c'est le patrimoine de l'entreprise qui constitue une collection exposée au public. Tel est le cas de l'entreprise Michelin qui outre son bibendum rassemble des objets, des véhicules anciens, des cartes[68]. Il s'agit en fait d'une vitrine du savoir-faire de l'entreprise. Plus surprenante est la création en 2021 de la Bourse du commerce -Collection Pinault, exploitée dans le cadre d'un bail emphytéotique signé avec la Ville de Paris, propriétaire du bâtiment, dans la mesure où il s'agit d'une collection d'art contemporain constituée en la forme d'une société anonyme simplifiée, filiale du groupe Kering. On se rappelle que François Pinault avait renoncé, face aux difficultés politiques et administratives, à son projet de

[65] Nathalie Moureau, « Collections et entreprises. Liaisons interdites ou amour de raison », étude réalisée pour axa art, 2016, p.21.

[66] Admical, Le baromètre du mécénat d'entreprise en France, 2022, p. 65.

[67] Admical, Le baromètre du mécénat d'entreprise en France, 2022, p. 67.

[68] Voir Anne Collet Parizot. Les collections de part et d'autre du miroir. Collection d'entreprise et entreprise de collections?. Recherches en communication, 2018, Collection et communication d'entreprise - L'art et la mémoire, 45, pp.23-44.

vaisseau par Tadao Ando sur le site des anciennes usines Renault de l'île Seguin, pour l'ancrer en terres italiennes. Conformément au modèle mis en œuvre à Venise dans le cadre du Palazzo Grassi et de la Punta della Dogana, François Pinault ne souhaitait pas aliéner « sa collection » au profit d'un établissement dont il ne contrôlerait pas son fonctionnement. Il a donc opté pour une gestion commerciale afin d'encadrer ce nouveau lieu d'exposition consacré à l'art contemporain. Indépendamment du dispositif fiscal mis en œuvre dans le cadre d'un mécénat et de la législation relative aux monuments historiques, il faut attendre 1989 pour concevoir une action fiscale favorable à la constitution de collections d'œuvres d'art par les entreprises. Jack Lang alors ministre de la culture, de la communication, des grands travaux et du bicentenaire a présenté au Conseil des ministres du 13 décembre 1989, une communication relative au développement du marché de l'art. Dans ce cadre il précise « En 1990, 300 millions de francs sur fonds publics seront consacrés à l'achat d'œuvres d'art, contre 50 millions de francs en 1980, auxquels s'ajoutent les dations en paiement des droits de succession. L'État encouragera en outre l'acquisition des œuvres d'art par les entreprises » et de poursuivre « Les sociétés d'assurances seront incitées à créer des sociétés spécialisées dans l'achat d'œuvres d'art. Les actions de ces sociétés pourront, après accord du ministre de l'économie, des finances et du budget, faire partie des actifs réglementés prévus par le Code des assurances. De nouvelles mesures tendant à inviter les entreprises, et notamment les investisseurs institutionnels, à investir davantage dans l'acquisition d'œuvres d'art seront mises à l'étude »[69]. Un premier dispositif avait réuni une trentaine d'entreprises d'assurances en 1979 pour constituer la Société des Manuscrits et Autographes Français[70], sans modification du code des assurances. Désormais c'est le décret n° 90-981 du 5 novembre 1990[71] qui élargit les actifs éligibles au titre des entreprises d'assurances[72]. L'article R 332-2 du code des assurances pris en application du décret susmentionné comprend treize rubriques regroupées en valeurs mobilières, actifs immobiliers, prêts et dépôts, sans établir de différence entre les différentes catégories de biens. Pour préserver l'épargne des disposants, les actifs admis en représentation des engagements réglementés sont soumis à des règles d'équivalence, de localisation et de congruence : ils doivent, à

[69] Communication de Jack Lang, en ligne https://www.vie-publique.fr/discours/154163-conseil-des-ministres-du-13-decembre-1989-developpement-du-marché-de-l'art.

[70] Voir Gilles Wolkowitsch, *Archives, bibliothèques, musées : le statut des collections accessibles au public*, Economica, 1986, p. 149.

[71] Décret n° 90-981 du 5 novembre 1990 portant modification des dispositions du code des assurances relatives à la règlementation des placements des entreprises d'assurances, JO 6/11/1990, p. 13496.

[72] Voir Jacques Fingerhut, *La fiscalité des œuvres d'art*, Economica, 1996, pp. 223-227.

toute époque, être représentés par des actifs équivalents[73]. Les œuvres d'art deviennent ainsi des catégories d'actifs éligibles à la représentation du passif réglementé. Toutefois, par mesure de précaution et en vertu de l'article R 332-3 du code des assurances, ces actifs ne peuvent excéder 5 % pour l'ensemble des valeurs non cotées. Les compagnies d'assurances, qui doivent investir leurs réserves techniques – ce qui gage les créances des assurés – en actions, obligations ou patrimoine foncier, pouvaient désormais le faire, dans une certaine limite, en œuvres d'art Il s'agissait de « *doter la France de moyens nouveaux pour protéger son patrimoine artistique tout en veillant aux intérêts des assurés* » et voir, dans le même temps, « *se constituer de grandes collections privées* ». L'intérêt de ce mécanisme fut d'acquérir des œuvres d'importance majeure pour le patrimoine culturel. En effet, les compagnies d'assurances avaient l'obligation de les conserver pendant dix ans et de les exposer au public notamment par voie de dépôt. Ainsi, selon un protocole signé en 1992, le GAN a acquis le tableau de Monet « Les villas de Bordighera », mis en dépôt au Musée d'Orsay pour une durée de 10 ans puis acheté par la réunion des musées nationaux à la fin de l'année 2000 avec le concours du fonds du patrimoine et grâce à la participation de la Fondation Meyer. L'acquisition de la sculpture de Camille Claudel, « Persée et la Gorgone » par les AGF a également entraîné une acquisition publique pour une valeur de 950 000 €, financée par l'État et des entreprises mécènes, de cette œuvre d'intérêt patrimonial majeur en 2007. Elle est affectée au musée municipal Dubois-Boucher de Nogent-sur-Seine (Aube). Toutefois, certaines œuvres n'ont pas eu un destin national analogue. Le « portait d'Alfonso d'Avalos » peint par Tiziano Vecellio dit Le Titien, acquis par le groupe AXA en 1990 et mis en dépôt au musée du Louvre pour une période de 12 ans, a été vendu au Getty muséum en 2003 pour une valeur de 70 millions de dollars. Ces dispositifs fiscaux mis en œuvre auprès des compagnies d'assurances ont inspiré les pouvoirs publics dans le financement des trésors nationaux.

La loi n° 92-1477 du 31 décembre 1992 relative aux produits soumis à certaines restrictions de circulation[74] consacre en droit français la qualification de trésor national[75]. Afin de protéger des biens culturels d'intérêt majeur pour le patrimoine

---

[73] Voir Pierre Gegoire Marly, Norbert Gaurton, François Tempé, La règlementation des sociétés d'assurances, Editions l'argus des assurances, 2023 ; Jean Bigot (Dir), *Traité de droit des assurances,* Tome 1 *Entreprises et organismes d'assurances*, LGDJ, 2011.

[74] Loi n° 92-1477 du 31 décembre 1992, JO 4/1/1993, p. 198.

[75] L'article L. 111-1 du code du patrimoine reconnaît plusieurs catégories de biens culturels disposant du statut juridique de trésors nationaux. C'est notamment le cas des œuvres qui ont fait l'objet d'un refus d'autorisation de leur exportation en dehors du territoire national, en raison de leur intérêt majeur pour le patrimoine national au point de vue de l'histoire, de l'art ou de l'archéologie

français, le législateur a mis en œuvre des dispositions fiscales avantageuses pour les entreprises qui souhaiteraient contribuer à leur maintien sur le territoire français[76]. Ainsi le groupe LVMH s'est récemment porté acquéreur pour le musée d'Orsay de « la partie de bateau » plus connu sous le nom de « canotier au chapeau haut de forme » de Gustave Caillebotte pour la somme de 43 millions d'euros, l'acquisition en 2005 de la « Vestale », une sculpture de Jean-Antoine Houdon, pour un montant de près de 10 millions d'euros par AXA a rejoint les collections du Louvre ou bien encore ce trésor emblématique du château de Breteuil, « la Table de Teschen, appelée également la Table de la Paix ou de l'Europe, », d'une valeur de 12,5 millions d'euros, mobilier de l'artiste allemand Johann Christian Neuber, Trésor national acquis en 2010 par l'État pour le musée du Louvre grâce au mécénat de PGA Holding dont les filiales sont notamment actives dans la commercialisation et l'entretien d'engins de travaux publics, l'exploitation de propriétés agricoles, l'immobilier, les galeries d'art et les librairies. Il s'agit donc de « grandes » entreprises qui ont la capacité d'acquérir des trésors nationaux, non pour leur propre compte mais pour celui de l'État en contrepartie de la réduction d'impôt au taux de 90 %[77]. Qu'en est-il des collections des petites et moyennes entreprises ? Par principe, au regard de l'article 39-1-2° du CGI, les entreprises ne peuvent pas amortir les œuvres d'art. Pour l'Administration « La plupart des œuvres d'art ne subissent pas une dépréciation du fait de l'usage, du temps ou des progrès techniques et ne sont donc pas susceptibles de faire l'objet d'un amortissement »[78]. Cela étant, il n'existe pas de définition fiscale d'un actif amortissable, la jurisprudence se fonde sur la réglementation comptable de l'amortissement dont les modalités sont reprises en creux, à l'article 38 sexies de l'annexe III du CGI, qui dispose que « la dépréciation des immobilisations qui ne se déprécient pas de manière irréversible, notamment les terrains, les fonds de commerce, les titres de participation, donne lieu à la constitution de provisions ». Il est généralement admis que les œuvres d'art ne sont pas amortissables, dès lors qu'il n'existe pas de limite prévisible à la durée pendant laquelle il est attendu qu'elles procurent des avantages économiques à l'entreprise.

---

[76] Au regard des collections publiques, nous avons analysé la portée de l'article 238 bis 0 A du code général des impôts, modifié par la loi du 4 janvier 2002 relative aux musées de France. Les entreprises qui réalisent des versements dans le cadre de ce dispositif peuvent_bénéficier d'une réduction d'impôt sur les sociétés égale à 90 % du montant des versements dans la limite de 50 % de l'impôt du.

[77] Pour le compte de l'entreprise, l'article 238 bis-0 AB du CGI prévoyait une réduction d'impôt égale à 40 % du montant des dépenses consacrées par l'entreprise à l'achat de biens culturels faisant l'objet, à la date d'acquisition, d'un refus de certificat d'exportation. Inefficient selon le gouvernement, ce dispositif a été abrogé par la loi de finances pour 2020.

[78] BOI-BIC-AMT-10-20, 8/6/2022

En d'autres termes, la durée de vie d'une œuvre d'art est illimitée[79]. Par une décision de principe, le Conseil d'État adopte la doctrine de l'Administration. Selon les conclusions du commissaire de gouvernement Glaser, les objets concernés étaient des sucriers, saupoudreuses, pièces ménagères en argent, de gravures et de cartes postales, c'est-à-dire des objets de valeur artistique en lien avec l'activité de l'entreprise. Il n'en demeure pas moins que les juges du Palais Royal considèrent que les objets de collection ou de documentation en rapport avec la consommation de sucre, tels que des sucriers précieux ou des cartes postales, ne peuvent pas faire l'objet d'un amortissement, quelle que soit leur qualification, dès lors que le contribuable ne justifiait pas qu'ils subissaient une dépréciation avec le temps et du fait de leur usage professionnel.[80] Cette solution semble avoir été confirmée par un arrêt de la cour administrative d'appel de Bordeaux à propos d'objets décoratifs (gravures, vases et dessus de console) acquis auprès d'antiquaires, au motif qu'ils ne subissent pas de dépréciation du fait de l'usage et du temps[81]. Toutefois, quelles que soit leur origine et leur ancienneté, des meubles utilisés pour les besoins de l'activité sont, du fait de cet usage, soumis à dépréciation et peuvent être amortis. Pour le dire autrement, les objets de documentation peuvent être amortis[82]. Ainsi, les archives photographiques constituées par une entreprise dont l'activité consiste à concéder à des magazines l'autorisation de publier les clichés pris par un associé lors de défilés de mode peuvent être amorties dès lors que les demandes de photographies abondent dans les quinze jours qui suivent la présentation des collections pour se tarir ensuite rapidement. Indépendamment de leur valeur artistique, les effets bénéfiques de ces clichés sur l'exploitation prennent ainsi fin à une date déterminée[83]. Autrement dit, la valeur artistique des biens n'est pas un obstacle à leur amortissement. La jurisprudence semble ainsi tracer une frontière entre les objets de collection, par nature non amortissables et des biens meubles dont l'usage professionnel l'emporte sur leur nature artistique. Cela étant, la portée fiscale de l'article 39 est paradoxale. En effet, les entreprises cinématographiques et audiovisuelles, sont autorisées à amortir leurs droits de producteur sur les œuvres d'art en question[84]. La justification théorique

[79] Voir Rép. min. budget n° 30515 à M. Palméro : JO Sénat, 31 janv. 1980, p. 201 ; Dr. fisc. 1980, n° 10, comm. 528.

[80] CE 10 août 2007 n° 288271, 3e et 8e s.-s., Sté Deleplanque, RJF 12/07 n° 1377, concl. E. Glaser Dr. fisc. 19-20/08 c.313.

[81] CAA Bordeaux, 6 nov. 2001, n° 98-399, SA CEC Bardavid, RJF 2/ 02, n° 136

[82] CAA Paris, 26 mai 1992, n° 90-914, SARL Encyclopédies Quid : Dr. fisc. 1993, n° 39, comm. 1768, concl. Mme C. Martin ; RJF 1992, n° 1111.

[83] CAA Paris 20 janvier 2012 n° 09PA07058, 7e ch., EURL Zeppelin RJF8-9/12 n°796

[84] Selon la loi n° 57-298 du 11 mars 1957, modifiée par la loi n° 85-660 du 3 juillet 1985, la qualité de producteur suppose la réunion de deux éléments, un élément intentionnel en prenant l'initiative et

d'un tel amortissement pourrait bien relever de l'espérance de vie, courte, d'une œuvre cinématographique ou audiovisuelle. Enfin, par dérogation à ce principe de non-amortissement des œuvres d'art, le législateur a prévu un régime fiscal dédié à l'art contemporain et plus précisément aux œuvres d'art d'artistes vivants.

Paragraphe 2 – Les acquisitions d'œuvres d'art d'artistes vivants

97- Au cœur d'une dialectique entre l'État et le marché, l'acquisition d'œuvres d'art d'artistes vivants a profondément évolué depuis l'édit de Turgot le 9 février 1776 qui met fin aux communautés de métiers et plus encore depuis la Révolution française. Le Salon, exposition des membres de l'Académie royale de peinture et de sculpture devenue exposition des artistes vivants à partir de 1791, était rattaché aux Beaux-Arts pendant la première moitié du XIXe siècle[85]. Pour Marie-Claude Chaudonneret : « Pendant la période où le Salon fut organisé au musée du Louvre, de 1791 à 1848, l'administration l'envisagea à la fois comme un lieu destiné à honorer l'art vivant, comme une vitrine de "l'École française" et comme lieu d'instruction pour le public »[86]. Le Musée était devenu pour les artistes un lieu d'émulation, et d'instruction. Un changement de paradigme s'opère dans la seconde moitié du XIXe siècle : « le Salon demeure la principale instance d'intermédiation entre le public, les artistes et le pouvoir, mais l'État perd progressivement le monopole qu'il détenait de facto sur l'exposition publique depuis la Révolution »[87]. En fait, le désengagement de l'État dans le cadre du salon des artistes vivants n'est que partiel. Poutre maîtresse du système des beaux-arts dans la première moitié du XIXe siècle, l'œuvre d'un artiste vivant est désormais ancrée dans une logique marchande. Le lien entre l'État et les artistes ne s'est pas pour autant rompu. L'État poursuit sa politique d'acquisition d'œuvres d'artistes vivants sous couvert notamment du fonds national d'art contemporain. L'idée d'un « art contemporain » qui soit basé sur un constat chronologique est défendue notamment par le critique et historien italien Vittorio Sgarbi. Pour lui, le syntagme « art contemporain » recouvre tout ce qui est créé par

---

la responsabilité de la réalisation de l'œuvre d'art et un élément matériel en faisant l'acquisition de droits exclusifs d'exploitation.

[85] Voir Marie-Claude Chaudonneret, *L'Etat et les artistes. De la Restauration à la monarchie de Juillet*, Paris, Flammarion, 1999.

[86] Marie-Claude Chaudonneret, « Le Salon pendant la première moitié du XIXe siècle : musée d'art vivant ou marché de l'art », 2007, en ligne sur HAL-SHS.

[87] Séverine Sofio, « Des stratèges de l'exposition ? Le rôle des intermédiaires du marché de l'art dans l'accès des artistes à la notoriété, du XVIIIe siècle à aujourd'hui » in Wenceslas Lizé; Delphine Naudier; Séverine Sofio (Dir). *Les stratèges de la notoriété. Intermédiaires et consécration dans les univers artistiques*, Éditions des Archives Contemporaines, pp.129–145.

les artistes vivants. Le centre national d'art contemporain[88] devenu par arrêté du ministre de la culture le du 25 mai 1976, fonds national d'art contemporain[89] est relatif aux termes de l'article 1er à un « service de la création artistique » qui « gère et utilise les œuvres qu'il acquiert auprès d'artistes contemporains pour le compte de l'État ». Il ne s'agit pas d'un musée mais d'un fonds d'œuvres d'art qui selon l'article 2 de l'arrêté « peuvent être soit attribuées à des musées nationaux, soit mises en dépôt dans ces établissements ou dans tout musée classé ou contrôlé ainsi que dans des édifices publics tels que résidences présidentielles, palais des assemblées parlementaires, hôtels ministériels, ambassades ou préfectures, soit prêtées à ces mêmes institutions ou à des organisateurs d'expositions. En cas d'attribution à un musée national, celui-ci portera l'œuvre sur ses inventaires et en assurera la gestion. Le service de la création artistique devra être informé de la mise en dépôt des œuvres dans un autre musée. En cas de dépôt de durée limitée, le service de la création artistique garde le contrôle des œuvres et en autorise le prêt, le cas échéant, aux musées ou autres organismes demandeurs ». Bien que son budget d'acquisition soit limité à environ 1,5 million d'euros par an, Centre national des arts plastiques, établissement public crée en 1982, gère ainsi ce fonds constitué depuis 1791 d'environ 107 000 œuvres d'artistes vivants. Les œuvres des artistes vivants s'inscrivent ainsi dans un horizon idéologique adossé au marché dans la mesure où il s'agit de marchandises exposées dans des salons ou plus récemment dans des foires et galeries mais également de biens culturels auxquels l'État est attaché créditant ainsi l'œuvre de l'artiste vivant d'une qualité symbolique et partant d'une légitimité de principe de l'esthétique développé. Dans ces circonstances, et dépassant l'horizon d'une commande publique, l'État a favorisé le marché de l'art contemporain[90] en développant un procédé incitatif pour l'acquisition d'œuvres d'art d'artistes vivants. Inspiré des rapports sur le mécénat culturel français, d'Alain Dominique Perrin en septembre 1986 et de Georges Pébereau en mars 1987, le ministre de la Culture François Léotard souligne qu'il fallait « engager l'entreprise plutôt que désengager l'État » et partant officialise la logique de cofinancement des politiques culturelles. Ainsi, dans le but de soutenir l'activité du marché de l'art, la loi n° 87-571 du 23 juillet 1987 sur le développement

---

[88] Le centre national d'art contemporain, placé sous l'autorité du chef du service de la création artistique, avait notamment comme mission aux termes de l'arrêté du 23 octobre 1967, d'acquérir à titre gratuit ou à titre onéreux et commander pour le compte de l'État les œuvres des artistes vivants (JO, 7 novembre 1967, p. 10916)

[89] Arrêté du 25 mai 1976 relatif à la gestion des œuvres du fonds national d'art contemporain, JO, 23 juin 1976, p. 3769

[90] L'administration fiscale ne se réfère pas à une époque ou à un courant esthétique pour caractériser l'art contemporain mais à des créations d'artistes vivants.

du mécénat[91] a institué un mécanisme spécifique autorisant les entreprises à déduire de leur résultat imposable, le coût d'acquisition des œuvres d'artistes vivants, et depuis la loi n° 2003-709 du 1er août 2003, dite Loi Aillagon[92], y compris au titre des instruments de musique. La Société Générale ou la Fondation Louis Vuitton ont ainsi régulièrement acquis des instruments de musique pour les prêter à des jeunes virtuoses qui remplissaient les conditions d'éligibilité. Aujourd'hui codifiée à l'article 238 bis AB du code général des impôts, cette disposition autorise, une déduction spéciale en faveur des entreprises qui achètent soit des œuvres originales d'artistes vivants pour les exposer au public, soit des instruments de musique pour les prêter aux artistes-interprètes qui en font la demande. Ce texte autorise, dans certaines conditions, la déduction du résultat imposable d'une somme correspondant au prix d'acquisition des œuvres concernées. Ce mécanisme conduit à une déduction extra-comptable sur un compte de réserve spécial. Toutefois, ce dispositif reste directement lié au régime de réduction d'impôt prévu à l'article 238 bis dès lors que la déduction pratiquée ne peut excéder, au titre de chaque exercice, la différence existant entre, d'une part, le plafond de 20 000 € (pour les versements effectués au cours des exercices clos depuis le 31 décembre 2020) ou 5 ‰ du chiffre d'affaires lorsque ce dernier montant est plus élevé et, d'autre part, le montant des versements ouvrant droit à la réduction d'impôt. Plusieurs remarques d'inégale importance méritent d'être soulignées. En premier lieu, le régime de l'article 238 bis AB concerne les sociétés soumises, de plein droit ou sur option, à l'impôt sur les sociétés dans les conditions de droit commun ainsi que celles qui relèvent du régime fiscal des sociétés de personnes, quelle que soit la nature de l'activité professionnelle de l'entreprise. De fait, les activités qui relèvent des bénéfices non commerciaux et qui présentent une comptabilité de caisse ne sont pas éligibles à cette réduction d'impôt. En effet, la déduction spéciale instituée par l'article 238 bis AB du CGI est subordonnée notamment à l'inscription d'une somme équivalente à un compte de réserve spéciale au passif du bilan de l'entreprise[93]. En second lieu, sont susceptibles d'ouvrir droit à ce dispositif, les œuvres originales d'artistes vivants exposées au public ou dans un lieu accessible aux salariés à l'exception de leurs bureaux, ainsi que les instruments de musique que l'entreprise s'engage à prêter à titre gratuit aux artistes-interprètes qui en font la demande. La qualification d'œuvres d'art renvoie à l'énumération des biens conformément à l'article 98 A II de l'annexe III au CGI. L'exposition de l'œuvre, qui est la contrepartie obligatoire de l'avantage fiscal accordé à l'entreprise par la collectivité, peut être réalisée, soit dans les locaux de l'entreprise ou lors de

[91] Loi n° 87-571 sur le développement du mécénat, JO, 24 juillet 1987, p. 8255.

[92] Loi n° 2003-709 du 1er août 2003 relative au mécénat, aux associations et aux fondations, JO, 2/8/2003, p. 13277.

[93] Voir BOI-BIC-CHG-70-10 n° 5, 3-2-2021, et Rép. Foulon AN 10-3-15 n° 36875

manifestations organisées par elle ou par un tiers (un musée, une collectivité territoriale ou un établissement public auquel le bien aura été confié), soit dans un musée auquel le bien est mis en dépôt soit enfin par une région, un département, une commune ou un de leurs établissements publics ou un établissement public à caractère scientifique, culturel ou professionnel[94]. La durée de cette exposition est relativement courte, puisque le législateur en limite la durée pour la période correspondant à l'exercice d'acquisition et aux quatre années suivantes. En troisième lieu et dernier lieu, selon une logique fiscalo-comptable une œuvre d'art ne se déprécie pas par l'effet du temps. Le législateur a donc envisagé une éventuelle dépréciation par le mécanisme de provision lorsque le coût d'acquisition de l'œuvre d'art est inférieur à 7 600 €, l'entreprise peut constituer une provision pour dépréciation dans les conditions habituelles (CGI art. 39, 1-5°). Elle doit notamment pouvoir justifier la dépréciation subie et inscrire la provision sur le tableau prévu à l'article 38, II de l'annexe III au CGI. Lorsque le coût d'acquisition de l'œuvre d'art est supérieur à 7 600 €, l'entreprise doit en outre faire procéder à une expertise afin de constater la dépréciation de l'œuvre. Cette dépréciation est constatée par un expert agréé près les tribunaux (CGI, art. 39, 1-5°). Sur la base d'un rapport de la Cour des comptes rendu en novembre 2018 et relatif au soutien public en matière de mécénat des entreprises, la haute juridiction exhortait les pouvoirs publics à mieux encadrer des dispositifs qui coûtent prés de 900 millions d'euros chaque année. La loi de finances pour 2020 décidait de mettre un terme à cet avantage fiscal au 31 décembre 2022. Toutefois, l'article 41 de la loi de finances pour 2023 proroge jusqu'au 31 décembre 2025 ce dispositif qui demeure fragilisé par une logique financière « d'efficience budgétaire ». La stabilité de ce marché singulier conquis en 1987, nécessite d'évaluer régulièrement cette politique publique et d'en débattre dans l'enceinte parlementaire.

SECTION IV : Les fondations au secours des œuvres d'art

Paragraphe 1 – Les organismes d'intérêt général au soutien du marché de l'art

98- Depuis près de quarante ans, les fondations culturelles ont essaimé en France à la faveur d'un double mouvement, d'une part sur fond de développement du mécénat culturel et d'autre part au soutien d'une suppression de la tutelle administrative sur les libéralités. L'essor du mécénat en France date du début des années soixante lorsque, sous l'impulsion d'André Malraux, ont été mis en place des

[94] Voir BOI-BIC-CHG-70-10 n° 90, 3-2-2021

mécanismes fiscaux incitatifs, sur lesquels nous reviendrons dans le chapitre suivant. En dépit du nouvel élan donné à la fin des années 1980 par la loi du 23 juillet 1987 sur le développement du mécénat[95], la dynamique du mécénat a marqué le pas, à tout le moins jusqu'en 2003. Aux termes de l'article 18 alinéa 1 de la loi susmentionnée : « La fondation est l'acte par lequel une ou plusieurs personnes physiques ou morales décident l'affectation irrévocable de biens, droits ou ressources à la réalisation d'une œuvre d'intérêt général et à but non lucratif »[96]. Véhicule hybride en marge des fondations d'utilité publique, la loi n° 90-559 du 4 juillet 1990[97] crée la fondation d'entreprise mais dont la capacité d'exercice pour recevoir les dons et les legs est encore trop restreinte. La loi n° 2003-709 du 1er août 2003 relative au mécénat, aux associations et aux fondations, dite « loi Aillagon », a répondu au vœu du Président Chirac d'encourager et d'impliquer dans notre vie culturelle tous les acteurs de la société civile. Cette incapacité d'exercice a été atténuée en autorisant la fondation d'entreprise à recevoir des dons effectués par des personnes physiques en lien avec la personne morale fondatrice. Ainsi, ont été autorisés à réaliser des dons (et non des legs) les salariés de l'entreprise fondatrice ou des salariés du groupe auquel appartient l'entreprise fondatrice. Depuis, la loi n° 2014-856 du 31 juillet 2014 relative à l'économie sociale et solidaire[98], a étendu la liste des donateurs potentiels aux mandataires sociaux, sociétaires, adhérents ou actionnaires de l'entreprise fondatrice ou des entreprises du groupe. Ces dons bénéficieront, en outre, des incitations fiscales prévues par l'article 200 du Code général des impôts. Les statistiques dévoilées par Admical dénotent un accroissement du mécénat d'entreprise en 2021 (3,6 Md€ en 2021 contre 3, 5 Md€ en 2019) dont 22 % du budget sont engagés dans le domaine culturel par les entreprises mécènes[99]. Selon le panorama des fondations et des fonds de dotation, le cabinet Ernst and Young estime qu'en 2021, 416 fondations d'entreprises ont été créées[100]. Malgré la figure emblématique des fondations d'entreprises dans le domaine de l'art

[95] Voir Michel Pomey, *Traité des fondations d'utilité publique*, PUF 1980, Valérie Guedj, *Essai sur le régime juridique des fondations*, thèse, 1999 ; Philippe-Henri Dutheil (Dir) *Juris corpus des associations et des fondations*, notamment l'étude d'Armelle Verjat « fondations d'utilité publique », étude n° 63 ; Dalloz, 2016.

[96] L. n° 87-571 du 23 juill. 1987, JO du 24 juillet 1987 mod., p. 8255.

[97] Loi n° 90-559 du 4 juillet 1990 créant les fondations d'entreprise et modifiant les dispositions de la loi n° 87-571 du 23 juillet 1987 sur le développement du mécénat relatives aux fondations, JO du 6 juillet 1990, p.7914.

[98] Loi n° 2014-856 du 31 juillet 2014 relative à l'économie sociale et solidaire, JO, 2/8/2014, n° 2, art. 81.

[99] Admical et Ifop, *Le baromètre du mécénat d'entreprise en France*, novembre 2022, p. 6

[100] EY, *Panorama des fondations et des fonds de dotation*, 2022, p.5.

contemporain, dont celle du groupe LVMH[101], un désenchantement s'est installé au fil du temps dans la mesure où une concurrence institutionnelle s'est développée avec la création des fonds de dotation[102]. Des simplifications procédurales ont en outre été apportées au soutien du mécénat au profit de ces corps intermédiaires. Depuis l'ordonnance du 28 juillet 2005[103], l'autorisation préalable par la préfecture des legs et donations reçus par les associations et les fondations a été supprimée. Le principe qui prévaut désormais est celui de la libre acceptation des libéralités par l'organisme bénéficiaire, la préfecture conservant simplement un droit d'opposition à la libéralité. En effet, aux termes de l'article 910 du Code civil, si le représentant de l'État dans le département constate que l'organisme légataire ou donataire ne satisfait pas aux conditions légales exigées pour avoir la capacité juridique à recevoir des libéralités ou qu'il n'est pas apte à utiliser la libéralité conformément à son objet statutaire, il peut former opposition à la libéralité, dans des conditions précisées par décret, la privant ainsi d'effet. Toutefois, le tournant historique amorcé par l'ordonnance du 28 juillet 2005[104] a été confirmé en 2014 et 2015. L'article 4 de l'ordonnance n° 2015-904 du 23 juillet 2015, portant simplification du régime des associations et des fondations[105], a supprimé ce pouvoir d'opposition préfectorale pour les associations et fondations reconnues d'utilité publique. Cette capacité à percevoir des libéralités a, par ailleurs, été étendue, par la loi relative à l'économie sociale et solidaire du 31 juillet 2014, aux associations simplement déclarées sous réserve que l'association puisse justifier d'une existence de trois années au jour de la libéralité et qu'elles puissent être qualifiées d'intérêt général d'un point de vue fiscal[106]. Le desserrement des contraintes a favorisé l'essor de ces véhicules.

---

[101] La fondation Louis Vitton a ouvert ses portes en octobre 2014 et consacre ses collections à l'art contemporain dont les œuvres de Christian Boltanski ou d'Ellsworth Kelly figurent dans son catalogue.

[102] Voir Didier Valette, « La fondation d'entreprise. Entre opportunités et menaces ». Colloque *La fondation, entre l'économique et le sociétal*, Jacques Mestre, Sabrina Dupouy, (Dir) Mar 2019, Clermont-Ferrand, France. ffhal-03251164.

[103] Ord. n° 2005-856 du 28 juill. 2005, portant simplification du régime des libéralités consenties aux associations, fondations et congrégations, de certaines déclarations administratives incombant aux associations, et modification des obligations des associations et fondations relatives à leurs comptes annuels, JO 29 juillet 2005, texte 5.

[104] Voir Jean-François Sagaut, « Regard notarial sur le nouveau régime des libéralités faites aux associations, congrégations et fondations », JCP notariale et Immobilière n° 27, 6 Juillet 2007, 1208.

[105] Ord. n° 2015-904, 23 juill. 2015 portant simplification du régime des associations et des fondations, JO 24 juill. 2015, n° 45

[106] L. n° 2014-856 du 31 juill. 2014, JO 2/8/2014 n° 2, art. 74.

Paragraphe 2 – Les avantages fiscaux liés à une transmission à titre gratuit

99- Dans ce contexte, le recours à l'impôt a été sollicité pour soutenir l'acquisition d'œuvres d'art par ces institutions. Deux ressorts, non cumulatifs pour un même bien, sont censés favoriser le patrimoine des organismes sans but lucratif en actionnant d'une part le levier de la transmission à titre gratuit des biens et d'autre part en accordant la réduction d'impôt sur le revenu pour les dons dont les institutions sont bénéficiaires. L'article 788, III du CGI, issu de l'article 8 de la loi n° 2003-709 du 1er août 2003 relative au mécénat, aux associations et aux fondations, prévoit que, pour la perception des droits de mutation par décès, il est effectué, sous certaines conditions, un abattement sur la part nette de tout héritier, donataire ou légataire, correspondant à la valeur des biens reçus du défunt et remis par l'héritier, à titre définitif et en pleine propriété dans les six mois du décès, à une fondation ou association reconnue d'utilité publique répondant aux conditions de l'article 200, 1-b du CGI, à l'État, à ses établissements publics ou à un organisme mentionné à l'article 794 du même Code. Cette mesure aligne ainsi le régime des dons faits par les héritiers à celui prévu pour les legs effectués par le défunt à ces organismes. Bien plus, si la promesse de don figure dans la déclaration de succession, l'héritier peut échapper au paiement des droits de succession correspondants, alors même que le don n'est pas encore réalisé lors du dépôt de la déclaration. Bénéficient des dispositions de l'article 788, III du CGI les fondations ou associations reconnues d'utilité publique qui répondent aux conditions posées par l'article 200, 1-b du CGI, c'est-à-dire : dont l'objet entre dans la liste de ceux énumérés à l'article 200 du CGI, soit la réalisation d'activités ayant un caractère philanthropique, éducatif, scientifique, social, humanitaire, sportif, familial, culturel, ou concourant à la mise en valeur du patrimoine artistique, notamment à travers les souscriptions ouvertes pour financer l'achat d'objets ou d'œuvres d'art destinés à rejoindre les collections d'un musée de France accessibles au public, à la défense de l'environnement naturel ou à la diffusion de la culture, de la langue et des connaissances scientifiques françaises ; et qui sont d'intérêt général au sens de l'article 200 du CGI, ce qui suppose que la fondation n'exerce pas d'activité lucrative, que sa gestion soit désintéressée et qu'elle ne fonctionne pas au profit d'un cercle restreint de personnes[107]. À cet égard, et compte tenu de la sectorisation comptable des activités lucratives, l'administration précise « que lorsqu'une fondation ou association exerce à la fois des activités lucratives et des activités non lucratives et remplit les conditions autorisant leur sectorisation les dons qui lui sont affectés sont éligibles au présent dispositif, à la condition expresse que ceux-ci soient affectés directement

[107] BOI-ENR-DMTG-10-50-20 n° 240, 24-5-2023

et exclusivement au secteur non lucratif »[108]. Selon une logique fiduciaire, les libéralités consenties à une fondation reconnue d'utilité publique et affectées dans le cadre d'une fondation abritée, bénéficient également de l'exonération des droits de mutation à titre gratuit : « Il résulte des dispositions de l'article 20 modifié de la loi n° 87-571 du 23 juillet 1987 sur le développement du mécénat que « peut également être dénommée fondation l'affectation irrévocable, en vue de la réalisation d'une œuvre d'intérêt général et à but non lucratif, de biens, droits ou ressources à une fondation reconnue d'utilité publique dont les statuts ont été approuvés à ce titre dès lors que ces biens, droits ou ressources sont gérés directement par la fondation affectataire, et sans que soit créée à cette fin une personne morale distincte »[109]. En ce qui concerne la nature du don, une différence paradoxale a subsisté selon la nature de l'organisme. Pour les associations reconnues d'utilité publique ou les organismes mentionnés à l'article 794 du CGI, seuls les versements en numéraires sont autorisés. Toutefois, l'exonération est plus libérale pour les fondations « Dans l'hypothèse d'un don à une fondation reconnue d'utilité publique, le don doit être effectué à partir des biens reçus du défunt. En conséquence, les dons de biens en nature sont permis pour cette catégorie d'organismes à la condition bien entendu que les biens transmis figurent à l'actif de la succession »[110]. Cette différence de situation a été abrogée par la troisième loi de finances rectificative pour 2020. En effet, L'article 13 de la loi n° 2020-935 du 30 juillet 2020[111] ouvre le bénéfice de l'abattement à tous les dons en nature consentis aux organismes visés à l'article 788 III du CGI[112]. De plus, l'article 14, I de la troisième loi de finances rectificative pour 2020 porte de six à douze mois le délai imparti pour réaliser le don (en numéraire ou en nature) à l'organisme bénéficiaire. L'éligibilité des versements implique qu'il s'agisse d'un don sans contrepartie et donc exclusivement animée par une intention libérale. En effet, selon l'Administration « Or, pour que le versement ouvre droit à l'abattement prévu à l'article 788, III du CGI, il est nécessaire que ce versement procède d'une intention libérale, c'est-à-dire qu'il soit consenti à titre gratuit, sans contrepartie directe ou indirecte au profit de la personne qui l'effectue. Ainsi, une donation qui serait consentie à un organisme éligible avec stipulation d'une charge imposée audit

---

108 BOI-ENR-DMTG-10-50-20 n° 250, 24-5-2023

109 BOI-ENR-DMTG-10-50-20 n° 260, 24-5-2023

110 BOI-ENR-DMTG-10-50-20 n° 290, 24-5-2023

111 Loi n° 2020-935 du 30 juillet 2020, JO 31/7/2020 texte n° 1.

112 Si l'actif successoral se composait de biens en nature, l'héritier avait toutefois la possibilité de vendre les biens concernés et de procéder au don en remploi des sommes, au profit notamment de l'association reconnue d'utilité publique.

organisme qui constitue une contrepartie pour le donateur n'est pas éligible au présent dispositif »[113]. Reprenant une doctrine applicable au mécénat, l'administration considère que les contreparties institutionnelles ou symboliques ne remettent pas en cause le bénéfice de l'exonération des droits de succession. En revanche, son interprétation est particulièrement rigide lorsqu'il s'agit de la remise d'un bien ou d'une prestation de service en contrepartie du versement, sans tenir compte de la valeur des biens, de leur proportionnalité au regard de la succession transmise : « Sans qu'il soit possible de fournir une énumération exhaustive des contreparties prenant la forme d'un bien ou d'une prestation de service, est notamment visé : la remise de divers objets matériels, l'octroi d'avantages financiers ou commerciaux, le service d'une revue, la mise à disposition d'équipements ou installations de manière exclusive ou préférentielle, l'accès privilégié à des conseils, fichiers ou informations de toute nature. Dès lors que les donateurs bénéficient d'une telle contrepartie, les versements qu'ils effectuent sont exclus du champ d'application de l'avantage fiscal »[114]. Enfin, la libéralité ne peut pas être effectuée à titre temporaire ni avoir pour objet des droits démembrés. En d'autres termes, elle doit être effectuée à titre définitif et en pleine propriété. Pour limiter les effets d'aubaine, l'administration considère que l'exonération prévue ainsi ne peut se cumuler avec la réduction d'impôt sur le revenu prévue à l'article 200 du CGI.

Paragraphe 3 – L'implantation territoriale des organismes d'intérêt général

100-Sur le terrain du mécénat culturel, les donataires ou légataires peuvent bénéficier de réductions d'impôts analysées dans le chapitre suivant. Suite à un arrêt de la CJUE du 27 janvier 2009[115] qui a jugé qu'un dispositif national qui limite l'avantage fiscal du mécénat aux dons effectués au profit d'organismes d'intérêt général établis sur son territoire constitue une entrave à la liberté de circulation des capitaux, une disposition légale a été introduite par l'article 35 de la loi 2009-1674 du 30 décembre 2009 énonçant expressément que le régime fiscal du mécénat est applicable aux dons consentis au profit d'organismes étrangers, situés dans un État membre de l'Union européenne, en Islande, en Norvège ou au Liechtenstein, qui présentent des caractéristiques similaires aux organismes français éligibles au dispositif. Une avancée doit être ici soulignée, compte tenu du principe de territorialité de l'impôt. Sur la base de l'article 238 bis du CGI au titre de la réduction d'impôt applicable au mécénat culturel, l'administration a précisé

[113] BOI-ENR-DMTG-10-50-20 n° 300, 24-5-2023

[114] BOI-ENR-DMTG-10-50-20 n° 310, 24-5-2023

[115] CJCE 27-1-2009 aff. 318/07, gr. ch, Hein Persche, RJF 4/09 n° 416

l'activité des organismes concernés « Constituent notamment des actions concourant à la mise en valeur du patrimoine artistique français :

– l'exposition à l'étranger d'œuvres appartenant à un musée public français ;

– la diffusion du savoir-faire artistique de la France à l'étranger, à condition que l'opération ne confère pas un caractère lucratif à l'organisme bénéficiaire des dons.

Par "diffusion de la culture française", il convient d'entendre notamment les actions qui contribuent à la diffusion de la littérature et du cinéma en langue française, de la musique, de la peinture, de l'architecture appartenant au patrimoine culturel de la France.

La diffusion de la langue française recouvre notamment le soutien à l'action du réseau international des lycées français à l'étranger. Au titre de la diffusion des connaissances scientifiques françaises, sont visées les actions de diffusion des résultats de la recherche impliquant une université, un centre ou une équipe de recherche française, seule ou dans le cadre d'une collaboration internationale, à condition que ces actions ne confèrent pas un caractère lucratif à l'organisme bénéficiaire des dons. Par "connaissances scientifiques", il convient d'entendre les acquis des sciences exactes comme ceux des sciences sociales »[116]. De plus, l'article 200 du CGI ne prévoit aucune condition relative au lieu d'exercice de l'activité de l'organisme bénéficiaire des dons. Le bénéfice du régime n'est donc pas réservé aux organismes qui exercent leur activité en France ou dans leur pays d'implantation. Les règles tenant au lieu d'implantation territoriale de l'organisme sont communes aux dispositifs de réduction d'impôt sur le revenu, de réduction d'impôt sur les sociétés. En outre, le législateur est resté attentif aux dons effectués au profit d'organismes qui agissent en faveur de la sauvegarde du patrimoine culturel. Conformément aux articles 200-6 et 238 bis-5 du CGI[117], ouvrent droit à réduction d'impôt les dons et versements consentis au profit d'organismes qui ont pour objet la sauvegarde contre les effets d'un conflit armé, des biens culturels mentionnés à l'article 1er de la Convention pour la protection des biens culturels en cas de confit armé du 14 mai 1954, dite « convention de La Haye ». Selon le commentaire de l'administration « Sont ainsi considérés comme biens culturels, quels que soient leur origine ou leur propriétaire - les biens, meubles ou immeubles, qui présentent une grande importance pour le patrimoine culturel des peuples, tels que les monuments d'architecture, d'art ou d'histoire, religieux ou laïques, les sites archéologiques, les ensembles de constructions qui, en tant que tels, présentent un intérêt historique ou artistique, les œuvres d'art, les manuscrits, livres et autres objets

[116] BOI-BIC-RICI-20-30-10-10 n° 300, 17-2-2021

[117] Loi n° 2016-1918 du 29/12/2016, loi de finances pour 2017, article 42, JO. 30/12/2016, texte n° 2.

d'intérêt artistique, historique ou archéologique, ainsi que les collections scientifiques et les collections importantes de livres, d'archives ou de reproductions de tels biens ; - les édifices dont la destination principale et effective est de conserver ou d'exposer les biens culturels meubles définis ci-dessus, tels que les musées, les grandes bibliothèques, les dépôts d'archives, ainsi que les refuges destinés à abriter, en cas de conflit armé, ces biens culturels meubles ; - les centres comprenant un nombre considérable de biens culturels qui sont définis aux deux alinéas ci-dessus, dits « centres monumentaux »[118]. L'implantation territoriale de l'organisme a également posé des difficultés au regard des droits de donation et de succession. Dans l'hypothèse d'un organisme créé à l'étranger, rappelons enfin que l'article 795-0 A du CGI exonère de droits de mutation à titre gratuit les dons et legs effectués au profit de personnes morales ou d'organismes de même nature que ceux mentionnés aux articles 794 et 795 du CGI, dont le siège est situé dans un État membre de l'Union européenne (UE) ou partie à l'accord sur l'Espace économique européen (EEE) ayant conclu avec la France une convention d'assistance administrative en vue de lutter contre la fraude et l'évasion fiscales[119]. L'exonération s'applique donc aux dons et legs consentis aux personnes morales ou organismes dont le siège est situé dans l'un des États membres de l'UE ainsi qu'en Islande, en Norvège ou au Liechtenstein. Ainsi, les fonds de dotation étrangers doivent poursuivre des objectifs et présenter des caractéristiques similaires à ceux des personnes morales et organismes situés en France éligibles aux exonérations de droits de mutation à titre gratuit prévues aux articles 794 et 795 du CGI. Toutefois à la différence des fonds de dotation dont le siège est en France, les personnes morales et les organismes européens sont en principe soumis à une procédure d'agrément, dans les conditions prévues à l'article 1649 nonies du CGI, permettant de s'assurer qu'ils poursuivent des objectifs et présentent des caractéristiques similaires aux personnes morales et organismes situés en France et répondant aux conditions fixées aux articles 794 et 795 du CGI[120]. Un contentieux récent nous apporte un éclairage sur les modalités

[118] BOI-BIC-RICI-20-30-10-15, n° 580, 21-6-2023.

[119] L'exonération est en principe réservée aux dons et legs consentis à des organismes agréés. Issue de l'article 61 de la loi 2014-1655 du 29 décembre 2014, cette disposition est applicable aux dons déclarés, aux donations constatées par acte authentique et aux successions ouvertes depuis le 31 décembre 2014. En effet, dans le sillage de la jurisprudence Hein Persche de 2009, la décision de la CJUE en date du 16 juillet 2015 (aff. 485/14 Commission européenne c/République française) considère le dispositif antérieur à 2014 contraire au principe de libre circulation de capitaux.

[120] Il est néanmoins possible en l'absence d'agrément, de bénéficier de l'exonération de droits de mutation à titre gratuit en produisant auprès du service de l'administration fiscale compétent pour enregistrer la déclaration ou l'acte, dans le délai de dépôt de la déclaration de succession, du don ou de l'acte authentique constatant la donation, les pièces justificatives attestant d'une part, qu'ils poursuivent

de comparaison par le juge de l'impôt. Le Conseil d'État énonce les critères qui justifient, aux yeux du législateur français, l'exonération, d'une part, des fondations d'utilité publique et, *d'autre part, des fonds de dotation*, puis apprécie, à partir de cette grille, si la fondation établie en Suisse (et reconnue d'utilité publique au sens de la législation helvétique, cette circonstance n'étant pas considérée) apporte la preuve qu'elle satisfait à ces critères[121]. Il n'a pas été démontré au cas d'espèce que la fondation de droit suisse exerce une activité comparable à un fonds de dotation faute d'affectation irrévocable de ses ressources à une mission d'intérêt général.

La territorialité de l'impôt n'est somme toute pas un obstacle à la conservation et à la mise en valeur d'un patrimoine culturel mobilier.

Paragraphe 4 – La libéralisation de la capacité d'exercice des organismes d'intérêt général

101-Les controverses suscitées par la personnalité morale des associations et des fondations sont au juriste ce qu'est l'Hydre des marais de Lerne à l'assaillant. Celles-ci ont opposé les partisans de la fiction pour qui le caractère artificiel de la place octroyée au phénomène collectif a pour corollaire la nécessaire intervention du législateur pour personnaliser le groupement ; aux partisans de la réalité pour qui la personnalité morale a pour base une réalité sociale, c'est-à-dire une réalité exprimée dans et par la volonté collective des membres du groupement. Les fondements de la personnalité morale éclairés par les doctrines antagonistes de la fiction et de la réalité ont laissé la place à des conceptions téléologiques qui mettent l'accent sur les procédés de personnalisation et plus particulièrement sur la dévolution de la capacité juridique. Ces querelles juridiques mettent en relief, la méfiance de l'État au regard du phénomène collectif et des biens de mainmorte de l'ancien régime. Si la capacité de jouissance a été accordée très tôt aux organismes d'intérêt général (associations et fondations), la capacité d'exercice est en revanche dévolue de manière restrictive.

---

des objectifs et présentent des caractéristiques similaires aux organismes de même nature situés en France répondant aux conditions fixées aux articles 794 et 795 du CGI, et, d'autre part, que les biens qu'ils ont ainsi reçus sont affectés à des activités similaires à celles mentionnées à ces mêmes articles. BOI-ENR-DMTG-10-20-20 n° 670, 29-03-2019

[121] CE 7 juin 2017 req n° 389 927 Fondation Jean et Lili Delaby in RJF 10/2017 n° 914. Une fondation de droit suisse dont l'objet est de soutenir financièrement les activités de la Croix-Rouge Suisse, section vaudoise, et de la Fondation Pro Senectute n'établit pas être dans une situation semblable aux fondations reconnues d'utilité publique en France dès lors qu'elle n'exerce qu'un rôle d'intermédiaire auprès d'organismes dont il n'est pas allégué qu'ils seraient des fondations reconnues d'utilité publique, ni qu'ils géreraient directement les droits, biens ou ressources de la fondation ni qu'elle exercerait son activité dans des conditions comparables à celles d'un fonds de dotation dès lors qu'elle n'établit pas qu'elle affecte de manière irrévocable à une activité d'intérêt général les ressources qu'elle tire de ses loyers.

Ainsi, celle concédée aux fondations reconnues d'utilité publique est limitée par l'existence d'une tutelle administrative sur certains actes. Bien plus, les restrictions à la capacité d'exercice, ont perduré en matière de dons et legs non modiques. L'ordonnance no 2005-856 du 28 juillet 2005 a supprimé l'autorisation de l'article 910 du Code civil. Les organismes reconnus d'utilité publique peuvent désormais accepter librement les libéralités qui leur sont consenties. Toutefois, en vertu du principe de spécialité, les autorités administratives ont le droit de s'opposer à la libéralité en raison de l'inaptitude de l'organisme légataire ou donataire à utiliser la libéralité conformément à son objet statutaire. Il subsistait néanmoins des « verrous » qui ont été levés par la loi n° 2014-856 du 31 juillet 2014 relative à l'économie sociale et solidaire L'article 6 de la loi du 1er juillet 1901 est modifié afin de permettre aux associations déclarées depuis trois ans au moins et dont l'ensemble des activités est mentionné au b du 1 de l'article 200 du Code général des impôts d'accepter les libéralités entre vifs ou à titre testamentaires, de posséder et d'administrer tous immeubles acquis à titre gratuit. La rédaction de l'article 11 de la loi du 1er juillet 1901 relatif à la capacité des associations reconnues d'utilité publique est remaniée : elles peuvent accomplir tous les actes de la vie civile qui ne sont pas interdits par leurs statuts. Elles peuvent en outre accepter les libéralités entre vifs et à titre testamentaires et enfin, les actifs éligibles aux placements des fonds de ces associations sont ceux autorisés par le Code de la Sécurité sociale pour la représentation des engagements réglementés des institutions et unions exerçant une activité d'assurance.

CHAPITRE II :

L'enracinement d'un recours aux dépenses fiscales

La notion de dépense fiscale

102-L'instrumentalisation de l'impôt à des fins culturelles et patrimoniales est ancienne[1], soit par voie d'affectations de l'impôt à des institutions spécialisées, soit plus généralement par des dispositifs fiscaux dérogatoires au droit commun dont le montant avoisine 90 milliards d'euros en 2023. L'expression « dépenses fiscales » est apparue en 1979 dans le rapport annuel du Conseil des impôts. L'essor des « dépenses fiscales » dont la notion n'a jamais été définie en dehors des sphères administratives, interpelle tant sur le terrain de leur signification, de leur évaluation que sur son inscription à l'agenda des politiques publiques, sur ses implications « budgétaires » et somme toute sur la conduite des décisions publiques en matière culturelle. La notion de « dépense fiscale » a été introduite en droit français par l'article 32, alinéa IV, de la loi de finances pour 1980, qui prescrit au Gouvernement d'en rendre compte « chaque année dans le fascicule "Voies et Moyens" annexé au projet de loi de finances ». Cette documentation administrative contenue dans le fascicule « tome II de l'Évaluation des Voies et Moyens » définit le concept de dépense fiscale comme étant « les dispositions législatives ou réglementaires dont la mise en œuvre entraîne pour l'État une perte de recettes et donc, pour les

[1] Voir Gilbert Orsoni, *L'interventionnisme fiscal*, PUF, 1995 ; Cendrine Delivré-Gilg, *Finances publiques et protection du patrimoine culturel*, Thèse sous la direction de Sylvie Caudal, université de Lyon, 2004 ; « L'évolution historique de la politique en matière de patrimoine culturel : le rôle des instruments budgétaires et fiscaux », in G. Orsoni (dir), *Le financement de la culture*, Economica, 207, pp. 161-174 ; Armelle Verjat, *Préservation et mise en valeur des monuments historiques privés : la fiscalité de l'impôt sur le revenu*, L'Harmattan, collection droit du patrimoine culturel et naturel, 2011 ; Valérie Palma-Amalric, « Fiscalité et financement privé du patrimoine culturel » in N. Bettio et P-A. Collot, *Le financement privé du patrimoine culturel*, L'Harmattan, collection droit du patrimoine culturel et naturel, 2018, pp.43-70

contribuables, un allègement de leur charge fiscale par rapport à ce qui serait résulté de l'application de la norme, c'est-à-dire des principes généraux du droit fiscal français »[2]. Les dépenses fiscales sont classifiées de manière détaillée, par nature de mesures, par catégories de bénéficiaires et par objectifs. Ce fascicule a actuellement pour bases juridiques l'article 51 de la LOLF, qui prévoit qu'« est jointe au projet de loi de finances de l'année [...] une annexe explicative analysant les prévisions de chaque recette budgétaire et présentant les dépenses fiscales ». Un formalisme plus exigeant s'est mis en place sans pour autant retenir une approche rigoureuse des dépenses fiscales. Depuis d'adoption de la LOLF, les crédits budgétaires sont regroupés par missions, programmes et actions. L'article 25-I-3° de la loi organique n° 2021-1836 du 28 décembre 2021[3] dispose que l'annexe relative aux dépenses fiscales comporte : « a) L'évaluation de leur montant et le nombre de bénéficiaires ; b) La liste de celles qui feront l'objet d'une évaluation dans l'année ; c) Pour chaque mission, l'évaluation de l'écart entre le montant exécuté au titre d'une année et la prévision correspondant à cette année inscrite dans le projet de loi de finances ainsi que les éléments d'explication de cet écart ; d) La présentation, par mission, du ratio entre le montant prévisionnel des dépenses fiscales et le montant des crédits budgétaires »[4]. Les vicissitudes du périmètre de cette notion de dépenses fiscales, leur caractère foisonnant, voire désordonné rendent difficiles leur acceptation par les citoyens. Le rapport d'information du Sénat réalisé au nom de la commission des finances en mai 2011 mais également le rapport du conseil des prélèvements obligatoires de 2010 consacré aux niches fiscales et sociales des entreprises démontrent la plasticité d'une notion aux contours évanescents. Compte tenu d'une fiscalisation croissante de protection sociale, la frontière entre les niches fiscales et les niches sociales est particulièrement poreuse au point qu'une présentation rigoureuse s'impose pour évaluer leur impact réel sur les finances publiques[5]. Le premier écueil de cette définition administrative de la dépense fiscale est de se référer à une notion évasive de « norme fiscale de référence ». Il n'existe en effet pas de définition positive de la notion de norme fiscale qui peut différer d'un impôt à l'autre ou différer en raison de la non-coïncidence des assiettes fiscales et sociales. Depuis 1980, le

---

[2] Projet de loi de finances 2023, *Evaluations des voies et moyens, tome II les dépenses fiscales*, p.7

[3] Loi organique n° 2021-1836 du 28 décembre 2021 relative à la modernisation de la gestion des finances publiques, JO 29/12/2021, texte n° 1.

[4] Loi organique n° 2021-1836 du 28 décembre 2021 relative à la modernisation de la gestion des finances publiques, JO 29/12/2021, article 25-I-3°.

[5] Conseil des prélèvements obligatoires, *Entreprises et niches fiscales et sociales*, octobre 2010 ; Philippe Marini, Rapport d'information du sénat n° 553, fait au nom de la commission des finances *sur les allègements de prélèvements obligatoires*, mai 2011.

gouvernement s'est référé à plusieurs critères dont celui de l'ancienneté de la dépense qui au fil du temps devient une norme de référence, celui du caractère incitatif de la mesure, poursuivant ainsi un objectif de politique publique et plus récemment, celui de la généralité de la mesure qui affecte soit une catégorie spécifique de bénéficiaires, soit un ensemble indéterminé de personnes ou à tout le moins plus important. Ces variations d'identification de la norme de référence démontrent les difficultés d'identifier un droit commun applicable en matière fiscale, tant les allègements ou exonérations de taxes sont nombreux. De cette profusion et de son impact budgétaire, une quête de rationalisation[6] s'est développée au point de conduire d'une part à un plafonnement global des niches fiscales [7] et d'autre part à une suppression des niches fiscales inefficientes[8]. Dans une note thématique diffusée le 7 juillet, la Cour des comptes appelle à mieux piloter et mieux évaluer les dépenses fiscales. Elle plaide pour le rétablissement d'un plafonnement contraignant et le renforcement en matière budgétaire, du rôle des conférences fiscales. Elle suggère aussi de limiter dans le temps les dépenses fiscales et de les soumettre à des évaluations systématiques[9]. Le second écueil d'une absence de définition rigoureuse de la dépense fiscale concerne les changements récurrents de périmètres en fonction des impôts concernés. Outre les logiques relatives à l'impôt sur le revenu qui conduisent à relativiser les notions de dépense fiscale et d'application du quotient familial, ce sont les principes relatifs aux taux réduits de TVA qui stigmatisent les difficultés d'interprétation. L'application de la TVA est encadrée par la directive 2006/112/CE du Conseil du 28 novembre 2006 relative au système commun de taxe sur la valeur ajoutée (TVA). En principe, les dispositions qui, pour l'ensemble des contribuables visés, contribuent à rendre supportable cet impôt sur la consommation et par extension concerne le plus grand nombre d'assujettis est la norme de référence. L'administration en conclut que des taux réduits de TVA destinés à stimuler économiquement un secteur ou un comportement sont des dépenses fiscales. L'interprétation est d'autant plus délicate que l'annexe explicative ne traite pas de la TVA au taux de 5,5 % sur le livre comme étant une dépense fiscale. Ce défaut de typologie des dépenses fiscales[10] a été souligné par l'ancienne

---

[6] Voir François Barque, « La rationalisation du coût des dépenses fiscales ou la difficile appréhension de l'interventionnisme fiscal par le droit budgétaire », Revue de Droit fiscal n° 40, 7 Octobre 2010, 513

[7] La loi n° 2008-1425 du 27 décembre 2008 de finances pour 2009, après une première tentative en 2005 censurée par le Conseil constitutionnel, a prévu un plafonnement global des niches fiscales au titre des déductions et réductions de certaines niches fiscales.

[8] Voir rapport de l'inspection générale des finances, *Les taxes à faible rendement*, février 2014.

[9] Cour des Comptes, *Piloter et évaluer les dépenses fiscales*, juillet 2023.

[10] Voir Eric Pichet, « théorie générale des dépenses socialo-fiscales et propositions de refonte du système français des niches fiscales », Revue droit fiscal, 2016 n° 36, 457.

directrice de la législation fiscale pour qui « S'agissant de la typologie des dépenses fiscales, le crédit d'impôt présente une nature spécifique, en ce qu'il est presque assimilable à une dépense budgétaire : quelle que soit la situation du contribuable, un droit lui est ouvert, qu'il soit imposable ou non. Un traitement particulier sera donc peut-être nécessaire »[11]. Le troisième et dernier écueil est lié à l'usage immodéré de la dépense fiscale. Cette dernière constitue un instrument de politique publique alternatif à la dépense budgétaire. Alors que la création de dépenses fiscales, c'est-à-dire de moindres recettes, est moins contrainte dans la procédure parlementaire que l'adoption de nouvelles dépenses budgétaires, la maîtrise du coût des dépenses fiscales nécessite un pilotage aussi rigoureux que celui existant en matière budgétaire. Or, dans le cadre du pacte de stabilité et de croissance[12], la clause dérogatoire qui permet un écart temporaire par rapport aux exigences budgétaires normalement applicables en cas de grave récession économique, sera désactivée à la fin de 2023. Les nouvelles règles du Pacte de stabilité et de croissance proposées par la Commission européenne, qui devraient être adoptées d'ici 2024, renforcent cette nécessité puisqu'elles seront fondées sur la surveillance d'un unique indicateur constitué de la quasi-totalité des dépenses publiques et des mesures fiscales nouvelles, dont font partie les dépenses fiscales. Dans un avenir proche, un contrôle budgétaire plus rigoureux devrait donc conduire à revisiter les dépenses fiscales, voire à entraîner des arbitrages ministériels pour maintenir, supprimer ou plafonner certains pans de nos politiques publiques. La dépense fiscale est davantage perçue en termes d'instrumentalisation économique qu'en termes de lien social. Cet impensé budgétaire nous incite à privilégier des subventions aléatoires débattues devant les assemblées parlementaires, plutôt qu'une dépense fiscale entretenue dans les bureaux ministériels au risque d'arbitrages macroéconomiques.

---

[11] Marie-Christine Lepetit, table ronde, in Philippe Marini, Rapport d'information du sénat n° 553, fait au nom de la commission des finances *sur les allègements de prélèvements obligatoires,* mai 2011, p. 118.

[12] Le 17 juin 1997 à Amsterdam, le Conseil de l'UE a adopté une résolution instaurant le pacte de stabilité et de croissance et précisé ses règles dans deux règlements n° 1466/97 et 1467/97. L'encadrement budgétaire conduit à imposer les plafonds de dette (60 % du PIB) et de déficit publics (3 % du PIB).

Section I :
Cartographie des dépenses fiscales inhérentes au patrimoine culturel.

Paragraphe 1 – L'effort fiscal de l'État pour la préservation du patrimoine culturel

103-. La préservation d'un patrimoine culturel et la constitution d'un patrimoine artistique demeurent deux « ardentes » politiques publiques. Ce faisant, c'est au gré d'une politique hybride que se déploient les actions en la faveur du patrimoine culturel, à mi-chemin entre les revendications du marché et les impératifs de l'État pour préserver une identité emblématique. Les dépenses fiscales se fondent dans cette configuration. Mais il nous faut évaluer l'effort « fiscal » de l'État en la faveur du patrimoine culturel[13]. À ce stade, plusieurs difficultés méthodologiques doivent être relevées. D'une part, la mission Culture ne saurait à elle seule rendre compte de l'ensemble des crédits et des dépenses fiscales destinés à la politique culturelle. L'effort financier de l'État dans le domaine culturel est retracé dans un « jaune budgétaire » qui regroupe en 2023, 13 ministères et 35 programmes. Ce jaune budgétaire ne retrace pas les données « patrimoniales » des ministères mais s'en tient pour l'essentiel à des dépenses de personnels affectés à une activité d'enseignement artistique ou bien au coût d'ensembles immobiliers au titre des dépenses d'investissement ou bien encore au budget consacré à des opérateurs culturels rattachés aux ministères. En 2022, le montant des dépenses à caractère culturel des autres ministères est estimé à 5,2 milliards d'euros, dont 56 % pour le ministère de l'Éducation nationale[14]. L'effort financier de l'État au titre des musées de la Marine, de l'Armée, de l'Air et de l'Espace, et du musée du Service de santé pour le ministère des Armées ; du Muséum national d'histoire naturelle et musée des Arts et Métiers, pour le ministère de l'Enseignement supérieur et de la Recherche, n'est donc pas renseigné dans ce « jaune » budgétaire. Selon le « bleu » budgétaire voies et moyens, le montant total des dépenses fiscales s'élève à près de 89,1 milliards d'euros dont 1,9 milliard d'euros au titre de la mission culture (Patrimoine, création, médias, livres et industries culturelles). La Cour des comptes déplore régulièrement l'absence de documentation et d'évaluation de certaines dépenses fiscales, notamment culturelles. Dans sa note d'analyse de l'exécution budgétaire 2021 de la mission culture, la Cour a recommandé d'« élaborer et mettre en œuvre des outils d'analyse

[13] En 2011, Thérèse Laval avait « cartographier » ces dépenses fiscales. « Les dépenses fiscales du programme patrimoines » in F. Benhamou et D. Thesmar, *Valoriser le patrimoine culturel de la France*, Conseil d'analyse économique, 2011, pp. 121-130

[14] Ministère de la Culture, DEPS, *Statistiques de la culture et de la communication*, 2022, p. 21.

et de documentation des effets des dépenses fiscales et de leur lien avec les objectifs des politiques culturelles, par un travail interministériel en continu »[15] et regretté qu'une « approche consolidée entre dépenses budgétaires et mesures fiscales n'existe pas... Ce constat d'absence d'estimation consolidée vaut également pour les aides portant sur les monuments historiques et les objets mobiliers qui peuvent bénéficier de subventions à l'occasion de travaux de restauration et de mesures de déductibilité »[16]. En somme, il conviendrait de procéder à l'évaluation des dépenses fiscales rattachées à la mission par un suivi régulier entre les responsables de programme et la direction de la législation fiscale afin d'améliorer la connaissance des déterminants de la dépense. D'autre part, les dépenses fiscales liées au mécénat culturel ne sont pas rattachées à la mission culture mais à la mission sport, jeunesse et vie associative et plus précisément au programme 163 consacré à la jeunesse et vie associative. À ce titre, les dépenses fiscales inhérentes au mécénat sont estimées à 1,745 milliard d'euros pour la réduction d'impôt sur le revenu, tandis que selon la Cour des comptes, cette estimation pour le mécénat d'entreprises représente une « Réduction d'impôt au titre des dons faits par les entreprises à des œuvres ou organismes d'intérêt général, 1 190 M€ en 2020 (954 M€ en 2019), montant reconduit en 2021 à ce stade 99 825 entreprises bénéficiaires en 2020 selon la DGFIP »[17]. Une évaluation fiable du mécénat culturel, et partant de la dépense fiscale est complexe à réaliser. Si l'on s'accorde avec Admical qui estime que 22 % des actions sont relatives au domaine culturel et patrimonial, alors par homothétie, la dépense fiscale du mécénat culturel des entreprises peut être estimée à 22 % de 1 190, milliard d'euros, soit 261 millions d'euros pour 2022. Cette estimation approximative est d'autant plus insuffisante qu'il manque les données fiscales relatives aux dons des particuliers au profit d'un mécénat culturel. En définitive, pour le programme 163, la dépense fiscale est inscrite pour la totalité de son montant, ce qui fausse l'évaluation du total des moyens consacrés à une politique donnée. Ces décalages traduisent l'absence d'intégration des mesures fiscales dans une politique globale et cohérente. La relativité des informations contenues dans les documents budgétaires au titre des dépenses fiscales est soulignée. Dans sa réponse au rapport de la Cour des comptes relatif à la politique de l'État en faveur du patrimoine monumental, le Premier ministre a indiqué « partager l'objectif d'une consolidation de la dépense totale de l'État en faveur du patrimoine »[18]. Toutefois, pour donner du sens à cette consolidation, il importe au préalable de réduire les

[15] Cour des comptes, note d'exécution budgétaire mission culture 2021, page 7.
[16] Cour des comptes, note d'exécution budgétaire mission culture 2021, page 74
[17] Cour des comptes, note d'exécution budgétaire mission sport, jeunesse et vie associative, 2022, page 57
[18] Cour des comptes, *La politique de l'Etat en faveur du patrimoine monumental*, juin 2022, p. 143.

incertitudes budgétaires par l'harmonisation des nomenclatures des ministères et l'interopérabilité des systèmes d'information financiers mais également de rattacher à cette politique publique l'effort financier et fiscal de l'État non seulement au titre du patrimoine monumental mais également du patrimoine mobilier. Mais quelle est la part des dépenses fiscales inhérente au patrimoine culturel mobilier ?

Paragraphe 2 - les dépenses fiscales du programme budgétaire Patrimoines

104-Organisé autour de six actions, le programme 175 Patrimoines « finance les politiques publiques destinées à préserver, enrichir, mettre en valeur et rendre accessible au public le plus large, le patrimoine dans toutes ses composantes, matériel et immatériel, muséal, monumental, urbain, paysager, archéologique comme archivistique, ainsi que l'architecture ». À ce titre, le programme 175 sert de support à 12 dépenses fiscales sur impôts d'État dont le coût est estimé à 218 millions d'euros en progression de 33 millions d'euros par rapport à 2022. Ce montant constitue un montant plancher puisque certaines dépenses fiscales soutenant le patrimoine ne sont pas rattachées au programme 175[19]. Ainsi, le coût de la dation en paiement, qui permet l'acquittement exceptionnel en nature (par la remise à l'État d'œuvres d'art « de haute valeur artistique ou historique ») des droits de succession, des droits de mutation à titre gratuit entre vifs, du droit de partage et, de l'impôt sur la fortune immobilière n'est pas rattaché au programme 175. En réponse au questionnaire budgétaire, le ministère de la Culture a indiqué que « la valeur libératoire totale des offres de dations affectées aux musées nationaux en 2021 a été de 109,52 M€ »[20]. L'examen des dépenses fiscales qui, faute d'identification en tant que tel, ne comporte aucune évaluation de la TVA au taux réduit sur la vente d'œuvres d'art ou de livres, témoigne d'une part prépondérante du patrimoine immobilier bâti : la déduction du revenu global des charges foncières supportées par les propriétaires d'immeubles classés ou inscrits au titre des monuments historiques ou labellisés Fondation du patrimoine et non productifs de revenus est évaluée à 18 millions d'euros, la réduction d'impôt sur le revenu au titre des dépenses de restauration d'immeubles bâtis situés dans les sites patrimoniaux remarquables (SPR) est estimée à 38 millions d'euros, enfin l'imputation sur le revenu global sans limitation de montant des déficits fonciers supportés par les propriétaires d'immeubles classés ou inscrits au titre des monuments historiques ou labellisés Fondation du patrimoine

[19] Pour rappel, la réduction d'impôt au titre des dons faits par les entreprises à des œuvres ou organismes d'intérêt général est rattachée au programme 163 Jeunesse et vie associative de la mission Sport, jeunesse et vie associative.

[20] AN, Philippe Lottiaux, Rapport sur projet de loi de finances pour 2023, annexe 12 mission culture-patrimoines -, octobre 2022, p.51

(immeubles bâtis) est de 16 millions d'euros ; soit un total de 72 millions d'euros. D'autre part, les dépenses fiscales directement imputables au patrimoine mobilier s'élèvent à 10 millions d'euros au titre de la taxe forfaitaire sur les objets précieux, la réduction d'impôt sur le revenu au titre des travaux de conservation ou de restauration d'objets mobiliers classés monuments historiques n'est que d'1 million d'euros, l'exonération de TVA sur les objets d'art, de collection et d'antiquité, importés par les établissements agréés par le ministre chargé des affaires culturelles est estimée à 5 millions d'euros et enfin, la déduction sur cinq ans du prix d'acquisition des œuvres originales d'artistes vivants serait de 3 millions d'euros, soit un total de 19 millions d'euros. Il convient d'y ajouter la réduction d'impôt sur les sociétés pour les entreprises ayant effectué des versements en faveur de l'achat de trésors nationaux et autres biens culturels spécifiques d'un montant de 39 millions d'euros en 2023 (recours à cette procédure en 2022 pour l'acquisition, pour le compte du musée d'Orsay, de l'œuvre de Gustave Caillebotte (1848-1894) Partie de bateau ou Canotier au chapeau haut de forme pour un montant de 43 millions d'euros). La faiblesse de crédits destinés à l'acquisition des œuvres d'art, à leur conservation, est partiellement compensée par ces dispositifs fiscaux. Pour l'année 2022, le seul trésor national acquis grâce au mécénat du groupe LVMH pour 43 millions d'euros est évalué dans cette dépense fiscale. En revanche, trois œuvres dont le refus de certificat d'exportation est arrivé à échéance n'ont pas été acquises (le dessin de Michel-Ange, *Un jeune homme nu entouré de deux autres figures ;* un manuscrit enluminé de textes de Guillaume de Digulleville, *Le Pèlerinage de la vie humaine* et *Le Pèlerinage de l'âme* et enfin *le déjeuner* de Gustave Caillebotte). L'utilité de cette dépense fiscale est avérée et compense la faiblesse des crédits d'acquisition des œuvres d'art dont le montant cumulé en 2023 est évalué selon la direction des musées de France à 18,48 millions d'euros[21]. Selon le ministère de la culture « ce montant est ainsi réparti : 9,7 millions d'euros au titre des crédits consacrés aux acquisitions, 2,9 millions d'euros au titre du fonds du patrimoine, 0,65 million d'euros attribués au musée Guimet, 1,99 million d'euros versés au Centre Pompidou, 0,29 million d'euros attribués à l'enrichissement des collections du musée du Quai Branly, 1,2 million d'euros versés à la Réunion des musées nationaux-Grand-Palais et 1,75 million d'euros versés aux fonds régionaux d'acquisition pour les musées » et le rapporteur spécial de préciser « les établissements publics des musées du Louvre, d'Orsay, Rodin et du Quai Branly-Jacques Chirac disposent de ressources propres affectées aux acquisitions. Leurs décrets statutaires

[21] AN, Philippe Lottiaux, Rapport sur projet de loi de finances pour 2023, annexe 12 mission culture-patrimoines -, octobre 2022, p.53

fixent le pourcentage du produit annuel du droit d'entrée dans les collections permanentes devant être affectées aux acquisitions (entre 16 et 20 %) »[22]. Le total des dépenses fiscales pour 2022, en lien avec le patrimoine culturel mobilier ressort à 58 millions d'euros. Ces données de la mission culture ne prennent pas en compte les dépenses fiscales liées à une exonération des droits de mutation à titre gratuit, ni de la suppression du prélèvement de 20 % sur les capitaux décès lorsque le bénéficiaire est exonéré de droit de mutation à titre gratuit évaluée à 90 millions d'euros, ni bien entendu des dépenses fiscales inhérentes au patrimoine cinématographique et audiovisuel qui sont décrites dans la mission médias, livres et industries culturelles au titre du programme 334 pour un montant global de 556 millions d'euros. Dans ce contexte, le rapporteur spécial pour la mission culture était favorable à deux aménagements visant à soutenir l'enrichissement des collections nationales et la préservation du mobilier d'origine dans les monuments historiques. Les amendements concernés n'ont pas été adoptés. En premier lieu, le soutien à l'enrichissement des collections nationales suppose de modifier l'article 200 du code général des impôts afin d'aligner les conditions fiscales relatives au mécénat des particuliers sur celles des entreprises, c'est-à-dire obtenir une réduction d'impôt égale à 90 % des versements effectués en faveur de trésors nationaux ayant fait l'objet d'un refus de délivrance d'un certificat d'exportation. Selon le député « Il contribuera à abonder les crédits d'acquisition des établissements culturels dont les montants sont aujourd'hui critiquement faibles : le budget du fonds du patrimoine destiné à réaliser des acquisitions pour les musées de France ne relevant pas de l'État (musées des collectivités territoriales, musées régis par des associations, des fondations, etc.) est inférieur à 3 millions d'euros par an ; le budget d'acquisition du centre des monuments nationaux est inférieur à 1 million d'euros par an ; le budget d'acquisition du musée du Louvre est inférieur à 6 millions d'euros en 2022 »[23]. En second lieu, pour encourager les propriétaires de monuments à enrichir, à reconstituer ou à rénover le mobilier en lien avec leur époque notamment par des acquisitions sur le marché de l'art, ce même député proposait de modifier l'article 199 duovicies du code général des impôts afin de permettre une réduction d'impôt égale non plus à 18 % mais à 50 % des dépenses engagées[24]. De ce bref exposé, il ressort que le montant des dépenses fiscales liées à l'acquisition des œuvres d'art en 2022 représente, avec les dations en paiement une somme de 167 millions d'euros contre 18 millions dans le cadre des crédits budgétaires, soit huit fois plus. Le recours à des mécanismes incitatifs, dans le cadre d'un libéralisme économique

---

[22] AN, Philippe Lottiaux, Rapport sur projet de loi de finances pour 2023, annexe 12 mission culture-patrimoines -, octobre 2022, p.53

[23] AN, Philippe Lottiaux, Amendement I-551, exposé sommaire. 5 octobre 2022.

[24] AN, Philippe Lottiaux, Amendement I-556, exposé sommaire. 5 octobre 2022

apte à canaliser des ressources sur fond de dépenses fiscales est ainsi un mode privilégié de l'action publique. Ce faisant, c'est au gré du marché que ces opérations de mécénat se déploient. Le seul correctif au marché concerne cette prise en charge du mécénat par l'impôt, dont la rationalisation au cours de ces dernières années (disparition d'un mécanisme de trésor national au taux d'une réduction d'impôt égale à 40 %, remise en cause du mécanisme d'acquisition des œuvres d'art d'artistes vivants) risque de consommer son acceptabilité sociale et financière.

SECTION II :
Le mécénat, un Janus culturel ?

Paragraphe 1 – L'identification culturelle du mécénat

105-. Est-il possible d'identifier un mécénat « culturel » tant celui-ci semble fragmenté, éclaté et diffus ? Il ne s'agit pas d'une catégorie juridique mais davantage d'une locution qui renvoie au champ matériel d'une politique publique, à savoir celui de l'action culturelle de l'État. En réalité, le vocable « mécénat culturel » reste flou à raison de la plasticité de ses frontières et d'un contenu contingent à des politiques budgétaires « en mutation ». Ainsi, contrairement à ce qu'on pourrait supposer, ni la loi du 23 juillet 1987 sur le développement du mécénat, ni celle du 1er août 2003 relative au mécénat, aux associations et aux fondations ne définit d'un point de vue juridique la notion de mécénat et encore moins celle de « mécénat culturel ». La commission de terminologie du ministère de l'économie, des finances et du budget a proposé en 1989, une définition de l'antonyme du parrainage. Ainsi, le mécénat est défini comme le « soutien matériel apporté, sans contrepartie directe de la part du bénéficiaire, à une œuvre ou à une personne pour l'exercice d'activités présentant un intérêt général »[25]. Le mécénat culturel n'est qu'une forme de mécénat qui porte à la fois sur des biens culturels, matériels ou immatériels mais également qui participe au financement des institutions culturelles[26]. Tel un Janus, le mécénat culturel comporte deux visages en étroite corrélation. D'un côté, il s'agit de favoriser un mécénat public, dont peuvent tirer profit des institutions publiques[27]. De l'autre, la puissance publique a su dynamiser un mécénat privé principalement par la grâce d'avantages fiscaux au profit de personnes morales ou physiques bienfaitrices. Ces deux visages du mécénat sont unis par une action publique favorable à

[25] Arrêté du 6 janv. 1989 relatif à la terminologie économique et financière, JO du 31/1/1989, p.1448.
[26] Voir François Blanc, « Les formes juridiques du mécénat », RDP 2020 n° 2, p. 369.
[27] Voir Alain-Joseph Poulet, *L'action de mécénat au profit des personnes publiques*, Thèse Paris-Dauphine, 2020.

l'enrichissement des collections d'œuvres d'art et plus généralement à la conservation et à la mise en valeur de biens culturels. Cette notion hybride vient bousculer autant les catégories juridiques traditionnelles de l'intérêt social d'une personne morale, de l'intérêt général d'une action publique[28], que les finalités ambivalentes du mécénat selon ses bénéficiaires[29]. Il s'agit pour l'essentiel d'une politique culturelle régulée par l'impôt. La loi du 14 août 1954 portant diverses dispositions d'ordre fiscal a constitué la première intervention du législateur en créant une incitation fiscale propre à encourager le mécénat en faveur des œuvres charitables et philanthropiques. Pour Armelle Verjat, « En droit français, le mécénat est avant tout un dispositif fiscal, appréhendé dans sa plus simple expression par le code général des impôts et surtout enfermé par la doctrine de l'administration fiscale »[30] Des ordonnances de 1958 ont étendu cette incitation aux organismes de recherche scientifique[31]. Ces textes furent complétés par l'adoption de la relative au développement du mécénat, qui a comporté des mesures fiscales significatives notamment au titre de l'assouplissement des modalités de déduction fiscale avec l'instauration d'un mécanisme de report des dépenses de mécénat et le relèvement des limites de déductibilité au titre des entreprises[32]. En dépit des avancées de la loi de 1987[33], le cadre juridique des libéralités a été une nouvelle fois modifié par la loi n° 2003-709 du 1er août 2003 relative au mécénat, aux associations et aux fondations, dite « loi Aillagon »[34]. Ce texte a notamment substitué un mécanisme de réduction d'impôt au régime de déduction du bénéfice ou du revenu imposable. Compte tenu du poids de ces dépenses fiscales, que la Cour des comptes chiffre à près d'un milliard d'euros pour les seules entreprises, les pouvoirs publics s'interrogent légitimement sur le devenir

[28] Voir Martin Collet, « La fiscalité du mécénat », RDP 2020 n° 2, p. 417.

[29] Voir Fanny Tarlet, « Les finalités ambivalentes du mécénat », RDP 2020 n° 2, p. 395.

[30] Armelle Verjat, « Mécénat » in Juris corpus *Droit des associations et fondations*, Philippe-Henri Dutheil (Dir), Dalloz, 2016, n° 28-03.

[31] Ordo. n° 58-882 du 25 Septembre 1958, JO 28/9/1958, p. 8859, article 4.

[32] La loi n° 87-571 du 23 juillet 1987 prévoyait pour les entreprises la déduction du résultat imposable, dans la limite de 2,25 pour mille du chiffre d'affaires du montant des dons versés, alors même que ces dépenses n'étaient pas engagées dans l'intérêt direct de l'entreprise.

[33] L'article 6 de la loi du 23 juillet 1987 a par ailleurs autorisé les entreprises à déduire de leur résultat imposable le prix d'acquisition des œuvres d'art, livres ou objets destinés à être donnés à l'État.

[34] Avant la loi Aillagon, l'article 15 de la loi de finances pour 1997 a complété l'article 238bis, 1 du CGI afin de permettre aux entreprises qui font un don à la Fondation du patrimoine de bénéficier d'un allégement de l'impôt sur le revenu ou sur les bénéfices. Les articles 22 à 25 de la loi n° 2002-5 du 4 janvier 2002 relative aux musées de France ont institué diverses mesures fiscales visant à favoriser le mécénat en faveur des musées de France et à encourager les entreprises à effectuer des versements pour l'acquisition par l'État ou pour leur propre compte de trésors nationaux à des fins de conservation du patrimoine artistique et historique national

d'une telle politique publique, d'autant que de nombreuses institutions se sont engagées dans la voie du mécénat. Afin de mieux encadrer cette politique à l'égard des entreprises, la Cour des comptes recommande en novembre 2018, une rationalisation de la dépense fiscale[35]. C'est dans cet environnement que le gouvernement a décidé d'ouvrir la boîte de Pandore en s'interrogeant une nouvelle fois sur la portée fiscale du mécénat. Afin de favoriser le mécénat local et la solidarité de proximité, un plafond en valeur absolue de versements éligibles, est rehaussé à 20 000 euros par l'article 134 de la loi n° 2019-1479 du 28 décembre 2019, pour les versements effectués au cours des exercices clos à compter du 31 décembre 2020, de façon alternative au plafond actuel de 5 ‰ du chiffre d'affaires, lequel reste applicable s'il s'avère plus avantageux. Suivant les recommandations de la Cour des comptes, le législateur décide dans la loi de finances pour 2020 de réduire le taux de la réduction d'impôt. Pour les dons dépassant 2 millions d'euros, le taux de la réduction d'impôt de droit commun est ainsi ramené de 60 % à 40 %. Pour appréhender ce mécénat culturel, encore faut-il identifier la nature juridique du versement opéré par un mécène, les organismes bénéficiaires des versements et la notion d'intérêt général au cœur de ce dispositif.

Paragraphe 2 – La nature fiscale du mécénat

106-En ce qui concerne le mécénat des entreprises, en application des dispositions du 3 de l'article 238 bis du CGI, l'ensemble des versements ouvrant droit à la réduction d'impôt sont retenus dans la limite de 20 000 € ou de 5 ‰ du chiffre d'affaires des entreprises concernées lorsque ce dernier montant est plus élevé. Les versements qui excèdent ce plafond au cours d'un exercice génèrent une réduction d'impôt au titre des cinq exercices suivants, après prise en compte des versements effectués au titre de chacun de ces exercices, sans qu'il puisse en résulter un dépassement. Compte tenu de ces limites, la fraction inférieure ou égale à 2 millions d'euros des versements effectués par les entreprises au profit d'œuvres ou d'organismes d'intérêt général ouvre droit à une réduction d'impôt au taux de 60 % et la fraction supérieure à ce montant ouvre droit à une réduction d'impôt au taux de 40 %. En ce qui concerne le mécénat des particuliers, Les versements que les particuliers effectuent au profit des œuvres ou organismes d'intérêt général ou reconnus d'utilité publique au sens de l'article 200 du CGI, peuvent ouvrir droit à une réduction d'impôt sur le revenu, égale à 66 % de leur montant retenu dans la limite de 20 % du revenu imposable. Selon l'administration, « Pour l'application de ces dispositions, le revenu imposable s'entend de la somme des revenus catégoriels

[35] Cour des comptes, *Le soutien public au mécénat des entreprises. Un dispositif à mieux encadrer*, Novembre 2018.

nets imposables, diminuée des déficits des années antérieures, de la CSG déductible et de toutes les charges déductibles du revenu global, avant déduction des abattements réservés aux personnes âgées ou invalides et à celles qui ont des enfants majeurs mariés rattachés et majorée des plus-values, revenus et gains taxés au barème selon le système du quotient avant application de celui-ci. »[36]. L'imputation de cette réduction d'impôt est restrictive « La réduction d'impôt prévue par l'article 200 du CGI s'impute uniquement sur l'impôt sur le revenu calculé par application du barème progressif dans les conditions fixées par l'article 197 du CGI ; elle ne peut s'imputer sur l'impôt sur le revenu obtenu par application d'un taux proportionnel (plus-values professionnelles à long terme, par exemple). »[37]. Comme pour le mécénat d'entreprise, la fraction des dons qui n'a pas bénéficié de la réduction d'impôt l'année de leur versement ouvre droit à cet avantage fiscal au titre des cinq années suivantes : « Ainsi, lorsque les dons consentis excèdent, l'année du versement, la limite annuelle de 20 % du revenu imposable du donateur, l'excédent est désormais reportable successivement sur l'année suivante et, le cas échéant, sur celles qui suivent, jusqu'à la cinquième inclusivement. »[38]

La nature du versement opéré dans le cadre du mécénat est ambiguë, au point que Martin Collet traite désormais celle-ci comme constitutive d'une « libéralité intéressée »[39]. Il nous faut au préalable distinguer le mécénat de notions voisines dont notamment le parrainage. Selon l'article 39-1° -7 du CGI, les dépenses de parrainage sont « exposées dans l'intérêt direct de l'exploitation ». L'administration fiscale apporte plusieurs éclaircissements : « Les dépenses mentionnées au 7° du 1 de l'article 39 du CGI s'entendent des dépenses engagées dans le cadre de manifestations de caractère philanthropique, éducatif, scientifique, social, humanitaire, sportif, familial, culturel ou concourant à la mise en valeur du patrimoine artistique, à la défense de l'environnement naturel ou à la diffusion de la culture, de la langue et des connaissances scientifiques françaises »[40] et d'ajouter « Les dépenses engagées dans le cadre d'opérations de parrainage sont destinées à promouvoir l'image de marque de l'entreprise »[41]. Ce subtil distinguo entre un mécénat qui serait une pure libéralité et un parrainage, expression d'une prestation de service ne résiste pas à l'analyse contentieuse. À l'occasion d'un contentieux relatif aux modalités de calcul de la taxe professionnelle, le Conseil d'État infirme la position de l'administration qui estimait que les dépenses réalisées au titre du

[36] BOI-IR-RICI-250-30, 12/9/20102 n° 1

[37] BOI-IR-RICI-250-30, 12/9/20102 n° 90

[38] BOI-IR-RICI-250-30, 12/9/20102 n° 110

[39] Martin Collet, « La fiscalité du mécénat », RDP 2020 n° 2, P. 417.

[40] BOI-BIC-CHG-40-20-40, 30/8/2016 n° 180

[41] BOI-BIC-CHG-40-20-40, 30/8/2016 n° 190

mécénat ne relevaient pas de l'activité et de l'exploitation courante de l'entreprise, mais devaient être regardées comme des charges à caractère exceptionnel puisqu'elles étaient sans contrepartie ou assorties d'une contrepartie sans commune mesure avec ces dépenses et en déduisait qu'elles ne sauraient être déduites de la valeur ajoutée. Par un arrêt de plénière, le Conseil d'État juge que les dépenses de mécénat peuvent, comme pour les autres charges de l'entreprise, présenter un caractère courant ou exceptionnel, lézardant ainsi la distinction fiscale entre parrainage et mécénat[42]. Un tel clivage est d'autant plus difficile à admettre que la théorie de l'acte anormal de gestion au cœur du droit fiscal des entreprises ignore toute philanthropie étrangère à l'intérêt social. Le distinguo entre un parrainage et une action de mécénat est fragilisé mais la matrice demeure intacte. En matière d'impôt sur le revenu ou sur les sociétés, une dépense de parrainage est une charge déductible du résultat fiscal alors qu'une action de mécénat n'est pas déductible mais ouvre droit à un crédit d'impôt en fonction de conditions posées à l'article 200 du CGI (impôt sur le revenu) et de l'article 238 bis du CGI (impôt sur les sociétés). L'absence de contrepartie est-elle caractéristique d'une opération de mécénat ? Si l'absence de contrepartie est de l'essence même d'une libéralité, l'administration fiscale tolère que le mécène puisse bénéficier de contreparties institutionnelles ou symboliques et en tout état de cause limitées. Selon l'administration « Ces avantages correspondent tout d'abord à des prérogatives attachées à la qualité proprement dite de membre de l'association (droit de vote à ses assemblées générales, éligibilité à son conseil d'administration). Mais il peut s'agir également d'avantages qui trouvent leur source dans la volonté de distinguer un membre ou un donateur particulier de l'association en lui conférant un titre honorifique (membre bienfaiteur par exemple) ou en lui rendant symboliquement hommage pour son dévouement à l'œuvre. Il est admis qu'aucun de ces avantages ne constitue une contrepartie réelle au versement. La simple attribution de tels avantages ne saurait par conséquent priver les adhérents ni les donateurs du bénéfice de la réduction d'impôt à raison de leurs versements »[43]. Au-delà du message publicitaire, le régime du mécénat ne peut être retenu si l'opération a manifestement vocation à procurer au mécène des contreparties matérielles en compensation de son versement, telles que la remise de biens ou la fourniture de prestations de services (mise à disposition de locaux ou de matériels, octroi d'avantages financiers, accès privilégié à des informations ou conseils, etc.). Toutefois, l'Administration tolère des « menus biens » : « Par dérogation à ce principe, il est toutefois admis que la remise de menus biens tels qu'insignes, timbres décoratifs, étiquettes personnalisées, affiches, épinglettes, cartes de vœux, etc. ne

[42] CE plén., 9-5-2018, no 388 209, CRCAM de Pyrénées Gascogne : RJF 7/18, no 764, concl. Y. Bénard, p. 1040 (C 764).

[43] BOI-IR-RICI-250-20, 12/9/2012 n° 80.

remette pas en cause l'éligibilité des versements au bénéfice de l'avantage fiscal lorsque les biens remis par l'organisme à chaque adhérent ou donateur au cours d'une même année civile ont une valeur totale faible (au maximum de l'ordre de 65 euros)[44], et qui présente une disproportion marquée avec le montant de la cotisation ou du don versé. Une telle disproportion sera caractérisée par l'existence d'un rapport de 1 à 4 entre la valeur du bien et le montant du don ou de la cotisation »[45]. Selon l'administration, seules relèvent du mécénat les opérations qui se limitent à la mention du nom du donateur et se caractérisent par l'existence d'une disproportion marquée entre les sommes versées et la valeur de la prestation rendue. L'administration a intégré dans sa base doctrinale l'arrêt du Conseil d'État n° 423664 du 20 mars 2020[46], sans pour autant définir ce qui constitue une disproportion marquée entre la valeur de la prestation résultant de l'association du nom de l'entreprise donatrice et le montant du versement effectué[47]. Le Conseil d'État détermine ainsi la portée des dispositions de l'article 238 bis, 1-a du CGI, issues de l'article 17 de la loi 99-1172 du 30 décembre 1999, permettant à l'ensemble des organismes visés à cet article d'associer le nom de l'entreprise concernée. Par suite, en cas d'association de leurs noms, les entreprises donatrices peuvent bénéficier au titre des dépenses de mécénat, de la réduction d'impôt prévue par cet article. En d'autres termes, le fait que l'organisme accorde des contreparties à l'entreprise qui effectue un versement à son profit ne remet pas en cause l'intention libérale caractérisant l'éligibilité du versement à la réduction d'impôt dès lors que ce versement est « manifestement disproportionné par rapport aux contreparties accordées ». En levant l'épée de Damoclès d'une remise en cause de la réduction d'impôt en raison d'une visibilité trop importante du nom du donateur, le Conseil d'État retient l'interprétation la plus incitative pour le développement du mécénat culturel. L'enjeu est donc de valoriser ces contreparties. En décembre 2014, le ministère de la Culture et de la Communication a publié une *Charte du mécénat culturel*, élaborée en concertation avec Bercy et retient une pratique à partir de laquelle « la valeur des contreparties matérielles et immatérielles ne dépasse pas 25 % du montant du don (ou 5 % dans le cas d'un mécénat en faveur de l'acquisition, pour une collection publique, d'un trésor national ou d'une œuvre d'intérêt patrimonial majeur) »[48]. Il s'agit en somme de limiter les risques inhérents au

---

[44] Ce montant est passé à 73 € TTC à/c du 1/1/2021.

[45] BOI-IR-RICI-250-20, 12/9/2012 n° 90

[46] CE 9e-10e ch. 20-3-2020 n° 423664, min. c/ Sté M2I Fayard, RJF 6/2020 n°521

[47] BOI-BIC-RICI-20-30-10-20 21 juin 2023 n° 160

[48] Ministère de la culture, *Charte du mécénat culturel*, 3 ème édition, 2020, p.8.

mécénat[49]. Cette locution de libéralité « intéressée », employée par Martin Collet démontre s'il en est besoin le caractère hybride du versement d'un mécène privé au sens des dispositions fiscales. Ce don ne répond pas aux libéralités du Code civil qui excluent toute contrepartie. La quête d'un retour immatériel sur investissement, parfois assorti de contreparties matérielles, semble orienter l'action du mécène privé.

Paragraphe 3 – Le champ d'application matériel du mécénat culturel

107-Ces œuvres ou organismes d'intérêt général sont limitativement énumérés aux b à d et f du 1 de l'article 200 du code général des impôts ainsi qu'à l'article 238 bis du CGI. À ce titre, les organismes doivent revêtir un caractère philanthropique, éducatif, scientifique, social, humanitaire, sportif, familial, culturel ou concourant à la mise en valeur du patrimoine artistique, à la défense de l'environnement naturel ou à la diffusion de la culture, de la langue et des connaissances scientifiques françaises. Selon l'administration, « Sont considérés comme associations ou fondations à caractère culturel les organismes dont l'activité est consacrée, à titre prépondérant, à la création, à la diffusion ou à la protection des œuvres de l'art et de l'esprit sous leurs différentes formes. À ce titre sont notamment concernés les domaines suivants : arts plastiques, musique, danse, théâtre et spectacles, livre et littérature, cinéma et audiovisuel, patrimoine, musée. Sont également considérés comme associations ou fondations à caractère culturel les organismes qui, sans exercer directement une activité de création, de diffusion ou de protection des œuvres culturelles, mènent à titre prépondérant une activité propre en faveur du développement de la vie culturelle »[50]. Par ailleurs, les organismes concourant à la mise en valeur du patrimoine artistique sont éligibles au mécénat « Ces organismes ont pour objet d'assurer la sauvegarde, la conservation et la mise en valeur de biens mobiliers ou immobiliers appartenant au patrimoine artistique national, régional ou local. La notion de patrimoine artistique ne doit pas être entendue de manière restrictive. Elle englobe les œuvres d'art au sens traditionnel et les biens qui ont une valeur historique, y compris au regard de l'histoire des techniques. Ouvrent notamment droit à réduction d'impôt les versements effectués à travers les souscriptions ouvertes pour financer l'achat d'objets ou d'œuvres d'art destinés à rejoindre les collections d'un musée de France accessibles au public »[51]. La notion de mise en valeur est définie de manière extensive puisqu'elle inclut celle d'acquisition des biens ou de conservation. Si une mise en valeur peut concerner au préalable des

---

49 Messaoud Saoudi, « Le mécénat culturel. Vers la fin de l'exception culturelle française ? » GFP 2/2018 p. 87

50 BOI-IR-RICI-250-10-20-10, n° 120, 10 mai 2017

51 BOI-IR-RICI-250-10-20-10, n° 130, 10 mai 2017

travaux nécessaires à sa conservation, il ne semble pas que la notion puisse être étendue à l'acquisition des œuvres. Cela étant, l'œuvre ou l'organisme doit être d'intérêt général. Faute de texte législatif, l'administration fiscale apprécie la mission des organismes d'intérêt général à partir d'un faisceau d'indices qui donnent un éclairage, d'une part, sur les domaines d'activité relevant de l'intérêt général [52]et, d'autre part, sur les conditions de reconnaissance d'intérêt général d'une œuvre ou d'un organisme[53]. Ces conditions ne renvoient ni à la notion d'utilité publique attachée à une fondation reconnue d'utilité publique par le Conseil d'État, ni à la notion d'utilité sociale retenue par le législateur au titre de l'économie solidaire. S'agissant d'une notion autonome, la doctrine fiscale identifie cette reconnaissance à une triple condition[54]. En premier lieu, les organismes doivent agir sans but lucratif, c'est-à-dire exercer majoritairement des activités exonérées d'impôts commerciaux, au sens de l'article 206, 1 du code général des impôts, sur le fondement de la règle des « 4 P »[55]. En second lieu, sont exclus les dons faits à des organismes dont la gestion n'est pas désintéressée, même si leur activité n'est pas lucrative. Dès lors, la gestion de l'association ne doit procurer aucun avantage matériel direct ou indirect aux fondateurs, dirigeants ou membres de celle-ci. Cependant, la présence d'un administrateur d'une association au sein du conseil d'administration d'un fonds de dotation qu'elle a créé ou qu'elle contrôle n'est pas de nature à remettre en cause le caractère désintéressé de la gestion que doit revêtir le fonds de dotation. Ainsi, selon l'administration « Rien n'interdit qu'il y ait identité de dirigeant avec l'organisme adossé dans le statut juridique et fiscal du fonds de dotation »[56]. En troisième et dernier lieu, les organismes qui fonctionnent au profit d'un cercle restreint de personnes sont exclus du champ d'application de la réduction d'impôt, même s'ils remplissent les deux conditions précédentes[57]. Cette dernière

[52] Le domaine d'activité de ces organismes d'intérêt général est défini aux articles 200 et 238 bis du CGI.

[53] Pour apprécier la doctrine administrative, il convient de se reporter à BOI-IR-RICI-250-10-10 du 26 juillet 2016 actualisé le 10 mai 2017.

[54] Voir notamment M.Jamet et W. Meynet, « La vampirisation de l'intérêt général par le droit fiscal » in JA 2019 n° 600 p.19, B. Clavagnier, « L'intérêt général dans tous ses états » in JA 2016 n° 546 p.27, voir également JA 2019 n° 595, dossier relatif à *l'intérêt général, un concept en mutation*, J-B. Autric et X.Delsol, « Intérêt général, cercle restreint de personnes : une interprétation pertinente » in JA 2017 n° 570 p.38 et A.Verjat, « L'intérêt général n'était pas au rendez-vous » in JA 2018 n° 583 p.38

[55] BOI-IS-CHAMP-10-50-10-10, 5 avr. 2017. Toutefois, il est admis que l'existence d'activités lucratives ayant fait l'objet d'une sectorisation dans les conditions prévues par l'Administration ne remet pas en cause la qualification d'intérêt général d'une association ou d'une fondation.

[56] AN, RM Marland-Militello n° 62981, JO AN 17 Mai 2011 p.5104.

[57] BOI-BIC-RICI-20-30-10-10, 10 mai 2017, § 130, 160 et 170.

condition a connu un assouplissement de l'administration fiscale à partir de 2017[58] mais il n'en demeure pas moins qu'un organisme fonctionne au profit d'un cercle restreint de personnes lorsqu'il poursuit les intérêts particuliers d'une ou plusieurs personnes clairement identifiables, membres ou non de l'organisme. Deux affaires illustrent les difficultés contentieuses d'une telle interprétation. Ainsi, une association souhaitant rassembler des choristes de bon niveau pour perfectionner leur formation vocale et musicale par la pratique du chant polyphonique en privé et en public à un haut niveau d'exigence artistique n'est pas d'intérêt général, ni pour l'administration fiscale ni pour le juge de l'impôt. Le fait que cet art soit exercé à l'occasion de concerts publics n'a pas été retenu comme pertinent[59]. À l'opposé, un autre contentieux à la frontière du culturel et du cultuel témoigne d'une interprétation extensive. Une association ayant pour objet principal de promouvoir et pratiquer les enseignements et les arts tibétains bouddhistes peut être d'intérêt général[60]. En somme, peuvent ainsi relever de l'intérêt général des pratiques culturelles mêmes confidentielles et réservées à quelques-uns y compris dans un contexte spirituel dès lors que les publics peuvent prétendre y avoir accès. Les frontières de l'intérêt général sont donc mouvantes. Cette insécurité juridique tient pour l'essentiel à l'absence de définition législative. Redéfinir l'intérêt général semble donc une ardente obligation pour préserver un mécénat incitatif[61].

Paragraphe 4 – Le mécénat au profit des opérateurs culturels de l'État

108- Afin de compenser la baisse des subventions pour charges de service public versées par le ministère de la culture, aux opérateurs culturels, les grands établissements publics se sont orientés vers le mécénat pour restaurer leur patrimoine. Cette priorité a été consacrée en 2012 à l'occasion de la modernisation de l'action publique (MAP) dans les contrats pluriannuels d'objectifs et de performance conclus par le ministère de la culture et ses opérateurs culturels[62]. C'est le mécénat de compétences qui fait l'objet de la plus grande attention. Le mécénat de compétence consiste à apporter non pas des financements en numéraire mais des

[58] Au paragraphe 150 de l'instruction précitée, BOI-IR-RICI-250-10-10. Il est indiqué « La circonstance qu'un organisme rassemble des personnes liées par l'appartenance à un groupe déterminé ne permet pas de présumer qu'il fonctionne au profit d'un cercle restreint de personnes, dans la mesure où cette circonstance ne préjuge pas des bénéficiaires des actions menées par cet organisme.

[59] TA Poitiers, 26 mars 2009 n° 07-2684.

[60] Riom, 27 nov. 2017, n° 17-00329.

[61] Voir Martin Collet, « La fiscalité du mécénat », RDP 2020 n° 02, p.417.

[62] Voir Jean-Raphael Pellas, « Le mécénat culturel, un objet fiscal non identifié » RFFP 2020 n°152 p.183.

moyens (produits ou services) à la cause que les entreprises mécènes souhaitent soutenir. Pour Armelle Verjat « Le mécénat de compétence consiste pour une entreprise à prêter de la main-d'œuvre, c'est-à-dire mettre à disposition une compétence par l'intermédiaire du personnel détenteur d'un savoir-faire »[63]. L'évaluation du mécénat de compétence (mise à disposition de personnels avec leur savoir-faire) doit d'une part être effectué par celui qui aide ou qui donne (et non par l'organisme bénéficiaire) et d'autre part être estimé au regard de la perte d'argent que l'aide représente pour celui qui la fournit (et non au regard des dépenses évitées à l'organisme bénéficiaire). Selon l'administration : « Lorsque le don en nature effectué par l'entreprise prend la forme d'une mise à disposition de personnel, il doit être valorisé à son coût de revient »[64], c'est-à-dire « Pour chaque salarié mis à disposition, ce don est évalué à son coût de revient, à savoir la somme de sa rémunération et des charges sociales y afférentes dans la limite de trois fois le montant du plafond mentionné à l'article L. 241-3 du code de la sécurité sociale (CSS) »[65] En somme, ces prestations ne doivent donc pas être facturées au prix de vente publique. En effet, l'article 134 de la loi de finances pour 2020 encadre cette valorisation. Ainsi, lorsque le don en nature prend la forme d'une mise à disposition de salariés de l'entreprise, le coût de revient à retenir dans la base de calcul de la réduction d'impôt est comptabilisé, pour chaque salarié mis à disposition, dans la limite de trois fois le plafond des cotisations de Sécurité sociale. Selon une démarche éthique, le ministère de la culture et de la communication recommande aux opérateurs culturels de l'État de mettre en œuvre un mécénat de compétences pour des projets et activités présentant un caractère d'intérêt général culturel marqué. Bien plus, En matière de mécénat de compétence, les services de l'État et leurs établissements publics peuvent être confrontés à des difficultés contentieuses. En effet, sous l'empire de l'article 1er de l'ordonnance du 23 juillet 2015 relative aux marchés publics, les contrats conclus à titre gratuit sont exclus du champ de l'ordonnance. Or, les zones de frottement sont nombreuses, notamment les cas dans lesquels des entreprises peuvent à la fois être mécènes et fournisseurs, délégataires ou concessionnaires[66]. Il s'est donc agi pour ces opérateurs culturels de compléter leurs ressources en faisant appel à un mécénat culturel débarrassé de scories contentieuses.

---

[63] Armelle Verjat, « Mécénat » in Juris corpus *Droit des associations et fondations*, Philippe-Henri Dutheil (Dir), Dalloz, 2016, n° 28-26.

[64]BOI-BIC-RICI-20-30-10-20, n° 70, 21/6/2023

[65] BOI-BIC-RICI-20-30-10-20, n° 70, 21/6/2023

[66]Aldo Sevino « Le mécénat public : entre libéralité et marchés publics », in AJDA 2008. 1802 ; Jean-David Dreyfus, « La requalification d'une convention de sponsoring en marché public », in AJDA 2007. 808 ; Rapport information n° 691 Sénat 2017-2018, 25 juillet 2018, Le mécénat culturel : outil indispensable de la vitalité culturelle.

Ainsi, le choix a été fait en 2014 pour le musée d'Orsay, de recourir à une plateforme de financement participatif, Ulule, pour contribuer au financement de la restauration du tableau *L'Atelier du peintre* de Gustave Courbet. **Après avoir restauré la galerie des Glaces du château de Versailles en 2003, puis** la restauration du Belvédère et de son rocher dans le domaine de Marie-Antoinette en 2013, le groupe Vinci s'est engagé à nouveau au côté de l'établissement public du musée et du domaine national de Versailles en signant le 2 mars 2015 une nouvelle convention de mécénat pour l'aménagement du pavillon Dufour. Enfin, à l'Opéra national de Paris, l'opération « adoptez un fauteuil », lancée en mai 2017 permet d'avoir une plaque gravée à son nom sur un fauteuil de l'Opéra Garnier. Le mécénat culturel irrigue ainsi la conservation et la mise en valeur du patrimoine d'établissements publics mais également d'institutions privées en charge de la protection du patrimoine culturel.

SECTION III :
Les fonds de dotation dédiés au patrimoine culturel

Paragraphe 1 – L'essor des fonds de dotation à vocation culturelle

109- Au cours des trois dernières décennies, l'État a multiplié les outils juridiques permettant de recevoir des fonds privés au profit d'actions de mécénat. Cet engouement à la faveur d'une hybridation de l'action culturelle de l'État tient certes à une crise des finances publiques mais également à un repositionnement stratégique de l'État à la faveur des personnes privées. Le désengagement financier de l'État se traduit alors par une baisse des subventions et une montée en puissance des dépenses fiscales[67]. Longtemps réservée quant à une libéralisation des corps intermédiaires au titre notamment de leur grande capacité juridique, la démarche du ministère de l'économie et des finances s'est orientée vers l'encouragement des personnes privées à concourir à la satisfaction d'un projet d'intérêt général. L'article 140 de la loi n° 2008-776 relative à la modernisation de l'économie du 4 août 2008 dispose que « Le fonds de dotation est une personne morale de droit privé à but non lucratif qui reçoit et gère, en les capitalisant, des biens et droits de toute nature qui lui sont apportés à titre gratuit et irrévocable et utilise les revenus de la capitalisation en vue de la réalisation d'une œuvre ou d'une mission d'intérêt général ou les redistribue pour assister une personne morale à but non lucratif dans l'accomplissement de ses

[67] Voir V. Palma-Amalric, « Fiscalité et financement privé du patrimoine culturel » in N. Bettio et P-A. Collot, *Le financement privé du patrimoine culturel,* collection Droit du patrimoine culturel et naturel, L'Harmattan, 2018 p. 43 et s.

œuvres et de ses missions d'intérêt général. Le fonds de dotation est créé par une ou plusieurs personnes physiques ou morales pour une durée déterminée ou indéterminée ». Il s'agit certes d'un dispositif inspiré de mécanismes existant outre-Atlantique [68]mais dont la parenté avec des fondations reconnues d'utilité publique (FRUP) est attestée. Le caractère de personne morale de droit privé, l'apport de biens à titre irrévocable, l'utilisation des revenus pour la réalisation d'une mission d'intérêt général sont autant d'éléments qui rapprochent ces institutions. Cela étant, il existe des différences notables avec les FRUP dont la durée est en principe illimitée alors que le fonds de dotation peut être créé pour une durée déterminée. Le fonds de dotation ne traduit pas une volonté de vivre en commun, de définir un lieu de sociabilité et de partage, comme peut l'être une association, une fondation et, a fortiori, une fondation d'entreprise. Il s'agit pour l'essentiel d'un mécanisme financier qui permet de réunir en qualité de « relais » des ressources destinées à financer un projet d'intérêt général dont un organisme est en charge. Pour autant, des fonds de dotation peuvent être « opérationnels » et rejoindre ainsi les préoccupations d'organismes précités, voire prolonger la responsabilité sociale des entreprises et concurrencer ainsi les fondations d'entreprise. Pour limiter les « coquilles vides », l'article 85 de la loi n° 2014-856 relative à l'économie sociale et solidaire du 31 juillet 2014, impose une dotation initiale pour les fonds de dotation dont le montant minimum est fixé à 15 000 €[69]. Le succès de la formule tient certes à la souplesse de son dispositif à l'instar de la création d'une association simplement déclarée mais également à des immunités fiscales comparables à celles existant au titre des fondations.

110-Sur un plan quantitatif, ces mécanismes font florès[70] : 22 % des fonds de dotation œuvrent dans le champ de l'action culturelle et artistique[71]. Sur le plan qualitatif, par opposition à un mécénat classique, les fonds de dotation sont

---

[68] Le mécanisme des *endowments funds* est largement diffusé par la littérature française. Voir notamment C. Amblard, *Fonds de dotation, Une révolution dans le monde des institutions sans but lucratif*, 2nde édition, Wolters Kluwer, collection Lamy Axe droit, novembre 2015 ; L. Devic, *Fonds de dotation, Création, Gestion, Évolution,* 2nde édition, Juris éditions, 2014 ; Wilfried Meynet, « Les fonds de dotation » in Juris corpus *Droit des associations et fondations*, Philippe-Henri Dutheil (Dir), Dalloz, 2016, étude n° 69.

[69] Décret n° 2015-49 du 22 janvier 2015 relatif aux fonds de dotation. Pour la création de fonds de dotation, il n'existe pas de statuts-types mais un clausier mis en ligne par la Direction des affaires juridiques du Ministère de l'Économie et des Finances.

[70] Selon le baromètre de la philanthropie établie par la fondation de France en 2022, 2 163 fonds de dotation en activité en 2021

[71] Observatoire de la Philanthropie – Fondation de France, « Les fonds et fondations en France de 2001 à 2018 », mai 2019. Voir également Croisine Martin-Roland, « Les fonds de dotation en pratique », La revue fiscale du patrimoine n° 10, Octobre 2017, dossier 5

susceptibles d'offrir aux donateurs une garantie de pérennité à leur acte de générosité. Ce mécanisme offre en outre la possibilité par des levées de fonds pluriannuelles, d'une dynamique de protection du patrimoine artistique et culturel. Sur un plan patrimonial, le fonds de dotation répond en somme à un objectif de conservation d'un monument emblématique ou de présentation au public d'une collection d'œuvres d'art à des fins perpétuelles. Le fonds de dotation s'est en somme imposé comme un outil privilégié car, s'il répond au même objectif que la fondation, sa constitution et sa gestion bénéficient d'une absence de tutelle administrative. De la décennie écoulée, on peut distinguer deux types de fonds de dotation. Un premier ensemble est caractérisé par l'adossement du fonds de dotation à un organisme public ou à un organisme privé régulièrement subventionné par l'État ou par une collectivité territoriale et son but est de faciliter le mécénat dont peut bénéficier ledit organisme. On peut citer comme exemple l'emblématique fonds de dotation du musée du Louvre[72], le fonds de dotation de la BNF ou bien encore celui du théâtre national de Chaillot et plus récemment du centre Pompidou. D'autres fonds de dotations, un deuxième ensemble, sont créés à l'initiative de personnes physiques ou morales pour dynamiser un projet d'intérêt général qu'il s'agisse par exemple d'une société d'économie mixte à l'origine du fonds de dotation relatif à la mise en valeur du site de Lascaux, ou bien de particuliers désireux de préserver une collection d'art contemporain dans le cadre du fonds de dotation Bredin-Prat ou bien encore du fonds de dotation « un pied devant l'autre » constitué en 2010 par l'étude notariale de Bruno Chevreux et qui a permis de soutenir financièrement le théâtre des bouffes du nord ou bien encore pour accueillir à partir de 2012, la collection d'œuvres d'art de Maurice et Serge Mendjisky – rebaptisé Mendjisky-Ecoles de Paris[73]. En définitive les fonds de dotation en matière culturelle ne se limitent pas à la préservation d'un patrimoine artistique ou culturel mais englobent le patrimoine naturel et culturel y compris immatériel. Cela étant, l'attractivité des fonds de

---

[72] Etabli en 2010 à la suite de la signature de l'accord intergouvernemental avec les Emirats Arabes Unis sur la licence de marque du Louvre pour le musée d'Abou Dhabi, le fonds de dotation du Louvre a pour objet de capitaliser les produits issus de ce partenariat ainsi que d'autres dons et legs, et d'en redistribuer les produits financiers pour contribuer au financement des actions d'intérêt général du Musée du Louvre.

[73] Voir Valentine Roland, Lorsque les porteurs de projet créent leur fonds de dotation : le pari risqué du mécénat culturel, Mémoire Master 2 Droit du patrimoine culturel, Paris-Saclay, 2018-2019.

dotation tient également aux avantages fiscaux liés aux fonds de dotation[74], y compris au profit de la transmission d'une collection privée d'œuvres d'art[75].

Paragraphe 2 – Les immunités fiscales des fonds de dotation

111- À l'instar des organismes sans but lucratif, les fonds de dotation ne sont pas soumis aux impôts commerciaux (impôt sur les sociétés de droit commun, contribution économique territoriale et taxe sur la valeur ajoutée) dès lors qu'ils n'exercent pas d'activité lucrative au sens du code général des impôts. Il existe néanmoins des distinctions délicates liées aux apports effectués aux fonds de dotation. L'apport est l'acte par lequel une personne physique ou morale affecte des biens ou droits à la réalisation de l'objet d'une autre personne morale. L'apport d'un bien au profit d'un organisme sans but lucratif reste un acte très particulier. En matière associative, la possibilité de recevoir un apport est reconnue par l'article 15 du décret du 16 août 1901 qui vise la faculté de reprise des apporteurs au moment de la dissolution de l'association. Il est tentant de le comparer à l'apport au profit d'une société. Il s'en distingue cependant car il n'est pas rémunéré par des droits sociaux. Il reste néanmoins fondamentalement un acte à titre onéreux, car il ne peut être assimilé à une libéralité. Suivant une conception doctrinale majoritaire, la libéralité comporte deux éléments : tout d'abord, un élément matériel consistant en un appauvrissement du disposant et un enrichissement du bénéficiaire se réalisant l'un et l'autre sans contrepartie, et ensuite, un élément moral, intentionnel, subjectif. Le traitement fiscal des apports aux organismes à but non lucratif demeure singulier. Selon l'article 9 de la loi du 31 décembre 1935, codifié à l'article 809-I-2 du code général des impôts, le législateur a non seulement reconnu l'existence de l'apport à une association, mais l'a assimilé purement et simplement à celui consenti aux sociétés. Par analogie, les apports immobiliers à ces organismes, ouvrent droit au profit de l'État à des droits d'enregistrement proportionnels à la valeur des biens[76]. Sur un plan théorique, l'apport traduit un acte de fiducie gestion, dans l'intérêt de tiers ou dans l'intérêt du fiduciant. Il est toujours à titre onéreux pour le fiduciaire,

---

[74] Voir E. Delfosse, « Un régime fiscal sécurisant, source de nouvelles opportunités », JA n° 637/2021, p. 37

[75] Alice Guittet, « Le fonds de dotation comme outil de transmission du patrimoine de l'artiste », Defrénois 12 mars 2020 n° 157y6, p. 16 ; « Mise en œuvre du fonds de dotation *post mortem* comme outil de transmission du patrimoine de l'artiste », Defrénois 11 juin 2020 n° 159d1, p.18

[76] Ajoutons dans l'hypothèse où l'organisme est assujetti à l'impôt sur les sociétés que L'article 13, I de la loi n° 65-566 du 12 juillet 1965, codifié à l'article 809, I, 3° du CGI, a assimilé, depuis le 1er août 1965, à des mutations à titre onéreux, au regard des droits d'enregistrement, les apports purs et simples faits à une personne morale passible de l'impôt sur les sociétés par une personne non soumise à cet impôt, dans la mesure notamment où ils ont pour objet un immeuble ou des droits immobiliers.

en l'espèce l'organisme sans but lucratif, il est tantôt à titre onéreux, tantôt à titre gratuit, pour le fiduciant, selon qu'il tire ou non un avantage matériel personnel de son apport, et qu'il a eu ou non une intention libérale. Cette dualité possible de qualification, selon que l'on se place du côté de l'apporteur ou du fiduciaire, ne peut manquer d'avoir des conséquences sur le régime fiscal de l'apport. Le législateur qualifie tout apport au fonds de dotation, qu'il soit fait ou non au titre de la dotation initiale, de *« gratuit et irrévocable »*. Ces deux termes renvoient expressément à la notion de libéralité. Selon la majorité des auteurs, « en utilisant le terme “d'apport”, même s'il n'était pas juridiquement approprié, le législateur n'a pas entendu faire référence aux apports tels qu'ils existent en matière associative »[77]. Enfin, pour le comité de l'abus de droit fiscal, le transfert de la propriété d'un bien à un organisme sans but lucratif ne pourrait présenter le caractère d'un apport qu'à la double condition qu'il s'accompagne de charges imposées à l'organisme dont découlent des obligations spécifiques et concrètes et que son propriétaire en retire un véritable avantage sous la forme d'une satisfaction morale ou religieuse présentant un caractère substantiel[78]. Il n'en demeure pas moins que le texte est rédigé de manière confuse. L'article 140 de la loi du 4 août 2008 énonce que « le fonds de dotation est constitué par les dotations en capital qui lui sont apportées *auxquelles s'ajoutent les dons et legs qui lui sont consentis* », semblant distinguer l'apport de dotations en capital des dons et legs, alors même que l'acte constitutif de la dotation doit être analysé en une libéralité. De cette ambiguïté rédactionnelle, la Direction des affaires juridiques de Bercy en tire un axiome contestable rappelé par Lionel Devic : « les dons manuels effectués en dehors d'une campagne d'appel public à la générosité doivent obligatoirement être affectés à la dotation du fonds. Pour pouvoir les utiliser pour le financement des activités du fonds, il serait alors nécessaire de consommer la dotation du fonds »[79]. Il n'existe pas à notre connaissance de jurisprudence sur la qualification des apports à un fonds de dotation. Cependant, le comité de suivi des fonds de dotation a retenu à juste titre la qualification de libéralités dont il nous faut tirer les conséquences. De ces libéralités découle un régime fiscal attractif qui suppose que le fonds soit éligible au mécénat sous réserve d'une mission d'intérêt général examinée ultérieurement. Les fonds de dotation peuvent prendre la forme d'un fonds opérationnel dont l'activité non lucrative doit être à la fois exercée directement au profit d'un cercle restreint de personnes et incluse dans une liste d'objectifs d'intérêt général. Ils peuvent

---

[77] B. Gaudineau, « Fonds de dotation, acte de dotation, quelle qualification ? » in JA 2013 n° 474 p.38

[78] Comité de l'abus de droit fiscal 2017, Rapport annuel, Affaire n° 2016-17 concernant l'Association C et Mme P. Séance du 2 Février 2017.

[79] L. Devic, « Pour une clarification et une amélioration juridique » in JA 2018 n° 583 p.30

également être un fonds relais à la condition que sa gestion soit désintéressée et qu'il reverse ses fonds au profit d'organismes éligibles au mécénat. Si le fonds est éligible à ce régime fiscal de faveur[80], les personnes physiques qui leur font des dons bénéficient d'une réduction d'impôt sur le revenu, égale à 66 % du montant des sommes dans la limite de 20 % du revenu imposable. Les dons effectués aux mêmes types de fonds de dotation par une entreprise assujettie à l'impôt sur le revenu ou à l'impôt sur les sociétés ouvrent droit à une réduction d'impôt, égale à 60 % du montant des versements dans la limite de 0,5 % du chiffre d'affaires[81]. Sans qu'il soit besoin d'analyser les articles 200 et 238 bis du CGI, abondamment commentés en pratique[82]. Pour que les versements ouvrent droit à la réduction d'impôt, le fonds de dotation bénéficiaire doit utiliser les dons reçus et les revenus de la capitalisation de ceux-ci[83] à la réalisation d'une mission d'intérêt général. Néanmoins, à la différence des FRUP, les fonds de dotation ne bénéficient pas de la réduction fiscale à hauteur de 75 % des sommes données, au titre de l'impôt sur la fortune immobilière (IFI), ni d'ailleurs au titre de l'ISF pour les années antérieures à la loi de finances pour 2018[84].

---

[80] La réduction d'impôt pour les donateurs est subordonnée à la délivrance d'une attestation de versements délivrée par le fonds de dotation. En application de l'article 1740 A du code général des impôts, la délivrance irrégulière de documents permettant notamment à un contribuable de bénéficier d'une réduction d'impôt entraîne « une amende égale à 25 % des sommes indûment mentionnées » sur ces documents

[81] L'article 134 de la loi de finances pour 2020 précise le champ d'application du mécénat d'entreprise prévu à l'article 238 bis du CGI. Il abaisse en outre le taux de la réduction d'impôt à 40 % pour la fraction des dons excédant 2 millions d'euros, augmente le plafond alternatif de 10 000 € à 20 000 € au lieu du plafond de 0,5 % du chiffre d'affaires et définit les modalités du mécénat de compétences.

[82] Voir notamment l'Instruction fiscale relative au régime du mécénat : BOI 4C-3-09 n° 40, 9 avr. 2009, reprise dans la base BOFIP notamment pour les réductions d'impôts aux particuliers BOI-IR-RICI-250-20120912 et pour les réductions d'impôts des entreprises BOI-BIC-RICI-20-30-10-20-20190807. Voir également R.Duron, *Encouragement du mécénat, présentation comparée des dispositions IR/ISF* in revue fiscale du patrimoine n° 9 septembre 2011 étude 14, rapport de la Cour des comptes *sur le soutien public au mécénat d'entreprises* 28 novembre 2018, https ://www.ccomptes.fr/fr/publications/le-soutien-public-au-mecenat-dentreprises et *Le mécénat culturel : outil indispensable de la vitalité culturelle*, Rapport d'information de M. Alain Schmitz, fait au nom de la commission de la culture, de l'éducation et de la communication n° 691 (2017-2018), 25 juill. 2018 : www.senat.fr

[83] Dans le cas d'un fonds relais qui redistribue les dons, à l'exception des fonds consomptibles, les opérations de redistribution ne peuvent porter que sur les revenus issus de la capitalisation des dons reçus et non sur les dons eux-mêmes.

[84] Il est néanmoins possible de transformer un fonds de dotation en une FRUP en vertu de l'article 83 de la loi n° 2014-856 du 31 juill. 2014 relative à l'économie sociale et solidaire *JO* du 1er août. Voir A. Ilutiu, « Transformation en FRUP : motivations, aspects juridiques et fiscaux » in JA 2018 n° 581 p.18.

Paragraphe 3 – Les fonds de dotation : véhicule de transmission des collections d'œuvres d'art

112- Le fonds de dotation, relais ou opérationnel, assure in fine une gestion collective de la transmission de patrimoine pour contrer d'une part la labilité d'une mémoire individuelle et d'autre part entretenir un élément du patrimoine culturel dont la fragilité est attestée. Il s'agit d'un mécanisme dont le succès tient pour partie à ses immunités fiscales. C'est en somme sur fond d'exonérations fiscales que s'est forgée l'abolition de la distance par rapport au passé pour rendre pérenne une mémoire patrimoniale collective. Les fonds de dotation exerçant une activité principale non lucrative et d'intérêt général et les fonds « relais » sont exonérés de droits de mutation à titre gratuit sur les libéralités qu'ils reçoivent et du prélèvement *sui generis* au titre des contrats d'assurance-vie en vertu de l'article 990 I du CGI lorsque ces organismes sont bénéficiaires d'un tel contrat aléatoire c'est-à-dire d'une stipulation pour autrui[85]. L'intérêt du recours à un fonds de dotation est d'abord civil. En effet, avant la création d'un fonds de dotation, la transmission d'un patrimoine privée par voie de legs ne pouvait être opérée que par la création d'une fondation abritée sous les fourches caudines d'une fondation fiduciaire ou reconnue d'utilité publique. Désormais, le législateur introduit un mécanisme plus souple afin de continuer la personnalité du défunt sur le terrain du legs à une institution. En effet, l'article 140, IV de la loi n° 2008-776 du 4 août 2008 prévoit qu'un legs peut être fait au profit d'un fonds de dotation qui n'existe pas au jour de l'ouverture de la succession, sous la condition suspensive qu'il acquière la personnalité morale dans l'année suivant l'ouverture de celle-ci. En principe, les héritiers saisis des biens légués sous cette condition sont tenus de les déclarer et d'acquitter les droits de mutation à titre gratuit y afférents. En effet, lorsque la condition est suspensive, le légataire n'a aucun droit certain et actuel sur le legs, dont le montant n'est pas déduit de l'actif recueilli par les héritiers ou légataires universels[86]. L'instruction fiscale précise « Lors de la délivrance du legs, les droits deviennent exigibles d'après sa valeur et selon les tarifs en vigueur au jour de la réalisation de la condition. En contrepartie, les droits versés en excédent par les héritiers ou légataires universels sont restituables après l'accomplissement de la condition »[87]. En d'autres termes, les droits acquittés sont restituables ou imputables après la réalisation de la condition, c'est-à-dire lorsque le

---

[85] Les personnes morales ou organismes bénéficiaires des dons et legs exonérés de droits de mutation à titre gratuit en application des dispositions de l'article 795 du CGI ou de l'article 795-0 A du CGI sur les sommes qui leur sont versées à raison des contrats d'assurance en cas de décès sont exonérés de ce prélèvement fiscal.

[86] BOI ENR-DMTG-10-10-10-10 20 120 912 paragraphe 110.

[87] BOI-ENR-DMTG-10-20-20-20190329 paragraphe 360.

fonds de dotation a acquis la personnalité morale dans le délai d'un an suivant l'ouverture de la succession. Dans ce cas, la personnalité morale du fonds de dotation rétroagit au jour de l'ouverture de la succession. L'exonération des droits de mutation à titre gratuit en faveur des fonds de dotation semble a priori plus large que celle accordée aux fondations reconnues d'utilité publique dans la mesure où pour les FRUP, l'exonération concerne au sens de l'article 795-2° du CGI « les dons et legs répondant aux caractéristiques mentionnées aux b ou f bis du 1 de l'article 200 »[88]. Toutefois, les donations et legs qui répondent aux conditions de mécénat au sens de l'article 200 du CGI du CGI et consentis à un fonds de dotation bénéficient de l'exonération codifiée à l'article 795-14° du CGI. Le texte renvoie expressément aux caractéristiques mentionnées au b ou au f bis de l'article 200-1 du CGI. En outre, l'exonération est accordée pour des fonds « relais » au bénéfice de la fondation du patrimoine ou d'une FRUP agréé par le ministre du budget. Jusqu'au 31 décembre 2018, l'article 795-2° du CGI prévoyait que seuls les organismes reconnus d'utilité publique limitativement énumérés pouvaient bénéficier de l'exonération des droits de mutation à titre gratuit sur les donations et les legs. En effet, cet article prévoyait pour les fondations reconnues d'utilité publique et les associations reconnues d'utilité publique que : *« Les dons et legs consentis aux établissements publics ou d'utilité publique, dont les ressources sont exclusivement affectées à des œuvres scientifiques, culturelles ou artistiques à caractère désintéressé »*. Compte tenu de la large capacité consentie aux fonds de dotation, l'article 47 de la loi de finances pour 2019 a mis en cohérence l'article 795 2° du CGI en prévoyant l'exonération des droits de mutations à titre gratuit sur les dons et legs faits pour l'ensemble des Fondations et Associations reconnues d'utilité publique dont les activités sont d'intérêt général au sens de l'article 200-1 du CGI. En outre, aucune exigence n'est posée quant à la forme du don. L'exonération de droits de mutation à titre gratuit s'applique donc que le don soit ou non constaté par un acte et, s'il est constaté par un acte, quelle qu'en soit la forme (acte authentique ou sous seing privé). Cette exonération de droit de mutation à titre gratuit est d'autant plus intéressante que les libéralités effectuées au profit d'un fonds de dotation ne sont pas

---

[88] Article 200-1 du CGI b) « œuvres ou d'organismes d'intérêt général ayant un caractère philanthropique, éducatif, scientifique, social, humanitaire, sportif, familial, culturel, ou concourant à la mise en valeur du patrimoine artistique, notamment à travers les souscriptions ouvertes pour financer l'achat d'objets ou d'œuvres d'art destinés à rejoindre les collections d'un musée de France accessibles au public, à la défense de l'environnement naturel ou à la diffusion de la culture, de la langue et des connaissances scientifiques françaises » ; f bis) associations d'intérêt général exerçant des actions concrètes en faveur du pluralisme de la presse, par la prise de participations minoritaires, l'octroi de subventions ou encore de prêts bonifiés à des entreprises de presse

soumises aux dispositions de l'article 910 du Code civil. Les dons manuels sont quant à eux exonérés de DMTG si le fonds de dotation présente un caractère d'intérêt général au sens fiscal. Si le fonds de dotation ne remplit pas les conditions requises, les libéralités reçues sont imposées au taux de 60 % alors que les dons et legs octroyés aux fondations reconnues d'utilité publique non éligibles à une exonération particulière supportent un droit de mutation analogue à celui existant dans les liens de parenté entre frères et sœurs[89].

113-Intégré dans un dispositif favorable au mécénat, le fonds de dotation à vocation culturelle interpelle sur le plan des politiques publiques et du financement des dépenses culturelles. Après avoir loué les immunités fiscales propres aux fonds de dotation relevons que la réponse néolibérale consiste à soutenir le marché sans nécessairement financer le service. Ce financement qualifié « d'alternatif » est articulé autour d'une logique de dépense fiscale. Il ne s'agit plus d'une aide tutélaire pour l'usage d'un patrimoine déterminé mais d'une aide indirecte adossée à une transmission de patrimoine érigée en droit subjectif. Sur un plan idéologique, la force du néolibéralisme réside moins dans la subtilité de son argumentation que dans la rugueuse simplicité de ses principes. Plutôt que de dénouer les fils emmêlés de l'écheveau et de se prêter à un examen détaillé, il tranche brutalement le nœud inextricable du financement public de la culture. Il oppose une formule simple qui au bout du compte relève moins de la démonstration que de l'adhésion : la supériorité a priori du marché. N'est-ce pas soumettre à un risque de marché la fabrique du patrimoine culturel ?

SECTION IV :
La fiscalité des œuvres d'art attachées aux monuments historiques

Paragraphe 1 – La réduction d'impôt pour la restauration d'œuvres d'art des monuments historiques classés ou inscrits.

114-La part prépondérante du patrimoine immobilier dans l'agencement des dispositifs fiscaux est soulignée par de nombreuses études[90]. Il n'en demeure pas moins que deux dispositifs fiscaux permettent de conserver et mettre en valeur les éléments du patrimoine culturel mobilier. D'une part, la loi de programme n° 88-

[89] En vertu de l'article 777 du CGI les FRUP non éligibles à une exonération sont soumis à des droits de 35 % pour la fraction nette n'excédant pas 24 430 € et à 45 % au-delà.

[90] Voir Armelle Verjat, « *Préservation et mise en valeur des monuments historiques privés : la fiscalité de l'impôt sur le revenu* »,, L'Harmattan, collection droit du patrimoine culturel et naturel, 2011 ; Armelle Verjat et Line Touzeau, *La protection des monuments historiques*, 2ème édition, Dalloz, 2018.

12 du 5 janvier 1988 relative au patrimoine monumental a introduit une exonération de droits de mutation à titre gratuit, codifiée à l'article 795-A du CGI, sous réserve de la signature d'une convention à durée indéterminée conclue avec le ministre de la Culture et le ministère des Finances[91]. On sait que l'exonération porte non seulement sur les édifices, « pour l'essentiel », classés et inscrits au titre des monuments historiques mais également sur les biens meubles qui en constituent le complément historique ou artistique[92], sous réserve d'une convention avec le ministère de la culture afin de rendre accessible au public les biens meubles qui doivent être classés. Le monument ainsi ouvert au public, doit pouvoir être visité selon un parcours de visite donnant accès aux meubles qualifiés de « complément historique ou artistique ». Bien qu'il n'y ait qu'une centaine de conventions signées depuis l'origine, il s'agit d'un procédé « fiscal » qui permet de conserver *in situ* le patrimoine culturel mobilier. D'autre part, le I de l'article 23 de la loi de finances rectificative pour 2007[93] a institué une réduction d'impôt sur le revenu pour dépenses de travaux de conservation ou de restauration supportées par les propriétaires privés d'objets mobiliers classés au titre des monuments historiques. Cette réduction d'impôt initialement égale à 25 % des sommes effectivement versées et restant à la charge du propriétaire, retenue dans la limite annuelle de 20 000 € par contribuable, a fait l'objet d'une diminution de son taux. En application de réductions homothétiques successives de 10 % instituée par l'article 105 de la loi de finances pour 2011, puis de 15 % par l'article 83 de la loi de finances pour 2012, le taux effectif de la réduction d'impôt s'établit ainsi à 18 % et demeure incluse dans le champ d'application du plafonnement global de certains avantages fiscaux. Codifiée à l'article 199 duovicies du CGI, cette réduction d'impôt à l'impôt sur le revenu couvre un champ d'application matériel étendu. Toutefois, la loi réserve le bénéfice de la réduction d'impôt aux contribuables qui sont propriétaires des objets mobiliers classés. Il s'ensuit que seules les personnes qui en sont titulaires de la pleine propriété peuvent bénéficier de la réduction d'impôt sur le revenu. En conséquence, les objets mobiliers classés dont le droit de propriété est démembré sont exclus du champ d'application de l'avantage fiscal. Compte tenu de pratiques usuelles en matière de transmission de patrimoines, le législateur pourrait évoluer sur ce terrain et permettre à l'usufruitier de bénéficier de cette réduction d'impôt. La réduction

[91] Cette exonération est subordonnée à la souscription par les donataires avec les ministres chargés de la Culture et des Finances d'une convention à durée indéterminée prévoyant le maintien dans l'immeuble des meubles exonérés et leurs conditions de présentation, les modalités d'accès du public ainsi que les conditions d'entretien des biens exonérés.

[92] Voir Jean-Raphael Pellas, « Monuments historiques et logiques fiscales », RFFP 2012 n° 119, p.175 ; et le chapitre 1, section 1 de cette troisième partie.

[93] L. fin. rect. 2007, n° 2007-1824, 25 déc. 2007, art. 23 : Dr. fisc. 2008, n° 5, comm. 95

d'impôt porte sur les dépenses de conservation ou de restauration des objets mobiliers classés au titre des monuments historiques. Les objets mobiliers, soit meubles proprement dits, soit immeubles par destination, dont la conservation présente, du point de vue de l'histoire, de l'art, de la science ou de la technique, un intérêt public, peuvent être classés au titre des monuments historiques par décision de l'autorité administrative. En pratique, les objets mobiliers classés au titre des monuments historiques peuvent ainsi appartenir soit à un patrimoine artistique, soit au patrimoine technique. L'administration donne comme exemple les « machines liées à la production industrielle, instruments scientifiques, spécimens relevant de la catégorie des moyens de transport comme des véhicules ferroviaires, des bateaux, des aéroplanes ou des voitures hippomobiles ou automobiles,... »[94]. Les travaux de conservation s'entendent de ceux qui visent à maintenir l'objet en bon état et de le préserver de l'altération du temps. En d'autres termes, il s'agit des interventions susceptibles d'augmenter l'espérance de vie de l'objet. Selon l'Administration, « On peut distinguer la conservation curative, qui est une intervention d'urgence ayant pour but de stopper ou de limiter une altération déjà subie par l'objet (consolidation, désinfection nécessitée par la présence de moisissures ou de champignons, désinfestation nécessitée par une attaque d'insectes), et la conservation préventive, qui consiste en des soins préventifs destinés à assurer la préservation d'un objet ou son entretien, afin d'en retarder la détérioration ou d'en prévenir les risques d'altération »[95]. Le bien mobilier est exposé dans une pièce qui peut également nécessiter des travaux, qui indirectement sont indispensables à l'état de conservation du bien classé ou inscrit. L'administration admet la prise en compte de ces travaux dans l'assiette de cette réduction d'impôt sous réserve « que les travaux concernés aient été expressément prescrits par les services chargés des monuments historiques dans la décision d'autorisation des travaux portant sur l'objet lui-même »[96]. Les travaux de restauration s'entendent de ceux qui aspirent à sauvegarder et de remettre en état un objet mobilier classé. En d'autres termes, il s'agit de travaux consistant à rétablir l'intégrité esthétique, historique et physique d'un objet endommagé ou détérioré : « En règle générale, ces travaux sont précédés d'interventions de conservation et doivent respecter les principes de réversibilité, de respect de l'authenticité et de lisibilité des interventions. Il s'agit notamment du nettoyage de l'objet, de l'enlèvement des repeints ou du dégagement des polychromies originales pour une peinture ou une sculpture, des ravaudages anciens pour une tapisserie... »[97].

[94] BOI-IR-RICI-190, 12/9/2012, n° 60.
[95] BOI-IR-RICI-190, 12/9/2012, n° 90.
[96] BOI-IR-RICI-190, 12/9/2012, n° 90
[97] BOI-IR-RICI-190, 12/9/2012, n° 100

Paragraphe 2 – L'exposition au public des œuvres d'art restaurées

115- La réduction d'impôt s'applique à la double condition que les travaux soient autorisés et exécutés conformément aux prescriptions de l'article L. 622-7 du Code du patrimoine et que l'objet concerné soit, dès l'achèvement des travaux et pendant au moins les cinq années suivant celui-ci, exposé au public. La première condition est essentielle à la mise en œuvre de cette réduction d'impôt. Les travaux autorisés s'effectuent sous le contrôle scientifique et technique des services de l'État chargés des monuments historiques : « La décision d'autorisation de travaux peut être assortie de prescriptions ou de réserves, et précise les conditions d'exercice du contrôle scientifique et technique sur l'opération par les services chargés des monuments historiques. Ce contrôle est indépendant de la procédure d'attribution de subventions et doit la précéder »[98]. L'objectif du contrôle scientifique et technique est de s'assurer que le patrimoine protégé au titre des monuments historiques fait l'objet d'interventions raisonnées et adaptées. Une fois que les travaux sont exécutés, il importe que la conformité des travaux réalisés sur un objet mobilier classé à l'autorisation donnée par l'autorité administrative soit constatée par les services déconcentrés du ministre chargé de la culture. La seconde condition vise à rendre accessible au public l'œuvre d'art « restaurée ». La durée de 5 années est appréciée avec pragmatisme. En effet, « s'agissant d'un objet exposé au public dans un immeuble ouvert à la visite même si l'objet concerné n'est pas exposé de manière continue jusqu'au terme de la période de cinq ans prévue au 2° du II de l'article 199 duovicies du CGI, sous réserve que ces restrictions à l'exposition au public soient prescrites, en raison de contraintes liées à la conservation de l'objet, par les services de l'État chargés des monuments historiques (Direction de l'architecture et du patrimoine du ministère de la culture) »[99]. La réduction d'impôt n'est pas remise en cause à raison de ces contraintes. Les travaux de conservation ou de restauration d'objets mobiliers classés sont considérés comme achevés à la date à laquelle les services déconcentrés du ministre chargé de la culture (Direction régionale des affaires culturelles, DRAC) ont constaté la conformité des travaux réalisés à l'autorisation correspondante. Conformément à l'article 46 AZB de l'annexe III au CGI issu du décret n° 2008-1479 du 30 décembre 2008, la condition d'exposition au public est satisfaite : « *1° lorsque l'objet est exposé au public dans un immeuble ouvert à la visite dans les conditions prévues à l'article 41 I de l'annexe III au CGI... ; 2° lorsque l'objet est confié, en vue de son exposition au public, à l'un des organismes...* »[100]. Il s'agit des musées, bibliothèques ou services d'archives de l'État ou d'une collectivité

[98] BOI-IR-RICI-190, 12/9/2012, n° 150
[99] BOI-IR-RICI-190, 12/9/2012, n° 240
[100] BOI-IR-RICI-190, 12/9/2012, n° 190

territoriale. En outre, la condition d'exposition au public est satisfaite lorsque l'objet est exposé au public dans un immeuble ouvert à la visite dans les conditions prévues à l'article 41 I de l'annexe III au CGI. Cette capacité d'exposition et les conditions qui y sont fixées se déduisent de l'ouverture au public d'un monument historique. Sont réputés ouverts à la visite, au sens de l'article 41 I de l'annexe III au code général des impôts, les immeubles que le public est admis à visiter au moins soit cinquante jours par an, dont vingt-cinq jours non ouvrables, au cours des mois d'avril à septembre inclus ; soit quarante jours pendant les mois de juillet, août et septembre. La durée minimale d'ouverture au public peut être réduite lorsqu'une ou plusieurs conventions portant sur l'organisation de visites de l'immeuble par des groupes d'élèves de l'enseignement primaire ou secondaire, des groupes d'enfants mineurs encadrés par des structures d'accueil collectif à caractère éducatif ou des groupes d'étudiants de l'enseignement supérieur sont conclues entre le propriétaire et les établissements d'enseignement publics ou privés sous contrat d'association avec l'État ou les structures précitées, dans la limite de dix jours par année civile.

Paragraphe 3 – Le ressort du mécénat des monuments privés pour préserver des œuvres d'art

116- L'article 238 bis, 1-f du CGI (issu de l'article 10 de la loi 2006-1666 du 21 décembre 2006) prévoit l'application de la réduction d'impôt pour les versements effectués, au titre des exercices ouverts depuis 2007, au profit de la Fondation du patrimoine, ou d'une association ou fondation abritée par celle-ci, en vue de la restauration de monuments historiques privés. Les dons effectués doivent subventionner la réalisation de travaux prévus dans le cadre de conventions conclues en application de l'article L 143-2-1 du Code du patrimoine entre la Fondation du patrimoine et les propriétaires des immeubles concernés. Les versements réalisés dans les mêmes conditions auprès d'une fondation ou association reconnue d'utilité publique et agréée par le ministre du budget dont l'objet est culturel, en vue de subventionner la réalisation de travaux de conservation, de restauration ou d'accessibilité de monuments historiques classés ou inscrits, ouvrent également droit à la réduction d'impôt. La demeure historique a obtenu cet agrément dès 2008. Sans qu'il soit besoin d'analyser l'ensemble de la question[101], soulignons que l'avantage fiscal s'applique aux seuls dons consentis pour la réalisation de travaux sur des immeubles, classés ou inscrits au titre des monuments historiques ou ayant reçu le label de la Fondation du patrimoine et qui ne

[101] Voir Armelle Verjat, « L'appel au mécénat des monuments historiques privés », Juris associations 2013, n° 488, p.42

font pas l'objet d'une exploitation commerciale. Par suite, les dons ouvrant droit à réduction d'impôt ne peuvent servir à financer des dépenses de conservation ou de restauration de biens meubles[102]. L'administration admet toutefois que les dons servent à financer des dépenses de conservation ou de restauration d'objets classés ou inscrits au titre des monuments historiques, à la condition qu'ils soient exposés au public dans un immeuble historique auquel ils sont attachés à perpétuelle demeure, au sens de l'article 525 du Code civil. La doctrine de l'administration se réfère à une position jurisprudentielle constante. Selon une jurisprudence ancienne de la Cour de cassation, le scellement est une condition indispensable pour que les objets mobiliers soient considérés comme attachés au fonds à perpétuelle demeure[103]. À l'inverse, on peut penser que le scellement constitue simplement un élément probatoire de l'intention du propriétaire. Ainsi, la cour d'appel de Poitiers a considéré qu'une bibliothèque constituait un immeuble par destination tout en reconnaissant qu'elle était non scellée[104]. Les juges du fond admettent que des meubles, qui font partie d'un ensemble décoratif dont ils sont inséparables, doivent être considérés comme des immeubles par destination. La tolérance administrative s'accorde d'un réalisme qui vise à maintenir en bon état de conservation et d'accessibilité au public des ensembles mixtes. Pour l'administration, l'affectation de ces dons pour la restauration de biens mobiliers est envisageable « Selon les dispositions de l'article précité du Code civil, le propriétaire est censé avoir attaché à son fonds des effets mobiliers à perpétuelle demeure, quand ils y sont scellés en plâtre ou à chaux ou à ciment, ou lorsqu'ils ne peuvent être détachés sans être fracturés et détériorés, ou sans briser ou détériorer la partie du fonds à laquelle ils sont attachés. Les glaces d'un appartement sont censées être attachées à perpétuelle demeure, lorsque le parquet sur lequel elles sont fixées fait corps avec la boiserie. Il en est de même des tableaux et autres ornements. Quant aux statues, elles sont immeubles lorsqu'elles sont placées dans une niche pratiquée exprès pour les recevoir, encore qu'elles puissent être enlevées sans fracture ou détérioration. Cela étant, l'interprétation de cet article doit tenir compte des évolutions en matière d'architecture et de décoration. Ainsi, la circonstance que les glaces soient aujourd'hui fixées directement aux murs par des pattes et qu'elles ne soient plus placées sur les boiseries ne fait pas obstacle à ce qu'elles soient considérées comme des immeubles par destination. En dehors de ce cas, la

[102] BOI-IR-RICI-250-10-20-30 n° 230, 12-9-2012

[103] Civ. 2e, 5 avr. 1965, P II, n° 246; *Journ. C.-P.* 1965. 92; *JCP* 1965. II. 14 233.

[104] CA Poitiers, 8 mars 1989 – Civ. 1re, 5 mars 1991, n° 89-14.626, *Defrénois* 1991, n° 12, p. 735

jurisprudence ne considère comme immeubles par destination que les objets scellés ou qui, du moins, font partie d'un ensemble décoratif dont ils sont inséparables »[105].

[105] BOI-IR-RICI-250-10-20-30, n° 230, 12/9/2012

Conclusion

117-L'idée d'un marché de l'art évoque la notion d'une marchandisation des biens culturels, qui renvoie inévitablement à des mécanismes de rentabilité, de profitabilité y compris pour des biens supposés relever du patrimoine culturel. La financiarisation du marché de l'art contemporain atteste de cette marchandisation[1]. Dans le sillage des recherches menées depuis plusieurs décennies en matière de sociologie et d'anthropologie des objets, Luc Boltanski et Arnaud Esquerre[2] tentent de caractériser le capitalisme contemporain, en s'intéressant « aux processus par lesquels des choses possédées, c'est-à-dire de l'ordre du *patrimoine*, se transforment en *capital* au sens où elles sont intégrées, par le biais de l'échange, dans une circulation qui vise l'accumulation et le profit. »[3]. Cette marchandisation des biens culturels produit une « désartification »[4], au sens de Théodore Adorno, c'est-à-dire de la montée en puissance, dans les sociétés capitalistes modernes, de l'industrie culturelle, et plus précisément de la production organisée de biens culturels à des fins commerciales. Par symbiose, nombreux sont les auteurs qui ont défendu l'idée selon laquelle les marchandises tendraient à adopter les caractéristiques esthético-symboliques des œuvres d'art. Parmi les premiers, Jean Baudrillard annonce alors l'émergence d'un mode de production et de consommation de masse qui lui apparaît d'emblée investi d'une fonction culturelle propre. En écho aux analyses de Michel Foucault, Jean Baudrillard pointe ce qu'il y a de tautologique dans une économie politique ainsi devenue économie politique du signe. Le monde de l'économie marchande devient ainsi un système de signes dont la valeur d'échange se mesure

---

[1] Voir Nathalie Heinich, « Les valeurs contre les prix. L'art contemporain à l'épreuve du marché » regards croisés sur l'économie, 2019 pp. 53-63

[2] Voir Marie-Sophie de Clippele, « Du bien culturel à la marchandise et de l'économie au droit », RIEJ 2018, pp.167-205

[3] Luc Boltanski et Arnaud Esquerre, *Enrichissement : une critique de la marchandise*, Gallimard, 2017. p. 102.

[4] Voir Nathalie Heinich, « Quand y-a-t-il désartification ? », Cités 2018/3 n° 75, pp.25-32.

à leurs effets esthétiques[5]. Dans cette veine, la postmodernité serait l'indice culturel d'un nouveau moment du capitalisme multinational[6]. Autrement dit, selon une lecture marxiste, Frédéric Jameson considère que les transformations sectorielles accomplies dans le champ des biens culturels sont une nouvelle étape dans l'histoire du mode de production dominant. Dans ce contexte, comment interpréter les interventions de l'État pour préserver un patrimoine national et promouvoir l'art contemporain ? Protecteur des arts, l'État ne s'est pas contenté de favoriser une plus grande fluidité du marché[7]. Acteur du marché de l'Art, l'État s'est positionné en qualité de collectionneur faisant ainsi fi de l'adage « *res mobilis, res vilis* ». S'appuyant sur des opérateurs culturels, l'enrichissement des collections publiques s'est renforcé au gré de procédures mettant en exergue des prérogatives de puissance publique. Pour Morgan Cauvin, « C'est ainsi que s'illustre tout le paradoxe de l'intervention publique de l'État à destination des biens culturels, puisque c'est finalement le "droit à la culture", dont la conceptualisation est très récente, qui légitime rétroactivement le droit de la culture, et plus particulièrement, le droit reconnu à l'État d'intervenir directement afin de posséder des œuvres d'art, alors que les premières manifestations de cette intervention remontent à l'Ancien Régime »[8]. Le marché est donc au cœur de la fabrique des collections d'œuvres d'art : « La collection se forme nécessairement par le média du marché qui va obéir à une première régulation, celle de l'intérêt culturel »[9]. En raison de contraintes budgétaires, l'État s'est repositionné en devenant stratège. Progressivement, les subventions publiques au titre de l'enrichissement des collections publiques ont diminué pour atteindre en 2022 un peu plus de 18 millions d'euros. Cette baisse a été compensée par une augmentation des dépenses fiscales selon un rythme irrégulier mais représentant huit fois plus que les subventions publiques. Cette structuration financière d'un État collectionneur est en phase avec les modalités de fonctionnement d'un marché. Dans le cadre d'une économie de marché, les doctrines liées à la neutralité de l'impôt ont prolongé le dogme de la non-intervention de l'État dans

[5] Voir Jean Baudrillard, *Pour une critique de l'économie politique du signe*, Gallimard, 1972.

[6] Voir Frédéric Jameson, *Le Postmodernisme ou la logique culturelle du capitalisme tardif*, éditions des beaux-arts, 2007.

[7] Voir la thèse de Ronan Bretel, *L'appréhension juridique du marché de l'art : entre jeux de marché et enjeux patrimoniaux*, thèse Paris-Saclay, 2023.

[8] Morgan Cauvin, « Les risques liés à l'intervention publique sur le marché de l'art » in G. Cesare Giorgini et Sophie Perez (Dir) *Droit et marché de l'art en Europe. Régulation et normalisation du risque*, Bruylant, 2015.p. 220

[9] Annie Heritier, « Le marché de l'art et le patrimoine culturel. Une histoire juridique européenne » in G. Cesare Giorgini et Sophie Perez (Dir) *Droit et marché de l'art en Europe. Régulation et normalisation du risque*, Bruylant, 2015, p.51.

l'économie et partant la croissance limitée des dépenses publiques. Dans cette optique, l'impôt idéal recouvre trois caractéristiques : une neutralité axiologique ; une fonction d'utilité pour le marché et un principe de sécurité juridique. La régulation consiste pour les uns à minimiser l'intervention régulatrice des pouvoirs publics qui ne doit pas nuire au libre jeu des forces du marché. Pour les autres, elle doit modifier le fonctionnement de certains marchés en fonction d'objectifs d'intérêt général en incitant les acteurs à modifier leurs comportements. Pour corriger les défaillances du marché comme la présence des externalités, l'insuffisance de financements publics ou la sur exploitation de biens communs, le législateur a recours à la fiscalité incitative qui vise à modifier le comportement des agents économiques. Les dispositions fiscales adoptées pour préserver un patrimoine culturel mobilier, pour mettre en valeur ces biens culturels voire pour restaurer des biens meubles par nature ou immeubles par destination, comportent par principe des mesures incitatives sur fond de réductions d'impôts, de crédits d'impôts et plus généralement d'allègements fiscaux. C'est à l'aune de la circulation de ces biens que l'on peut apprécier la portée de ces instruments. Dans cette perspective, Fabrice Pezet rappelle que la « fiscalité de marché » revient à encadrer l'impôt « que ce soit par l'interventionnisme fiscal ou le protectionnisme » afin de garantir une concurrence libre et non faussée dans l'union européenne[10]. La régulation budgétaire ou extrabudgétaire de l'impôt demeure produite par la constellation d'instances publiques et privées qui interviennent dans la fabrique des normes fiscales mais également dans les choix opérés au titre d'une régulation sociale par l'impôt. Souscrivant aux thèses de Jacques Commaille, la régulation sociale serait marquée par un changement de régime de citoyenneté : « D'un régime de citoyenneté marqué par la définition de droits universels, la garantie du bien-être par l'État, etc., nous passerions à un régime de citoyenneté où la définition des problèmes publics se ferait de moins en moins dans le cadre d'un monopole de l'État mais à l'interface de celui-ci et des revendications des citoyens »[11]. Ce degré d'hybridité de l'action publique en matière culturelle est perceptible notamment au titre de l'intervention des organismes d'intérêt général. L'essor des organismes d'intérêt général et leur mode privilégié et revendiqué d'un mécénat culturel confirment le passage d'une régulation sociale et fiscale hétéronome à un mode autonome de production où le droit à un impôt négocié devient la règle pour

[10] Voir Fabrice Pezet, *La fiscalité et le marché. De l'Etat fiscal à la fiscalité de marché*, thèse université de Paris-Est, 2017.

[11] Jacques Comaille, « La fonction de justice et le changement de régime de régulation des sociétés », in Nicholas Kasirer et Pierre Noreau (dir.), *Sources et instruments de justice en droit privé*, Montréal, Thémis, 2002, p. 9.

préserver un patrimoine d'intérêt majeur. L'État culturel poursuit en ce sens l'idéal politique de la modernité dans la manière dont il articule rationalité et prise en compte des préférences des citoyens autour des représentations de l'impôt. Dans ce contexte, comment légitimer, sur fond de dépenses fiscales un État collectionneur ? Les dispositifs fiscaux étudiés comportent des contreparties aux avantages fiscaux concédés en particulier lorsqu'il s'agit d'une collection privée. En 1959, André Malraux assignat trois missions principales à la création du ministère des affaires culturelles : « rendre accessibles les œuvres capitales de l'humanité, et d'abord de la France, au plus grand nombre de Français ; assurer la plus vaste audience à notre patrimoine culturel et favoriser la création des œuvres d'art et de l'esprit qui l'enrichissent ». Il ne s'agit ni de l'accessibilité au public des services publics[12], ni du droit d'exposition des œuvres d'art[13]. Dans le prolongement des objectifs institutionnels, les dispositifs juridiques et fiscaux élaborés depuis 1968, en vue d'une conservation ou d'une mise en valeur du patrimoine culturel cristallisent l'idée que l'accessibilité du public est liée à l'exposition des œuvres d'art. Aux termes de l'article R.113-7 du code du patrimoine, « Les œuvres et objets d'art appartenant à l'État et confiés à la garde du Centre national des arts plastiques peuvent faire l'objet d'un prêt à des personnes publiques ou à des personnes morales de droit privé pour l'organisation d'expositions temporaires à caractère culturel en France ou à l'étranger, qui garantissent l'accessibilité au public et valorisent l'œuvre et son auteur. »[14]. Le contrat de prêt doit notamment contenir la description du projet culturel en cas de prêt et toutes les modalités d'exposition des œuvres et objets d'art., la durée du prêt et les obligations de l'emprunteur. Les dispositifs fiscaux conditionnent les avantages fiscaux à l'exposition des œuvres d'art. Tel est le cas de l'article 238 AB du CGI pour l'acquisition des œuvres d'art d'artistes vivants alors même que les modalités d'exposition ont été assouplies au profit de lieux « accessibles aux salariés » et ce pour une durée d'exposition de 5 années. En ce qui concerne les œuvres d'art données ou léguées à l'État, l'article 1131, I du CGI prévoit expressément que le donateur peut stipuler qu'il conservera la jouissance du bien donné sa vie durant et que cette réserve de jouissance bénéficiera après sa mort à son conjoint[15]. Cette réserve de jouissance peut être dommageable quant à l'accessibilité au public des œuvres. Toutefois, s'agissant d'une décision

[12] Voir Gilles J. Guglielmi, Geneviève Koubi et Martine Long, *Droit du service public*, Montchrestien, n° s 1335 et s, 2016.

[13] Voir Tristan Azzi, « L'exercice du droit d'exposition des œuvres d'art », in *Mél. A. Lucas* : LexisNexis, 2014, p. 12

[14] Décr. n° 2016-1497 du 4 nov. 2016, art. 2

[15] D. adm. 7 G-2626 n° 7, 15-12-1991 ; BOI-ENR-DMTG-10-20-30-80 n° 50, 1-4-2015

ministérielle d'agrément, il est loisible à l'État de rendre accessible au public les œuvres ainsi reçues par voie de donation ou de succession. Porteur d'une valeur collective qui transcende à la fois leur statut de bien meuble et leur qualité d'œuvre de création pour l'artiste d'origine, les éléments du patrimoine culturel mobilier constituent la matrice d'un État collectionneur. Sans reconnaître un droit au public, cette accessibilité du public a favorisé une démocratisation de la culture et concomitamment une légitimité de l'État dans ses interventions culturelles.

Annexe :

Acquisition de trésors nationaux de 2019 à 2022

Institutions bénéficiaires	Œuvres acquises	Prix d'acquisition €	Montant du mécénat €	Nombre de mécènes
Trésors nationaux 2019				
MAN	Dépôt de Tavers	50 000		
MAN	Visière de casque romaine	200 000		
Musée du Louvre	*Buste de Guillaume de Lamoignon*, François Girardon	3 650 000	3 650 000	1
Trésors nationaux 2020				
Musée du Château de Fontainebleau	Gilles Joubert, *commode de la chambre de Louis XV à Fontainebleau*	1 000 000		
Musée du Louvre	*Apollon Citharède*, bronze, environs de Pompéi, 2e moitié du IIe s. – Début du Ier s. av. J.C	6 638 000	1 500 000	1
BNF	*Albums Halévy*, cinq albums de photographies, tirages argentiques d'époque d'après des négatifs au	180 000		

	gélatino-bromure d'argent, constitués par la famille Halévy, 1891-1914.			
Cité de la musique	Basse de Violon Amati	**850 000**	**100 000**	1
Banque de France	Cinq pièces issues du Trésor de Beaurains	**2 780 000**		
Trésors nationaux 2021				
Musée Rodin	Rodin, Je suis belle	**700 000**	**600 000**	2
Musée du Louvre	Jean Honoré Fragonard, *Le jeu de la palette*	**5 000 000**	**2 000 000**	2
BNF	André Breton, Poisson soluble & Manifeste du Surréalisme	**2 700 000**	**350 000**	3
BNF	Donatien Alphonse François de Sade, *Les 120 journées de Sodome, ou L'école du libertinage*	**4 550 000**	**4 550 000**	2
Trésors nationaux 2022				
Musée d'Orsay	Gustave Caillebotte, Partie de bateau ou Canotier au chapeau haut de forme	**43 000 000**	**43 000 000**	1

Bibliographie sélective

Ouvrages, Thèses et mémoires

ALLINE J-P. et CARRIER R. (Dir), La culture au risque du marché : Le mécénat face à ses acteurs, Paris, L'harmattan 2010

AUBY J-F., Le droit public de la culture, Berger Levrault, Paris, 2016

BADY J.-P., CORNU M., FROMAGEAU J., LENIAUD J-M. et NEGRI V. (Dir) 1913, Genèse d'une loi sur les monuments historiques, Travaux et documents / Comité d'Histoire du Ministère de la Culture et de la Communication, Paris, Documentation française, 2013.

BADY J.-P., CORNU M., FROMAGEAU J., LENIAUD J-M. et NEGRI V. (Dir) De 1913 au Code du patrimoine : une loi en évolution sur les monuments historiques, Travaux et documents / Comité d'Histoire du Ministère de la Culture et de la Communication, Paris, Documentation française 2018.

BAUD JP, L'affaire de la main volée. Une histoire juridique du corps. Seuil 1993

BAUDRILLARD J, Critique d'une économie politique des signes, Gallimard, 1972

BECQUET L et LAFFERIERE E Répertoire du droit administratif, Paris, Paul Dupont, 1887.

BENHAMOU F., L'économie de la culture, 8e éd. Paris, La Découverte, coll. Repères, 2017.

BENHAMOU F., CORNU M., Le patrimoine culturel au risque de l'immatériel, L'Harmattan, Paris, 2010.

BETTIO, N. et COLLOT, P.-A. (Dir), Le Financement privé du patrimoine culturel, Droit du patrimoine culturel et naturel, Paris, L'Harmattan, 2018.

BIOY X, Le concept de personne humaine en droit public. Recherche sur le sujet des droits fondamentaux, Paris, Dalloz (Nouvelle bibliothèque de thèses), 2003

BOLTANSKI L et ESQUERRE A, Enrichissement : une critique de la marchandise, Gallimard, 2017.

BOSSEBOEUF C, Les collectivités territoriales et leurs musées : Recherches sur le développement et les modalités de gestion et de gouvernance d'un service public local, thèse Paris V, 2012

BOUL M, Le patrimoine immatériel des personnes publiques, LGDJ, BDP, 2023.

BRETEL R, L'appréhension juridique du marché de l'art : entre jeu de marché et enjeux patrimoniaux, thèse Paris-Saclay, 2023.

CASTORIADIS C, L'institution imaginaire de la société, Le Seuil, 1974

CHASTEL, A. et BABELON, J.-P., La notion de patrimoine, 2e éd., Paris, Liana Levi, 1994.

CHATELAIN F et TAUGOURDEAU P, Œuvres d'art et objets de collection en droit français, Lexisnexis, 2011.

CHAUDONNERET M-C, L'État et les artistes. De la Restauration à la monarchie de Juillet, Paris, Flammarion, 1999.

CHEVALLIER, J., L'État postmoderne, Droit et société, n° 35, Paris, Librairie générale de droit et de jurisprudence, 2004.

CLINQUART J, L'administration des douanes de 1914 à 1940, comité pour l'histoire économique et financière de la France, Paris, 2000.

CHOAY, F., L'Allégorie du patrimoine, Paris, Seuil, 1999.

CLIPPELE de M-S., A qui incombe la charge ? La responsabilité partagée du patrimoine culturel, une propriété revisitée, thèse Université de Saint-Louis Bruxelles et ENS Paris Saclay, CORNU M. et OST F. (Dir), 23 avril 2019.

CORNU, M., Le droit culturel des biens : l'intérêt culturel juridiquement protégé, Bruxelles, Bruylant, 1996

CORNU M., FROMAGEAU, J. et WALLAERT, C. (Dir), Dictionnaire comparé du droit du patrimoine culturel, Paris, CNRS Éditions, 2012.

CORNU, M. et NEGRI, V., Code du patrimoine : annoté & commenté, 1re éd., Dalloz, 2017.

CORNU, M., ORSI, F. et ROCHFELD, J. (Dir), Dictionnaire des biens communs, Quadrige, Paris, Presses universitaires de France, 2017.

CORNU M, FROMAGEAU J et POULOT D, 2002 Genèse d'une loi sur les musées, Documentation française, 2020

CORNU M., FROMAGEAU J, La revendication du patrimoine écrit. Questions juridiques et pratiques institutionnelles, L'Harmattan, 2009.

CORNU M, FROMAGEAU J, Les collections privées. Approches historiques et juridiques. Collection droit du patrimoine culturel et naturel Edition L'Harmattan, 2022

COSSON E, Le label du patrimoine culturel, mémoire master 2 droit du patrimoine culturel, 2021-2022, Université de Paris-Saclay.

COSTE-GOUZES O, Contribution à l'étude juridique des collections privées, thèse université de Montpellier, 2017.
CRETON L, Histoire économique du cinéma français, CNRS, 2004
DESBOIS H, Le droit d'auteur, 1re édition, Dalloz, 1950.
DELIVRE-GILG C, Finances publiques et protection du patrimoine culturel, thèse Lyon III, 2004
DEMOULE J-P, Aux origines, l'archéologie. Une science au cœur des grands débats de notre siècle. Paris, La Découverte, coll. « Cahiers libres », 2020.
DENIZOT A, L'universalité de fait, Fondation Varenne, LGDJ, 2008
DESCOLA P., Par-delà nature et culture, Ed. Gallimard, 2005
DURET-ROBERT F, Droit du marché de l'art, Dalloz, 2020-2021
DURET-ROBERT F, Liber Amicorum, Marché de l'art et droit, ed. cosmogone, 2021.
DURUPTY M, L'État et les Beaux-arts, Thèse Bordeaux 1964
DUTHEIL Ph-H., Juris corpus des associations et des fondations, Dalloz 2016.
EDELMANN B, Adieu aux arts. 1926 : l'affaire Brancusi, Aubiers, 2001
FINGERHUT J, La fiscalité des œuvres d'art, Economica, 1995.
FORNEROD A., Le régime juridique du patrimoine religieux, Collection Droit du patrimoine culturel et naturel, L'Harmattan, 2013.
FRIER P-L, Droit du patrimoine culturel, Collection droit fondamental, PUF, Paris, 1997.
FRIER P-L, L'art et le droit, Écrits en hommage à Pierre-Laurent Frier, Maryse Deguergue (Dir), Publications de la Sorbonne, 2010.
FRIER P-L, Le nouveau droit de l'archéologie préventive, L'Harmattan, 2004
FROMAGEAU. J. Mélanges, *Un patrimoine vivant, entre nature et culture*, Laurent Fonbaustier et Géraldine Goffaux Callebaut (Dir), Mare et Martin, 2019.
GAUTIER P-Y. Droit de la propriété littéraire et artistique, Collection droit fondamental, 11e édition, Paris, 2019.
GARY R, Essai sur les notions d'universalité de fait et d'universalité de droit dans leur état actuel, Paris, Librairie du Recueil Sirey, 1932
GIORGINI G et PEREZ S, Droit et marché de l'art en Europe. Régulation et normalisation du risque, Bruylant, 2015
GIRARD P-F, Manuel élémentaire de droit romain, Dalloz, 8e éd., Réimpr., 2003
GIRARD Ch et HENNETTE-VAUCHEZ S, La dignité de la personne humaine : recherche sur un processus de juridicisation, Paris, PUF (Droit et justice), 2005.
GIRARDIN (de) E, Le socialisme et l'impôt, Paris, Michel Levy, 1849.
GOFFAUX-CALLEBAUT G, GUEVEL D. et SEUBE JB, Droits (s) et street art, De la transgression à l'artification, LGDJ, 2017.

GOODRICH P, Legal emblems and the Art of law, Cambridge university, 2013
GUEDJ J, Essai sur le régime juridique des fondations, thèse, 1999
GREFFE X., La valeur économique du patrimoine. Paris : Anthropos, 1990 ; La valorisation économique du patrimoine. Paris : La Documentation française, 2003 ; Artistes et marchés, La documentation française, pp. 121-122, 2007.
HARTOG F., Régimes d'historicité. Présentisme et expériences du temps. Paris, Seuil, 2003.
HEINICH, N., La fabrique du patrimoine : de la cathédrale à la petite cuillère, Ethnologie de la France, n° 31, Paris, Maison des sciences de l'homme, 2009.
HEINICH N, Artisans et académiciens à l'âge classique, Paris, Minuit, 1993.
HEINICH N, Des valeurs. Une approche sociologique, Gallimard, Paris, 2017
HEINICH N et SHAPIRO R, De l'artification. Enquêtes sur le passage à l'art (Éd. de l'EHESS, 2012)
HÉRITIER Annie, Genèse de la notion juridique de patrimoine culturel, 1750-1816, préf. de Nicole Dockès, Paris, L'Harmattan, coll. Droit du patrimoine culturel et naturel, 2003
JAMESON F, Le Postmodernisme ou la logique culturelle du capitalisme tardif, éditions des beaux-arts, 2007.
JULIE L, La fiscalité de la culture, PUAM 2005
LEGENDRE P, La passion d'être un autre. Étude pour la danse, Éditions du Seuil, 1978.
LEGENDRE P, Leçons IV. L'inestimable objet de la transmission. Étude sur le principe généalogique en Occident, Fayard, 1985
LEGENDRE P, Leçons VI. Les enfants du Texte. Étude sur la fonction parentale des États, p. Fayard, 1992.
LEGENDRE P, Leçons III. Dieu au miroir. Étude sur l'institution des images, Fayard, 1994.
LEGENDRE P, *Leçons VII. Le désir politique de Dieu, Étude sur les montages de l'État du droit,* Fayard, 1988.
LEGENDRE P, Leçon I, La 901e conclusion, Étude sur le théâtre de la raison, Fayard, 1998.
LEGENDRE P, De la société comme un texte. Linéaments pour une anthropologie dogmatique, Fayard, 2001
LEGENDRE P, « Valeur dogmatique de l'esthétique » in R. Bauer (Dir), La loi et ses conséquences visuelles, Lars Muller Publishers, 2005.

LEGENDRE P, Leçons IX. L'autre bible de l'Occident : le monument romano canonique. Étude sur l'architecture dogmatique des sociétés, Fayard, 2009.

LEGENDRE P, Fantômes de l'État en France, éditions Fayard, collection « Les Quarante Piliers », 2015.

LEGLISE P, Histoire de la politique du cinéma français. Le cinéma et la IIIe République, LGDJ, Paris, 1970,

LENIAUD J-M., L'utopie française. Essai sur le patrimoine, préf. de Marc Fumaroli, Paris, Mengès, 1992.

LIBCHABER R., *Biens*, Répertoire de droit civil, Dalloz, mai 2016

LOISEAU G., Biens meubles par détermination de la loi ou meubles incorporels in Jurisclasseur Code civil art. 527 à 533, fascicule XX, 28 mai 2019.

MASQUEFA N, La patrimonialisation du corps humain, Thèse université d'Avignon, F. Petit (Dir), 2019

MAKOWIAK J, Esthétique et droit, LGDJ, 2004

MALRAUX A, La métamorphose des dieux : L'Intemporel, Gallimard, 1976

MORAND-DEVILLER J, Fascicule 35-1, Patrimoine architectural et urbain, Monuments Historiques, régime des travaux, Jurisclasseur construction urbanisme, 25 oct. 2022.

MOULIN R, Le marché de la peinture en France, édition de minuit, 1967.

MOUREAU N, Analyse économique de la valeur des biens d'art, La peinture contemporaine coll. Approfondissement de la connaissance économique, Economica, 2000

MOURON P, Le droit d'exposition des œuvres graphiques et plastiques, coll. Droit de l'information et de la communication, Presses Universitaires d'Aix-Marseille (PUAM), 2 tomes, 2013.

MURGUE-VAROCLIER P-M., Le critère organique en droit administratif français, LGDJ, 2018.

NAPOLI P., Naissance de la police moderne. Pouvoir, normes, société, Paris, La Découverte, coll. Armillaire, 2003.

NALLET A, La notion d'universalité, étude de droit civil, thèse sous la direction de Frédéric Zenati-Castaing, Université Jean Moulin (Lyon 3), 2019.

NEGRI V (Dir), Le patrimoine archéologique et son droit, Bruylant 2015

NEGRI V, Archéologie préventive, fasc.467, Jurisclasseur Administratif, 1er octobre 2018.

NICAUD B, La réception du message publicitaire à la lumière de la CEDH, Thèse Limoges, 2011.

NORA P., *Présent, Nation, Mémoire*, Gallimard, 2011.

ORSONI G, Le financement de la culture, Economica, 2007

ORSONI G, L'interventionnisme fiscal, PUF, 1995.
PELLAS J-R., la fiscalité du patrimoine culturel, LGDJ, Paris, 2003
PELLAS J-R., Droit de la culture, LGDJ, Paris, 2015.
PELLAS J-R, Le patrimoine culturel immatériel. Enjeux juridiques et fiscaux, LGDJ, Paris 2020
PEZET F, La fiscalité et le marché. De l'Etat fiscal à la fiscalité de marché, thèse université de Paris-Est, 2017.
PICARD, E., La notion de police administrative, Bibliothèque de droit public, n° 146, Paris, Librairie générale de droit et de jurisprudence, 1984.
POLI J-F., La protection des biens culturels meubles, LGDJ, 1996
POLLAUD-DULIAN F., Le droit d'auteur, 2e édition, Paris, Economica, 2014
POLANYI K, La grande transformation, Aux origines politiques et économiques de notre temps, Gallimard, 1972.
POMEY M, Traité des fondations d'utilité publique, PUF 1980
POMIAN K, Collectionneurs, amateurs et curieux. Paris, Venise : XVIè-XVIIIe siècle, Gallimard, 1987
POMIAN K, L'ordre du temps, Gallimard, 1984
POULET A-J, L'action de mécénat au profit des personnes publiques, Thèse Paris-Dauphine, 2020
POULOT D., Musée, nation, patrimoine, 1789-1815, Paris, Gallimard, coll. Bibliothèque des histoires, 1997
PONTIER J-M., La protection du patrimoine culturel, L'Harmattan, 2019
PROUDHON P-J, *Œuvres complètes,* Paris, A. Lacroix, Verboeckhoven et Cie, 1850-1871, 26 tomes, tome 15, Théorie de l'impôt, 1868.
REVET T. et ZENATI-CASTAING F., Les biens, 3e édition, PUF, collection droit fondamental, 2008.
ROLAND V, Lorsque les porteurs de projet créent leur fonds de dotation : le pari risqué du mécénat culturel, Mémoire Master 2 Droit du patrimoine culturel, Paris-Saclay, 2018-2019
ROSA A., Solidarité et impôt, Recherche sur les fondements de l'impôt moderne, la nouvelle bibliothèque des thèses, Dalloz, 2015.
SALEILLES R, Le domaine public à Rome et son application en matière artistique, 1889, Paris, Éd. Larose et Forcel.
SANTI-ROMANO, L'ordre juridique, Dalloz, 1975,
SAY J-B, Traité d'économie politique, Calmann-Lévy, Paris, 1972.
STOURM R, Systèmes généraux d'impôts, Paris, 1893,
TANCHOUX Ph et PRIET F, Les labels dans le domaine du patrimoine culturel et naturel, PUR, 2020.

TARLET F., Les biens publics mobiliers, Nouvelle bibliothèque des thèses, Dalloz, 2017

TOSI Ph, La notion française de trésor national, thèse Aix-Marseille, 2016

TOURNIE G, Les agréments fiscaux, Pedone, 1970.

TOUZEAU L, Architecture contemporaine et patrimoine : intérêt public et propriété en droit de la culture, Thèse paris Sud, 2009.

VERJAT A., Préservation et mise en valeur des monuments historiques privés. La fiscalité de l'impôt sur le revenu, préf. de Jérôme Fromageau, Paris, L'Harmattan, coll. Droit du patrimoine culturel et naturel, 2011

VERJAT A et TOUZEAU L, La protection des monuments historiques, 2e édition, Dalloz, 2018.

VOIZARD K-H., L'État culturel et le droit. Approche juridique des interventions culturelles de l'État en France, thèse de droit public (Dir. Jacques Caillosse), Université Paris II, 2011.

WAGENER, N., Les prestations publiques en faveur de la protection du patrimoine culturel, Thèse de doctorat, Université de Paris-Sud, 2014.

WANG O, Le droit face à l'art corporel. Du corps comme œuvre d'art, thèse 2020, M. Vivant (Dir), École doctorale de Sciences Po.

WALRAVENS N, L'œuvre d'art en droit d'auteur, Economica, 2005

WOLKOWITSCH G, Archives, bibliothèques, musées : statut des collections accessibles au public, Economica, 1986.

ZENATI-CASTAING F., Essai sur la nature juridique de la propriété, contribution à la théorie du droit subjectif, Thèse de doctorat, Université Lyon 2, Jean Moulin, 1981.

Articles de revues

ALBERT J-L, « Douane et œuvre d'art, une relation méconnue » Law, média, art et culture, 2017-6 p. 456.

ALBERT N, « La protection des trésors nationaux ou l'État au pays des merveilles », in *L'art et le droit, Ecrits en hommage à Pierre-Laurent Frier,* Maryse Deguergue (Dir), Publications de la Sorbonne, 2010, p. 19.

ALLAIRE F, « Les trésors nationaux, le propriétaire et l'État », AJDA 2004.p.1338.

AMSELEK P, « Le droit, technique de direction publique des conduites humaines », Droits, n° 10, 1989, p. 10.

AZZI T, « L'exercice du droit d'exposition des œuvres d'art », in *Mél. A. Lucas* : LexisNexis, 2014, p. 12

BARRERE C, « Les quatre temps du patrimoine », Économie appliquée : archives de l'Institut de science économique appliquée, Institut des sciences mathématiques et économiques appliquées - ISMEA, 2014, p. 21.

BATAILLE L et BADIANE L, « NFT : un actif numérique aux contours juridiques incertains », JCP E. 2022 N° 40
BEAUD O, « Doctrine » in Stéphane Rials et Denis Alland (Dird.), Dictionnaire de la culture juridique, PUF, 2003
BIOY X « Le corps humain et la dignité » Cahiers de la recherche sur les droits fondamentaux, 15/2017, pp.11-17...
BLANC F, « Les formes juridiques du mécénat », RDP 2020 N° 2, p. 369.
BOUGLE F, « Art et transmission patrimoniale », Revue juridique de l'Ouest, 1999-2. pp. 47 -80 et 131-173.
BOUGLÉ F, « Traitement fiscal de la cession à titre privé d'une œuvre d'art et d'un véhicule de collection », Revue internationale du patrimoine, n° 6, juin 2020, pp. 60-67
BOUL M, « Les concours de droits sur l'image du domaine public mobilier », AJDA 2023, p.371.
BRETON le D, « Body-art : la blessure comme œuvre chez Gina pane », Communications, 2013/1 N° 92, pp. 99 à 110.
BUY-XUAN O, L'inaliénabilité des collections en question : AJDA 2010, p. 233
CAILLOSSE J, « Faire du droit administratif à l'heure du néolibéralisme » in Jus politicum n° 27/2022, pp. 199-223
CAUVIN M, « Les risques liés à l'intervention publique sur le marché de l'art » in G. Cesare Giorgini et Sophie Perez (Dir) Droit et marché de l'art en Europe. Régulation et normalisation du risque, Bruylant, 2015.p. 220
CHAMARD-HEIM C, « L'image du domaine public mobilier : un bien public "spécial" ? », AJDA 2023, p. 364.
CHASTANIER C, « L'enrichissement des collections et l'introduction du mécénat d'entreprise dans la loi de 2002 », in M. Cornu, J. Fromageau et D. Poulot, *2002 Genèse d'une loi sur les musées*, Documentation française, 2020, p.331
CHEVALLIER J, « La soft law, le point de vue d'un interniste publiciste » in Pascale Deumier et Jean-Marc Sorel, Regards croisés sur la soft law en droit interne, européen et international, LGDJ, 2018, page 79.
CLERMON M, « Objets d'art et de collection, enjeux juridiques et fiscaux. La transmission des objets d'art et de collection », revue fiscale du patrimoine, 2 021 N° 7-8.
CLIPPELE de M, « Du bien culturel à la marchandise et de l'économie au droit », RIEJ 2018, pp.167-205.
COLLET M, « La fiscalité du mécénat », RDP 2020 n° 2, p. 417.
CORNU M. « À propos de l'adoption du code du patrimoine, quelques réflexions sur les notions partagées », in Dalloz, 2005 p.1452.

CORNU M, « La revendication des archives entre les mains publiques » in Marie Cornu et Jérôme Fromageau (Dir) *La revendication du patrimoine écrit. Questions juridiques et pratiques institutionnelles*, L'harmattan, 2009, p. 39

CORNU M. et WAGENER N, « L'objet patrimoine, une construction juridique et politique », XXe siècle, 2018/1 N° 137, pp.33 à 47.

CORNU M, « La notion de bien culturel, un double héritage privatiste et publiciste » in Revue Lamy droit civil n° 165, 1er décembre 2018.

CORNU M, « Notions juridiques du patrimoine et de la création : les entrelacs », Revue générale de droit, 2008, p. 295.

CORNU M, « L'État collectionneur et la valorisation de son patrimoine artistique », Propriétés intellectuelles, 2011, n° 38, p. 43.

CORNU M, « La signature et l'existence juridique de l'œuvre », Sociétés & Représentations 2008/1, n° 25, p. 25-34.

CORNU M, « L'espérance d'intangibilité dans la vie de l'œuvre. Réflexions sur la longévité de certains biens », RTD Civ. 2000, p. 697.

CORNU M, « La propriété et la dimension collective du patrimoine archéologique », in *Le patrimoine archéologique et son droit.* Vincent Negri (dir.), Bruylant 2015, p. 157

CORNU M, « Le législateur culturel et les chantiers de la création, de l'architecture et du patrimoine », communication, commerce électronique, mars 2017.

CORNU M. et FRIGO M, « L'accord portant création du Louvre Abou Dabi, musée universel : une double invention culturelle et juridique », *Annuaire français de droit international*, 2009, vol. 55, n° 1, p. 111 s.

CORNU M, « Le label Musée de France : l'émergence d'une nouvelle catégorie juridique » in Marie Cornu, Jerôme Fromageau et Dominique Poulot, *2002, Genèse d'une loi sur les musées*, La documentation française, 2022, p. 277

CORNU M, « les collections privées sous label Musée de France : Jusqu'à quel point penser l'assimilation avec le secteur public ? » in Marie Cornu, Jerôme Fromageau et Dominique Poulot, *2002, Genèse d'une loi sur les musées*, La documentation française, 2022, p. 317

CORNU M, « La protection publique des collections privées », M. Cornu et J. Fromageau, *Les collections privées. Approches historiques et juridiques.* Collection droit du patrimoine culturel et naturel Edition L'Harmattan, 2022 p. 127

CORNU M, « Les archives comme catégorie juridique spéciale », 1979. Genèse d'une loi sur les archives (dir. Marie Cornu, Christine Nougaret, Yann Potent, Bruno Ricard et Noé Wagener), coll. Comité d'histoire du Ministère de la Culture, La documentation française, 2019, p. 287-302

COZIAN M, « Propos désobligeants sur une tarte à la crème : l'autonomie et le réalisme du droit fiscal » Droit Fiscal 1999, n° 13, comm., p. 530 et s
CREPEY E, « La nature non normative de la doctrine administrative », RFFP 2015 n° 130, p. 47.
CROUY-CHANEL de M, Emmanuel De Crouy-Chanel, « La redevance d'archéologie préventive » in Le nouveau droit de l'archéologie préventive (Dir. P.-L. Frier), L'Harmattan, 2004, p. 113.
DANTIL O, « La notion de *Street art* et d'œuvre d'art en droit fiscal », JSS 2019 n° 75, p. 13.
DAVID BEAUREGARD – BERTHIER de O, Le patrimoine immatériel de l'État, in Bien public, bien commun. Mélange en l'honneur d'Etienne Fatôme, 2011, Dalloz, p. 27
DELFOSSE E, « Un régime fiscal sécurisant, source de nouvelles opportunités », JA n° 637/2021, p. 37
DREYFUS J-D, « La valorisation par l'État de son patrimoine immatériel », AJDA 2009, p. 697.
DREYFUS J-D, « La respiration des collections publiques », AJDA 2008, p. 680.
EDELMANN B, « De l'urinoir comme un des beaux-arts : de la signature de Duchamp au geste de Pinoncelly », B. Edelmann, N. Heinich (Dir), L'art en conflits, La découverte, 2002, pp. 83-95.
ESCLASSAN M-C, « Finances publiques et patrimoine culturel, un dispositif original pour l'enrichissement des collections publiques : la dation en paiement », in *L'art et le droit*, écrits en hommage à Pierre-Laurent Frier, (Dir) Maryse Deguergue, Publications de la Sorbonne, 2010, p. 149
EYGOUT H, « La protection des objets mobiliers d'art et d'histoire » in RDP, 1922, p. 475
FABRE-MAGNAN M, « Le statut juridique du principe de dignité », Droits, n° 58, 2013, p. 167-196
FINGERHUT J, « L'art, le droit douanier et le droit fiscal » Revue du droit fiscal 2017 n° 41-493.
FINGERHUT J, « Le 25e anniversaire de la loi du 31 décembre 1968 instituant la dation en paiement », LPA 17 décembre 1993, p.17.
FINGERHUT J, « Le statut fiscal du collectionneur », Droit et patrimoine 2008 n° 176, pp. 70-80
FINGERHUT J, « L'incitation à l'achat d'œuvres d'art contemporain par les entreprises : une mesure fortement encadrée qui nécessite un réexamen », Les Nouvelles Fiscales, n° 1285, avril 2021, p. 6-9
FRIER P-L, « La réforme de l'archéologie », AJDA 2001, p. 182
FRIER P-L, « L'archéologie préventive, suite et fin... ? », AJDA 2004, p. 1587.

FRIER P-L, « Archéologie et opérations d'aménagement et d'urbanisme » in *Le nouveau droit de l'archéologie préventive* (Dir P.-L. Frier), L'Harmattan, 2004, p. 87.

FRIER P-L, « Commentaire de la loi n° 2001-44 du 17 janvier 2001 relative à l'archéologie préventive », AJDA.

2001 p. 182.

GAUTIER M, « Marques muséales et produits dérivés », Juris art etc. 2016, n° 36, p. 34

GAUVIN C, « Les planches de bande dessinée : leur propriété en question », JSS 2020, p.18.

GAZAGNE – JAMMES V, « L'art contemporain à l'épreuve des droits de douane de l'espace européen », RTDE 2020 p. 43.

GIACUZZO J-F, « le pleurant n° 17 du tombeau de Philippe Hardi : histoire d'un meuble national », RFDA 2018.1057.

GIRAUD J-P, « L'invention de l'objet archéologique », in *Le patrimoine archéologique et son droit,* Vincent Negri (dir.), Bruylant 2015 p. 11.

GOFFAUX-CALLEBAUT G, « Street Art et marché de l'art », *Droits (s) et street art, De la transgression à l'artification,* Geraldine Goffaux Callebaut, Didier Guével et Jean-Baptiste Seube (Dir), LGDJ, 2017, p. 149.

GOFFAUX-CALLEBAUT G et BURNEAU F, « La transmission des œuvres d'art numériques », JCP N. 2022 n° 6

GOFFAUX-CALLEBAUT G, « La juridicité des labels dans le domaine du patrimoine culturel et naturel, regards de droit privé », in Philippe Tanchoux et François Priet, *Les labels dans le domaine du patrimoine culturel et naturel,* PUR, 2020 p. 205.

GOFFAUX-CALLEBAUT G, « Quelques réflexions autour de la définition de l'œuvre d'art », Un patrimoine vivant entre nature et culture (Mélanges Fromageau), coll. Liber amicorum, Mare & Martin, 2020, p. 369-380

GOLIARD F, « La création du musée privé : de l'idée à la réalisation », Tourisme et Droit 2008, p. 27

GOY R, « Le régime international de l'importation, de l'exportation et du transfert de propriété des biens culturels » in Annuaire français de droit international, volume XVI, 1970. pp. 605-624.

GRIMALDI M, « Présentation de la loi du 23 juin 2006 portant réforme des successions et des libéralités », D. 2006. 2 551

HANNECART – WEYTH W et de PINGON J, « Réflexions sur la définition fiscale d'une voiture de collection », RFP 2016 n° 11.

HAUTEFAYE-BOSSEBOEUF C « Les paradoxes liés à la mise en œuvre des dispositions relatives à l'appellation musée de France » in Ph. Tanchoux et F. Priet, *Les labels dans le domaine du patrimoine culturel et naturel,* PUR, 2020, p. 145.

HEBRARD C, « La définition de l'œuvre de *street art* », Droit et Patrimoine, N° 324, 1er mai 2022.

HEBRARD C, « Les dons et legs d'œuvres d'art au profit des institutions muséales », Blog Droit, patrimoine et culture, billet de recherche, 2 novembre 2021

HEINICH N, « L'artification de la bande dessinée », Le débat, 2017/3 (n° 195), p. 5

HEINICH N, « L'artification par la transgression », *Droits (s) et street art, De la transgression à l'artification,* Geraldine Goffaux Callebaut, Didier Guével et Jean-Baptiste Seube (Dir), LGDJ, 2017, p. 38.

HEINICH N, « Quand y a-t-il désartification ? », Cités 2018, pp 25-32

HEINICH N, « Les valeurs contre les prix. L'art contemporain à l'épreuve du marché » regards croisés sur l'économie, 2019 pp. 53-63

HERITIER A, « Le *street art,* bien commun artistique ? », Juris art etc. 2014,39

HERITIER A, « De mécène à mécénat. Des idées reçues à une réalité politique et sociale. Une approche historique » in J-P. Alline et R. Carrier, La culture au risque du marché. Le mécénat face à ses acteurs, L'Harmattan, collection Droit du patrimoine culturel et naturel, 2010, p. 95.

HERITIER A, « Le marché de l'art et le patrimoine culturel. Une histoire juridique européenne » in G. Cesare Giorgini et Sophie Perez (Dir) *Droit et marché de l'art en Europe. Régulation et normalisation du risque,* Bruylant, 2015, p. 51.

HERR C et LOURIMI A, « Crypto-actifs et TVA : Etat des lieux », Revue de droit fiscal 2022 n° 36-304.

HOEPFFNER H, « Les utilisations de l'image du domaine public mobilier », AJDA 2023, p. 377.

JACQUINOT N, « Les dons et legs aux personnes publiques » in Le don en droit public, N. Jacquinot (Dir) Presses universitaires de Toulouse, 2013, pp. 65-83

JEAMMAUD A, « La règle de droit comme modèle », Recueil Dalloz 1990 p. 199

JEGOUZO Y, « La loi du 17 janvier sur l'archéologie préventive », RDI 2001, p. 354.

JEZE G, « Chronique financière française », in RSLF 1907, p. 54.

JOLY S, « Le corps humain, œuvre d'art ? », séminaire Institut Art et droit, *L'art contemporain confronté au droit,* Univ Paris II, 8 juin 2006, p. 17.

KANTOROWICZ E-H, « La souveraineté de l'artiste. Note sur les maximes juridiques et les théories esthétiques de la renaissance », in Mourir pour la patrie, PUF, 1984.

KANTOROWICZ E-H, Laudes Regiae, A study in liturgical acclamations and medieval ruler workship, 1946, traduction A. Wijffels, Une étude des acclamations liturgiques et du culte du souverain au Moyen Âge, Fayard, 2004.

LAMY Y, « La syntaxe juridique de la notion de patrimoine » in *L'alchimie du patrimoine*, Talence, Éditions de la Maison des sciences de l'homme d'Aquitaine, 1996, p. 86.

LATIL A, « Le merchandising des musées », Juris art etc. 2014, n° 15, p. 30

LAUBADERE de A, « Les associations et la vie administrative », AJDA 1980, p. 115.

LEBOIS A, « Droit d'auteur et corps humain : le corps comme support d'une œuvre de l'esprit ». Mélange en l'honneur du professeur André Lucas, LexisNexis, 2014, p. 519.

LEROYER A-M, « Réforme des successions et des libéralités. Loi n° 2006-728 du 23 juin 2006 », RTD civ. 2006. 612.

LEGEAIS D, « la folie NFT », RDBF, Mars-Avril 2022

LE ROUX M, « Le volet "patrimoine" de la loi du 7 juillet 2016 relative à la liberté de création, à l'architecture et au patrimoine », Droit administratif, mars 2017, étude 5.

LOISEAU G, « Le corps, objet de création » Juris art etc. 2015, n° 22, p. 30

MALWE C, « Valorisation du patrimoine immatériel : de quoi parle-t-on ? », AJCT 2013, p. 120.

MARTIAL-BRAZ N, « Les NFT aux prises avec le droit des biens : essai de qualification », RDBF juillet Aout 2022-31

MEILLER E, « L'universalité de fait », RTD Civ. 2012 p. 651

MERCIER A, « L'œuvre originale et œuvre authentique : le critère de l'exécution manuelle apprécié par la jurisprudence », Légipresse 2012, p. 552.

MEYNET W, « Les fonds de dotation » in Juris corpus *Droit des associations et fondations*, Philippe-Henri Dutheil (Dir), Dalloz, 2016, étude n° 69.

MILLIARD E, « Sur les théories italiennes de l'Institution ». in B. Basdevant et M. Bouvier (dir). *Contrat ou institution : un enjeu de société,* LGDJ, pp.31-46, 2004, Systèmes.

MIRIEU de LABARRE E, « La notion de trésor national, entre identité et diversité culturelles », Droit administratif, février 2007, étude n° 3.

MIRIEU de LABARRE E, « Le statut fiscal de l'objet d'art », in Revue de Droit fiscal. 18 mai 2006, n° 20.

MORAND-DEVILLER J, « Esthétique et patrimoine », AJDA 1993, p. 89

MORAND-DEVILLER J, « Protection du patrimoine architectural : le débat esthétique n'aura pas lieu », RFDA 1994, p. 310

MOULIN R, « De l'artisan au professionnel : l'artiste », Sociologie du travail, 25e année, n° 4, Octobre-décembre 1983, pp. 388-403.

MOULIN R, « La construction des valeurs artistiques », Esprit octobre 1993, No. 195 (10) (octobre 1993), pp. 139-147

MOULIN R, « La genèse de la rareté artistique », Ethnologie française, 1978, nouvelle serie, T. 8, No. 2/3, Pour une anthropologie de l'art (1978), pp. 241-258

MOUREAU N et SAGOT-DUVAUROUX D « Les conventions de qualité sur le marché de l'art : d'un académisme à l'autre ? », Esprit, octobre 1992, N° 185, pp. 43-54.

NEGRI V, « Normativité du droit de l'archéologie : sur la notion de risque, » in A. Camara et V. Negri (Dir*), La protection du patrimoine archéologique, Fondements sociaux et enjeux juridiques*, l'Harmattan, 2016, p. 13.

NICOLIER A et MEDJEBAR L, « Directive européenne sur le taux de TVA : le marché de l'art dans la tourmente », Revue de droit fiscal 2023 n° 25, 221.

NOUGARET C, « L'apport des fonds d'archives privées des Archives nationales à la correspondance de Napoléon », in Napoléonica, 2022 n° 42, p. 31.

PALMA-AMALRIC V, « Fiscalité et financement privé du patrimoine culturel », in N. Bettio et P.A. Collot, *Le financement privé du patrimoine culturel*, L'Harmattan, collection Droit du patrimoine culturel et naturel, 2018, p. 43

PELLAS J-R., « Les impôts affectés : quelle légitimité ? » in RFFP n° 123/2013, p. 115

PELLAS J-R, « Le mot patrimoine et le code général des impôts : une relation fiduciaire » in Droit et cultures n° 81, dossier Les mots du patrimoine, Vincent Négri et Isabelle Schulte-Tenckhoff (Dir), 2021.

PELLAS J-R, « La sécurité fiscale : quels enjeux juridiques ? », RFFP 2015 n° 130, p. 7

PELLAS J-R, « les qualifications civiles attachées aux monuments historiques », RDP n° 1/2023, p. 119

PELLAS J-R, « Le label Musée de France, instrument de pilotage du service public muséal », in Marie Cornu, Jerôme Fromageau et Dominique Poulot, *2002, Genèse d'une loi sur les musées*, La documentation française, 2022, p. 289.

PELLAS J-R, « Les incidences fiscales du label musée de France » in M. Cornu, J. Fromageau et D. Poulot, *2002 Genèse d'une loi sur les musées*, Documentation française, 2020, p.349.

PELLAS J-R, « les anamorphoses de l'impôt de solidarité sur la fortune et les œuvres d'art », RFFP sept. 2013, n° 123, p. 197

PELLAS J-R, « Le mécénat culturel, un objet fiscal non identifié » RFFP 2020 n° 152 p. 183.

PELLAS J-R, « Monuments historiques et logiques fiscales », RFFP 2012 n° 119, p. 175

PEZET F, « twist final dans l'affaire de l'aide au cinéma. Les décisions de la commission font-elles grand écran ? », Revue de droit fiscal, 2019 n° 30-35, 348.

PIATTI M-C, « De la main au doigt de l'artiste », RTD com. 2016, p. 253.

PIERRAT E, « L'œuvre d'art, support de création », Juris art etc. 2015, n° 22, p. 25

POLI J-F, « La domanialité publique et le patrimoine écrit », in Marie Cornu et Jérôme Fromageau (Dir) La revendication du patrimoine écrit. Questions juridiques et pratiques institutionnelles, L'Harmattan, 2009, p. 13

POLLAUD-DULIAN F, « Œuvre protégée. Art conceptuel. Idées. Forme. Originalité », RTD com.2009, p. 121.

POLLAUD-DULIAN F, « Donation d'œuvre d'art avec charges à une association : des pratiques bien étranges et une curieuse indulgence », RTD com. 2018. 334

POMIAN K, « Patrimoine et identité nationale » in Le débat 2010/2 N° 159

PONTIER J-M. « La politique de labellisation » in AJDA 2017 p. 1700

PONTIER J-M, « Les archives publiques » in Le droit des archives publiques, entre permanence et mutations, S. Monnier et K. Fiorentino (dir) : Paris, L'Harmattan, coll. Droit du patrimoine culturel et naturel, 2014, p. 193

PONTIER J-M, *La question de l'inaliénabilité appliquée au patrimoine contemporain,* in L'inaliénabilité des collections, performance et limites, (sous la direction de M. Cornu, J. Fromageau, J-F. Poli, A-C.Taylor) L'Harmattan, 2012, p. 121.

PRIET F, « Les labels en matière patrimoniale : essai d'identification juridique » in Philippe Tanchoux et François Priet, Les labels dans le domaine du patrimoine culturel et naturel, PUR, 2020. pp. 185-204

RANOUIL M, « Un an de droit du marché de l'art », CCE 2015, chron. 4.

RANOUIL M, « Location d'œuvres d'art avec option d'achat : mode d'emploi à l'usage des entreprises », Droit et patrimoine n° 284, 1er octobre 2018

REVET T, « Le corps humain est-il une chose appropriée ? », RTD Civ. 2017, p. 587.

ROCHFELD J « L'inappropriable, l'inaliénable et le droit », in Le patrimoine archéologique et son droit, Vincent Negri (dir.), Bruylant 2015 p. 133.

ROLLINGER M, « Le collectionneur face aux problématiques de l'art urbain », *Droits (s) et street art, De la transgression à l'artification,* Geraldine Goffaux

Callebaut, Didier Guével et Jean-Baptiste Seube (Dir), LGDJ, 2017, p. 159.

ROLLINGER M, « La protection des collections et des ensembles mixtes », in *De 1913 au code du patrimoine, une loi en évolution sur les monuments historiques,* J-P. Bady, M. Cornu, J. Fromageau, J-M. Leniaud et V. Negri (Dir), La documentation française, 2018, p. 135.

ROLLINGER M, « La notion de collection en droit français », M. Cornu et J. Fromageau, *Les collections privées. Approches historiques et juridiques.* Collection droit du patrimoine culturel et naturel Edition L'Harmattan, 2022 p. 109.

SAGAUT J-F « Regard notarial sur le nouveau régime des libéralités faites aux associations, congrégations et fondations », JCP notariale et Immobilière n° 27, 6 juillet 2007, 1208.

SAINT-CHAFFRAY de O, « Les objets d'art et de collection. Enjeux juridiques et fiscaux. Réflexions autour du statut fiscal ambivalent du collectionneur », Revue fiscale du patrimoine, 2 021 N° 6

SAINT-PAU J-Ch, « La normativité civile du principe constitutionnel de dignité de la personne humaine », JCP G n° 1-2, 14 janvier 2019, p. 32.

SAINT-PULGENT de M, « Sujétions et privilèges de l'État collectionneur. De la loi de 1913 sur les monuments historiques à la loi de 1992 sur la circulation des biens culturels », Revue de l'art, 1993 N° 101, p. 63.

SAOUDI M, « Le mécénat culturel. Vers la fin de l'exception culturelle française ? » GFP 2/2018 p. 87

SCHLELE P et TALEC E, « La taxe sur les œuvres d'art : une législation elliptique qui nécessitait une "consolidation législative", Revue de droit fiscal 2006 n° 26, 49.

STANKIEWICZ L, "Le livre numérique en quête de neutralité fiscale", Juris art etc. 2013, n° 7, p. 31.

STANKIEWICZ L "La taxe forfaitaire sur les objets précieux : réflexions sur un janus gaulois", *Marché de l'art et droit, Liber Amicorum François Duret-Robert,* Editions du cosmogone, Lyon, 2021, pp.327-337.

TAILLE de la G, "Peinture jurisprudentielle de la taxe forfaitaire sur les objets précieux", RJF 5/22 p. 5.

TARLET F, "Les finalités ambivalentes du mécénat" RDP n° 2/2020, p. 395

THOMAS Y, "*Res*, chose et patrimoine. Note sur le rapport sujet objet en droit romain », in APD n° 25, 1980.

TIMSIT G, « Les contrats fiscaux », Dalloz, 1964, chron. P. 115.

TOUZEAU-MOUFLARD L, "L'ouverture à la concurrence en question", Juris. Arts 2016 n° 37, p.30

VABRES R, “La notion d’œuvre d’art en matière de TVA”, Marché de l’art et droit, Liber Amicorum François Duret-Robert, Editions du cosmogone, Lyon, 2021, pp.367-375.
VABRES R, Régis Vabres, “Les NFT : quelle réglementation fiscale ?”, RDBF Juillet-Août 2022, 35.
VARNEROT V, “La notion d’œuvre d’art en droit fiscal”, Revue de droit fiscal, 2022 n° 51-52, 430.
VARNEROT V, “La qualification du NFT : enjeux pour l’imposition des plus-values”, Revue de droit fiscal 2022 n° 36-302
VARNEROT V, “Le régime fiscal des NFT artistiques”, revue de droit fiscal 2022 n° 14, 176.
VERJAT A, “La fiscalité française favorise-t-elle l’accès aux collections privées ?” in M. Cornu et J. Fromageau, *Les collections privées. Approches historiques et juridiques.* Collection droit du patrimoine culturel et naturel Edition L’harmattan, 2022 p. 215
VERJAT A, “fondations d’utilité publique”, étude n° 63 in Philippe-Henri Dutheil (Dir) Juris corpus des associations et des fondations, Dalloz, 2016.
VERJAT A, “Mécénat” in Juris corpus *Droit des associations et fondations,* Philippe-Henri Dutheil (Dir), Dalloz, 2016, n° 28-03.
VERJAT A, “L’appel au mécénat des monuments historiques privés”, Juris associations 2013, n° 488, p. 42.
VERNIER J-M, “L’État français à la recherche d’une politique culturelle du cinéma : de son invention à sa dissolution gestionnaire”. In Quaderni, n° 54, Printemps 2004, pp. 95-108.
WAGENER N, “Revendication par l’État de biens culturels en mains privées : quelles pratiques ?”, Juris art. 31 janvier 2016, p. 38.
WALRAVENS N, “La notion d’originalité et les œuvres d’art contemporaines”, RIDA 7/1999 n° 181, p. 101.
WALRAVENS N, “Tableau-piège et délégation de l’exécution de l’œuvre : le droit piégé par l’art
contemporain”, Revue Lamy droit de l’immatériel, mars 2006, n° 14, p. 6-11.
YOLKA Ph, “Le droit de l’immatériel public,” AJDA 2017. 2047
YOLKA Ph, “Les meubles de l’Administration” AJDA 2007, p. 964.
ZENATI F, “meubles meublants”, RTD Civ 1996, p. 650.
ZIVANOVIC I et LE GOFF O, “Le parcours de l’œuvre d’art dans le patrimoine du collectionneur” *Marché de l’art et droit, Liber Amicorum François Duret-Robert,* Editions du cosmogone, Lyon, 2021, pp.377-389.

Rapports (ordre chronologique)

Rapport au nom de la commission des finances Sénat n° 404, 1er juillet 1976, présenté par M. Yvon Coudé du Foresto sur le projet de loi portant imposition des plus-values et création d'une taxe forfaitaire sur les métaux précieux, les bijoux, les objets d'art, de collection et d'antiquité (article 9)

Louis Desgraves, Le Patrimoine des bibliothèques : rapport à M. le directeur du livre et de la lecture, Ministère de la Culture, 1982, 2 vol

Bruno Martin-Laprade, Rapport sur l'archéologie de sauvetage, dactylographié : Ministère de la culture, 1989, 39 p.

Guy Braibant, Les Archives en France, Rapport remis au Premier ministre : Paris, Doc. fr., 1996.

Guillaume Cerruti, Rapport de synthèse sur la protection des trésors nationaux et les moyens d'acquisition d'œuvres d'art par l'État, Inspection générale des finances, *n° 2001-M-018-12, oct. 2001*

Maurice Levy et Jean-Pierre Jouyet, L'économie de l'immatériel. La croissance de demain. Rapport au ministre de l'économie et des finances, 23 novembre 2006

Inspection générale des finances et inspection générale des affaires culturelles, Mission d'audit et de modernisation, Rapport sur la chaîne du livre, 2007.

Conseil des prélèvements obligatoires, Entreprises et niches fiscales et sociales, octobre 2010

Françoise Benhamou et David Thesmar, Valoriser le patrimoine culturel de la France, Rapport conseil d'analyse économique, juin 2011

Conseil d'État, Le Patrimoine immatériel des personnes publiques, Coll. Droits et débats, La Doc. fr., 2013

Conseil des Prélèvements Obligatoires, sur les taxes affectées, rapport particulier de Justine Coutard, "Les effets des taxes affectées sur les finances publiques", 2013.

Rapport de l'inspection générale des finances, Les taxes à faible rendement, février 2014.

Martine Faure, Rapport au ministre de la culture : "Pour une politique publique équilibrée de l'archéologie préventive", p. 28, mai 2015

Nathalie Moureau, "Collections et entreprises. Liaisons interdites ou amour de raison", étude réalisée pour axa art, 2016

Rapport d'information n° 691 Sénat 2017-2018, 25 juillet 2018, Le mécénat culturel : outil indispensable de la vitalité culturelle

Cour des comptes, rapport sur le soutien public au mécénat des entreprises, octobre 2018.

Conseil supérieur de la propriété littéraire et artistique *Rapport de la mission sur les jetons non fongibles*, juillet 2022.

Cour des comptes, La politique de l'État en faveur du patrimoine monumental, juin 2022,

Cour des comptes, note d'exécution budgétaire mission culture, 2022

Projet de loi de finances 2023, *Évaluations des voies et moyens, tome II les dépenses fiscales.*

Jean-René Cazeneuve, Rapport n° 292 sur le projet de loi de finances pour 2023, annexe XII, Culture : Patrimoines

Cour des comptes, Piloter et évaluer les dépenses fiscales, juillet 2023

Index des matières
(numéros des paragraphes)

Table des matières

DEUXIÈME PARTIE :

LE RÉGIME FISCAL DES COLLECTIONS PUBLIQUES

Structures éditoriales du groupe L'Harmattan

L'Harmattan Italie
Via degli Artisti, 15
10124 Torino
harmattan.italia@gmail.com

L'Harmattan Hongrie
Kossuth l. u. 14-16.
1053 Budapest
harmattan@harmattan.hu

L'Harmattan Sénégal
10 VDN en face Mermoz
BP 45034 Dakar-Fann
senharmattan@gmail.com

L'Harmattan Cameroun
TSINGA/FECAFOOT
BP 11486 Yaoundé
inkoukam@gmail.com

L'Harmattan Burkina Faso
Achille Somé – tengnule@hotmail.fr

L'Harmattan Guinée
Almamya, rue KA 028 OKB Agency
BP 3470 Conakry
harmattanguinee@yahoo.fr

L'Harmattan RDC
185, avenue Nyangwe
Commune de Lingwala – Kinshasa
matangilamusadila@yahoo.fr

L'Harmattan Congo
219, avenue Nelson Mandela
BP 2874 Brazzaville
harmattan.congo@yahoo.fr

L'Harmattan Mali
ACI 2000 - Immeuble Mgr Jean Marie Cisse
Bureau 10
BP 145 Bamako-Mali
mali@harmattan.fr

L'Harmattan Togo
Djidjole – Lomé
Maison Amela
face EPP BATOME
ddamela@aol.com

L'Harmattan Côte d'Ivoire
Résidence Karl – Cité des Arts
Abidjan-Cocody
03 BP 1588 Abidjan
espace_harmattan.ci@hotmail.fr

Nos librairies en France

Librairie internationale
16, rue des Écoles
75005 Paris
librairie.internationale@harmattan.fr
01 40 46 79 11
www.librairieharmattan.com

Librairie des savoirs
21, rue des Écoles
75005 Paris
librairie.sh@harmattan.fr
01 46 34 13 71
www.librairieharmattansh.com

Librairie Le Lucernaire
53, rue Notre-Dame-des-Champs
75006 Paris
librairie@lucernaire.fr
01 42 22 67 13